Das

Beamtengesetz

für das Königreich Bayern

nebst der

Gehaltsordnung

und dem Richterdisziplinargesetze

unter Verwertung der Begründung
zum Gesetzentwurf und der Kammerverhandlungen

herausgegeben von

Carl August von Sutner
Kgl. Regierungsrat.

München, Berlin und Leipzig.
J. Schweitzer Verlag (Arthur Sellier).

Vorwort.

Die Begründung des Gesetzentwurfs und die Kammerverhandlungen bilden bis auf weiteres die besten Auslegungsbehelfe für das neue Gesetz. Die vorliegende Handausgabe hat sich zum Ziele gesetzt, den Beteiligten diese Auslegungsbehelfe mit den notwendigen Kürzungen und Ergänzungen in handlicher Form zum Gebrauche zur Verfügung zu stellen.

An Stelle des Abdrucks der in Art. 224 enthaltenen Änderungen des Richterdisziplinargesetzes wurde dieses Gesetz in der neuen Fassung als Anhang beigegeben.

München, 15. August 1908.

von Hufner.

Inhaltsangabe.

I. Beamtengesetz.

Das Beamtengesetz für das Königreich Bayern vom 16. August 1908.

Anlagen zum Beamtengesetz.

Seite

II. Die Gehaltsordnung.

III. Das Richterdisziplinargesetz vom 26. März 1881

in der Fassung des Art. 224 des Beamtengesetzes.

I.

Beamtengesetz.

Einleitung.

Am 16. April 1908 hat die Königlich bayerische Staatsregierung auf grund Allerhöchster Ermächtigung dem Präsidium der Kammer der Abgeordneten im Nachgange zu der unterm 24. Februar gl. J. übersandten Denkschrift zur Frage der Neuregelung der Dienst-, Gehalts- und Pensionsverhältnisse der Staatsbeamten und Staatsbediensteten den Entwurf eines Beamtengesetzes zur weiteren verfassungsmäßigen Behandlung übermittelt und die Überweisung des Gesetzentwurfes an einen Ausschuß beantragt (Beil. 374 der Landtagsverh. der XXXV. Landtagsversammlung, I. Session 1907/08). In der 122. öff. Sitzung der Kammer der Abgeordneten vom 28. April 1908 (Sten. Ber. S. 605) gab der Präsident von dem Einlaufe Kenntnis und teilte mit, daß der Entwurf dem besonderen (XVII.) Ausschusse zur Beratung eines Beamtengesetzes überwiesen werde. Dieser Ausschuß, der nach einem Beschlusse des Landtags vom 28. Februar 1908 (Sten. Ber. S. 640) sich aus 28 Mitgliedern zusammensetzen sollte, wählte zum Vorsitzenden den Abg. Freiherrn von Malsen, zu dessen Stellvertreter den Abg. Dr. Goldschmidt, zum Schriftführer den Abg. Haus und zu dessen Stellvertreter den Abg. Ehrhart. Die Verhandlungen des Ausschusses, der als Berichterstatter den Abg. Held und als Mitberichterstatter den Abg. Giessen gewählt hatte, sind in der Beil. 533 niedergelegt. Am 17. Juli 1908 kam der Gesetzentwurf in der Kammer der Abgeordneten zur Beratung und wurde derselbe nach den Anträgen des XVII. bes. Ausschusses einstimmig angenommen (Sten. Ber. VI. Bd. Nr. 167 S. 252 ff.). In der Kammer der Reichsräte befaßte sich der I. und II. Ausschuß unter dem Vorsitze des II. Präsidenten von Auer mit der Behandlung des Gesetzentwurfes, wobei als Berichterstatter RR. Freiherr von Soden und als Mitberichterstatter RR. Haas tätig waren. Die Verhandlungen der beiden Ausschüsse sind in dem Protokolle vom 1. August 1908 niedergelegt.

Die Verhandlung in der Kammer der Reichsräte selbst fand am 8. August 1908 statt (Sten. Ber. I. Bd. Nr. 21 S. 563 ff.) und ergab vollständige Zustimmung zu den Beschlüssen der Kammer der Abgeordneten mit Ausnahme der Art. 187 und 217, die eine Streichung bezw. Änderung fanden. Dieser Beschluß der Kammer der Reichsräte machte eine nochmalige Beratung in der Kammer der Abgeordneten notwendig, die am 11. August 1908 stattfand (Sten. Ber. VI. Bd. Nr. 180 S. 680 ff.). In dieser Sitzung wurde, einem Vorschlage der K. Staatsregierung entsprechend, dem Art. 187 Abs. 2 und 217 die Fassung gegeben, die sie in dem Gesetze nunmehr aufweisen. Die Kammer der Reichsräte erteilte diesem Beschlusse unterm 12. August 1908 ihre Zustimmung (Sten. Ber. I. Bd. Nr. 23 S. 603 ff.). Die Allerh. Genehmigung erhielt das Gesetz unterm 16. August 1908 und wurde unterm 8. September 1908 im GVBl. S. 581 ff. veröffentlicht.

Beamtengesetz*)

vom 16. August 1908.

(GVBl. S. 581 ff.)

Im Namen Seiner Majestät des Königs.

Luitpold,

von Gottes Gnaden Königlicher Prinz von Bayern, Regent.

Wir haben nach Vernehmung des Staatsrats mit Beirat und Zustimmung der Kammer der Reichsräte und der Kammer der Abgeordneten unter Beobachtung der in Titel X § 7 der Verfassungsurkunde vorgeschriebenen Formen beschlossen und verordnen, was folgt:

I. Abschnitt.

Allgemeine Bestimmungen.

Artikel 1.

Beamte[1]) im Sinne dieses Gesetzes sind die Personen,[2]) die sich auf Grund einer Entschließung[3]) des Königs[4]) oder einer vom König ermächtigten Behörde in einem Dienstverhältnisse zum Staate[5]) befinden und entweder einer in der Gehaltsordnung aufgeführten Beamtenklasse angehören oder durch Anordnung der Staatsregierung[6]) als Beamte im Sinne dieses Gesetzes erklärt sind.

1) Das BeaG. macht die Erlangung der Eigenschaft eines Beamten a) von der Begründung eines Dienstverhältnisses

*) Durch das vorliegende Gesetz, das kein Verfassungsgesetz ist, sollen die Rechtsverhältnisse der Staatsbeamten nach einheitlichen Grundsätzen, gesetzlich geregelt werden, wie dies in ähnlicher Weise durch das Reichsgesetz vom 31. März 1873/18. Mai 1907 für die Reichsbeamten, durch Gesetz vom 28. Juni 1876/1. August 1907 für die württembergischen Staatsbeamten und durch Gesetz vom 24. Juli 1888 für die badischen Staatsbeamten geschehen ist (Begr.).

zum Staate und b) von einer auf die Verleihung der Beamteneigenschaft gerichteten Entschließung des Königs oder einer von dem König hierzu ermächtigten Behörde abhängig.

Personen, die auf Grund gesetzlicher Vorschrift zu amtlichen Verrichtungen für den Staat verpflichtet sind oder denen nur die Vornahme einzelner Amtshandlungen übertragen wird, ohne daß sie dadurch in ein förmliches Dienst- und Abhängigkeitsverhältnis zum Staate treten, gelten nicht als Beamte im Sinne des Beamtengesetzes, z. B. Geschworene, Schöffen, Wahlkommissäre und ähnliche Personen, ebensowenig Personen, die lediglich im Wege eines privatrechtlichen Vertrags zu Dienstleistungen für den Staat angenommen werden, ohne daß sie in eine mit Gehorsamspflicht verbundene Abhängigkeit gegenüber der Staatsgewalt treten, insbesondere also Personen, die kraft eines Werkvertrags oder eines Dienstvertrags zu gewissen Lieferungen oder Leistungen für den Staat verpflichtet werden.

Andererseits wird durch das BeaG. nicht ausgeschlossen, daß unter Umständen auch Beamte, die einer in der GehO. aufgeführten Beamtenklasse angehören, nur durch Dienstvertrag zur Dienstleistung für den Staat verpflichtet werden, wenn besondere Verhältnisse dies angezeigt erscheinen lassen.

Nicht erforderlich für den Begriff des Beamten im Sinne des BeaG. ist, daß der Ernannte ein Diensteinkommen (einen Gehalt) bezieht oder daß ihm die Verwaltung eines bestimmten Amtes übertragen ist. Ebenso ist die Frage ohne Bedeutung, ob die allenfalls gewährte Besoldung unmittelbar aus der Staatskasse oder aus einer anderen öffentlichen Kasse fließt.

Dementsprechend sollen nach Art. 1 zunächst alle Personen, die durch den König oder durch eine von dem König ermächtigte Behörde zur Dienstleistung für den Staat berufen werden und einer in der Gehaltsordnung aufgeführten Beamtenklasse angehören, ohne weiteres als Beamte im Sinne des Gesetzes gelten. Das Gleiche soll außerdem bei denjenigen von dem König oder einer von dem König ermächtigten Behörde zur Dienstleistung für den Staat berufenen Personen der Fall sein, die zwar einer in der GehO. aufgeführten Beamtenklasse nicht angehören, für die aber durch allgemeine Anordnung (selbstverständlich auch durch Gesetz, z. B. BeaG. Art. 205, 186, 188, 193) oder durch Verfügung im einzelnen Falle seitens der Staatsregierung ausgesprochen wird, daß sie als Beamte im Sinne des BeaG. zu erachten sind.

Nicht als Beamte im Sinne dieses Artikels gelten die Notare, deren dienstrechtliche Verhältnisse durch das NotG. v. 9. Juni 99 besonders geregelt sind, weiter die Distriktsschulinspektoren, die nur in ihrer nebenamtlichen Funktion Beamte des Staates sind, in ihrem Hauptamt aber im Dienste der Kirche stehen, endlich auch die Volksschullehrer, die dem Staate nur mittelbar dienen (vgl. die Denkschrift zur Frage der Revision der gesetzlichen Bestimmungen über die Gehalte und Pensionen der

Volksschullehrer v. 7. April 00 — Verh. d. K. d. Abg. 99/00 Beil. II Beil. 218 S. 644 ff.).

Die in der GehO. aufgeführten und die als Beamte erklärten Gruppen von Beamten können zusammen als Beamte im weiteren Sinne bezeichnet werden. Dagegen bilden diejenigen Beamten, die einer in der GehO. aufgeführten Beamtenklasse angehören und in den durch Art. 5 Abs. 1 vorgeschriebenen Formen ernannt sind, die Beamten im engeren Sinne, die etatsmäßigen Beamten (Art. 2).

Diese Unterscheidung erweist sich als notwendig, weil auf die Beamten im weiteren Sinne nicht sämtliche Vorschriften des BeaG., sondern in der Hauptsache nur die allgemeinen Vorschriften über die Pflichten der Beamten und über die Ahndung von Pflichtverletzungen Anwendung finden können. Insbesondere erscheint es ausgeschlossen, auf die Beamten im weiteren Sinne die Vorschriften über Gehalt, Ruhegehalt und Hinterbliebenen-Versorgung zu erstrecken, da es, wie schon erwähnt, für den Begriff des Beamten im weiteren Sinne belanglos erscheint, ob er überhaupt eine Besoldung bezieht oder nicht.

In Abschnitt XI sind besondere Bestimmungen vorgesehen für die Beamten der Versicherungskammer und des Wasserversorgungsbureaus (Art. 186), für die Beamten der aus Kreisfonds unterhaltenen Mittelschulen [der Oberrealschulen, Progymnasien, Realschulen, Lateinschulen, landwirtschaftlichen Mittelschulen, Kreisackerbauschulen 2c.], (Art. 188), für die Beamten der Militärverwaltung (Art. 192 ff.), für die Militärgeistlichen (Art. 203), für die Eichmeister sowie die Steuer- und Gemeinde-Einnehmer im Regierungsbezirke der Pfalz (Art. 205). Endlich ist die Staatsregierung durch Art. 189 bis 191 ermächtigt worden, auch auf andere aus Kreismitteln besoldete Beamte sowie auf die aus Stiftungsmitteln besoldeten Beamten, ferner auf die Beamten der Fachschulen, die ganz oder teilweise aus Staatsmitteln unterhalten werden und schließlich auf die Beamten der K. Bank die Vorschriften des BeaG. ganz oder teilweise für anwendbar erklären zu können.

2) Für den Begriff des Beamten im Sinne des Art. 1 und 2 ist männliches Geschlecht nicht Erfordernis. Siehe unten Art. 206 Anm. 1.

3) Die Aufnahme der Beamten im Sinne des Art. 1 ist nicht an eine bestimmte Form gebunden, kann daher auch auf mündlichem Wege erfolgen; doch muß der Ernennungswille mündlich oder schriftlich unzweideutig zum Ausdrucke gelangen. Eine stillschweigende Ernennung durch konkludente Handlungen ist ausgeschlossen.

4) Im Verordnungswege wird bestimmt werden, welche Beamte die Bezeichnung Königlich führen dürfen; vgl. auch unten Art. 4 Abs. 2.

5) Das BeaG. betrifft nur den Staatsdienst. Die rechtskundigen Bürgermeister und Magistratsräte der Gemeinden mit städtischer Verfassung treten aber nach Art. 74 Abs. 2 der rrh. GemO.,

wenn sie bei Ablauf des 3jährigen Dienstprovisoriums wiedergewählt werden, vorbehaltlich besonderer Bestimmung der Dienstverträge „analog in die Verhältnisse und Rechte der im Verwaltungsdienste definitiv angestellten Staatsdiener".

Es ergibt sich von selbst, daß sich diese „Verhältnisse und Rechte" künftig nach dem BeaG. bemessen und daß daher insbesondere auch die Übergangsvorschriften der Art. 212—214 auf die bezeichneten Gemeindebeamten Anwendung finden.

6) Die Entscheidung darüber, welche Personen — abgesehen von den in GehO. oder BeaG. als Beamte oder etatsmäßige Beamte erklärten Beamtengruppen — als Beamte im Sinne des Art. 1 zu erklären sind, bleibt der Staatsregierung überlassen, die hierfür in Betracht kommenden Beamtenklassen ein für allemal gesetzlich festzulegen. Staatsdienstaspiranten, d. h. die Anwärter auf etatsmäßige Beamtenstellen können als Beamte im Sinne des Gesetzes erklärt werden. Ebenso sollen unter den Begriff des Beamten im weiteren Sinne die Militäranwärter während der Zeit ihrer informatorischen Beschäftigung oder ihrer Probedienstleistung fallen.

Artikel 2.

Etatsmäßige Beamte 1) sind diejenigen Beamten, die einer in der Gehaltsordnung aufgeführten Beamtenklasse angehören und in den in dem Artikel 5 Abs. 1 vorgeschriebenen Formen 2) ernannt sind.

1) Der Ausdruck *etatsmäßige Beamte* schließt sich an die im Reiche und in anderen Bundesstaaten übliche Bezeichnung an und wurde hauptsächlich gewählt, um die Anwendung der reichsgesetzlichen Vorschriften, soweit sie auch für die bayerischen Staatsbeamten gelten, möglichst zu erleichtern.

2) Den etatsmäßigen Beamten ist nach Art. 5 über jede Ernennung, Versetzung, Wiederanstellung oder Beförderung eine schriftliche Urkunde zu behändigen.

Artikel 3.

Zum etatsmäßigen Beamten soll 1) nur ernannt werden, wer

1. die deutsche Reichsangehörigkeit besitzt oder mit der Ernennung erwirbt, 2)
2. das einundzwanzigste Lebensjahr vollendet hat, 3)
3. der Militärpflicht und im Falle der Aushebung der aktiven Dienstpflicht genügt hat. 4)

1) Im Falle ausnahmsweise aus Versehen eine der drei Vorbedingungen nicht beobachtet sein sollte, wird die Ernennung selbst dadurch nicht rechtsunwirksam.

Außer den allgemeinen Bedingungen des Art. 3 sind für die Ernennung zum etatsmäßigen Beamten noch die besonderen Vorbedingungen zu erfüllen, die für die einzelnen Dienstzweige durch die Prüfungs- und Anstellungsvorschriften angeordnet sind.

2) Die Anordnung trägt den Vorschriften in Titel IV § 4 der VerfU. und in § 7 der I. Beil. zur VerfU. in Verbindung mit dem Art. 3 der RVerf. v. 16. Aug. 71 Rechnung, die im Hinblick auf die in § 9 Abs. 1 des StaatsangG. enthaltene Einschränkung noch für alle in den bayerischen Staatsdienst tretenden Ausländer Geltung haben, bei denen die Ernennung nicht von einer Zentral- oder höheren Verwaltungsbehörde, sondern von einer unteren Behörde ausgeht. In allen Fällen, in denen ein Ausländer von dem König oder von einer Zentral- oder höheren Verwaltungsbehörde zum etatsmäßigen Beamten ernannt wird, bedarf es nicht etwa einer vorherigen Erwerbung der deutschen Reichsangehörigkeit, sondern es genügt in diesem Falle die Erwerbung der Reichsangehörigkeit kraft der Ernennung.

3) Ziff. 2 soll verhüten, daß jemand zum etatsmäßigen Beamten ernannt wird, bevor er die gesetzlichen Rechte einer volljährigen Person besitzt.

4) Der zum etatsmäßigen Beamten zu Ernennende muß der Militärpflicht (§ 22 der WehrO. v. 29. Sept. 04, GVBl. 533) und im Falle der Aushebung (§ 43 Ziff. 1 und § 73 Ziff. 5 der WehrO.) der aktiven Dienstpflicht (§ 5 Ziff. 3, § 6 Ziff. 1, 5 und §§ 7, 8 der WehrO.) genügt haben. Ein Nachteil erwächst den Beamten durch die etwaige Verzögerung ihrer etatsmäßigen Ernennung nicht, da nach Art. 28 Abs. 7 und Art. 55 Abs. 1 des BeaG. die Möglichkeit gegeben ist, die Zeit, um die sich infolge der Erfüllung der Militärpflicht die Ernennung zum etatsmäßigen Beamten verzögerte, sowohl für die Bemessung des Gehalts wie für die Bemessung der pensionsfähigen Dienstzeit in Anrechnung zu bringen.

Artikel 4.

Die Ernennung der etatsmäßigen Beamten, die eine höhere wissenschaftliche, technische oder künstlerische Berufsbildung nachzuweisen haben, erfolgt in der Regel durch den König.

Welche Beamte hierunter fallen, für welche weitere etatsmäßige Beamte die Ernennung durch den König erfolgt und wieweit zur Ernennung die Behörden zuständig sind, wird durch Verordnung bestimmt.

Die Vorschriften der Abs. 1, 2 gelten auch für die Versetzung, Wiederanstellung und Beförderung der etatsmäßigen Beamten.

Artikel 5.

Die etatsmäßigen Beamten erhalten bei ihrer Ernennung eine Urkunde,[1]) worin der Zeitpunkt, von dem an die Ernennung wirksam wird, zu bezeichnen und anzugeben ist, daß die Ernennung in etatsmäßiger Eigenschaft erfolgt.

Die Ernennung wird durch die Aushändigung[2]) dieser Urkunde[1]) an den Beamten mit dem darin bestimmten Zeitpunkte wirksam.

Die amtliche Ausschreibung[3]) hat die gleiche rechtliche Wirkung wie die Aushändigung der Urkunde.[1])

Die Vorschriften der Abs. 1 bis 3 gelten auch für die Versetzung, Wiederanstellung und Beförderung der etatsmäßigen Beamten.[4])

1) Die Urkunde hat den in Abs. 1 angegebenen Erfordernissen zu entsprechen. Erfolgt die Ernennung in nicht etatsmäßiger Weise, so ist dies in der Urkunde ausdrücklich zu bemerken.

Nach Art. 26 Abs. 2 soll in die ErnennU. auch der dem Beamten gebührende Gehalt aufgenommen werden; doch bildet diese Angabe keinen unerläßlichen Bestandteil für die Rechtswirksamkeit der Ernennung.

2) Die Behändigung der Urkunde bildet eine wesentliche Voraussetzung für die gültige Begründung des etatsmäßigen Beamtenverhältnisses und der daraus entspringenden Rechte und Pflichten. Dagegen bedarf es zur Rechtswirksamkeit der Ernennung keiner Annahmeerklärung seitens des Beamten; eine solche Annahmeerklärung des Ernannten ist rechtlich ohne Bedeutung für die Wirksamkeit der Ernennung. Will der Ernannte nachträglich die Ernennung rückgängig gemacht wissen oder die ihm bei der Ernennung übertragene Amtsstelle nicht übernehmen, so muß er um die Entlassung oder um Entbindung von der Verpflichtung zum Antritte der Stelle nachsuchen.

3) Der Aushändigung der Urkunde steht in bezug auf rechtliche Wirkung die amtliche Ausschreibung der Ernennung gleich. Sobald daher dem Beamten die ErnennU. ausgehändigt oder die Ernennung amtlich ausgeschrieben ist, erscheint ihre Zurücknahme ausgeschlossen, selbst wenn in der Urkunde für die Wirksamkeit der Ernennung ein späterer Zeitpunkt bestimmt ist.

4) Es ergibt sich schon aus dem besonderen Gewaltverhältnisse, das durch den Eintritt des Beamten in den Staatsdienst für das Staatsoberhaupt begründet wird, daß die Versetzung, Wiederanstellung und Beförderung seitens des Beamten nicht abgelehnt werden können, vielmehr von selbst und auch entgegen einem allenfallsigen ausdrücklichen Widerspruche des Beamten mit dem Zeitpunkte, von dem an sie verfügt wurden, rechtswirksam werden.

Dem Beamten steht daher, wenn er sich einer solchen Verfügung nicht unterwerfen will und seiner Bitte um Zurücknahme der Versetzung, Wiederanstellung oder Beförderung nicht willfahrt wird, lediglich der Austritt aus dem Staatsdienste nach Maßgabe des Art. 10 offen.

Artikel 6.

Das Dienstverhältnis der etatsmäßigen Beamten, die in dem diesem Gesetz als Anlage I beigefügten Verzeichnis unter Buchstabe A vorgetragen sind, [1]) ist mit dem Tage der Wirksamkeit ihrer Ernennung unwiderruflich. [2])

Das Dienstverhältnis der unter Buchstabe B dieses Verzeichnisses vorgetragenen Beamten ist nach einer etatsmäßigen Dienstzeit von drei Jahren unwiderruflich.

Das Dienstverhältnis der übrigen in der Gehaltsordnung aufgeführten Beamten ist nach einer etatsmäßigen Dienstzeit von zehn Jahren unwiderruflich.

Für etatsmäßige Beamte, die später in die Gehaltsordnung aufgenommen werden, wird die Dauer der Widerruflichkeit durch Verordnung bestimmt. [3])

Das Dienstverhältnis der nicht etatsmäßigen Beamten ist dauernd widerruflich.

1) Nach Art. 6 Abs. 1 ist das Dienstverhältnis der Richter der ordentlichen Gerichte und der Mitglieder des Verwaltungsgerichtshofs wie bisher so auch in Zukunft sofort mit ihrer Ernennung unwiderruflich. Diesen Beamten sind künftig mit Rücksicht auf die Besonderheit ihrer Stellung in der Hauptsache auch die Mitglieder des Obersten Rechnungshofs (vgl. Art. 184 BeaG.), dann, was den Eintritt der Unwiderruflichkeit anlangt, im Hinblick auf § 22 Abs. 2 RG. v. 30. Juni 00, die Abänderung der Unfallversicherungsgesetze betr., auch die ständigen Mitglieder des Landesversicherungsamts im Hauptamte gleichgestellt, so daß in Zukunft auch diese Beamten sofort mit ihrer Ernennung die Rechte der Unwiderruflichkeit erlangen (vgl. das Verz. Anlage I Abschnitt A).

2) Die Wirkungen der Unwiderruflichkeit äußern sich hauptsächlich darin, daß

1. einem unwiderruflichen Beamten ohne sein Ansuchen eine andere Amtsstelle nur unter Vergütung der Umzugskosten und nur übertragen werden kann, wenn diese Stelle in etatsmäßiger Weise übertragen wird, wenn sie seiner Berufsbildung entspricht und wenn damit weder eine Zurücksetzung im Range noch eine Schmälerung des Gehalts verbunden ist (Art. 9 Abs. 1), daß

2. die Versetzung eines unwiderruflichen Beamten auf eine andere Amtsstelle mit Verlust des Anspruchs auf Vergütung der Umzugskosten oder unter gleichzeitiger Minderung des Gehalts nur im Wege des Disziplinarverfahrens ausgesprochen werden kann (Art. 9 Abs. 1, Art. 109 und 118), daß
3. ein unwiderruflicher Beamter aus organisatorischen oder dienstlichen Rücksichten (Art. 38) nur mit Gewährung des gesetzlichen Wartegeldes einstweilen in den Ruhestand versetzt werden kann, daß
4. ein unwiderruflicher Beamter nur in den Fällen der Art. 171 und 172 unter teilweiser Kürzung seines Gehaltes vorläufig vom Dienste enthoben werden kann, während ihm außerdem nach Art. 170 im Falle der vorläufigen Dienstesenthebung alle seine Rechte als Beamter gewahrt bleiben müssen, daß
5. dem unwiderruflichen Beamten unter gewissen Voraussetzungen ein Anspruch auf Versetzung in den Ruhestand und im Falle seiner Versetzung in den Ruhestand ein Rechtsanspruch auf Ruhegehalt zusteht (Art. 47, 52), daß
6. einem in den Ruhestand versetzten unwiderruflichen Beamten die Befugnis zur Weiterführung des Titels nur im Wege des Disziplinarverfahrens entzogen werden kann (Art. 70 Abs. 2, Art. 167), daß
7. der unwiderrufliche Beamte nur im Wege des Disziplinarverfahrens aus dem Staatsdienst entlassen werden kann (Art. 9 Abs. 2, Art. 110 und 118), daß endlich
8. der Witwe und den ehelichen oder legitimierten Kindern des unwiderruflichen Beamten das gesetzlich bestimmte Witwen- und Waisengeld gewährt werden muß und diesen hierauf ein klagbarer Rechtsanspruch zusteht (Art. 73 ff., Art. 176 Abs. 1).
9. Der unwiderrufliche Beamte erwirbt das Heimatrecht kraft Gesetzes in der Gemeinde seiner Anstellung (vgl. Art. 2 des Gesetzes über Heimat, Verehelichung und Aufenthalt v. 16. April 68 i. d. F. v. 30. Juli 99).

Beförderungen, die während des Laufes der drei- oder zehnjährigen Frist der Widerruflichkeit eintreten, sind gleich der ersten Ernennung widerruflich. Ein beförderter Beamter, der den Anforderungen der neuen Amtsstelle nicht entspricht, kann hiernach, solange noch die Frist der Widerruflichkeit läuft, jederzeit wieder in seine frühere Dienstesklasse oder auch in eine andere seiner Berufsbildung entsprechende Verwendung zurückversetzt werden. Dagegen ist jede Beförderung, die nach Ablauf der Frist der Widerruflichkeit eintritt, von selbst unwiderruflich. Die Möglichkeit, jede Beförderung zunächst nur provisorisch eintreten zu lassen, wie dies nach § 3 der IX. Beil. zur VerfU. zulässig war (vgl. § 1 Abs. 5 der Denkschrift v. 20. Febr. 08), erscheint hiernach für die Folge ausgeschlossen.

3) Für etatsmäßige Beamte, die erst später in die Gehaltsordnung aufgenommen werden, soll nach Art. 6 Abs. 4 die Dauer der Widerruflichkeit durch K. Verordnung bestimmt werden, um den jedesmaligen Erlaß einer gesetzlichen Bestimmung zu vermeiden. Die Dauer der Widerruflichkeit wird selbstverständlich in jedem einzelnen Falle im Anhalt an die gleichartigen Beamtenklassen bemessen werden, die bereits in der GehO. und in der Anlage I zu dem BeaG. vorgetragen sind.

Dagegen kann dem widerruflichen Beamten

1. unter Vergütung der Umzugskosten eine andere seiner Berufsbildung entsprechende Amtsstelle übertragen werden, auch wenn damit eine Zurücksetzung im Range oder eine Schmälerung des Diensteinkommens verbunden ist, kann,
2. dem widerruflichen Beamten die Vergütung der Umzugskosten im Verwaltungswege vorenthalten werden, wenn die Änderung seiner dienstlichen Stellung durch sein eigenes Verhalten verschuldet wurde (Art. 8 Abs. 1), steht
3. einem widerruflichen Beamten kein Rechtsanspruch auf Ruhegehalt zu (Art. 68), kann endlich
4. das Dienstverhältnis des widerruflichen Beamten jederzeit ohne weiteres gelöst werden (Art. 8 Abs. 2).
5. Witwen- und Waisengeld wird zwar auch den Hinterbliebenen eines widerruflichen etatsmäßigen Beamten, der in der Aktivität oder im Ruhestande gestorben ist, gewährt. Die Höhe des Witwen- und Waisengeldes kann jedoch unter Umständen geringer bemessen werden, als es sich nach den für die Hinterbliebenen der unwiderruflichen Beamten geltenden Vorschriften berechnet (Art. 87).

Artikel 7.

Aus besonderen Gründen[1]) kann von dem König oder der von dem König ermächtigten Behörde das Dienstverhältnis eines zeitlich widerruflichen Beamten schon vor Ablauf der in dem Artikel 6 Abs. 2, 3 bestimmten Zeit als unwiderruflich erklärt werden. Für Militäranwärter mit einer mindestens achtjährigen Militärdienstzeit kann allgemein angeordnet werden, daß ein Teil der Militärdienstzeit auf die Zeit der Widerruflichkeit angerechnet wird.[2])

1) Z. B. wenn ein Hochschulprofessor von auswärts an eine bayerische Hochschule berufen wird oder wenn ein im Privatdienste stehender Techniker &c. in den Staatsdienst übernommen wird oder wenn ein Geistlicher nach vieljähriger Verwendung im Kirchendienste zum Religionsprofessor, Konsistorialrat oder dergleichen ernannt wird.

2) Beim Vollzuge wird darauf Bedacht zu nehmen sein, daß die Militäranwärter den aus dem Stande der Zivilbewerber hervorgehenden Beamten gegenüber nicht bevorzugt würden.

Artikel 8.

Beamten, deren Dienstverhältnis widerruflich ist[1]) (widerruflichen Beamten), kann jederzeit eine andere ihrer Berufsbildung entsprechende Amtsstelle übertragen werden.[2]) Der Beamte, dem ohne sein Ansuchen eine andere Amtsstelle übertragen wird, hat Anspruch auf Gewährung von Umzugskosten nach den darüber im Verordnungsweg erlassenen Vorschriften, wenn die Änderung seiner dienstlichen Stellung nicht durch sein eigenes Verhalten verschuldet wurde.

Das Dienstverhältnis der widerruflichen Beamten kann, soweit sie vom König ernannt sind, durch Entschließung des Königs, im übrigen durch Entschließung der zur Ernennung zuständigen Behörde jederzeit gelöst werden.[3]) Die Lösung des Dienstverhältnisses hat den Verlust des Diensteinkommens, des Titels und der Dienstabzeichen sowie der Aussicht auf Gewährung eines Ruhegehalts und auf Hinterbliebenenversorgung zur Folge. Wird das Dienstverhältnis nicht wegen Verletzung der dem Beamten obliegenden Pflichten gelöst, so ist dem Beamten der Gehalt noch für die Dauer der Dienstleistung, mindestens aber für die Dauer von drei Monaten[4]) seit der Mitteilung der das Dienstverhältnis lösenden Entschließung zu gewähren, auch wenn die Lösung vor dem Ablaufe dieser Zeit eintritt.

1) Zu den widerruflichen Beamten zählen sämtliche nichtetatsmäßige Beamte, dann für die im Gesetze bestimmte Zeitdauer auch ein Teil der etatsmäßigen Beamten. Die Unwiderruflichkeit können nur die etatsmäßigen Beamten erlangen. Über die Wirkungen der Unwiderruflichkeit siehe oben Anm. 2 zu Art. 6.

2) Die Übertragung einer anderen Amtsstelle bedarf nicht der Zustimmung des Beamten. Abgesehen von den in Satz 2 gemachten Vorbehalten ist das Recht der anderweitigen Verwendung des widerruflichen Beamten in keiner Weise beschränkt. Die Versetzung auf eine andere der Berufsbildung entsprechende Amtsstelle erscheint auch dann zulässig, wenn damit eine Zurücksetzung im Range oder eine Minderung des Diensteinkommens verbunden ist. Eine derartige anderweitige Verwendung kann unter

Umständen geradezu im Interesse des Beamten liegen, da andernfalls die Staatsregierung vielleicht genötigt wäre, von dem ihr zustehenden weitergehenden Rechte der Lösung des Dienstverhältnisses Gebrauch zu machen.

Die Würdigung der Frage, ob die Versetzung eines widerruflichen Beamten angezeigt und ob sie durch sein eigenes Verhalten verschuldet war, ist ebenso wie die weitere Frage, ob die sofortige Lösung des Dienstverhältnisses begründet erscheint, Verwaltungssache und entzieht sich daher der richterlichen Nachprüfung (Art.178 BeaG.).

3) Das Dienstverhältnis des widerruflichen Beamten kann seitens des Staates jederzeit gelöst werden, ohne daß dem Beamten irgend ein Klagerecht zusteht (Art. 8 Abs. 2). Welche Gründe für die Lösung des Dienstverhältnisses maßgebend sind, ob unbefriedigendes dienstliches oder außerdienstliches Verhalten des Beamten oder Mangel an Verwendungsgelegenheit, ist hierbei gleichgültig. Namentlich bedarf es in den Fällen, in welchen eine dienstliche Verfehlung die Entfernung eines widerruflichen Beamten aus dem Staatsdienste geboten erscheinen läßt, nicht erst der Durchführung eines förmlichen Disziplinarverfahrens, wie es in Art. 118 ff. für die unwiderruflichen Beamten vorgeschrieben ist. Eine Ausnahme sieht das BeaG. nur für den Fall vor, daß einem widerruflichen Beamten nach Maßgabe des Art. 96 Abs. 1 Satz 1 der Anspruch auf Unfallfürsorge entzogen werden soll. In diesem Falle kann nach dem zweiten Satze a. a. O. auch die Entlassung eines widerruflichen Beamten, wenn sie die eben bezeichnete Wirkung haben soll, nur durch Urteil des Disziplinargerichts ausgesprochen werden.

4) Wird für die Lösung des Dienstverhältnisses ein über den Zeitraum von drei Monaten hinausliegender Zeitpunkt bestimmt, also beispielsweise dem Beamten bereits im August mitgeteilt, daß das Dienstverhältnis v. 1. Jan. kommenden Jahres an gelöst werde, so erlischt die Gehaltszahlung erst mit der Beendigung der Dienstleistung.

Artikel 9.

Beamten, deren Dienstverhältnis unwiderruflich ist (unwiderruflichen Beamten), kann, vorbehaltlich der Vorschriften des Artikel 109, ohne ihr Ansuchen eine andere Amtsstelle nur übertragen werden, [1]) wenn sie in etatsmäßiger Weise übertragen wird, [2]) ihrer Berufsbildung entspricht [3]) und damit weder eine Zurücksetzung im Range noch eine Schmälerung des Gehalts verknüpft ist. [4]) Der Beamte hat in diesem Falle Anspruch auf Gewährung von Umzugskosten nach den darüber

im Verordnungsweg erlassenen Vorschriften.[5]) Die Vorschrift des Artikel 30 Abs. 6 wird hierdurch nicht berührt.

Unwiderrufliche Beamte können ohne ihre Zustimmung nur im Wege des Disziplinarverfahrens aus dem Staatsdienst entlassen werden.

1) Im Gegensatze zu dem widerruflichen Beamten hat der unwiderrufliche Beamte Anspruch darauf, daß ihm seine durch die Anstellung erworbenen Rechte als Staatsdiener nicht durch einen einseitigen Akt der Staatsregierung entzogen werden. Allein auch der unwiderrufliche Beamte hat, abgesehen von den richterlichen Beamten, keinen Anspruch auf ein bestimmtes Amt, auf einen bestimmten Umfang der Dienstgeschäfte oder auf eine bestimmte Art der Dienstleistung, wie der Beamte überhaupt kein Recht auf die Dienstleistung besitzt. Auch der unwiderrufliche Beamte muß sich daher ohne seine Zustimmung die Versetzung auf ein anderes Amt gefallen lassen, wenn dies nach dem Befinden der Staatsregierung im dienstlichen Interesse (bisher: aus administrativen Erwägungen) veranlaßt erscheint und die in Satz 1 bezeichneten drei Voraussetzungen erfüllt sind.

Für die richterlichen Beamten und die Mitglieder des Verwaltungsgerichtshofs bleiben nach Art. 183 BeaG. in bezug auf die Versetzung auf eine andere Stelle und die Lösung des Dienstverhältnisses die besonderen Vorschriften des RichtDiszG. v. 26. März 81 maßgebend, die nach Art. 184 BeaG. auch auf die Mitglieder des Obersten Rechnungshofs ausgedehnt werden sollen. Ebenso verbleibt es in Ansehung der Staatsminister bei den besonderen Vorschriften des Ministerverantwortlichkeitgesetzes (vgl. Art. 182, 221 BeaG.).

2) Die neue Amtsstelle muß ihm in etatsmäßiger Weise übertragen werden, d. h. er muß auch auf der neuen Amtsstelle alle Rechte besitzen, wie sie den etatsmäßigen Beamten im Sinne des Art. 2 zustehen.

3) Das neue Amt muß seiner Berufsbildung entsprechen. Der Ausdruck „Berufsbildung" ist hierbei ebenso wie in Art. 8 BeaG. im engeren Sinne aufzufassen und hierunter nicht bloß die allgemeine wissenschaftliche Vorbildung, sondern auch die besondere Fachausbildung zu verstehen. Es kann daher keinem Zweifel unterliegen, daß ein Beamter mit höherer wissenschaftlicher Vorbildung gegen seinen Willen nicht auf eine Stelle des Kanzlei- oder Registraturdienstes versetzt werden kann. Ebensowenig könnte aber beispielsweise ein Bezirksamtsassessor ohne seine Zustimmung auf eine Stelle im Verkehrsdienst oder der allgemeinen Finanzverwaltung oder der Verwaltung der Zölle und indirekten Steuern versetzt werden, da eine derartige Verwendung nicht seiner besonderen Berufsbildung als Beamter der inneren Verwaltung entsprechen

würde. Dagegen erscheint es an sich keineswegs ausgeschlossen, den Beamten des einen Ressorts auf ein gleichwertiges und die gleiche Berufsbildung erfordernde Amt eines anderen Ressorts, beispielsweise also einen Sekretär oder Registrator des einen Ministeriums auf eine gleiche Stelle in einem anderen Ministerium zu versetzen.

4) Mit der Übertragung der neuen Amtsstelle darf weder eine Zurücksetzung im Range noch eine Schmälerung des Gehalts verbunden sein. Unter dem Range in diesem Sinne ist jedoch nicht der persönliche Rang des Beamten, sondern der dienstliche Rang des Amtes zu verstehen. Der unwiderrufliche Beamte kann hiernach nicht gezwungen werden, in eine niedrigere Stelle einzutreten, auch wenn ihm dabei sein persönlicher Rang gewahrt würde. Ebenso ist die Vorschrift, daß keine Schmälerung des Gehalts eintreten darf, nicht etwa dahin aufzufassen, daß dem Beamten nur der im Zeitpunkte der Versetzung tatsächlich bezogene Gehalt gewahrt wird, sondern daß die neue Amtsstelle auch die gleichen Aussichten auf Gehaltsvorrückung in dieser Stelle gewährt wie die seitherige Stelle. Die Versetzung eines unwiderruflichen Beamten auf eine Amtsstelle mit geringerem Range und geringerem Gehalte kann nach Art. 109 und 118 nur auf Grund eines Urteils des Disziplinargerichts stattfinden. Andererseits ist jedoch unter dem Gehalte, der dem unwiderruflichen Beamten im Falle seiner Versetzung nach Art. 9 zu wahren ist, nur der in der GehO. für die betreffende Amtsstelle vorgesehene Gehalt (Art. 26 BeaG.) zu verstehen, nicht dagegen fallen hierunter Vergütungen für den Dienstaufwand, Verweserzulagen nach Art. 27 Abs. 2 BeaG., etwaige Vergütungen für die Verwaltung eines Nebenamts u. dgl.

5) Die für die Vergütung der Umzugskosten maßgebende KAV. v. 20. Nov. 02 GVBl. 709, wird dementsprechend Änderung finden.

Die Entlassung eines unwiderruflichen Beamten aus dem Staatsdienste mit den in Art. 110 bezeichneten Folgen kann nur im Wege des Disziplinarverfahrens eintreten (Art. 9 Abs. 2).

Dagegen kann, da auch dem unwiderruflichen Beamten kein Anspruch auf die Dienstleistung zusteht, derselbe schließlich nach Art. 170 jederzeit unter Wahrung aller seiner Rechte vorläufig seines Dienstes enthoben werden.

Artikel 10.

Der Beamte kann jederzeit ohne Angabe eines Grundes um seine Entlassung aus dem Staatsdienste nachsuchen. Die sofortige Entlassung kann ihm, sofern bei seiner Ernennung nichts anderes bestimmt wurde, nur verweigert werden:

1. solange dies mit Rücksicht auf die Fürsorge für die anderweitige Wahrnehmung seiner Dienstgeschäfte notwendig ist;

2. solange der Beamte in selbstverschuldeter Weise mit der Erledigung seiner Dienstgeschäfte im Rückstande sich befindet;
3. solange er über eine ihm anvertraute Verwaltung von öffentlichem Vermögen nicht Rechenschaft abgelegt hat.

Der Beamte darf indes aus den in Ziff. 1, 2 bezeichneten Gründen nicht länger als ein Vierteljahr im Dienste zurückgehalten werden.

Die Entlassung wird vom König und, sofern die Ernennung nicht durch den König erfolgt ist, von der zur Ernennung zuständigen Behörde bewilligt.

Der Beamte verliert mit dem Dienstaustritte seinen Anspruch auf Diensteinkommen, den Anspruch oder die Aussicht auf Ruhegehalt und Hinterbliebenenversorgung sowie den Titel und die Dienstabzeichen, sofern ihm nicht die Weiterführung des Titels und das Weitertragen der Dienstabzeichen gestattet wird. Die Erlaubnis zur Weiterführung des Titels und zum Weitertragen der Dienstabzeichen kann jederzeit zurückgenommen werden. [1])

1) Ein Rechtsanspruch auf Wiedereintritt besteht nicht; doch wird auch in Zukunft aus besonderem Anlasse einem Beamten der Anspruch eingeräumt werden, unter Wahrung seines vor dem Austritte erreichten Dienstalters binnen einer nicht zu lange bemessenen Frist wieder in den Staatsdienst einzutreten.

II. Abschnitt.

Pflichten der Beamten.

Die Art. 11 bis 23 enthalten eine Reihe von Pflichten der Beamten. Die Aufzählung ist nicht erschöpfend. Vielmehr ergeben sich auch aus anderen Artikeln des Gesetzes, z. B. aus den Art. 37, 42, 64, sowie aus dem Diensteide solche Pflichten; außerdem sind die Beamten verpflichtet, die sonstigen Gesetze, die ergänzende Vorschriften für sie treffen, gewissenhaft zu beobachten, so z. B. die Vorschrift in Art. 229 BergG. i. d. F. v. 20. Juli 00, GVBl. 828, wonach die Beamten des Oberbergamts und der Berginspektionen in dem Rechte, Bergwerke oder Kuxe zu erwerben, beschränkt sind, ferner die Vorschrift des Titels X § 4 VerfU., wonach die K. Staatsminister und sämtliche Staatsdiener für die genaue Befolgung der Verfassung verantwortlich sind. Da im Abschn. VII die verschiedenen Arten der Dienstvergehen nicht, wie dies durch das allgemeine Strafrecht hinsichtlich der einzelnen Straftaten geschehen ist, nach ihren Tatbestandsmerkmalen im einzelnen genau festgestellt sind, vielmehr in Art. 105 allgemein die Verletzung der den Beamten obliegenden Pflichten als Dienstvergehen erklärt ist, so bilden die Art. 11 und 12, welche die allgemeinen Pflichten der Beamten enthalten, gleichzeitig die wichtigste materielle Grundlage des Dienststrafrechts.

Artikel 11.

Der Beamte hat alle Obliegenheiten des ihm übertragenen Amtes den Gesetzen, Verordnungen und Dienstvorschriften entsprechend gewissenhaft wahrzunehmen[1]) und sich durch sein Verhalten in und außer dem Amte der Achtung, die sein Beruf erfordert, würdig zu erweisen.

1) Der Beamte hat bei der Amtsführung auch die zahlreichen in einer Reihe von Staatsbetrieben und Dienstzweigen bestehenden und für die ordnungsgemäße Durchführung des Dienstes unentbehrlichen Dienstvorschriften ebenso zu beobachten wie die Gesetze und Verordnungen.

2) Der Staat hat ein rechtliches Interesse daran, daß seine Beamten, auch abgesehen von ihrer amtlichen Tätigkeit, ein solches Verhalten pflegen, wie es Ehre und Sitte erfordern. Denn wenn ein Beamter in seinem Privatleben einen unwürdigen Lebenswandel führt, der ihn um Ansehen und Achtung bringt, so wird ihm auch in seiner amtlichen Stellung nicht die nötige Achtung entgegengebracht werden. Dies schädigt aber den Staat. Außerdem liegt bei einem Beamten von unehrenhaftem oder unsittlichem Betragen die Gefahr nahe, daß er auch vor Amtsvergehen eine geringere Scheu haben könnte. Es wird daher wohl mit Recht von den Staatsbeamten verlangt, daß sie nicht nur in ihrer amtlichen Tätigkeit, sondern in ihrem gesamten Lebenswandel den Anforderungen der Ehre und Sitte genügen.

Artikel 12.

Der Beamte hat den Dienstbefehlen seiner Vorgesetzten zu gehorchen.[1]) Soweit er im Vollzug eines Dienstbefehls handelt, trifft die dienstliche Verantwortung den anordnenden Vorgesetzten.[2])

Für einzelne Zweige des Staatsdienstes können mit Rücksicht auf ihre besondere Natur in den Dienstvorschriften Ausnahmen von der Vorschrift des Abs. 1 verfügt werden.[3])

Die dienstliche Gehorsamspflicht gilt für Beamte soweit nicht, als sie die richterliche Gewalt ausüben.[4])

1) Die Pflicht zum Gehorsam ergibt sich für den Beamten schon von selbst aus der rechtlichen Natur des Staatsdienstverhältnisses, da zu dessen wesentlichen Merkmalen gehört, daß es für den Staat eine Dienstgewalt begründet, kraft deren Gehorsam gegen den Dienstbefehl gefordert werden kann. Die Pflicht aller Beamten, den vorgesetzten Behörden oder Beamten gehorsam zu sein, bildet außerdem einen Grundgedanken der ganzen Behördeneinrichtung; ohne sie könnten das organische Zusammenwirken der Behörden, die Einheit und Ordnung in der Verrichtung der staatlichen Geschäfte und die zentralisierte Leitung der Regierung nicht bestehen.

Die Gehorsamspflicht ist jedoch keine unbedingte. Sie besteht nur gegenüber Dienstbefehlen. Ein solcher liegt nur vor, wenn er innerhalb des Gebiets der dienstlichen Verrichtungen liegt. Befehle, die nicht amtliche Geschäfte zum Inhalte haben, sondern z. B. Privatangelegenheiten des Vorgesetzten betreffen oder das Privatleben des Beamten zum Gegenstande haben oder die Begehung einer strafbaren Handlung fordern, sind also keine Dienstbefehle (vgl. Seydel, Bayer. Staatsrecht 2. Aufl. II 223; Rehm in Hirths Annalen Jahrg. 85 99 ff.; Laband, Das Staatsrecht des Deutschen Reichs 4. Aufl. I 430).

Eine weitere Einschränkung der Gehorsamspflicht ergibt sich aus Art. 12 BeaG. und Tit. X § 4 VerfU., wonach die Beamten alle Obliegenheiten ihres Amtes grundsätzlich den Gesetzen, Verordnungen und Dienstvorschriften entsprechend gewissenhaft wahrzunehmen haben und für die genaue Befolgung der Verfassung verantwortlich sind.

Das Gesetz verzichtet darauf, die Grenzen der Gehorsamspflicht näher zu bestimmen. Im allgemeinen ist davon auszugehen, daß die dem Beamten obliegende eigene Prüfung der Dienstbefehle nur den Zweck verfolgt, ihn vor offenbaren und auch für ihn leicht erkennbaren Ungesetzlichkeiten, insbesondere strafbaren Handlungen, zu bewahren.

Für die Minister gilt die Gehorsamspflicht gegenüber dienstlichen Befehlen nur innerhalb der Schranken des Ministerverantwortlichkeitsgesetzes (vgl. Art. 182 BeaG. und Anm. daselbst).

2) Soweit der Beamte im einzelnen Falle einem Dienstbefehle zu gehorchen verpflichtet ist, ergibt sich als notwendige Folge, daß die dienstrechtliche Verantwortlichkeit für den ordnungsmäßigen Vollzug des Befehls nicht ihn, sondern die Behörde oder Person trifft, von der die Anordnung ausgegangen ist.

3) Es können Fälle eintreten, in denen die Durchführung der in Abs. 1 des Art. 12 aufgestellten Grundsätze den dienstlichen Interessen nicht entsprechen würde. So kann insbesondere im Eisenbahndienste die Sicherheit des Betriebs in gewissen Fällen es erfordern, daß einem formell rechtmäßigen Dienstbefehle der Gehorsam versagt oder daß auch dem Dienstbefehl eines höheren Beamten,

der nicht Vorgesetzter ist, Gehorsam geschuldet wird. Damit derartigen Verhältnissen Rechnung getragen werden kann, ist in Abs. 2 des Art. 12 vorgesehen, daß für einzelne Zweige des Staatsdienstes von den Vorschriften des Abs. 1 abweichende Vorschriften in den Dienstvorschriften erlassen werden können.

4) Die in Tit. VIII § 3 VerfU. und § 1 RGVG. garantierte Unabhängigkeit der Gerichte schließt es aus, daß Richter, soweit sie die richterliche Gewalt ausüben, der dienstlichen Gehorsamspflicht unterliegen. Das Gleiche gilt von den in Art. 2 des Verwaltungsgerichtshofsgesetzes v. 8. Aug. 78 den Richtern gleichgestellten Mitgliedern des Verwaltungsgerichtshofs.

Es mußte deshalb in Abs. 3 des Art. 12 eine entsprechende Ausnahmebestimmung vorgesehen werden. Diese war infolge der Gleichheit des Grundes so allgemein zu fassen, daß auch die nichtrichterlichen Beamten darunter fallen, soweit sie nach freier richterlicher Überzeugung über eine Disziplinar- oder Streitsache zu entscheiden haben und somit zur Ausübung richterlicher Funktionen berufen sind. Hierher sind insbesondere zu rechnen die Mitglieder von Disziplinargerichten, des Landesversicherungsamts, der Oberberufungskommission in Steuersachen, ferner diejenigen Beamten, die im verwaltungsrechtlichen Verfahren Entscheidungen über Rechtsfragen zu treffen haben.

Artikel 13

Verletzt ein Beamter vorsätzlich oder fahrlässig seine Amtspflicht,[1]) so haftet er dem Staate für den diesem daraus entstehenden Schaden.

Die Vorschriften der §§ 827, 830, des § 840 Abs. 1, des § 852 Abs. 2 und des § 853 des Bürgerlichen Gesetzbuchs finden entsprechende Anwendung.

Der Anspruch des Staates auf Schadensersatz verjährt in drei Jahren von dem Zeitpunkt an, in dem eine zur Geltendmachung des Anspruchs zuständige Behörde von dem Schaden und der Person des ersatzpflichtigen Beamten Kenntnis erlangt hat, ohne Rücksicht auf diese Kenntnis in dreißig Jahren von der Begehung der Handlung an. Besteht der Schaden darin, daß der Staat wegen einer durch eine Amtspflichtverletzung erfolgten Schädigung eines Dritten diesem Ersatz leisten muß, so beginnt die dreijährige Verjährungsfrist mit dem Zeitpunkt, in dem die Ersatzpflicht des Staates dem Beschädigten gegenüber anerkannt oder rechtskräftig festgestellt ist.

1) Die Pflichtverletzung des Beamten kann für ihn eine **Verantwortlichkeit** in dreifacher Richtung begründen: sie kann zivilrechtliche, strafrechtliche und disziplinäre Rechtsfolgen nach sich ziehen. Die zivilrechtliche Verantwortlichkeit äußert sich in der Verpflichtung zur Leistung von Schadensersatz für die durch die Pflichtverletzung allenfalls verursachte Vermögensbeschädigung.

Wenn der Beamte durch Verletzung seiner Amtspflicht einen Dritten schädigt, so hat seine Ersatzpflicht einen durchaus privatrechtlichen Charakter und ist daher nach den Vorschriften des bürgerlichen Rechtes, insbesondere nach §§ 839 bis 841, 1674, 1848 BGB., Art. 60, 61 AGzBGB. und § 12 GrbO., zu beurteilen. Hiernach gilt im allgemeinen als Grundsatz, daß ein Beamter, der vorsätzlich oder fahrlässig die ihm einem Dritten gegenüber obliegende Amtspflicht verletzt, dem Dritten den daraus entstehenden Schaden zu ersetzen hat. Für fahrlässige Pflichtverletzung haftet der Beamte nur subsidiär, nämlich nur dann, wenn der Verletzte nicht auf andere Weise, insbesondere durch Inanspruchnahme eines anderen Ersatzpflichtigen oder eines durch die Verfügung des Beamten ungerechtfertigt Bereicherten Ersatz zu erlangen vermag. Die Ersatzpflicht tritt nicht ein, wenn der Verletzte vorsätzlich oder fahrlässig unterlassen hat, den Schaden durch Gebrauch eines Rechtsmittels abzuwenden. Eine Ausnahme gilt zugunsten des sogenannten Spruchrichters, der für die bei einem Urteil in einer Rechtssache begangenen Pflichtverletzungen nur unter besonderen in § 839 Abs. 2 BGB. näher bestimmten Voraussetzungen haftet. Besondere Vorschriften bestehen ferner für Beamte, die in Ausübung der ihnen anvertrauten öffentlichen Gewalt die ihnen einem Dritten gegenüber obliegende Amtspflicht verletzen, insofern, als an ihrer Stelle der Staat den geschädigten Dritten ersatzpflichtig ist (Art. 60, 61 AGzBGB., § 12 GrbO.).

Die Frage, wieweit der Beamte verpflichtet ist, dem Staate den **Schaden zu ersetzen**, der diesem aus Amtspflichtverletzungen erwächst, gehört dem Beamtendienstrechte der einzelnen Bundesstaaten an. Die darüber bestehenden landesgesetzlichen Vorschriften sind durch das BGB. nicht berührt worden (Art. 55, 80 EGzBGB.; vgl. Seydel, Bayerisches Staatsrecht 2. Aufl. I 605).

Gemein- wie partikularrechtlich wurde es von jeher als selbstverständlich angesehen, daß der Beamte zum Ersatze des materiellen Schadens verbunden ist, der aus seinen schuldhaften Handlungen oder Unterlassungen dem Staate zugegangen ist. Auch in Bayern bildete die zivilrechtliche Verantwortlichkeit der Beamten für ihre Diensttätigkeit gegenüber dem Staate stets einen Grundsatz, der in allen Zweigen der Staatsverwaltung für durchaus notwendig gehalten und praktisch geübt wurde.

Bei dem Mangel bestimmter und einheitlicher Vorschriften war es aber geboten, in dem BeaG. auch die vermögensrechtliche Haftung des Beamten gegenüber dem Staate einheitlich zu regeln.

Was die Art dieser Regelung anlangt, so wurden im wesentlichen die gleichen Vorschriften, wie sie für Schadensersatzpflicht der Beamten gegenüber Dritten gelten, vorgesehen und sohin den Grundsätzen des BGB. über unerlaubte Handlungen gefolgt.

Der Art. 13 BeaG. bezieht sich nicht bloß auf die Fälle, in denen durch die Handlung und Unterlassung des Beamten der Staat unmittelbar geschädigt wird, sondern auch auf jene Fälle, in denen die Schädigung nur mittelbar dadurch entstanden ist, daß der Staat wegen einer durch eine Amtspflichtverletzung erfolgten Schädigung eines Dritten diesem hat Ersatz leisten müssen. Der Art. 60 Abs. 4 AGzBGB. wird daher, soweit er sich auf Beamte des Staates bezieht, nunmehr entbehrlich. Seine Änderung ist in Art. 226 BeaG. erfolgt.

Der Art. 13 hat ferner nicht nur jene Fälle im Auge, in denen ein Beamter bei Ausübung der ihm anvertrauten öffentlichen Gewalt dem Staate unmittelbar oder mittelbar einen Vermögensschaden zufügt, sondern auch die Fälle, in denen der Beamte bei Besorgung wirtschaftlicher Angelegenheiten des Staates, z. B. bei staatlichen Eisenbahn-, Bergwerks- oder sonstigen gewerblichen Betrieben, als Vertreter oder Gehilfe des Staates handelt und hierbei das Vermögen des Staates schädigt. Denn für das Verhältnis des Staates zu seinen Beamten kommt es auf die Art der von diesen geleisteten Dienste nicht an.

Es erschien nicht angängig, die Haftung des Beamten gegenüber dem Staate etwa nur auf die Fälle des Vorsatzes und der groben Fahrlässigkeit zu beschränken. Eine solche Beschränkung hätte einen Bruch mit dem bisherigen Rechte bedeutet. Auch wäre sie geeignet, das Verantwortlichkeitsgefühl der Beamten unter Umständen bedenklich zu mindern und dadurch die Interessen nicht nur des Staates sondern auch des Publikums zu gefährden.

Die Haftung des Beamten gegenüber dem Staate ausdrücklich als eine nur subsidiäre zu bezeichnen, wurde nicht als veranlaßt erachtet. In einem großen Teile der Anwendungsfälle, nämlich dann, wenn der Staat auf Grund des Art. 60 Abs. 1 AGzBGB. einem Dritten Ersatz zu leisten hatte und den Rückgriff gegen den Beamten nimmt, wäre die Subsidiarität des Rückgriffs um deswillen praktisch bedeutungslos, weil schon der Dritte gemäß § 839 Abs. 1 Satz 2 BGB. in Verbindung mit Art. 60 Abs. 1 AGzBGB. erst dann den Staat belangen kann, wenn er nicht auf andere Weise Ersatz zu erlangen vermag. Aber auch in den übrigen Fällen wird schon ohnehin die Ersatzpflicht des Beamten seitens des Staates in der Regel erst dann in Anspruch genommen, wenn eine allenfalls in Betracht kommende Inanspruchnahme dritter Ersatzpflichtiger entweder aussichtslos ist oder mit allzu großen Schwierigkeiten oder Weiterungen verknüpft wäre.

Abweichend von dem Wortlaute des § 839 BGB., woselbst bestimmt ist, daß der Beamte dem Dritten den Schaden „zu ersetzen hat", ist in dem BeaG. die Fassung gewählt, daß der Beamte dem Staate „für den Schaden haftet". Damit soll zum Ausdrucke gebracht werden, daß die Inanspruchnahme der Ersatzpflicht des Beamten in den Fällen, in denen die Voraussetzungen hierfür an sich gegeben wären, nicht notwendigerweise auch immer tatsächlich im vollen Umfang erfolgen muß, daß vielmehr die zuständigen Behörden nicht gehindert sind, von dieser Inanspruchnahme ganz oder teilweise abzusehen, falls dienstliche Interessen oder erhebliche Billigkeitsgründe, wie insbesondere Rücksichtnahme auf die Eigenartigkeit des betreffenden Staatsbetriebs, dies als angezeigt erscheinen lassen.

Die einschlägigen allgemeinen Vorschriften des BGB., insbesondere jene über Schadensersatz (§§ 249ff.), Begriff der Fahrlässigkeit (§ 276), Verhältnis mehrerer als Gesamtschuldner haftender Personen zueinander (§ 426), wurden im BeaG. nicht ausdrücklich als anwendbar erklärt, da auch ohne eine solche Vorschrift es keinem Zweifel unterliegen wird, daß diese Grundsätze insoweit entsprechende Anwendung zu finden haben, als nicht aus dem Gesetze selbst sich ein anderes ergibt.

Die Regelung der Verjährungsfrage folgt den Vorschriften in § 852 Abs. 1 BGB. und Art. 60 Abs. 4 Satz 2 AGzBGB.

Über das Verfahren bei der Inanspruchnahme der Schadensersatzpflicht von Beamten seitens des Staates sind besondere Bestimmungen im X. Abschn. des BeaG. (Art. 179 bis 181) vorgesehen.

Artikel 14.[1])

Der Beamte hat über die ihm vermöge seines Amtes bekannt gewordenen Angelegenheiten, deren Geheimhaltung[2]) ihrer Natur nach erforderlich oder von seinen Vorgesetzten vorgeschrieben ist, Verschwiegenheit zu beobachten, auch nachdem das Dienstverhältnis gelöst ist.[3])

1) Art. 14 ist dem Art. 106 AGzRStPO. bezw. dem § 11 des RBeaG. nachgebildet. Die besonderen strafrechtl. Bestimmungen über Verletzung des Amtsgeheimnisses (§ 92 Ziff. 1, §§ 354, 355 und 358 RStGB.) bleiben unberührt.

2) Die Pflicht zur Geheimhaltung erstreckt sich naturgemäß auch auf solche Angelegenheiten, die der Beamte nicht unmittelbar durch seine Amtstätigkeit, sondern durch Mitteilungen anderer Beamter erfahren hat, wenn sonst die Voraussetzungen zur Geheimhaltung gegeben sind.

Die Verpflichtung zur Beobachtung der Amtsverschwiegenheit gilt auch für die Vernehmung vor Gericht, da sowohl die RZPO. (vgl. §§ 376, 383 Ziff. 5 in Verbindung mit § 385 Abs. 2) als auch die RStrPO. (§ 53) und die MilStrGO. (§ 189) die Vorschrift enthalten, daß öffentliche Beamte, auch wenn sie nicht mehr im Dienste sind, über Umstände, auf die sich ihre Pflicht zur Amtsverschwiegenheit bezieht, nur mit Genehmigung ihrer vorgesetzten Dienstbehörde oder der ihnen zuletzt vorgesetzt gewesenen Dienstbehörde vernommen werden dürfen. Die gleiche Vorschrift gilt nach Art. 20 Abs. 6 des Verwaltungsgerichtshofgesetzes auch für das Verfahren in Verwaltungsrechtssachen und nach § 15 FGG. sowie Art. 129 AGzBGB. für das gerichtliche Verfahren in Angelegenheiten der freiwilligen Gerichtsbarkeit.

3) Auch Aufsichtsräte, die früher Beamte waren, sind zur Amtsverschwiegenheit verpflichtet.

Artikel 15.

Dem Beamten ist es untersagt, ohne Erlaubnis der vorgesetzten Behörde als Sachverständiger außergerichtliche Gutachten¹) abzugeben.

1) Die Abgabe gerichtlicher Gutachten in Zivil- oder Strafsachen kann den Beamten untersagt werden, wenn hierdurch die dienstlichen Interessen Schaden leiden würden (vgl. §§ 402, 407, 408, 376 RZPO., §§ 72, 75, 76, 53 RStrPO. und §§ 208, 212, 189 MilStrGO.).

In der gleichen Weise untersagt Art. 15 den Beamten, ohne Erlaubnis der vorgesetzten Behörde als Sachverständiger außergerichtliche Gutachten abzugeben.

Die Vorschrift bezieht sich nur auf solche gutachtliche Äußerungen, die der Beamte auf Grund seiner Berufskenntnisse und Erfahrungen im Beruf an Dritte zu einem bestimmten rechtlichen oder wirtschaftlichen Zwecke abgibt. Eine lediglich im wissenschaftlichen Interesse gefertigte und an andere kundgegebene Darlegung oder eine sonstige außerhalb des Rahmens solcher praktischer Zwecke stattfindende Meinungsäußerung fällt demnach nicht unter den Art. 15. Nach den Erklärungen der Staatsregierung in den Ausschußverhandlungen dürfen die Beamten als außergerichtliche Gutachter auch die Erfahrungen ihres Amtes allgemein verwenden, soweit diese nicht unter das Amtsgeheimnis fielen. Ebensowenig unterliegt es in der Regel einem Anstand, daß Beamte über Gegenstände, die mit ihrer amtlichen Tätigkeit nicht unmittelbar in Zusammenhang stehen, Privatgutachten abgeben, sofern durch eine solche Nebenbeschäftigung nicht die Erfüllung ihrer Dienstesaufgabe beeinträchtigt wird (vgl. Art. 18 Abs. 1). Insbesondere unterliegt eine solche Tätigkeit bei Beamten, die nicht ihre volle Zeit und Kraft dem Dienste zu widmen haben, wie beispielsweise bei den amtlichen Ärzten, sowie bei Beamten, deren Tätigkeit nicht eine unmittelbar verwaltende, sondern eine belehrende ist, wie bei den Hochschulprofessoren und ähnlichen Beamten, keinem Bedenken. Derartigen besonderen Verhältnissen kann dadurch Rechnung getragen werden, daß für einzelne Beamte oder bestimmte Beamtenklassen die nach Art. 15 erforderliche Genehmigung ein für allemal im voraus erteilt wird.

Im übrigen ist durch Art. 18 BeaG. die literarische Betätigung vollständig frei gestellt.

Auf Beamte, die auf Wartegeld gesetzt oder in den Ruhestand versetzt sind, findet die Vorschrift der Art. 15 keine Anwendung (vgl. Art. 24).

Artikel 16.

Die Teilnahme an einem Vereine, dessen Zwecke oder Bestrebungen den staatlichen oder dienstlichen Interessen zuwiderlaufen,[1]) ist dem Beamten untersagt.

1) Zuwiderhandlungen gegen die Vorschriften des Art. 16 sind durch Art. 118 bezw. 138 Abs. 2 BeaG. ausschließlich in die Zuständigkeit der Disziplinargerichte gestellt. Diese haben auch allein die Vorfrage zu entscheiden, ob die Bestrebungen eines Vereins den staatlichen oder dienstlichen Interessen zuwiderlaufen.

Artikel 17.

Ein Beamter,[1]) der eine Ehe einzugehen beabsichtigt, hat dies rechtzeitig der zuständigen Dienstbehörde anzuzeigen.[2])

Durch Verordnung kann bestimmt werden, daß gewisse Klassen von Beamten zur Eingehung einer Ehe der Erlaubnis der zuständigen Dienstbehörde bedürfen.

Die Erlaubnis darf nur verweigert werden, wenn der Eingehung der Ehe dienstliche Bedenken[3]) entgegenstehen.

1) Nach Art. 24 Abs. 1 finden die Vorschriften des Art. 17 auch auf die einstweiligen oder zeitlich in den Ruhestand versetzten Beamten Anwendung.

2) Stehen Bedenken nicht entgegen, so kann eine Verfügung auf die Anzeige in der Regel unterbleiben. Walten aber gegen die beabsichtigte Verehelichung dienstliche Bedenken ob, so ist es Aufgabe der Dienstbehörde, den Beamten hierauf sowie auf die etwa eintretenden Folgen rechtzeitig aufmerksam zu machen. Der Beamte hat es dann in der Hand, von der beabsichtigten Verehelichung abzustehen oder die Folgen, die sich beispielsweise durch die Notwendigkeit einer Versetzung auf eine andere Stelle oder nötigenfalls infolge disziplinären Einschreitens ergeben, auf sich zu nehmen.

3) Als dienstliches Bedenken wird in erster Linie die durch die Verehelichung beeinträchtigte Verwendungsfähigkeit des Beamten in Betracht kommen.

Artikel 18.

Der Beamte[1]) darf ein Nebenamt oder ein Nebengeschäft[2]) nur übernehmen, soweit dies mit der gewissenhaften Erfüllung seiner Pflichten und mit der Achtung, die sein Beruf erfordert, vereinbar ist.

Ein Beamter, der

1. ein nicht mit einer Entlohnung verbundenes Nebenamt im Dienste des Reichs oder eines anderen Bundesstaats oder
2. eine ehrenamtliche Stellung in den Verwaltungsorganen einer Gemeinde, Anstalt, Stiftung, Kasse, Religions- oder Kirchengesellschaft, Erwerbsgesellschaft oder Genossenschaft oder
3. das Amt eines Schiedsrichters, Testamentsvollstreckers, Vormundes, Pflegers, Beistandes oder eine andere Verwaltung fremder Angelegenheiten übernimmt,

hat dies der vorgesetzten Dienstbehörde anzuzeigen.

Die Erlaubnis[3]) der zuständigen Dienstbehörde ist erforderlich:

1. zum Betrieb eines Gewerbes im Sinne der Reichs-Gewerbeordnung[4]) und zwar auch dann, wenn es von der Ehefrau oder von einer anderen dem Hausstande des Beamten angehörenden Person betrieben wird;
2. zur Übernahme eines Nebenamts oder Nebengeschäfts, womit eine Entlohnung[5]) verbunden ist;
3. zur Beteiligung an der Errichtung einer auf Gewinn gerichteten Gesellschaft[6]) als Gründer oder zum Eintritt in den Vorstand, Aufsichtsrat oder Verwaltungsrat einer solchen Gesellschaft. Als eine auf Gewinn gerichtete Gesellschaft gilt eine Genossenschaft nicht, deren Tätigkeit auf den Kreis ihrer Mitglieder beschränkt ist.[7])

Die Erlaubnis kann jederzeit zurückgenommen werden.[8])

In den Fällen des Abs. 3 Ziffer 3 darf die Erlaubnis nur erteilt werden, wenn mit der Tätigkeit weder unmittelbar noch mittelbar ein Gewinn oder eine Entlohnung verbunden ist.

1) Für die im einstweiligen, zeitlichen oder dauernden Ruhestande befindlichen Beamten gelten die Vorschriften des Art. 18 nicht, weil für diese Beamten der Grund zu einer Beschränkung der freien Erwerbstätigkeit entfällt.

Die Vorschrift des Art. 229 BergG., wodurch den Beamten des Oberbergamts und der Berginspektionen gewisse Beschränkungen in bezug auf die Erwerbung von Bergwerken oder Kuxen auferlegt sind, wird durch den Art. 18 BeaG. nicht berührt.

2) Wissenschaftliche oder künstlerische Nebenbeschäftigungen, wie die literarische Betätigung, die Herstellung von Gemälden oder sonstigen Kunstwerken seitens eines Professors der Akademie der bildenden Künste, die Ausübung einer Konsiliarpraxis oder sonstige praktische Anwendung seiner Wissenschaft seitens eines Professors der Medizin, fallen nicht unter die Vorschriften des Art. 18 Abs. 2 und 3. Dagegen steht der vorgesetzten Behörde selbstverständlich das Recht zu, auf Grund des Art. 18 Abs. 1 auch eine derartige Nebenbeschäftigung ganz oder teilweise zu untersagen, wenn hierunter die entsprechende Erfüllung der Dienstesaufgabe leidet.

3) Nicht erforderlich ist, daß die vorgeschriebene Genehmigung in jedem einzelnen Falle besonders erteilt wird; bestimmten Beamtenklassen kann vielmehr für gewisse Nebengeschäfte die Genehmigung durch allgemeine Entschließung im voraus erteilt werden.

4) Der Zusatz „im Sinne der Reichsgewerbeordnung" kam erst auf Grund der Ausschußverhandlung in das Gesetz. Nach der Begründung war ursprünglich der Ausdruck „Gewerbe" im weitesten Sinne zu verstehen und begriff hiernach über die in der Gewerbeordnung und im Gewerbsteuergesetz enthaltene Begriffsabgrenzung hinaus jede auf Erwerb gerichtete berufsmäßige Arbeitstätigkeit in sich, die sich als Beteiligung am allgemeinen wirtschaftlichen Leben darstellt. Nach den Ausschußverhandlungen sollte zwar dem Beamten und den Mitgliedern seiner Familie nicht freistehen, jedes beliebige Gewerbe zu betreiben, doch sei wenigstens eine Einschränkung auf den Begriff des Gewerbes im Sinne der RGewO. wünschenswert.

Ob tatsächlich ein Gewerbebetrieb in diesem Sinne vorliegt, hat die zuständige Dienstbehörde nach eigenem Ermessen zu entscheiden.

Nicht als Gewerbe kommen in Betracht: Ackerbau, Forstwirtschaft, Gartenbau und Weinbau, dann die Tierzucht überhaupt, die Ausübung der Jagd und das Sammeln von wilden Beeren und Früchten. Landwirtschaftliche Nebenbetriebe werden der Erlaubnis nicht bedürfen, wenn die Verarbeitung selbstgewonnener landwirtschaftlicher Erzeugnisse die üblichen Grenzen nicht überschreitet, unter der gleichen Voraussetzung auch das Verkaufen selbstgewonnener Rohstoffe (aber nicht im Umherziehen), ferner kommen nicht in Betracht die persönlichen Dienstleistungen höherer Art, die eine höhere Bildung erfordern: die Seelsorge, die Erteilung von Unterricht, ausgenommen des Unterrichts in körperlichen Übungen, die Tätigkeit des Arztes.

5) Hierbei kommt es nicht darauf an, daß die Entlohnung eine fortlaufende ist oder in bestimmten Zeiträumen sich wiederholt; die Vorschrift soll vielmehr auch dann Platz greifen, wenn die Entlohnung in wiederkehrenden Teilbeträgen stattfindet oder nur eine einmalige ist oder wenn diese nicht in barem Gelde, sondern in anderen geldwerten Leistungen besteht.

6) Selbstverständlich bedarf der Beamte in dem Falle keiner Erlaubnis, wenn an einer unter den Abs. 3 Ziff. 3 fallenden Unternehmung der Staat selbst ein Interesse besitzt, und der Beamte aus diesem Anlaß auf Grund der Satzungen der Gesellschaft in den Vorstand, Aufsichts- oder Verwaltungsrat abgeordnet wird.

7) Z. B. Einkaufsgenossenschaften, Konsumvereine.

8) Die erteilte Erlaubnis kann nach Abs. 3 Satz 2 jederzeit zurückgenommen werden. Aber auch in den Fällen, in welchen eine Erlaubnis nicht einzuholen, sondern lediglich eine Anzeige zu erstatten ist, kann dem Beamten die Fortführung des Nebenamts oder Nebengeschäfts jederzeit untersagt werden, wenn sich ergibt, daß hiergegen dienstliche Bedenken im Sinne des Abs. 1 obwalten.

Artikel 19.

Die Übernahme von Nebenämtern oder Nebengeschäften im staatlichen Dienste[1]) kann der Beamte nicht verweigern, wenn sie seiner Berufsbildung und dienstlichen Stellung entsprechen.

1) Art. 19 trifft Bestimmungen für die Übernahme von Nebenämtern und Nebengeschäften, die dem Beamten kraft der dem Staate zustehenden Dienstgewalt neben den gewöhnlichen Geschäften seines Hauptamts als Dienstesaufgabe zugewiesen werden. Da der Beamte, soweit nicht, wie z. B. bei den amtlichen Ärzten, besondere Verhältnisse inmitten liegen, seine volle Zeit und Kraft dem Dienste des Staates zur Verfügung zu stellen hat, so kann ihm nötigenfalls auch die Übernahme von Nebenämtern und Nebengeschäften im staatlichen Dienste zugemutet werden, wenn sie seiner Berufsbildung und dienstlichen Stellung entsprechen. Als selbstverständlich ist hierbei vorauszusetzen, daß dem Beamten die Ausübung seines Hauptamts die nötige Zeit zur Besorgung einer derartigen Nebenbeschäftigung läßt. Eine außergewöhnliche Ausdehnung der Dienstzeit soll durch die Nebenbeschäftigung nicht eintreten. Dagegen ist z. B. die Zuziehung zu Prüfungen während des Urlaubs oder der Ferien zulässig. Die Vorschrift des § 4 EG. z. RGVG., wonach den ordentlichen Gerichten außer den Geschäften der Justizverwaltung andere Gegenstände der Verwaltung nicht übertragen werden dürfen, bleibt unberührt.

Wieweit dem Beamten für die Besorgung eines Nebenamts oder Nebengeschäfts neben seinem Gehalt eine besondere Vergütung aus der Staatskasse gewährt werden kann, bemißt sich bei den etatsmäßigen Beamten nach Art. 26 Abs. 5 BeaG.

Artikel 20.

Der Beamte[1]) darf Titel, Ehrenzeichen, Gehalte, Belohnungen und Geschenke von anderen Regenten oder Regierungen nur mit Erlaubnis des Königs oder der vom König ermächtigten Behörde[2]) und sonstige Belohnungen oder Geschenke,[3]) die ihm in Bezug auf sein Amt zugedacht sind, nur mit Erlaubnis der zuständigen Dienstbehörde annehmen.[4])

1) Die Vorschrift des Art. 20 findet nach Art. 24 auch auf die einstweilen, zeitlich oder dauernd im Ruhestande befindlichen Beamten Anwendung. Als Belohnungen oder Geschenke, die diesen Beamten in bezug auf ihr Amt zugedacht sind, können naturgemäß nur solche Zuwendungen in Betracht kommen, die mit Bezug auf die früher innegehabte Amtsstelle erfolgen sollen.

2) Die Vorschriften des Art. 20 entsprechen in ihrem ersten Teile im wesentlichen dem für alle Staatsangehörigen bestehenden Rechte (vgl. Tit. VI § 14 Abs. 2 VerfU., § 10 Ziff. 2 der Beil. I zur VerfU., § 360 Ziff. 8 RStrGB.). Diesen Vorschriften wurde als weitere Beschränkung für die Beamten nur noch das Verbot hinzugefügt, daß sie ohne Erlaubnis auch Belohnungen oder Geschenke von anderen Regenten oder Regierungen nicht annehmen dürfen.

3) Die Bestimmungen in § 331 bezw. § 332 RStrGB., wonach sich der Beamte straffällig macht, der für eine in sein Amt einschlagende, an sich nicht pflichtwidrige Handlung bezw. der für eine Handlung, die eine Verletzung einer Amts- oder Dienstpflicht enthält, Geschenke oder andere Vorteile annimmt, fordert oder sich versprechen läßt, werden hierdurch nicht berührt.

4) Die Erlaubnis hat der Beamte nur dann zu erholen, wenn die Belohnung oder das Geschenk in bezug auf sein Amt zugedacht ist.

Selbstverständlich kommen hier Belohnungen nicht in Betracht, die für die Vornahme von Handlungen oder die Herbeiführung eines gewissen Erfolges von Behörden ausgesetzt werden, dagegen dürfen die von Privaten zu Belohnungen für Beamte zur Verfügung gestellten Beträge nur von deren vorgesetzten Behörden entgegengenommen werden, die sich die Verteilung derselben an die einzelnen Beamten selbst vorzubehalten haben. Über das Verfahren bei Aussetzung und Bewilligung von Belohnungen für die Ermittelung und die Ergreifung von Verbrechern, siehe die MB.

v. 31. Dez. 90, MABl. 91 S. 23, JMBl. 91 S. 2, FMBl. 91 S. 2, über die Belohnungen der Gendarmerie, die ME. v. 19. Okt. 85 Nr. 12441, Weber 17, 489.

Artikel 21.

Der Beamte hat seinen Wohnsitz[1]) derart zu nehmen, daß hiedurch die Erfüllung seiner dienstlichen Obliegenheiten nicht beeinträchtigt ist.

Ob der Wohnsitz dieser Anforderung entspricht, wird, wenn ein Zweifel darüber besteht, von der vorgesetzten Dienstbehörde entschieden.

1) Der Art. 21 regelt die sogenannte Residenzpflicht des Beamten, d. i. die Verpflichtung, daß er seinen Wohnsitz derart nimmt, wie es das dienstliche Interesse erfordert.

Diese Verpflichtung ergibt sich schon aus der allgemeinen Pflicht des Beamten zur gewissenhaften Verwaltung des ihm übertragenen Amtes und war auch bisher geltendes Recht, wenn auch ausdrückliche Vorschriften hierüber nur für einige besondere Fälle erlassen waren (vgl. Seydel, 2. Aufl. II 215; Becher, Bayer. Landeszivilrecht I 211).

Die besonderen Vorschriften, wie sie in den Art. 6 und 53 AG. v. 23. Febr. 79 zum RGVG. sowie in der hierzu ergangenen JMB. v. 11. Sept. 79, GVBl. 1168, für die Richter und Staatsanwälte getroffen sind, werden durch den Art. 21 nicht berührt (vgl. Art. 183 BeaG.). Ebensowenig erfährt die Vorschrift des § 9 Abs. 2 der GerichtsvollzieherO. v. 12. Dez. 99, wonach der Gerichtsvollzieher am Sitze des Amtsgerichts, bei dem er aufgestellt ist, zu wohnen hat und wonach die Bestimmungen darüber, wieweit mehrere Orte im Sinne dieser Vorschrift als ein Ort zu betrachten sind, dem Staatsministerium der Justiz zustehen soll, durch den vorliegenden Entwurf eine Änderung, da diese Anordnung nur als eine für die Gerichtsvollzieher bereits getroffene Entscheidung im Sinne des Abs. 2 des Art. 21 sich darstellt.

Artikel 22.

Die Vorschriften über die Sonntagsruhe und über den Urlaub werden von der Staatsregierung erlassen.[1])

Jedem etatsmäßigen Beamten soll alljährlich ein angemessener Urlaub bewilligt werden, soweit nicht außergewöhnliche Verhältnisse entgegenstehen. Der Feriengenuß ist dem Urlaube gleich zu achten.

Ein Beamter, der sich ohne den erforderlichen Urlaub von seinem Amte fern hält oder den erteilten Urlaub überschreitet, ohne daß ihm ausreichende Entschuldigungsgründe zur Seite stehen, ist, unbeschadet dienststrafrechtlichen Einschreitens, für die Zeit des unerlaubten Fernbleibens vom Amte seines Diensteinkommens verlustig.[2])

Die Einziehung des Diensteinkommens (Abs. 3) wird von der Behörde verfügt, die den Urlaub zu erteilen hat. Gegen die Verfügung steht dem Beamten die Beschwerde im Instanzenzuge frei. Die Frist zur Einlegung der Beschwerde beträgt zwei Wochen, vom Tage der Eröffnung der Verfügung an gerechnet.

1) Die Vorschriften über den Urlaub der Beamten bleiben der Regelung durch die Staatsregierung vorbehalten.

Unberührt bleiben die gesetzlichen Vorschriften, in denen der Beamte zum Fernbleiben vom Amte eines Urlaubs nicht bedarf (vgl. z. B. Art. 21 Abs. 1 RVerf.) oder der Urlaub nicht verweigert werden kann (Art. 35 LandtwahlG. v. 9. April 06; § 66 RMilG. v. 2. Mai 74/6. Mai 80. Für die Dauer des regelmäßigen Urlaubs wird ebenso wie für die Zeit, für die der Beamte eines Urlaubs nicht bedarf oder der Urlaub nicht verweigert werden kann, nach Art. 35 Abs. 1 den etatsmäßigen Beamten der Gehalt unverkürzt weiter gezahlt und der Aufwand für die etwa nötig werdende Vertretung des Beamten auf die Staatskasse übernommen.

2) Die Vorschrift des Abs. 2 schließt sich dem Art. 7 RichtDiszG. v. 26. März 81 an. Der dort ausdrücklich angeführte weitere Fall, daß ein Beamter „im Falle seiner Versetzung, Beförderung oder Reaktivierung die ihm übertragene Stelle anzutreten unterläßt", wurde im BeaG. nicht eigens erwähnt, weil in einem solchen Falle angenommen werden kann, daß „der Beamte ohne den erforderlichen Urlaub von seinem Amte sich fernhält".

Nach der Begründung zum Entwurfe des BeaG. stellt sich die Maßnahme des Gehaltseinzugs im Falle des unerlaubten Fernbleibens vom Amte — unabhängig von der dienststrafrechtlichen Würdigung der Zuwiderhandlung — nur als privatrechtliche Folge der Verweigerung der Dienstleistung dar. Demgemäß kann nach Art. 22 Abs. 4 die Einziehung des Gehalts durch die Behörde verfügt werden, die den Urlaub zu erteilen hat. Gegen die den Gehaltseinzug verfügende Entschließung der Dienstbehörde steht die Beschwerde im Instanzenzug offen. Wird neben der Einziehung des Gehalts die Einleitung des Dienststrafverfahrens verfügt und in diesem Verfahren das Fernbleiben des Beamten vom Amte als entschuldbar anerkannt, so ist dem Beamten der innebehaltene Gehalt nachzuzahlen.

Außerdem steht dem Beamten zwar gemäß Art. 176 BeaG. für seinen Anspruch auf Zahlung des nach seiner Anschauung ohne Rechtsgrund einbehaltenen Gehalts der Zivilrechtsweg gegen den

Staat formell offen. In diesem zivilrechtlichen Verfahren ist jedoch gemäß Art. 178 Ziff. 6 a. a. O. die von den Verwaltungsbehörden getroffene Entscheidung über den Verlust des Diensteinkommens der richterlichen Nachprüfung entzogen. Diese Bindung der Gerichte erschien notwendig, weil, wenn die Frage, ob dem Beamten für sein Verhalten besondere Entschuldigungsgründe zur Seite stehen oder nicht, sowohl von den Ordnungsstrafbehörden und Disziplinargerichten als auch von den ordentlichen Gerichten zu entscheiden wäre, diese Frage unter Umständen von der einen Seite verneint, von der anderen Seite aber bejaht würde. Einer derartigen Möglichkeit hat das Gesetz vorgebeugt. Abgesehen davon verfolgt es aber in Übereinstimmung mit den neueren Beamtengesetzen auch sonst den Grundsatz, daß alle aus dem Gewaltverhältnisse sich ableitenden Verfügungen der Verwaltungs- und Disziplinarbehörden, wie insbesondere die Versetzung, Wiederanstellung, Verhängung von Ordnungsstrafen, Dienstentlassung, auch wenn sie Vermögensinteressen des Beamten berühren, für die Beurteilung der vor Gericht verfolgten vermögensrechtlichen Ansprüche bindend sein sollen (vgl. Art. 178 BeaG.).

Für die richterlichen Beamten verbleibt es nach Art. 183 BeaG. hinsichtlich der Gehaltseinziehung im Falle des unerlaubten Fernbleibens vom Amte bei den Vorschriften der Art. 7 und 57 RichterDiszG.

Artikel 23.

Der Beamte ist vor dem Dienstantritt auf die getreue Erfüllung seiner Obliegenheiten eidlich[1]) zu verpflichten.

Der geleistete Eid verpflichtet auch für alle Ämter, die später übertragen werden.[2])

Ist die eidliche Verpflichtung unterblieben,[3]) so ist dies auf die Gültigkeit der Amtshandlungen und auf die Verantwortlichkeit für Pflichtverletzungen ohne Einfluß, soweit nicht durch besondere Gesetze für die Übernahme gewisser Ämter die Ableistung eines Diensteids ausdrücklich vorgeschrieben ist.

1) Die eidliche Verpflichtung setzt sich nunmehr aus dem Verfassungseide (VerfU. Tit. X § 3), soferne dieser nicht schon früher geleistet wurde und dem Diensteide zusammen. Der bisherige sog. Vereinseid ist weggefallen.

2) Bei Versetzungen, Beförderungen u. dgl. hat weder eine wiederholte eidliche Verpflichtung noch eine Zurückerinnerung an den geleisteten Eid stattzufinden.

3) Da immerhin die Möglichkeit nicht ausgeschlossen ist, daß aus Versehen die rechtzeitige eidliche Verpflichtung unterbleibt,

wurde ausdrücklich ausgesprochen, daß die eidliche Verpflichtung weder unerläßliche Vorbedingung für die Gültigkeit der Amtshandlungen noch für den Eintritt der Verantwortlichkeit wegen Pflichtverletzungen ist. Eine Ausnahme besteht nur für den Fall, daß durch besonderes Gesetz für die Übernahme gewisser Ämter die Ableistung eines Diensteids ausdrücklich vorgeschrieben ist, wie dies z. B. nach Art. 2 AG. v. 23. Febr. 79 z. RGVG. in Ansehung der Ausübung des Richteramts, dann in Art. 10 Abs. 1 des Notariatsgesetzes v. 9. Juni 99, GVBl. 137 der Fall ist. Für die Mitglieder des Verwaltungsgerichtshofes ist durch § 16 der KAV. v. 31. Aug. 79 ein mit dem Richtereide gleichlautender Diensteid vorgeschrieben.

Artikel 24.

Die Vorschrift in dem Artikel 11 über das Verhalten außer dem Amte sowie die Vorschriften der Artikel 14, 17, 20 finden auch auf die einstweilen oder zeitlich in den Ruhestand[1]) versetzten Beamten entsprechende Anwendung.

Auf die im dauernden Ruhestande[1]) befindlichen Beamten finden lediglich die Vorschriften in dem Artikel 11 über das Verhalten außer dem Amte sowie die Vorschriften der Artikel 14, 20 entsprechende Anwendung.

1) Für die auf Wartegeld gesetzten oder die zeitlich oder dauernd in den Ruhestand versetzten Beamten fallen alle Pflichten weg, die dem Beamten nur mit Rücksicht auf die Führung eines Amtes auferlegt sind. Gewisse Pflichten müssen aber ihrer Natur und ihrem Zwecke nach auch über die Beendigung des aktiven Dienstverhältnisses hinaus fortdauern. Dies gilt bei allen im Ruhestande befindlichen Beamten hinsichtlich der Pflicht zur Beobachtung eines würdigen Verhaltens, hinsichtlich der Pflicht zur Wahrung des Amtsgeheimnisses und hinsichtlich der Verpflichtung Titel, Ehrenzeichen ꝛc. sowie Belohnungen, die mit Rücksicht auf das früher verwaltete Amt erfolgen, nur nach vorheriger Genehmigung anzunehmen (Art. 11, 14 und 20), bei den einstweilen oder zeitlich im Ruhestande befindlichen Beamten mit Rücksicht darauf, daß sie möglicherweise wieder zur Dienstleistung berufen werden, außerdem noch hinsichtlich der Pflicht zur Einholung der Genehmigung zur Verehelichung oder zur Anzeige der beabsichtigten Verehelichung (Art. 17).

Wegen der disziplinären Ahndung von Pflichtverletzungen seitens der auf Wartegeld gesetzten und im Ruhestande befindlichen Beamten enthalten Art. 166 und 167 BeaG. die entsprechenden Vorschriften.

Artikel 25.

Die Vorschriften des Artikel 11, des Artikel 12 Abs. 1, 2, der Artikel 13, 14, 16, 17, des Artikel 18 Abs. 1, der Artikel 20, 21, des Artikel 22 Abs. 1 und des Artikel 23 finden auch auf die Staatsdienstaspiranten entsprechende Anwendung, die nicht als Beamte im Sinne des Artikel 1 erklärt sind, ferner auf Personen, die, ohne als Beamte im Sinne des Artikel 1 erklärt zu sein, mit den Verrichtungen solcher Beamten ständig oder vorübergehend betraut sind. [1])

1) Im Staatsdienst werden auch Personen verwendet, die in einem nicht rein privatrechtlichen Dienstverhältnisse zum Staate stehen, gleichwohl aber nicht als Beamte im Sinne des BeaG. zu erachten sind.

Hierzu gehören zunächst die Staatsdienstaspiranten, die zum Zwecke ihrer Ausbildung bei staatlichen Behörden verwendet, aber nicht als Beamte im Sinne des BeaG. erklärt sind. Da ferner beabsichtigt ist, grundsätzlich Personen die Beamteneigenschaft nicht zu verleihen, die das 21. Lebensjahr noch nicht vollendet haben, so kommen hier weiter alle diejenigen Personen in Betracht, die zwar den Dienst eines Beamten versehen, hierzu aber vorerst nicht ernannt werden, weil sie das vorgeschriebene Lebensalter noch nicht besitzen. Dies gilt beispielsweise vielfach von dem Kanzlei- und Botenpersonale der Gerichte und äußeren Behörden. Schließlich kommt es bei Staatsbetrieben mit wechselnder Inanspruchnahme, so namentlich im Bereiche der Militärverwaltung vor, daß durch nicht rein privatrechtlichen Dienstvertrag Personen lediglich vorübergehend für die Dauer des erhöhten Betriebs oder zwar dauernd, aber ohne Anwartschaft auf Einrückung in eine etatsmäßige Stelle auf Kündigung angenommen werden, ohne daß ihre förmliche Ernennung zum Beamten stattfindet.

In allen diesen Fällen handelt es sich zwar nicht um Beamte im Sinne des BeaG., wohl aber um Beamte in jenem weiteren Sinne, der unter Staatsbeamten alle Personen begreift, die, gleichviel ob mit oder ohne Staatsdienereigenschaft, im Dienstverhältnisse zum Staate stehen (vgl. Mot. zu Art. 26 AGzRGVG. — Verh. d. K. d. Abg. 78/79 Beil. V 134 —; dann Art. 112 AGzRStrPO.).

In bezug auf die Ausübung der Disziplin über diese Personen ist in den Art. 165 und 168 BeaG. Vorsorge getroffen.

III. Abschnitt.

Diensteinkommen der etatsmäßigen Beamten.

Artikel 26.

Die Gehalte[1]) der etatsmäßigen Beamten werden durch die Gehaltsordnung bestimmt.

Die Zuweisung[2]) des Gehalts an den Beamten erfolgt durch den König oder die vom König ermächtigte Behörde. Der Gehalt des Beamten soll in die ihm zu behändigende Urkunde (Artikel 5 Abs. 1) aufgenommen werden.

Für die Bemessung des Gehalts[3]) ist die im Hauptamt übertragene Stelle maßgebend. Welche Dienstesaufgaben im einzelnen zu der im Hauptamt übertragenen Stelle gehören, bestimmen die Dienstesvorschriften.

Keinem Beamten können gleichzeitig mehrere Amtsstellen im Hauptamt übertragen werden.[4])

Für ein Nebenamt oder Nebengeschäft kann dem Beamten eine besondere Vergütung aus der Staatskasse nur bewilligt werden, wenn es mit dem Hauptamte nicht in unmittelbarem Zusammenhange steht oder den Beamten in besonderem Maße in Anspruch nimmt.

1) Für den Begriff des Beamten im weiteren Sinne (Art. 1) erscheint es nicht erforderlich, daß er für seine Dienstleistung eine Entlohnung erhält, wohl aber ist es für den Begriff des etatsmäßigen Beamten (Art. 2) wesentlich, daß seine Dienstleistung eine entgeltliche ist.

Die Besoldung der etatsmäßigen Beamten zerfällt nach den Grundsätzen des BeaG. (Art. 26 und 27) in den eigentlichen Gehalt und gewisse Nebenbezüge, zu denen hauptsächlich die Dienstaufwandsentschädigungen, die Materialersparnisprämien im Bereiche der Staatseisenbahnverwaltung und ähnliche Nebenvergütungen zählen.

Die Gehalte der etatsmäßigen Beamten werden durch KAV. — die GehO. siehe unten — bestimmt. Das Gesetz geht hierbei von dem Gedanken aus, daß der Beamte aus der GehO. noch keinen Rechtsanspruch darauf erwirbt, daß sein Gehalt tatsächlich in der darin für seine Dienstklasse vorgesehenen Höhe festgesetzt wird. Nach Art. 27 Abs. 1 bezw. 2 kann die Staatsregierung den Gehalt unter Umständen erhöhen oder geringer bemessen.

2) Erst aus der Zuweisung des Gehalts in der Ernennungsurkunde (Art. 5 Abs. 2 und 4) soll der Beamte einen rechtlichen Anspruch auf die Verabfolgung des ihm zugewiesenen Gehalts, solange sein Dienstverhältnis dauert, erwerben. Eine Ausnahme sieht in dieser Beziehung das BeaG. in Art. 183 und 184 für die Richter der ordentlichen Gerichte, die Mitglieder des Verwaltungsgerichtshofs und die Mitglieder des Obersten Rechnungshofs vor.

3) Der Gehalt soll in der Hauptsache die einzige Entlohnung für die Dienstleistung des Beamten bilden. Neben dem Gehalte soll dem Beamten — abgesehen von den bereits erwähnten Dienstaufwandsentschädigungen und ähnlichen Vergütungen — eine weitere Vergütung nur gewährt werden können:

a. für die im Hauptamt übertragene Amtsstelle, wenn die Vergütung in der GehO. vorgesehen ist oder wenn die Dienstleistung des Beamten in außergewöhnlicher Weise über das normale Maß hinausgeht (Art. 27 Abs. 3);

b. für ein Nebenamt oder Nebengeschäft, wenn dieses mit dem Hauptamte nicht in unmittelbarem Zusammenhange steht oder den Beamten in besonderem Maße in Anspruch nimmt (Art. 26 Abs. 5).

Die Frage, ob ein Nebenamt oder Nebengeschäft mit dem Hauptamt in unmittelbarem Zusammenhange steht oder nicht, muß nach Lage des einzelnen Falles beurteilt werden. Um einen unmittelbaren Zusammenhang mit dem Hauptamte für gegeben erachten zu können, ist es jedenfalls erforderlich, daß das übertragene Nebenamt oder Nebengeschäft der Berufsbildung des Beamten und der Dienstesaufgabe der betreffenden Beamtenklasse entspricht.

Demnach haben beispielsweise die zur Mitwirkung bei der Verwaltung der Angelegenheiten der Kreisgemeinden berufenen Staatsbeamten hierfür neben ihrem Gehalt eine besondere Vergütung aus Staats- oder Kreismitteln im allgemeinen nicht anzusprechen, da die Staatsbehörden organisationsgemäß zur Mitwirkung bei der Verwaltung der Kreisangelegenheiten berufen sind und hiernach auch die Mitwirkung der einzelnen Beamten bei dieser Verwaltung in den Rahmen ihrer ordentlichen Dienstesaufgabe fällt. Eine besondere Vergütung kann vielmehr in diesen Fällen nur dann in Frage kommen, wenn nach den Vorschriften des BeaG. (vgl. Art. 27 Abs. 3) für die Verrichtung der ordentlichen Dienstesaufgabe die Gewährung einer weiteren Vergütung zulässig erscheint.

Ebensowenig lassen sich u. a. die besonderen Vergütungen des Lehrpersonals an den Mittelschulen und ähnlichen Unterrichtsanstalten für Überstunden nach den Grundsätzen der Neuregelung in der bisherigen Art und Weise aufrecht erhalten, da im allgemeinen auch hier die Voraussetzungen weder des Art. 26 Abs. 5 noch des Art. 27 Abs. 3 zutreffen.

Dagegen erscheint zweifellos ein mit dem Hauptamt in unmittelbarem Zusammenhange stehendes Nebenamt oder Nebengeschäft nicht gegeben, wenn beispielsweise einem Professor der Technischen Hochschule, unbeschadet der Ausübung seiner Lehraufgabe, die Ausarbeitung eines Entwurfs zu einem Staatsgebäude übertragen wird, da diese Tätigkeit ohne Frage über den Rahmen der einem Hochschulprofessor zukommenden Dienstesaufgabe hinausgeht. Ebensowenig erscheint es ausgeschlossen, daß beispielsweise einem Rechnungskommissär einer Kreisregierung, dem unbeschadet der Erledigung seines regelmäßigen Geschäftspensums die Führung der Regierungsregiekasse im Nebenamt übertragen wird, hierfür neben seinem Gehalt eine besondere Vergütung gewährt wird, da an sich die Führung einer solchen Kasse nicht zur Geschäftsaufgabe eines Rechnungskommissärs gehört und der mit diesem Nebenamte betraute Beamte dadurch seinen Amtsgenossen gegenüber in erhöhtem Maße belastet wird.

Selbstverständlich muß sich jedoch in jedem einzelnen Falle die Vergütung für das Nebenamt oder Nebengeschäft in den entsprechenden Grenzen halten und zu der Entlohnung für das Hauptamt sowie zu der durch das Nebenamt verursachten Mühewaltung in einem angemessenen Verhältnisse stehen.

4) Die Übertragung mehrerer Amtsstellen im Hauptamte ist grundsätzlich ausgeschlossen. Es kann dem Beamten im Falle der ausnahmsweisen Übertragung mehrerer Amtsstellen nur eine Stelle im Hauptamte, die weitere Stelle nur im im Nebenamte nach Maßgabe der Grundsätze des Art. 19 und des Art. 26 Abs. 5 BeaG. übertragen werden.

Artikel 27.

Soweit dienstliche Rücksichten [1]) es geboten erscheinen lassen, kann einem Beamten ausnahmsweise durch Königliche Entschließung ein von der Gehaltsordnung abweichender höherer Gehalt verliehen werden.

Auch kann, soweit die Verhältnisse es angezeigt erscheinen lassen, [2]) ein Beamter zunächst mit einem geringeren als dem in der Gehaltsordnung vorgesehenen Anfangsgehalt ernannt und ein bereits ernannter Beamter zunächst ohne Änderung seines Gehalts oder unter vorläufiger Gewährung einer Zulage mit der Versehung einer Amtsstelle betraut werden, für die in der Gehaltsordnung ein höherer Gehalt vorgesehen ist.

Abgesehen von diesem Falle darf für die im Hauptamt übertragene Amtsstelle neben dem Gehalt eine weitere Vergütung nur gewährt werden, wenn sie in der Gehaltsordnung vorgesehen ist oder wenn die

Dienstleistung des Beamten in außergewöhnlicher Weise über das normale Maß hinausgeht.

Die Vorschriften über die Entschädigungen für den Dienstaufwand[3]) und über die Gewährung von Umzugskosten bleiben unberührt.

1) Diese Bestimmung ist unentbehrlich, um nötigenfalls für bestimmte Stellen besonders geeignete Kräfte gewinnen oder dem Staatsdienst erhalten zu können.

2) Ein solcher Anlaß kann sich ergeben, wenn eine Stelle, die nach der GehO. als Aufrückungsstelle für dienstältere Beamte in Betracht kommt, mangels eines geeigneten Anwärters ausnahmsweise mit einem dienstjüngeren Beamten besetzt werden muß.

3) Der Bestimmung in Abs. 4 kommt nur die Bedeutung zu, daß die Vorschriften über die Gewährung von Dienstaufwandsentschädigungen sowie über die Vergütung der Umzugskosten im allgemeinen aufrecht erhalten bleiben; dagegen sind im einzelnen für die Gewährung von Dienstaufwandsentschädigungen selbstverständlich in Zukunft die Grundsätze der Neuregelung maßgebend. Hiernach sollen die Dienstaufwandsentschädigungen im allgemeinen nur in einer Höhe bemessen werden, daß sie keinen eigentlichen Besoldungsbestandteil bilden, sondern lediglich zur Bestreitung des tatsächlichen Dienstaufwandes ausreichen. Bezüglich der Umzugskosten vgl. oben Art. 9 Anm. 5.

Artikel 28.

Einem Beamten, für dessen Klasse in der Gehaltsordnung ein steigender Gehalt vorgesehen ist, wird, unbeschadet der Vorschriften des Artikel 27 Abs. 1, 2 und des Artikel 30, bei seiner Ernennung oder Beförderung zunächst der Gehalt der untersten Stufe dieser Klasse zugewiesen.

Bei befriedigender Dienstleistung und tadelfreiem dienstlichen und außerdienstlichen Verhalten rückt er nach Maßgabe seines Dienstalters in die für seine Klasse in der Gehaltsordnung vorgesehenen höheren Dienstaltersstufen vor.[1])

Für die Bemessung der Vorrückung in den Gehalt einer höheren Dienstaltersstufe wird, unbeschadet der Vorschriften der Abs. 4 bis 7 dieses Artikels und der Vorschriften des Artikel 29, nur die Zeit gerechnet, die der Beamte in etatsmäßiger Eigenschaft in der gleichen oder in einer höheren Klasse der Gehaltsordnung zugebracht hat.

Den Militäranwärtern und Inhabern des Anstellungsscheins wird bei der Ernennung in etatsmäßiger Eigenschaft für die Bemessung des Gehalts die regelmäßige Zeit [2]) der Anstellung auf Probe oder der Probedienstleistung angerechnet, soweit sie in der gleichen Stellung [3]) zugebracht wurde.

Durch Verordnung kann ferner bestimmt werden, daß den Militäranwärtern bei der Ernennung in etatsmäßiger Eigenschaft ein Teil der Militärdienstzeit für die Bemessung des Gehalts angerechnet wird.

Außerdem kann einem Beamten für die Bemessung des Gehalts ganz oder teilweise die Zeit angerechnet werden, [4]) während welcher er

1. im Dienste des Reichs oder
2. im Dienste eines anderen Bundesstaats oder
3. als nicht aus der Staatskasse besoldeter Beamter des Staates [5]) oder
4. in einem sonstigen öffentlichen Dienste [6]) verwendet oder
5. außerhalb des öffentlichen Dienstes tätig war, sofern diese Tätigkeit für die berufliche Ausbildung förderlich ist. [7])

Verzögerte sich die Ernennung eines Staatsdienstaspiranten zum etatsmäßigen Beamten dadurch, daß er seiner aktiven Militärpflicht genügte oder wegen zeitiger Untauglichkeit von der Aushebung zurückgestellt oder als überzählig vorerst nicht eingestellt wurde, so kann die Zeit der Verzögerung bei der späteren Ernennung zum etatsmäßigen Beamten für die Bemessung des Gehalts entsprechend angerechnet werden.

1) Ein Rechtsanspruch auf die in der GehO. vorgesehene Gehaltsvorrückung steht ihm jedoch nicht zu.

Die Entscheidung darüber ob die Voraussetzungen für die Gehaltsvorrückung gegeben sind, liegt ausschließlich im Ermessen der vorgesetzten Dienstbehörden (vgl. auch Art. 33 Abs. 1) und ist der richterlichen Nachprüfung entrückt.

Geben die dienstlichen Leistungen oder das dienstliche oder außerdienstliche Verhalten eines Beamten zur Beanstandung Anlaß, so kann die Vorrückung in den Gehalt der höheren Dienstaltersstufe ganz oder teilweise versagt oder in längeren Fristen oder nur in widerruflicher Weise bewilligt werden. Die Gründe dieser Maßnahme sind dem Beamten schriftlich zu eröffnen (Art. 31 Abs. 1).

Über die spätere Bewilligung der Gehaltsvorrückung siehe Art. 31 Abs. 2.

Dagegen kann dem Beamten die Gehaltsvorrückung nicht versagt werden, wenn nach dem Befinden der zuständigen Dienstbehörde weder seine Dienstleistung noch sein dienstliches oder außerdienstliches Verhalten zu einer Beanstandung Anlaß bietet. Gegen die Verfügung, durch welche ihm die Gehaltsvorrückung versagt wird, steht dem Beamten Beschwerde an die nächsthöhere Behörde frei (Art. 33 und Art. 178 Ziff. 5 BeaG.).

2) Die Anrechnung ist auf die regelmäßige Zeit der Anstellung auf Probe oder der Probedienstleistung beschränkt. Findet eine wiederholte Probedienstleistung oder eine wiederholte Anstellung auf Probe in demselben Dienstzweige statt, weil der Militäranwärter oder Inhaber des Anstellungsscheins von einer früheren derartigen Verwendung vor ihrer Beendigung zurückgetreten ist oder entlassen wurde oder weil er nach ihrer Beendigung die Qualifikation für die betreffende Stelle nicht erworben hat (Abs. 2 MB. v. 30. Sept. 07 — GVBl. 686 — und Ziff. 11 der Bestimmungen über die Kommandierung und Beurlaubung der Militäranwärter im Interesse der Zivilversorgung — GVBl. 85 S. 681), so soll eine Anrechnung der die regelmäßige Dauer übersteigenden Zeit für die Bemessung des Gehalts ausgeschlossen sein.

3) Durch die Worte in der gleichen Stellung soll ferner zum Ausdrucke gebracht werden, daß zwar die Anrechnung der Zeit der Probedienstleistung oder der Anstellung auf Probe nur zulässig sein soll, soweit sie innerhalb der gleichen Bedienstung abgeleistet wurde, daß es jedoch für die Zulässigkeit der Anrechnung nicht erforderlich ist, daß die etatsmäßige Anstellung gerade auf der gleichen Dienstesstelle erfolgen muß, auf der die probeweise Dienstleistung stattgefunden hat. Hiernach erscheint beispielsweise die Anrechnung nicht ausgeschlossen, wenn ein auf Probe zum Rentamtsdiener in A. ernannter Militäranwärter bei seiner etatsmäßigen Anstellung auf die Rentamtsdienerstelle in B. berufen wird. Dagegen wäre die Anrechnung ausgeschlossen, wenn ein Militäranwärter zunächst ein Jahr lang probeweise als Rentamtsdiener verwendet war, dann diese Stelle aufgegeben hat und später als Postbote oder in anderer Eigenschaft angestellt wurde.

4) Bei der etwaigen Anrechnung einer derartigen Dienstzeit sind die allgemeinen Grundsätze des BeaG. im Auge zu behalten und sohin auch hier keine Dienstzeit anzurechnen, deren Berücksichtigung nach den allgemeinen Vorschriften des BeaG. grundsätzlich ausgeschlossen erscheint.

5) Der Begriff Beamter des Staates ist nicht auf den Begriff des Beamten im Sinne des Art. 1 beschränkt, sondern umfaßt die Staatsbeamten im weitesten Sinne, insbesondere auch die mittelbaren Staatsbeamten, also z. B. auch die Privatdozenten, die Notare, dann die Volksschullehrer. Auch fallen hierunter die

Kreisbeamten und Stiftungsbeamten, und zwar gleichviel ob die Vorschriften über die etatsmäßigen Beamten nach Art. 189 auf sie ausgedehnt wurden oder nicht. Dagegen werden die in Art. 188 BeaG. aufgeführten Kreisbeamten kraft Gesetzes etatsmäßige Beamte. Die von ihnen an den in Art. 188 genannten Anstalten zugebrachte Dienstzeit gilt also ohne weiteres als Dienstzeit gemäß Art. 28 Abs. 3 und bedarf keiner besonderen Genehmigung. Die Anrechnung einer Zeit, die ein etatsmäßiger Beamter als nicht etatsmäßiger aus der Staatskasse besoldeter Beamter des Staates zugebracht hat, auf die Gehaltsbemessung ist ausgeschlossen.

6) Als öffentlicher Dienst im Sinne der Ziff. 4 kommt beispielsweise der Gemeindedienst sowie der Kirchendienst in Betracht; deshalb kann auch den Religionsprofessoren die Zeit, die sie in einem solchen Dienste zugebracht haben, unter Umständen ganz oder teilweise angerechnet werden. Art. 26 Abs. 6 findet auch auf Lyzealprofessoren, Privatdozenten, Militärgeistliche, Turnlehrer u. s. w. Anwendung.

7) Unter Ziff. 5 des Abs. 6 fällt insbesondere auch die Tätigkeit als Rechtsanwalt.

Artikel 29.

Einem Beamten, der mit Bezug von Wartegeld einstweilen in den Ruhestand versetzt war, soll bei seiner Wiederanstellung für die Bemessung des Gehalts ganz oder teilweise die Zeit angerechnet werden, während welcher er sich im einstweiligen Ruhestande befand.

Das Gleiche kann geschehen, wenn ein Beamter, dessen Dienstverhältnis nach Artikel 8 Abs. 2 oder Artikel 10 gelöst war, wieder als etatsmäßiger Beamter angestellt wird, für die vor der Lösung des Dienstverhältnisses in etatsmäßiger Eigenschaft zurückgelegte Dienstzeit, sofern sein Ausscheiden nicht durch eine Verletzung seiner dienstlichen Pflichten veranlaßt war. Die Anrechnung kann einem Beamten, dessen Dienstverhältnis auf sein Ansuchen gelöst wird, bei der Bewilligung der Entlassung zugesichert werden.

Artikel 30.[1])

Hatte ein Beamter, der in eine höhere Klasse der Gehaltsordnung übergeführt wird, schon in der bisherigen Klasse einen den Anfangsgehalt der neuen Klasse übersteigenden Gehalt erdient, so tritt er mit dem Zeitpunkte der Überführung sofort in die dem bereits erdienten höheren Gehalt entsprechende Dienstaltersstufe der neuen Klasse ein. Zugleich wird ihm die mit dem erdienten höheren Gehalte zurückgelegte Dienstzeit bis zur Höchstdauer von drei Jahren für die Bemessung der Vorrückung in der neuen Klasse angerechnet.

Die gleiche Anrechnung der Dienstzeit findet statt, wenn der bereits in der bisherigen Klasse erdiente Gehalt dem Anfangsgehalte der neuen Klasse gleich ist.

Besteht ein dem bereits erdienten höheren Gehalt entsprechender Gehaltssatz in der neuen Klasse nicht, so tritt der Beamte sofort in die nächsthöhere Stufe der neuen Klasse ein, in der er die volle für die Vorrückung in die nächstfolgende Dienstaltersstufe vorgesehene Zeit verbleibt. Wäre er jedoch in der früheren Klasse schon vor Ablauf dieser Zeit in einen höheren Gehalt vorgerückt, so rückt er in die nächstfolgende Stufe der neuen Klasse zu der gleichen Zeit vor, zu welcher er in der früheren Klasse vorgerückt wäre. Nach diesem Zeitpunkte bemessen sich auch seine weiteren Gehaltsvorrückungen in der neuen Klasse.

Die Vorschriften des Abs. 3 Satz 2 und 3 finden auch Anwendung, wenn ein Beamter, dessen erdienter Gehalt bei der Überführung in eine höhere Klasse der Gehaltsordnung den Anfangsgehalt der neuen Klasse nicht erreicht, in der bisherigen Klasse früher als in der neuen Klasse in einen höheren Gehalt vorgerückt wäre.

War ein Beamter in Bezug auf die Beförderung zeitweise übergangen [2]) oder war er in eine einer niedrigeren Klasse der Gehaltsordnung zugeteilte Dienstesstelle zurückversetzt, so bleibt die Bestimmung darüber, ob und wieweit bei einer späteren Beförderung die in der früheren Klasse zugebrachte Dienstzeit für die Bemessung der Vorrückung in der neuen Klasse anzurechnen ist, der Entscheidung des Königs und, sofern die Beförderung nicht durch den König erfolgt, der Entscheidung der zur Beförderung zuständigen Stelle vorbehalten. [3])

Für den Bereich der Verkehrsverwaltung kann durch die Etats festgesetzt werden, daß, sofern ein Beamter aus dienstlichen Gründen aus dem Fahrdienst in einen anderen Dienstzweig übergeführt wird, oder umgekehrt, eine Erhöhung oder Kürzung des Gehalts um einen bestimmten Betrag eintritt. Soweit Beamte der Verkehrsverwaltung, die den besonderen Anforderungen ihres Dienstes nicht mehr gewachsen sind, in einen anderen Dienst übergeführt werden, werden die Bestimmungen über die Bemessung des Gehalts und der Vorrückungen von der Staatsregierung getroffen; eine Kürzung des Gehalts, den der Beamte im Zeitpunkte der Überführung bezieht, darf in diesem Falle nur nach Maßgabe des vorhergehenden Satzes eintreten.

1) Art. 30 soll nach der Begründung des Entwurfs verhüten, daß ein Beamter durch eine Beförderung sofort oder später eine Einbuße gegenüber dem Gehalt erleidet, den er bezogen haben würde, wenn er nicht befördert worden wäre. Zur Darstellung, auf welchem Wege diese Absicht verwirklicht werden soll, bringt der Entwurf folgende Beispiele:

1. Wird ein Grenzaufseher (Klasse 28 GehO.), der in dieser Eigenschaft 14 Jahre diente und hiernach zwei Jahre lang einen Gehalt von 1700 M. bezieht, zum Oberaufseher (Klasse 52 GehO.) befördert, so hat er, weil der bereits erdiente Gehalt den Anfangsgehalt der neuen Klasse zu 1500 M. übersteigt, nach Art. 30 Abs. 1 sofort in die dem bereits erdienten Gehalte von 1700 M. entsprechende dritte Dienstaltersstufe der neuen Klasse einzutreten. Zugleich ist nach Art. 30 Abs. 1 Satz 2 die mit dem bereits erdienten höheren Gehalte zurückgelegte Dienstzeit von zwei Jahren für die Bemessung der Vorrückung in der neuen Klasse anzurechnen, so daß er schon nach einer weiteren Dienstzeit von einem Jahre in den Gehalt der vierten Dienstaltersstufe der neuen Klasse zu 1800 M. vorrückt.
2. Wird ein Grenzaufseher (Klasse 28 GehO.), der in dieser Eigenschaft bereits 22 Jahre diente und hiernach bereits vier Jahre im Genusse des Höchstgehalts der Klasse 28 GehO. zu 1900 M. sich befindet, zum Oberaufseher (Klasse 25 GehO.) befördert, so tritt er in Anwendung des Art. 30 Abs. 1 mit dem Zeitpunkte seiner Beförderung sofort in den Gehalt der sechsten Dienstaltersstufe der neuen Klasse zu 2000 M. ein, da ihm für die Bemessung der Vorrückung in der neuen Klasse nach dem Art. 30 Abs. 1 Satz 2 von der mit dem Gehalte zu 1900 M. zurückgelegten vierjährigen Dienstzeit drei Jahre anzurechnen sind. Nach einer weiteren dreijährigen Dienstzeit in der Stellung eines Oberaufsehers hätte er sonach in den Gehalt der siebenten Dienstaltersstufe zu 2100 M. vorzurücken.

3. Wird ein Rentamtsassistent (Klasse 26 GehO.), der in dieser Eigenschaft 14 Jahre diente und sonach zwei Jahre lang einen Gehalt von 1800 ℳ bezieht, zum Rentamtssekretär (Klasse 17 GehO.) befördert, so erhält er zunächst den dem bereits erdienten Gehalt entsprechenden Anfangsgehalt der neuen Stelle zu 1800 ℳ. Nach Art. 30 Abs. 2 ist ihm für die Bemessung der Gehaltsvorrückung in der neuen Stellung die mit dem Gehalte von 1800 ℳ in der früheren Klasse bereits zurückgelegte Dienstzeit von zwei Jahren anzurechnen, so daß er bereits nach einer einjährigen Dienstleistung als Rentamtssekretär in den Gehalt der zweiten Dienstaltersstufe der Klasse 17 GehO. mit 2100 ℳ vorrückt.
4. Wird ein Rentamtsassistent (Klasse 26 GehO.), der in dieser Eigenschaft bereits 17 Jahre diente und zwei Jahre lang einen Gehalt von 1950 ℳ bezieht, zum Rentamtssekretär (Klasse 17 GehO.) befördert, so tritt er, da ein dem erdienten Gehalt entsprechender Gehaltssatz in der neuen Klasse nicht besteht, nach Art. 30 Abs. 3 sofort in die zweite Dienstaltersstufe der neuen Klasse mit 2100 ℳ ein, in der er bis zur Vorrückung in den Gehalt der dritten Dienstaltersstufe zu 2400 ℳ drei Jahre zu verbleiben hat.
5. Wird ein Briefträger (Klasse 24 GehO.), der in dieser Eigenschaft 17 Jahre diente und bereits zwei Jahre lang einen Gehalt von 2200 ℳ bezieht, zum Oberbriefträger (Klasse 21 GehO.) befördert, so tritt er, da ein dem erdienten Gehalt entsprechender Gehaltssatz in der neuen Klasse nicht besteht, gleichfalls in Anwendung des Art. 30 Abs. 3 sofort in die vierte Dienstaltersstufe zu 2250 ℳ ein; da er jedoch, wenn er in der früheren Klasse geblieben wäre, schon nach einem weiteren Dienstjahr in den Gehalt der siebenten Dienstaltersstufe der Klasse 24 mit 2300 ℳ vorgerückt wäre, so rückt er nach Art. 30 Abs. 3 Satz 2 in dem gleichen Zeitpunkte, also schon ein Jahr nach seiner Beförderung, in den Gehalt der fünften Dienstaltersstufe der Klasse 21 zu 2400 ℳ vor.

2) Der Ausdruck *zeitweise übergangen* bezieht sich ausschließlich auf die Fälle, wo der Grund der Nichtbeförderung mangelnde Qualifikation gewesen ist. Als *übergangen* kann ein Beamter nur dann erachtet werden, wenn ihm in den Zeitpunkt, in welchem ihn unter normalen Verhältnissen nach seinem Dienstalter die Reihe der Beförderung getroffen hätte, mangels der erforderlichen Qualifikation die Beförderung vorenthalten wurde. Dagegen kann ein Beamter nicht schon als übergangen gelten, wenn vor ihm dienstjüngere Beamte mit Rücksicht auf besonders gute Qualifikation außer der Reihe zur Beförderung gelangen. Ebensowenig kann selbstverständlich ein Beamter als „übergangen" im Sinne des Art. 30 Abs. 5 gelten, wenn sich seine Beförderung dadurch

verzögert hat, daß er selbst mit Rücksicht auf besondere Verhältnisse um vorläufigen Aufschub seiner Beförderung gebeten hat.

3) Zu Abs. 5 bringt die Begründung des Entwurfes folgendes Beispiel: Würde ein Beamter der Klasse 17 GehO., den nach einer vierzehnjährigen Dienstzeit in dieser Eigenschaft die Reihe der Beförderung zum Beamten der Klasse 14 getroffen hätte, wegen ungenügender Qualifikation längere Zeit von der Beförderung ausgeschlossen und erst, nachdem er bereits 23 Jahre in der Klasse 17 gedient hat, zum Beamten der Klasse 14 befördert, so wäre er an sich nach Maßgabe des allgemeinen Grundsatzes des Art. 30 Abs. 1 bei seiner nachträglichen Beförderung sofort in den Gehalt von 3900 ℳ einzuweisen, wodurch er dem rechtzeitig beförderten Beamten nachträglich im Gehalte vollständig gleichgestellt würde. In diesem Falle soll Art. 30 Abs. 4 die Möglichkeit bieten, den nachträglich beförderten Beamten zunächst nur mit seinem bereits erdienten Gehalt in die Klasse 14 GehO. zu überführen und bestimmen zu können, daß er erst nach einer besonders festzusetzenden weiteren Dienstzeit in den Gehalt von 3900 ℳ vorrückt.

Artikel 31.

Geben die dienstlichen Leistungen oder das dienstliche oder außerdienstliche Verhalten eines Beamten zur Beanstandung Anlaß, so kann die Vorrückung in den Gehalt der höheren Dienstaltersstufe ganz oder teilweise versagt oder in längeren Fristen oder nur in widerruflicher Weise bewilligt werden. Die Gründe sind dem Beamten schriftlich zu eröffnen.

Wird dem Beamten die Gehaltsvorrückung für die Folge bewilligt, so ist gleichzeitig zu bestimmen, ob und wieweit durch die Versagung der Vorrückung der Zeitpunkt für die späteren Vorrückungen hinausgeschoben wird.[1]) Aus besonderen Gründen kann auch die teilweise oder volle Nachzahlung der vorenthaltenen Dienstalterszulage genehmigt werden.[2])

1) Hier hängt es von der Würdigung des einzelnen Falles ab, ob mit der vorübergehenden Versagung der Gehaltsvorrückung das nicht entsprechende Verhalten des Beamten genügend gesühnt erscheint und ob daher dieser Maßnahme, wenn die Ursache in Wegfall gekommen ist, weitere Folgen in bezug auf den Zeitpunkt der späteren Gehaltsvorrückung nicht zukommen sollen oder ob die Versagung der Vorrückung zugleich die Wirkung haben soll, daß dadurch auch der Zeitpunkt der späteren Gehaltsvorrückung hinausgeschoben wird. Im ersteren Falle hätte beispielsweise ein Beamter, dem die Vorrückung in den Gehalt der

zweiten Dienstaltersstufe ein Jahr lang versagt, danach aber infolge des Wegfalls der Ursache der Versagung zugestanden worden war, in den Gehalt der dritten Dienstaltersstufe — vorausgesetzt, daß in diesem Zeitpunkte nicht neue Gründe zur Versagung vorliegen, — zu der gleichen Zeit einzutreten, als wenn seinerzeit die Vorrückung in die zweite Dienstaltersstufe nicht um ein Jahr hinausgeschoben worden wäre, so daß also der Beamte in einem solchen Falle nur zwei Jahre in dem Gehalte der zweiten Dienstaltersstufe zu verbleiben hätte. Im letzteren Falle dagegen würde dem Beamten das Jahr, in dem ihm die Vorrückung versagt geblieben war, auch für die späteren Gehaltsvorrückungen nicht angerechnet werden.

2) Bei dieser Bestimmung ist hauptsächlich an die Fälle gedacht, in denen nachträglich das Verhalten des Beamten in einem milderen Lichte oder vollkommen entschuldbar erscheint, wenn sich beispielsweise später herausstellt, daß die ungenügenden Leistungen oder das nicht entsprechende Verhalten des Beamten durch eine in der Entstehung begriffene körperliche oder geistige Erkrankung veranlaßt war. Für derartige Fälle soll jedenfalls die Möglichkeit bestehen, die unter anderen Voraussetzungen erfolgte Vorenthaltung der Gehaltsvorrückung je nach Lage des Falles ganz oder teilweise wieder rückgängig machen zu können.

Artikel 32.

Solange gegen einen Beamten ein Dienststrafverfahren oder wegen Verbrechens oder Vergehens eine Voruntersuchung oder ein Hauptverfahren anhängig ist, bleibt die Vorrückung im Gehalt ausgesetzt. Sie bleibt auch ausgesetzt, solange der Beamte mit der Wirkung der Einbehaltung eines Teiles des Gehalts vom Amte vorläufig enthoben ist.

Artikel 33.

Die Vorrückung in den Gehalt einer höheren Dienstaltersstufe wird durch das dem Beamten vorgesetzte Staatsministerium oder die von diesem ermächtigte Behörde verfügt.

Die Verfügungen nach Artikel 31 werden von dem Staatsministerium und, sofern zur Ernennung des Beamten eine dem Staatsministerium untergebene Behörde zuständig ist, von dieser getroffen. Gegen die Verfügung steht dem Beamten die Beschwerde an das Staatsministerium und, wenn die Verfügung von diesem erlassen wurde, an den Staatsrat zu.

Artikel 34.

Der Anspruch des Beamten auf den Gehalt beginnt mit dem in der Urkunde (Artikel 5 Abs. 1) bezeichneten Tage der Ernennung, Wiederanstellung oder Beförderung.

Die Dienstalterszulagen werden vom Ersten des Monats an bewilligt, in den der Eintritt in eine neue Dienstaltersstufe fällt.

Der Gehalt wird monatlich vorausgezahlt.

Der Anspruch des Beamten auf den Gehalt erlischt im Falle des Ablebens mit Ablauf des Monats, in dem das Ableben erfolgt ist, im Falle der Versetzung in den Ruhestand mit dem Zeitpunkt, in dem der Anspruch auf die Zahlung des Wartegeldes oder des Ruhegehalts beginnt, im übrigen, unbeschadet der Vorschrift des Artikel 8 Abs. 2 Satz 3, mit der Beendigung der Dienstleistung.

Artikel 35.

Für die Dauer des regelmäßigen Urlaubs und für die Zeit der Abwesenheit, für die der Beamte eines Urlaubs nicht bedarf oder der Urlaub nicht verweigert werden kann, findet ein Abzug am Gehalte nicht statt; die etwa erwachsenden Stellvertretungskosten fallen der Staatskasse zur Last.

Das Gleiche gilt im Falle der Erkrankung für die Dauer von sechsundzwanzig Wochen.[1]) Dauert die durch Krankheit bewirkte Dienstbehinderung ununterbrochen länger als sechsundzwanzig Wochen, so bedarf die weitere unverkürzte Verabfolgung des Gehalts und die Übernahme der etwa weiter erwachsenden Stellvertretungskosten auf die Staatskasse der Erlaubnis des vorgesetzten Staatsministeriums oder der von diesem ermächtigten Stelle.

Wird in anderen Fällen ein die regelmäßige Dauer überschreitender Urlaub erteilt, so steht die Entscheidung darüber, ob und wieweit der Gehalt einzuziehen ist, der zu dieser Beurlaubung zuständigen Behörde zu.

1) Vgl. § 3 KrVG. Durch diese Bestimmung werden die etatsmäßigen Beamten grundsätzlich von der Krankenversicherungspflicht ausgenommen.

Artikel 36.

Bezieht ein etatsmäßiger Beamter auf Grund der Unfallversicherungsgesetze eine Rente aus der Staatskasse, so wird der Gehalt um den Betrag der Unfallrente gekürzt. 1)

1) Gleichgültig ist, ob die Unfallrente im Zeitpunkte der etatsmäßigen Ernennung bereits angewiesen war oder ob diese wegen erst später hervorgetretener Folgen des Unfalls nach der etatsmäßigen Ernennung zur Anweisung gelangte.

Siehe die gleichen Vorschriften in Art. 39 Abs. 4 hinsichtlich des Wartegeldes, in Art. 60 Abs. 1 hinsichtlich des Ruhegehalts und in Art. 74 Abs. 3 hinsichtlich des Witwen- und Waisengeldes.

Artikel 37.

Für den Genuß einer Dienstwohnung 1) hat der Beamte, falls ihm nicht nach der Gehaltsordnung eine freie Dienstwohnung zusteht, eine Mietentschädigung zu entrichten. Diese Entschädigung ist von der zuständigen Behörde unter angemessener Berücksichtigung einerseits des wirklichen Wertes der Wohnung nach ihrer Größe und ihrer Beschaffenheit sowie nach den am Wohnsitze des Beamten für Wohnungen derselben Art zu zahlenden Mietzinsen andererseits des Wertes festzusetzen 2), den die Wohnung für den Beamten hat. Sie darf jedoch zwei Drittel des wirklichen Wertes nicht übersteigen.

Die Verpflichtung zur Entrichtung der Mietentschädigung beginnt mit dem Zeitpunkte, von dem an die Übertragung der Amtsstelle, mit welcher der Genuß der Dienstwohnung verbunden ist, wirksam wird; wenn die Dienstwohnung erst später beziehbar wird, mit diesem Zeitpunkte. 3)

Der Beamte ist nicht berechtigt, die Annahme und Benützung einer Dienstwohnung zu verweigern.

Die Dienstwohnung kann jederzeit durch eine andere ersetzt oder dem Beamten unter Einhaltung einer von der zuständigen Behörde festzusetzenden angemessenen Kündigungsfrist entzogen werden.

Scheidet der Beamte aus seiner Amtsstelle aus, so ist die Dienstwohnung innerhalb einer von der zuständigen Behörde zu bestimmenden angemessenen Frist zu räumen. 4)

Die Vorschriften der Abs. 1 bis 5 gelten auch für den Fall, daß einem Beamten ein Dienstzimmer als Wohnung zugewiesen wird.

Für die Benützung von Gärten und sonstigen Grundstücken hat der Beamte eine dem Nutzwert und den örtlichen Verhältnissen entsprechende Pachtentschädigung zu entrichten.[5])

Im übrigen bemißt sich das Verhältnis zwischen dem Staate und den Beamten hinsichtlich der Dienstwohnungen, Dienstzimmer und Grundstücke nach den von der Staatsregierung erlassenen Vorschriften.[6])

1) Es sind zwei Arten von staatlichen Beamtenwohnungen zu unterscheiden: Mietwohnungen und Dienstwohnungen.

Die ersteren werden insbesondere an Orten, an denen es an geeigneten Privatmietwohnungen fehlt, seitens des Staates vorwiegend oder ausschließlich im Interesse der Beamten geschaffen und diesen gegen Bezahlung eines Mietzinses zur Verfügung gestellt. Der Beamte ist hier zur Annahme der Wohnung nicht verpflichtet; das Verhältnis zwischen ihm und dem Staate ist ein bürgerlich-rechtliches Vertragsverhältnis, für das die Vorschriften des BGB. über die Miete Maß zu geben haben, soweit nicht ein anderes vereinbart wird.

Die Dienstwohnungen sind seitens des Staates im Interesse des Dienstes. d. h. zur Ermöglichung und Förderung der Erfüllung der ihrem Inhaber obliegenden Dienstesaufgabe bereitgestellt, sei es, daß sie duzu dienen, die Überwachung von Amts- oder Geschäftsräumen oder die rasche und leichte Erreichbarkeit des Beamten auch außerhalb der gewöhnlichen Geschäftsstunden zu sichern, sei es, daß sie bestimmt sind, dem Beamten gewisse durch sein Amt bedingte Repräsentationspflichten zu erleichtern oder ihm eine von den Privatgebäudebesitzern unabhängige Stellung bei Befriedigung seines Wohnungsbedürfnisses zu verschaffen. Die Benützung der Dienstwohnungen fällt infolgedessen in den Rahmen der dienstlichen Verpflichtungen des Beamten und dieser kann sich ihrer Übernahme auch dann nicht entziehen, wenn etwa die Benützung einer Privatwohnung für ihn angenehmer oder vorteilhafter wäre. Zwischen dem Staate und dem Beamten besteht daher in Ansehung der Dienstwohnung auch kein zivilrechtliches Vertragsverhältnis, sondern das Verhältnis liegt, wie das Beamtenverhältnis überhaupt, auf dem Gebiete des öffentlichen Rechtes und wird bestimmt durch die für die Benützung von Dienstwohnungen jeweils seitens des Staates erlassenen allgemeinen Vorschriften (Verordnungen, Regulative u. dgl.) sowie durch die für Ansprüche und Verbindlichkeiten aus Rechtsverhältnissen des öffentlichen Rechtes geltenden allgemeinen gesetzlichen Vorschriften. Der Beamte entrichtet für die

Dienstwohnung keinen Mietzins, sondern eine mit Absicht zur Unterscheidung gegenüber zivilrechtlichen Mietverhältnissen, Mietentschädigung genannte Vergütung, deren Höhe durch KAB. allgemein geregelt ist. Die Zuweisung der Dienstwohnung erfolgt in der Regel auf Dienstesdauer. Hieraus erwächst dem Beamten aber kein Anspruch; vielmehr hat er, wenn die Wohnung seitens des Staates anderweitig benötigt wird, sie auf Verlangen der zuständigen Behörde jederzeit binnen einer von der letzteren zu bestimmenden angemessenen Frist zurückzugeben, ohne daß dem Beamten deswegen ein Schadensersatzanspruch zusteht.

2) Für die Festsetzung der Mietentschädigung ist einerseits der objektive Wert der Wohnung andererseits ihr subjektiver Wert für den Beamten zu berücksichtigen. Für den objektiven Wert der Wohnung soll maßgebend sein die Größe und Beschaffenheit der Dienstwohnung und der am Wohnsitz des Beamten für Wohnungen der gleichen Art gezahlte Mietpreis. Dieser objektive Wert der Wohnung kann aber für sich allein für die Bemessung der Höhe der Mietentschädigung nicht ausschlaggebend sein. Häufig würde der Beamte, wenn er frei zu wählen hätte, nach seinen Standes- oder nach seinen persönlichen Verhältnissen eine kleinere Wohnung genommen haben, als sie ihm vom Staat angewiesen wird. Es muß deshalb bei Festsetzung der Mietentschädigung in jedem einzelnen Falle auch der Wert, den die Wohnung für den betreffenden Beamten hat, entsprechend berücksichtigt werden. Um diesem Grundsatz dann weiter bei dem Umstande, daß der Beamte zur Annahme der Dienstwohnung verpflichtet ist, endlich seiner Leistungsfähigkeit die gebührende Beachtung zu sichern, ist die besondere Vorschrift vorgesehen, daß die Mietentschädigung keinesfalls zwei Drittel des wirklichen Wertes der Dienstwohnung übersteigen darf.

3) Nur dann, wenn die Wohnung dem Beamten seitens des Staates an diesem Zeitpunkte noch nicht zur Verfügung gestellt werden kann, insbesondere etwa wegen der Vornahme von Reparaturen, soll diese Verpflichtung mit dem Zeitpunkte beginnen, an dem die Wohnung beziehbar wird.

4) Die Festsetzung der Räumungsfrist ist dem billigen Ermessen der beteiligten Behörden anheimgestellt.

5) Bezüglich der Gärten und sonstigen Grundstücke, mit denen einzelne Dienstesstellen ausgestattet sind, besteht in der Regel kein dienstliches Interesse daran, daß jeder auf eine solche Stelle ernannte Beamte sie zur Benützung übernimmt. Es wurde deshalb davon abgesehen, die Vorschriften in Art. 37 Abs. 1 bis 5 auf solche Gärten und Grundstücke auszudehnen. Es kann den von der Staatsregierung zu erlassenden allgemeinen Vorschriften und den im einzelnen Falle mit dem Beamten zu treffenden Vereinbarungen überlassen bleiben, das Verhältnis zwischen dem Staate und dem Beamten bezüglich der Gärten und Grundstücke näher zu regeln. Aus der Fassung des Abs. 7, in welchem angeordnet ist,

daß die Beamten für die Benützung von Gärten und sonstigen Grundstücken immer ein Entgelt zu leisten haben, ergibt sich auch daß kein Beamter, wie dies früher mehrfach der Fall war, künftig einen Anspruch auf Zuweisung von Dienstgrundstücken in einem bestimmten Umfang oder statt dessen auf eine entsprechende Geldentschädigung hat.

6) Als Vorschriften im Sinne des Abs. 8 kommt bis auf weiteres die KAB. v. 28. Febr. 51, RBl. 161, über die Benützung der Staatsgebäude in Betracht.

IV. Abschnitt.

Versetzung der etatsmäßigen Beamten in den Ruhestand.

Die Versetzung des unwiderruflichen Beamten in den Ruhestand kann nach dem Gesetze mit oder gegen seinen Willen eintreten.

Der Beamte kann seine Versetzung in den Ruhestand beanspruchen, wenn er entweder das 65. Lebensjahr vollendet hat oder infolge eines körperlichen Gebrechens oder wegen Schwäche seiner körperlichen oder geistigen Kräfte zur Erfüllung seiner Amtspflichten unfähig ist (Art. 47 und 50).

Gegen seinen Willen kann der unwiderrufliche Beamte in den Ruhestand versetzt werden.

a) nach Art. 38 BeaG.:

1. wenn zu seiner Verwendung im Staatsdienst infolge einer Änderung in der Organisation der Behörden oder ihrer Bezirke keine Gelegenheit mehr gegeben ist oder wenn

2. ohne sein Verschulden Umstände vorliegen, vermöge deren seine amtliche Wirksamkeit auch auf einer anderen Stelle nicht bloß vorübergehend gestört wäre;

b) nach Art. 48 BeaG.:

1. wenn er das 65. Lebensjahr vollendet hat oder

2. infolge eines körperlichen Gebrechens oder wegen Schwäche seiner körperlichen oder geistigen Kräfte zur Erfüllung seiner Amtspflichten unfähig ist oder wenn

3. durch sein Verschulden Umstände vorliegen, vermöge deren seine amtliche Wirksamkeit auch auf einer anderen Stelle nicht bloß vorübergehend gestört wäre, ein Disziplinarverfahren aber wegen Verjährung ausgeschlossen ist.

Die beiden ersten Fälle (a) Ziff. 1 und 2 bezeichnet das Gesetz als einstweilige Versetzung in den Ruhestand mit Wartegeld, die unter b. Ziff. 1 bis 3 bezeichneten Fälle, gleich den Fällen, in denen der Beamte selbst um seine Versetzung in den Ruhestand nachsucht (Abs. 2), als Versetzung in den Ruhestand mit Ruhegehalt. In letzterer Beziehung unterscheidet das Gesetz sodann wieder zwischen der zeitlichen Versetzung in den Ruhestand und der dauernden Versetzung in den Ruhestand, je nachdem der Wiedereintritt der Dienstfähigkeit zu erwarten ist oder nicht (Art. 49).

Die rechtliche Stellung des Wartegeldempfängers unterscheidet sich wesentlich von der des Ruhegehaltsempfängers. Der Wartegeldempfänger steht zwischen dem aktiven Beamten und dem pensionierten Beamten. Er ist Beamter ohne Amt, der jederzeit seiner Wiederberufung zur Dienstleistung gewärtig sein muß. Der Wartegeldempfänger soll daher auch, was das Dienststrafrecht anlangt, nach Art. 166 BeaG. dem aktiven Beamten gleichgestellt werden. Der Wartegeldempfänger kann auch im Disziplinarwege des Dienstes entlassen werden. Ebenso verliert er durch die gerichtliche Verurteilung zu einer Strafe, die kraft des Gesetzes die Unfähigkeit zur Bekleidung eines Amtes zur Folge hat, die Eigenschaft eines Beamten und damit seinen Anspruch auf Wartegeld (Art. 43 Ziff. 3). Die Fortdauer des Beamtenverhältnisses zeigt sich auch darin, daß der auf Wartegeld gesetzte Beamte unter den gleichen Voraussetzungen wie der aktive Beamte in den zeitlichen oder dauernden Ruhestand versetzt werden kann, daß hierbei der Ruhegehalt aus dem vor der Versetzung in den einstweiligen Ruhestand bezogenen pensionsfähigen Diensteinkommen zu berechnen ist (Art. 52 Abs. 3) und die Zeit, während welcher der Beamte im einstweiligen Ruhestande sich befand, in die pensionsfähige Dienstzeit einzurechnen ist (Art. 54 Ziff. 1). Ebenso kann nach Art. 29 Abs. 1 BeaG. diese Wartezeit bei der Wiederanstellung ganz oder teilweise für die Bemessung des Gehalts angerechnet werden. Ein weiterer Unterschied in der Stellung des Wartegeldempfängers gegenüber dem mit Ruhegehalt in den Ruhestand versetzten Beamten beruht darin, daß der Wartegeldempfänger ohne Rücksicht auf die pensionsfähige Dienstzeit drei Viertel seines pensionsfähigen Diensteinkommens, sohin stets den Höchstbetrag des Ruhegehalts als Wartegeld erhält.

In allen übrigen Beziehungen ist der Wartegeldempfänger dem mit Ruhegehalt in den Ruhestand versetzten Beamten gleichgestellt (vgl. insbesondere Art. 24 Abs. 1).

Nach Art. 46 können die Vorschriften über die einstweilige Versetzung in den Ruhestand mit Wartegeld (Art. 38 bis 45) auch auf widerrufliche etatsmäßige Beamte entsprechende Anwendung finden.

In ähnlicher Weise können nach Art. 68 auch die widerruflichen etatsmäßigen Beamten auf Grund eingetretener Dienstunfähigkeit in den Ruhestand versetzt und soll ihnen in diesem Falle in widerruflicher Weise ein Ruhegehalt bis zur Höhe des nach den für die unwiderruflichen Beamten maßgebenden Vorschriften sich berechnenden Betrags gewährt werden.

Für die Richter und die Mitglieder des Verwaltungsgerichtshofs verbleibt es nach Art. 183 BeaG. in bezug auf die unfreiwillige Versetzung in den Ruhestand bei den Vorschriften des RichtDiszGes., die mit den in Art. 183 Ziff. 6 vorgesehenen Ergänzungen auch auf die Mitglieder des Obersten Rechnungshofs erstreckt werden sollen (vgl. Art. 184 BeaG.).

A. Einstweilige Versetzung in den Ruhestand mit Wartegeld.

Artikel 38.

Der unwiderrufliche Beamte kann unter Bewilligung des gesetzlichen Wartegeldes einstweilen in den Ruhestand versetzt werden, wenn zu seiner Verwendung im Staatsdienst infolge einer Änderung in der Organisation der Behörden oder ihrer Bezirke 1) keine Gelegenheit mehr gegeben ist oder 2) wenn ohne sein Verschulden Umstände 3) vorliegen, durch die seine amtliche Wirksamkeit auch auf einer anderen Stelle nicht bloß vorübergehend gestört wäre.

1) Unter einer Änderung in der Organisation der Behörden oder ihrer Bezirke ist nur eine solche Umgestaltung zu verstehen, bei der durch eine organische Maßnahme der Bestand, die Einrichtung oder der örtliche Wirkungskreis eines Dienstzweigs oder einer Kategorie von Behörden aufgehoben oder verändert wird, nicht aber auch eine solche Umbildung, bei der unter Beibehaltung der bisherigen organischen Einrichtungen nur ein einzelnes Amt eingezogen oder die Zahl der bei einer Behörde verwendeten Beamten verringert wird. Ob die Voraussetzungen einer Organisation im Sinne des Art. 38 gegeben sind, hat die zur Versetzung in den Ruhestand zuständige Stelle (Art. 69) zu entscheiden (Art. 178 Ziff. 2).

2) Durch die hier in Aussicht genommene Maßnahme soll lediglich die in Art. 71 Ziff. 2 und Art. 65 Abs. 1 Ziff. 1 RichtDiszG. bereits für die richterlichen Beamten getroffene Vorschrift auf die übrigen Beamten ausgedehnt werden. Diese Vorschrift des RichterDiszG. beruht auf dem Grundgedanken, daß die Versetzung eines Richters in den Ruhestand nicht ausschließlich von dessen Belieben abhängen darf, sofern er, wenn auch ohne sein Verschulden, in eine Lage gekommen ist, die es unmöglich macht, ihn ohne Gefährdung dienstlicher Interessen als aktiven Beamten zu belassen und die somit seine amtliche Wirksamkeit in nicht bloß vorübergehender Weise stört. Der gleiche Gedanke hat auch für die nichtrichterlichen Beamten Geltung und wurde auch bisher schon stets — bei den pragmatischen Beamten durch Quieszierung aus administrativen Erwägungen nach § 19 Abs. 2 der IX. Beil. z. VerfU. — betätigt. Würde die Vorschrift des Art. 71 Ziff. 2 RichtDiszG. auf die nichtrichterlichen Be-

amten nicht ausgedehnt werden, so wären überdies die richterlichen Beamten im Widerspruche mit dem sonstigen Bestreben des Gesetzes, ihre Stellung mit besonderen Rechtsgarantien auszustatten, ungünstiger gestellt als die übrigen Beamten.

3) Die Umstände können verschiedener Art sein und in Familienverhältnissen liegen, oder auch in der Veränderung anderer Verhältnisse, die nicht durch eine Neuorganisation bedingt sind.

Artikel 39.

Das Wartegeld beträgt drei Vierteile des pensionsfähigen Diensteinkommens.[1])

Als pensionsfähiges Diensteinkommen gilt der zuletzt bezogene Gehalt und der durch die Gehaltsordnung als pensionsfähig erklärte Teil des Nebeneinkommens. Außerdem wird bei gegebener Voraussetzung (Artikel 28 Abs. 2) in das pensionsfähige Diensteinkommen der Teilbetrag der nächsten Dienstalterszulage eingerechnet, der sich nach Maßgabe der seit der letzten Gehaltsvorrückung zurückgelegten Dienstzeit berechnet.[2]) Bei der Feststellung dieses Betrags kommen nur volle Monate in Betracht.

Einem Beamten, der seinen dienstlichen Wohnsitz außerhalb des Königreichs hat, sind bei seiner einstweiligen Versetzung in den Ruhestand die Kosten des Umzugs an den von ihm innerhalb des Königreichs gewählten Wohnort nach der für die Vergütung der Umzugskosten an die Staatsbeamten maßgebenden Verordnung zu ersetzen.[3])

Bezieht ein Wartegeldempfänger auf Grund der Unfallversicherungsgesetze eine Rente aus der Staatskasse, so wird das Wartegeld um den Betrag der Unfallrente gekürzt.

1) Also den Höchstbetrag des bei der Inruhestandversetzung wegen Dienstunfähigkeit zu gewährenden Ruhegehalts.

2) Diese Berechnungsweise, greift gleichmäßig auch bei der Festsetzung des Ruhegehalts (Art. 52 Abs. 1) Platz und kommt dadurch auch den Hinterbliebenen zugute, deren Bezüge sich nach Art. 74 Abs. 1 und Art. 75 BeaG. nach dem Ruhegehalte des Beamten bemessen.

3) Diese Bestimmung findet nach Art. 52 Abs. 4 auch auf den Fall der Versetzung in den Ruhestand mit Ruhegehalt Anwendung.

Artikel 40.

Der Anspruch auf Wartegeld beginnt mit dem Ablaufe des Vierteljahrs, das auf den Monat folgt, in dem die einstweilige Versetzung in den Ruhestand dem Beamten bekannt gegeben wurde. Bis dahin bezieht er noch seinen bisherigen Gehalt. Ist in der Verfügung ein späterer Zeitpunkt für die Wirksamkeit der einstweiligen Versetzung in den Ruhestand bestimmt, so beginnt der Anspruch auf Wartegeld mit diesem Zeitpunkte.

Artikel 41.

Das Wartegeld wird monatlich vorausgezahlt.

Artikel 42.

Der einstweilen in den Ruhestand versetzte Beamte [1]) kann unter den gleichen Voraussetzungen wieder zur Dienstleistung berufen werden, unter denen nach Artikel 9 Abs. 1 einem unwiderruflichen Beamten eine andere Amtsstelle übertragen werden kann.

1) Der Wartegeldempfänger bleibt stets Beamter, wenn auch ohne Amt. Hieraus folgt, daß er unter den gleichen Voraussetzungen, unter denen einem aktiven Beamten nach Art. 9 Abs. 1 BeaG. eine Amtsstelle übertragen werden kann, jederzeit wieder zur Dienstleistung berufen werden kann (vgl. auch § 28 des RBeaG.). Die Wiederanstellung bedarf zu ihrer Wirksamkeit der Annahme seitens des Beamten nicht (vgl. oben Anm. 4 zu Art. 5). In dem Zeitpunkt, in dem sie wirksam wird, erlischt der Anspruch auf Wartegeld (Art. 43 Ziff. 1). Weigert sich der Beamte das neue Amt anzutreten, so wird der ihm für das neue Amt gebührende Gehalt auf Grund des Art. 22 Abs. 2 für die Dauer der Weigerung eingezogen.

Artikel 43.

Der Anspruch auf das Wartegeld erlischt:

1. wenn der Beamte nach Maßgabe des Artikel 42 im Staatsdienste wieder angestellt wird; [1])
2. wenn er zeitlich oder dauernd in den Ruhestand versetzt wird;
3. wenn er des Dienstes entlassen oder kraft des Gesetzes seines Amtes verlustig wird;
4. mit Ablauf des Monats, in dem er stirbt.

1) Der Verlust des Anspruchs auf Wartegeld tritt jedoch nur bei einer solchen Wiederverwendung im aktiven Staatsdienst ein, die den Vorschriften des Art. 9 Abs. 1 genügt, also in der Übertragung einer etatsmäßigen, der Berufsbildung des Beamten entsprechenden und mit keiner Minderung des Ranges und Gehalts verbundenen Amtsstelle besteht. Dagegen bleibt jede andere Wiederverwendung im Staats- oder auch in einem sonstigen öffentlichen Dienste (Kreis-, Gemeinde-, Schul-, Stiftungsdienst u. dgl.), gleichviel, ob sie auf Grund öffentlichrechtlichen oder privatrechtlichen Vertrags erfolgt, insbesondere auch eine etwaige Verwendung im diätarischen Verhältnisse, zwar nicht ohne Einfluß auf den Bezug des Wartegeldes, bewirkt aber nur das Ruhen des Wartegeldes, soweit das Einkommen unter Hinzurechnung des Wartegeldes den früheren Gehalt übersteigt (Art. 44 Ziff. 3.).

Artikel 44.

Der Anspruch auf das Wartegeld ruht:

1. wenn der Beamte die deutsche Reichsangehörigkeit verliert, bis zu ihrer Wiedererlangung;
2. wenn er ohne Erlaubnis der zuständigen Behörde seinen Wohnsitz außerhalb des Deutschen Reichs nimmt, bis zur Rückverlegung des Wohnsitzes oder bis zur nachträglichen Genehmigung der Verlegung;
3. solange er aus der Verwendung in dem Staats- oder einem sonstigen öffentlichen Dienste ein Einkommen bezieht, so weit, als der Betrag dieses Einkommens unter Hinzurechnung des Wartegeldes den Betrag des Gehalts übersteigt, den er vor seiner einstweiligen Versetzung in den Ruhestand bezogen hatte.

Artikel 45.

Die Einziehung oder Kürzung des Wartegeldes tritt mit Schluß des Monats ein, in dem das die Einziehung oder Kürzung bedingende Ereignis sich vollzogen hat. Vollzieht sich dieses Ereignis am ersten Tage eines Monats, so tritt, abgesehen von dem Falle des Artikel 43 Ziff. 4, die Einziehung oder Kürzung mit dem Beginne dieses Monats ein.

Die Wiedergewährung des Wartegeldes tritt mit dem Beginne des Monats ein, in dem das die Wiedergewährung bedingende Ereignis sich vollzogen hat.

Hat der einstweilen in den Ruhestand versetzte Beamte das Wartegeld über den in Abs. 1 bezeichneten Zeitpunkt hinaus bezogen, so hat er den zuviel bezogenen Betrag zurückzuerstatten oder sich auf anderweitige Bezüge aus der Staatskasse anrechnen zu lassen.

Artikel 46.

Die Vorschriften der Artikel 38 bis 45 können auch auf widerrufliche [1]) etatsmäßige Beamte entsprechende Anwendung finden.

1) Der widerrufliche Beamte kann an sich nach Art. 8 Abs. 2 BeaG. jederzeit, also auch in den Fällen des Art. 38, ohne weiteres aus dem Dienste entlassen werden. Gleichwohl sieht Art. 46 aus Erwägungen der Billigkeit die Möglichkeit vor, daß auch den widerruflichen Beamten unter den gleichen Voraussetzungen wie bei unwiderruflichen Beamten das gesetzliche Wartegeld gewährt werden kann, ohne daß naturgemäß den widerruflichen Beamten ein Rechtsanspruch hierauf eingeräumt werden kann. In bezug auf die Widerruflichkeit des Dienstverhältnisses tritt daher durch die Gewährung des Wartegeldes eine Änderung selbstverständlich nicht ein. Es kann sonach keinem Zweifel unterliegen, daß der Staat auch während der Wartezeit jederzeit von dem Rechte der Lösung des Dienstverhältnisses Gebrauch machen kann und daß in diesem Falle der Anspruch auf das Wartegeld erlischt. Ebensowenig kann es einem Zweifel begegnen, daß während der Wartezeit der für den Eintritt der Unwiderruflichkeit bestimmte Zeitraum nicht ablaufen kann, da unter der „etatmäßigen Dienstzeit“ im Sinne des Art. 6 Abs. 2 und 3 nur die im aktiven Dienstverhältnisse zugebrachte Dienstzeit zu verstehen ist.

B. Versetzung in den Ruhestand mit Ruhegehalt.

Artikel 47.

Der unwiderrufliche Beamte [1]) kann die Versetzung in den Ruhestand beanspruchen, wenn er entweder

1. das fünfundsechzigste [2]) Lebensjahr vollendet hat oder
2. infolge eines körperlichen Gebrechens oder Schwäche seiner körperlichen oder geistigen Kräfte zur Erfüllung seiner Amtspflichten unfähig ist.

1) Den Bestimmungen der Art. 47 ff. liegt der Gedanken zugrunde, daß ein Rechtsanspruch auf Ruhegehalt zwar nur den unwiderruflichen Beamten zustehen soll, daß indes

auch den widerruflichen etatsmäßigen Beamten im Falle ihrer Versetzung in den Ruhestand ein Ruhegehalt bis zur Höhe der für die unwiderruflichen Beamten sich berechnenden Beträge gewährt werden kann (vgl. Art. 68 BeaG.).

2) Die Herabsetzung der in § 22 C der IX. Beil. z. VerfU. vorgesehenen Altersgrenze von siebzig auf fünfundsechzig Jahre schließt sich an die Bestimmungen in § 34a RBeaG., § 1 Abs. 3 des pr. G., betr. die Pensionierung unmittelbarer Staatsbeamten, v. 27. Mai 07, § 6 des sächs. G. v. 3. Juni 76, Art. 29 Abs. 2 Ziff. 1 des württ. BeaG. v. 28. Juni 76/1. Aug. 07 und § 28 Ziff. 1 des bad. BeaG. v. 24. Juli 88 an.

Artikel 48.

Der unwiderrufliche Beamte kann ohne sein Ansuchen in den Ruhestand versetzt werden, wenn er

1. das fünfundsechzigste Lebensjahr[1]) vollendet hat oder[2])
2. infolge eines körperlichen Gebrechens oder Schwäche seiner körperlichen oder geistigen Kräfte zur Erfüllung seiner Amtspflichten unfähig ist oder
3. wenn durch sein Verschulden Umstände vorliegen, durch die seine amtliche Wirksamkeit auch auf einer anderen Stelle nicht bloß vorübergehend gestört wäre, ein Disziplinarverfahren aber wegen Verjährung ausgeschlossen ist.[3])

1) Siehe oben Anm. 2 zu Art. 47.

2) Die unter Ziff. 1 und 2 berührten Bestimmungen schließen sich an das im Reiche und in anderen Bundesstaaten geltende Recht an (§§ 60a und 61 RBeaG., §§ 88 bis 92 des pr. DiszG. für nichtrichterliche Beamte v. 21. Juli 52 und § 30 des pr. G., die Pensionierung unmittelbarer Staatsbeamten betr., v. 27. Mai 07, § 7 des sächs. G. v. 3. Juni 76, Art. 29 Abs. 2 des württ. BeaG. und § 28 des bad. BeaG.). Die bezüglichen Vorschriften erscheinen notwendig, weil es das Ansehen des Amtes wie das Interesse des Staates und der Bevölkerung schädigt, wenn Beamte, die zur Erfüllung ihrer Dienstpflichten nicht mehr fähig sind, ihre Versetzung in den Ruhestand über Gebühr verzögern. Das Interesse des Beamten erscheint in diesen Fällen hinreichend durch das in Art. 51 (s. d.) geregelte Verfahren gewahrt.

3) Die Bestimmung in Art. 48 Ziff. 3 stimmt mit den Vorschriften in Art. 71 Ziff. 2 und in Art. 79 Abs. 3 Ziff. 3 des RichterDiszG. überein und verfolgt gleich diesen die Absicht, Beamte, deren fernere Belassung im Dienste mit Rücksicht auf vorgekommene Verfehlungen ausgeschlossen erscheint, dann, wenn infolge eingetretener Verjährung die Entlassung nicht im Disziplinarwege herbei-

geführt werden kann, wenigstens im Wege der Versetzung in den Ruhestand aus dem Staatsdienst entfernen zu können. So kann beispielsweise ein Kassebeamter, der sich einer Unterschlagung schuldig gemacht hat, die er so geschickt zu verbergen wußte, daß sie erst nach Ablauf der strafrechtlichen und dienststrafrechtlichen Verjährungsfrist entdeckt wurde, unmöglich noch im Dienste belassen werden und es erscheint daher notwendig, ihn wenigstens durch Versetzung in den Ruhestand aus dem Dienste zu beseitigen und ihm dadurch die Wiederholung derartiger Unregelmäßigkeiten unmöglich zu machen.

Artikel 49.

Wird ein Beamter infolge eines körperlichen Gebrechens oder Schwäche seiner körperlichen oder geistigen Kräfte zur Erfüllung seiner Amtspflichten unfähig und ist der Wiedereintritt der Dienstfähigkeit nicht ausgeschlossen, so ist die Versetzung in den Ruhestand zunächst nur auf die Dauer der voraussichtlichen Dienstunfähigkeit zu verfügen.[1])

1) In Übereinstimmung mit den zurzeit bestehenden Vorschriften (§ 22 D Abs. 3 der IX. Beil. z. VerfU. und § 23 Abs. 2 KAB. v. 26. Juni 94) schreibt Art. 49 vor, daß in den Fällen, in denen der Wiedereintritt der Dienstfähigkeit nicht ausgeschlossen ist, die Versetzung in den Ruhestand zunächst nur auf die Dauer der voraussichtlichen Dienstunfähigkeit zu verfügen ist (zeitliche Versetzung in den Ruhestand).

Die rechtliche Stellung des im zeitlichen Ruhestande befindlichen Beamten unterscheidet sich indes im allgemeinen nicht von der des in den dauernden Ruhestand versetzten Beamten. Solange der im zeitlichen Ruhestande befindliche Beamte auch nach der Wiedererlangung seiner Dienstfähigkeit nicht wieder angestellt wird, dauert sein Ruhestand bis zur weiteren Verfügung über seine Wiederanstellung oder über seine Versetzung in den dauernden Ruhestand fort, auch ohne daß es einer förmlichen Entschließung wegen seiner weiteren Belassung im Ruhestande bedarf (vgl. Art. 64 Abs. 2 BeaG.). Die Beifügung einer Zeitbegrenzung in der Entschließung, mit der die Versetzung in den Ruhestand verfügt wird, hat demnach nicht etwa die Bedeutung eines Endtermins im Sinne der §§ 163 und 158 BGB. mit der Wirkung, daß nach Ablauf der Frist der Beamte von selbst in das frühere Beamtenverhältnis und in den früheren Gehaltsbezug wieder eintritt, sondern nur die Bedeutung, daß nach Ablauf der bestimmten Frist in die neuerliche Würdigung der Frage eingetreten wird, ob der Beamte wieder zur Dienstleistung zu berufen ist, ein Recht, das übrigens dem Staate nach Art. 64 Abs. 1 BeaG. auch gegenüber dem dauernd in den Ruhestand versetzten Beamten zusteht. Der zeitlich in den Ruhestand versetzte Beamte unterliegt daher auch der Disziplin nur in dem gleichen Umfange wie der dauernd in den Ruhestand versetzte Beamte und er kann daher ebenso wie der letztere im Disziplinarverfahren nicht des Dienstes entlassen, sondern nur des Titels, der Dienstabzeichen, des Ruhegehalts und des Anspruchs auf Hinterbliebenenversorgung für verlustig erklärt werden (Art. 167 BeaG.; vgl. auch die Entscheidung des Disziplinarhofs für richterliche Beamte, ObstLG. Z. 5, 717). Nur in einer Beziehung ist im BeaG. ein Unterschied zwischen der zeitlichen und der dauernden Versetzung in den Ruhestand gemacht, nämlich insofern, als der zeitlich im Ruhestande befindliche Beamte mit Rücksicht auf die bei ihm vorhandene größere Wahrscheinlichkeit der Wiederberufung zur Dienstleistung nach Art. 24 Abs. 1 BeaG. den Vorschriften des Art. 17 über die Verehelichung der Beamten unterworfen bleibt.

Über den Unterschied in der rechtlichen Stellung des nach Art. 49 in den zeitlichen Ruhestand versetzten Beamten von jener des nach Art. 38 einstweilen mit Wartegeld in den Ruhestand versetzten Beamten, s. oben S. 48 Vorbem. zum Abschn. IV.

Die abweichenden Vorschriften des RichtDiszG. über die unfreiwillige Versetzung der richterlichen Beamten in den Ruhestand bleiben nach Art. 183 BeaG. unberührt. Diese Vorschriften finden mit den in Art. 183 und 224 enthaltenen Ergänzungen auch auf die Mitglieder des Obersten Rechnungshofs Anwendung (vgl. Art. 184 BeaG.).

Artikel 50.

Zum Nachweise der Dienstunfähigkeit eines die Versetzung in den Ruhestand nachsuchenden Beamten ist die Erklärung der ihm unmittelbar vorgesetzten Dienstbehörde erforderlich,[1]) daß sie nach pflichtmäßigem Ermessen die Voraussetzungen für die Versetzung in den Ruhestand für gegeben erachtet.

Nach Lage des Falles[2]) können weitere Beweismittel gefordert oder die vorliegenden Beweismittel entgegen der Erklärung der unmittelbar vorgesetzten Behörde für ausreichend erachtet werden.

1) Der Nachweis der Dienstunfähigkeit wird nach Art. 50 in Übereinstimmung mit den Bestimmungen anderer BeaG. (§ 53 RBeaG., § 20 des pr. G., die Pensionierung unmittelbarer Staatsbeamten betreffend, v. 27. März 72/27. Mai 07, Art. 34 des württ. BeaG. v. 28. Juni 76/1. Aug. 07 und in § 29 des bad. BeaG v. 24. Juli 88) in den Fällen, in denen der Beamte selbst um seine Versetzung in den Ruhestand nachsucht und seine Dienstunfähigkeit außer Zweifel steht, durch die pflichtmäßige Erklärung der unmittelbar vorgesetzten Dienstbehörde erbracht, daß sie auf Grund eigener Beobachtung den Beamten zur ferneren Erfüllung seiner Amts-

pflichten für unfähig halte. Hierbei bleibt es der vorgesetzten Behörde überlassen, in welcher Weise sie sich die Grundlagen zur Abgabe ihres Gutachtens verschafft. In vielen Fällen liegt das Vorhandensein eines körperlichen Gebrechens klar. Wo dies nicht der Fall ist, wird die Behörde die Vorlage gerichtsärztlicher Zeugnisse verlangen.

2) Im übrigen ist es der zur Entscheidung über die Versetzung in den Ruhestand zuständigen Stelle überlassen, je nach Lage des einzelnen Falles darüber zu befinden, ob diese Erklärung der unmittelbar vorgesetzten Dienstbehörde zur Versetzung in den Ruhestand als ausreichend zu erachten ist oder ob zu diesem Zwecke weitere Beweismittel, insbesondere also die Erholung amtsärztlicher Gutachten und dergl. notwendig sind. In gleicher Weise ist es der zur Entscheidung über die Versetzung in den Ruhestand zuständigen Stelle anheimgegeben, im Falle die unmittelbar vorgesetzte Behörde weitere Erhebungen über die Dienstunfähigkeit beantragt, davon Umgang zu nehmen, wenn sie selbst nach Lage des Falles die Voraussetzungen für die Versetzung in den Ruhestand als gegeben erachtet. Ebenso kann die zur Verfügung der Ruhestandsversetzung zuständige Stelle weitere sachdienliche Erhebungen anordnen, wenn die unmittelbar vorgesetzte Behörde die Dienstunfähigkeit verneint hat.

Die Vorschriften des Art. 50 gelten auch für die Entscheidung der Frage, ob die Dienstunfähigkeit gegeben ist oder nicht, wenn ein Betriebsunfall im Sinne der Unfallfürsorgevorschriften vorliegt (vgl. auch unten Anm. 3 Art. 89).

Artikel 51.

Sucht ein Beamter, bei dem die Voraussetzungen für die Versetzung in den Ruhestand nach Artikel 48 Ziff. 2, 3 als gegeben erachtet werden, nicht selbst um diesen nach, so wird ihm unter Angabe der Gründe schriftlich eröffnet,[1]) daß der Fall seiner Versetzung in den Ruhestand vorliege.

Ist eine Verständigung mit dem Beamten nicht möglich und ein gesetzlicher Vertreter für ihn nicht vorhanden, so hat die zuständige Dienstbehörde ihm einen Vertreter zu bestellen.[2]) Die Eröffnung nach Abs. 1 hat in diesem Falle an den gesetzlichen Vertreter oder an den ihm bestellten Vertreter zu erfolgen.

Erhebt der Beamte innerhalb einer Frist von zwei Wochen nach der Eröffnung keine Einwendungen, so wird in derselben Weise verfügt, als wenn er seine Versetzung in den Ruhestand selbst nachgesucht hätte.

Erhebt der Beamte gegen die Versetzung in den Ruhestand Einwendungen, so entscheidet das zuständige Staatsministerium und, sofern zur Versetzung in den Ruhestand eine dem Staatsministerium untergebene Behörde zuständig ist, diese Behörde, ob das Verfahren fortzusetzen sei oder nicht. Bejahendenfalls ist ein Beamter zu beauftragen, die streitigen Tatsachen, soweit nötig unter eidlicher Vernehmung von Zeugen und Sachverständigen, zu untersuchen. Der Beamte, der in den Ruhestand versetzt werden soll, darf den Vernehmungen beiwohnen. Er darf mit einem Beistand erscheinen oder einen Vertreter schicken. Über das Ergebnis der Ermittlungen ist er mit seinen Erklärungen und Anträgen zu hören. Auch hiezu darf er mit einem Beistand erscheinen. Ungeeignete Vertreter oder Beistände können zurückgewiesen werden.

Ist die Eröffnung dem gesetzlichen oder bestellten Vertreter gemacht worden, so hat das Staatsministerium oder die zur Versetzung in den Ruhestand zuständige untergebene Behörde darüber, ob das Verfahren fortzusetzen sei oder nicht, auch dann zu entscheiden, wenn Einwendungen nicht erhoben worden sind. Auf das Verfahren finden die Vorschriften des Abs. 4 entsprechende Anwendung.

Nach Schluß der Verhandlungen werden die Akten dem Staatsministerium oder der zur Versetzung in den Ruhestand zuständigen untergebenen Behörde zur Entscheidung darüber vorgelegt, ob die Versetzung in den Ruhestand zulässig ist. Gegen die Entscheidung steht dem Beamten Beschwerde an das Staatsministerium und, wenn die Entscheidung von diesem ausgegangen ist, an den Staatsrat zu. Die Frist zur Einlegung der Beschwerde beträgt zwei Wochen vom Tage der Eröffnung der Entscheidung an gerechnet.

Die baren Auslagen, die durch unbegründete Einwendungen des Beamten oder seines Vertreters erwachsen sind, fallen dem Beamten zur Last, falls ihnen bekannt oder infolge grober Fahrlässigkeit unbekannt war, daß die Einwendungen unbegründet sind.

1) Der Beamte muß danach vorher über seine Versetzung in den Ruhestand gehört werden. Dadurch ist er vor der Überraschung durch eine plötzliche Versetzung in den Ruhestand geschützt und ihm

Gelegenheit gegeben, etwaige Gegengründe vorzubringen. Mißverständnisse, die allenfalls Anlaß zu der beabsichtigten Maßnahme gegeben haben, aufzuklären, etwaige unbegründete Anschuldigungen zu widerlegen und vor allem auch etwaige Wünsche hinsichtlich des Zeitpunktes seiner Versetzung in den Ruhestand zu äußern. Daß derartige Wünsche, soweit es das dienstliche Interesse zuläßt, entsprechende Berücksichtigung finden, darf von dem Wohlwollen der zuständigen Stellen erwartet werden, da die Versetzung in den Ruhestand nicht selten tief in die wirtschaftlichen und die Familienverhältnisse des Beamten eingreift.

2) Dadurch wird selbstverständlich das Recht des Beamten, sich einen Vertreter (z. B. einen Anwalt) selbst zu wählen, nicht beeinträchtigt.

Artikel 52.[1])

Der Ruhegehalt, den der unwiderrufliche Beamte im Falle seiner Versetzung in den Ruhestand zu beanspruchen hat, beträgt für die ersten zehn Dienstjahre fünfunddreißig vom Hundert und steigt mit dem Antritte jedes weiteren Dienstjahrs bis zum Eintritt in das zwanzigste Dienstjahr jährlich um zwei vom Hundert und vom Eintritt in das einundzwanzigste Dienstjahr an jährlich um eins vom Hundert des pensionsfähigen Diensteinkommens (Artikel 39 Abs. 2).[2])

Der Ruhegehalt darf fünfundsiebzig vom Hundert des pensionsfähigen Diensteinkommens nicht übersteigen.

Für einen einstweilen mit Wartegeld in den Ruhestand versetzten Beamten wird im Falle seiner Versetzung in den zeitlichen oder dauernden Ruhestand der Ruhegehalt aus dem vor seiner einstweiligen Versetzung in den Ruhestand bezogenen pensionsfähigen Diensteinkommen berechnet.

Einem Beamten, der seinen dienstlichen Wohnsitz außerhalb des Königreichs hat, sind bei seiner Versetzung in den Ruhestand die Kosten des Umzugs an den von ihm innerhalb des Königreichs gewählten Wohnort nach der für die Vergütung der Umzugskosten an die Staatsbeamten maßgebenden Verordnung zu ersetzen.

1) Der Ruhegehalt der pragmatischen Staatsdiener betrug bisher nach §§ 5, 7, 19 und § 22 B der IX. Beil. zur VerfU.,

a) wenn der Beamte nicht im Genuß eines dekretmäßigen oder durch organisatorische Verfügung verliehenen Nebenbezugs sich befand:
im 1. Jahrzehnte des Dienstes 7/10,
im 2. Jahrzehnte des Dienstes 8/10,
nach dem Eintritt in das 3. Jahrzehnt des Dienstes 9/10 des pragmatischen Gehalts;

b) wenn der Beamte im Genuß eines solchen Nebenbezugs sich befand:
im 1. Jahrzehnte des Dienstes 8/10,
nach dem Eintritt in das 2. Jahrzehnt des Dienstes 9/10 des pragmatischen Gehalts (ohne Nebenbezüge).

Die Richter und die nach Vollendung des siebzigsten Lebensjahrs in den Ruhestand tretenden pragmatischen Staatsdiener erhielten nach § 23 und § 22 C der IX. Beil. zur VerfU. den vollen pragmatischen Gehalt als Ruhegehalt. Die Gehaltszulagen einschließlich der außerordentlichen Zulagen blieben bei der Bemessung des Ruhegehalts stets außer Betracht.

Der Ruhegehalt der nichtpragmatischen statusmäßigen Staatsbeamten und Staatsbediensteten betrug nach § 22 der KAB. v. 26. Juni 94 im ersten statusmäßigen Dienstjahre 30 % des Gehalts und stieg mit dem Eintritte jedes weiteren Dienstjahrs um 2 % bis zum vollen Betrage des Gehalts. Der Höchstbetrag des Ruhegehalts durfte jedoch, sobald die Summe von 2400 ℳ erreicht war, neun Zehntel des Gehalts nicht übersteigen. Die vor dem Eintritt in das sechsundzwanzigste Lebensjahr zurückgelegte Dienstzeit blieb bei Berechnung der pensionsfähigen Dienstzeit außer Betracht. Nichtpragmatische statusmäßige Beamte oder Bedienstete, die vor dem Eintritt in das sechsundzwanzigste Lebensjahr dienstunfähig wurden, erhielten nach § 24 Abs. 3 der KAB. v. 26. Juni 94 ohne Rücksicht auf die tatsächlich zurückgelegte Dienstzeit 30 % des im Zeitpunkte der Dienstenthebung bezogenen Gehalts. Auch hier blieben die Gehaltszulagen einschließlich der außerordentlichen Zulagen für die Bemessung des Ruhegehalts außer Ansatz.

Als pensionsfähige Dienstzeit kam für die pragmatischen Staatsdiener nur die in pragmatischer, für die nichtpragmatischen statusmäßigen Beamten und Bediensteten — von einigen Ausnahmen abgesehen — nur die in statusmäßiger Eigenschaft zurückgelegte Dienstzeit in Betracht (vgl. § 3 Abs. 3 bis 5, § 6 Ziff. 2 Abs. 1, § 7 Ziff. 3 Abs. 1 der Denkschrift v. 20. Febr. 08).

Nunmehr sind die Ruhegehaltsverhältnisse der bayerischen Staatsbeamten einschließlich der Richterbeamten einheitlich geregelt worden. Der Ruhegehalt beträgt gemäß Art. 52 für die ersten zehn Dienstjahre mit fünfunddreißig v. H. des pensionsfähigen Diensteinkommens und steigt mit dem Antritte jedes weiteren

Dienstjahrs bis zum Eintritt in das zwanzigste Dienstjahr jährlich um zwei v. H. und vom Eintritt in das einundzwanzigste Dienstjahr an jährlich um eins v. H. bis zu einem Höchstbetrage von fünfundsiebzig v. H. des pensionsfähigen Diensteinkommens. Der Ruhegehalt beträgt hiernach:

im	11. Dienstjahre	37	vom	Hundert,
„	15. „	45	„	„
„	20. „	55	„	„
„	25. „	60	„	„
„	30. „	65	„	„
„	35. „	70	„	„

und erreicht mit dem Eintritt in das 40. Dienstjahr den Höchstbetrag mit 75 v. H. des pensionsfähigen Diensteinkommens.

2) Hinsichtlich der Bemessung des pensionsfähigen Diensteinkommens gelten die gleichen Grundsätze wie für die Bemessung des Wartegeldes (vgl. oben Anm. 2 zu Art. 39).

Über die Berechnung der pensionsfähigen Dienstzeit, siehe Art. 53 ff.

Artikel 53.

Die der Berechnung des Ruhegehalts zu Grunde zu legende Dienstzeit [1]) wird vom Tage der ersten eidlichen Verpflichtung als Beamter [2]) (Artikel 23), sofern jedoch die Eigenschaft eines Beamten im Sinne dieses Gesetzes früher gegeben war, von diesem Zeitpunkt an [3]) gerechnet. [4])

1) Art. 53 trifft Bestimmungen über die Berechnung der pensionsfähigen Dienstzeit.

Während für die Vorrückung in eine höhere Dienstaltersklasse (das sogen. Besoldungsdienstalter) nach Art. 28 BeaG. im allgemeinen nur die in etatsmäßiger Eigenschaft in der gleichen oder in einer höheren Klasse der GehO. zugebrachte Dienstzeit gerechnet werden kann, soll für die pensionsfähige Dienstzeit die gesamte in der Eigenschaft als Beamter im Sinne des Art. 1, also auch die im besoldeten oder unbesoldeten Vorbereitungsdienste mit Beamteneigenschaft zugebrachte Dienstzeit in Betracht gezogen werden, soweit sie nach dem 21. Lebensjahre liegt (vgl. Art. 58).

2) Da nach Art. 23 Abs. 1 BeaG. dem Dienstantritte des Beamten regelmäßig die eidliche Verpflichtung voranzugehen hat, ist allgemein der Tag der ersten eidlichen Verpflichtung auch der Anfangstermin für den Beginn der pensionsfähigen Dienstzeit.

Nur die eidliche Verpflichtung als Beamter kommt in Betracht und nur die Zeit kann angerechnet werden, die in der Eigenschaft eines Beamten im Sinne des Art. 1, also auf Grund öffentlichrechtlichen Dienstverhältnisses, abgeleistet wurde. Die Zeit, während der ein Beamter vor seiner Aufnahme in das Beamtenverhältnis in rein privatrechtlichem oder Arbeitsverhältnisse zum Staate gestanden ist, kann daher nach Art. 53 — vorbehaltlich der besonderen Ausnahmen des BeaG. — nicht zur Anrechnung kommen, selbst wenn für dieses privatrechtliche Dienstverhältnis ein Diensteid geleistet wurde.

3) Da die Möglichkeit nicht ausgeschlossen ist, daß namentlich in der Vergangenheit die eidliche Verpflichtung in einzelnen Fällen unterblieben oder erst später erfolgt ist, ist hieran zugleich der Vorbehalt geknüpft, daß in allen Fällen, in denen nachweisbar die Eigenschaft eines Beamten im Sinne des Art. 1 schon vor der eidlichen Verpflichtung gegeben war, die pensionsfähige Dienstzeit von diesem früheren Zeitpunkt an gerechnet wird.

4) Die Dienstzeit ist bis zu dem Zeitpunkte zu rechnen, mit dem nach Maßgabe des Art. 62 Abs. 1 die Versetzung in den Ruhestand eintritt. Nach dem Wortlaute des Art. 53 und des Art 62 Abs. 1 wird der Tag der ersten eidlichen Verpflichtung oder der nachweisbar früher erlangten Beamteneigenschaft mitgezählt, nicht mehr dagegen der Tag, von dem an die Versetzung in den Ruhestand wirksam wird. Dies gilt auch dann, wenn nach Art. 62 Abs. 2 der Gehalt noch über den Zeitpunkt der Ruhestandsversetzung hinaus fortentrichtet wird. Die Dienstzeit läuft so lange, als das Dienstverhältnis nicht durch freiwilligen oder unfreiwilligen Austritt (Art. 10 Abs. 1 und Art. 8 Abs. 2), durch zeitliche oder dauernde Versetzung in den Ruhestand (Art. 47 bis 49) oder durch Entlassung zur Strafe (Art. 110 BeaG., §§ 31, 33, 35, 36 RStrGB.) gelöst ist. Sie wird nicht unterbrochen durch Krankheit, Urlaub oder eigenmächtiges Fernbleiben vom Amte (Art. 22 Abs. 2), auch nicht durch die Verbüßung einer Freiheitsstrafe mit Ausnahme der während der Militärzeit erlittenen über ein Jahr dauernden Festungshaft (vgl. Art. 55 Abs. 4 BeaG.) und ebensowenig durch die vorläufige Dienstenthebung (Art. 170 ff.). Soweit ein Strafverfahren, wegen dessen die vorläufige Dienstenthebung eingetreten war, mit der Dienstentlassung endigt, hört das Dienstverhältnis erst mit der Rechtskraft des Erkenntnisses auf, was für die Berechnung der Dienstzeit in den Fällen des Art. 110 Abs. 2 BeaG. von Bedeutung ist. War das Dienstverhältnis durch zeitliche oder dauernde Versetzung in den Ruhestand gelöst und erfolgt gemäß Art. 65 Ziff. 1 die Wiederanstellung, so wird die vor der Versetzung in den Ruhestand zurückgelegte Dienstzeit, nicht aber die Zeit des Ruhestandes selbst gerechnet. Dagegen wird die Zeit des einstweiligen Ruhestandes mit Wartegeld nach der ausdrücklichen Bestimmung in Art. 54 Ziff. 1 BeaG. in die pensionsfähige Dienstzeit eingerechnet (vgl. Abs. 5 der Vorbemerkung zu Abschn. IV). Ist das Dienstverhältnis durch Austritt oder Entlassung gelöst, und erfolgt später die Wiederanstellung, so bedarf die Anrechnung der früheren Dienstzeit besonderer Genehmigung (Art. 57). Der Lauf der im staatlichen Dienste als Beamter zugebrachten Dienst-

zeit ist daher nicht immer ein ununterbrochener. Es kann sich vielmehr im Hinblick auf die Art. 54 bis 58 ergeben, daß sich die Dienstzeit aus verschiedenen Zeiträumen zusammensetzt. Soweit sich dabei nicht volle Jahre ergeben, ist die Zeit nur nach Tagen und zwar einschließlich der einunddreißig Monatstage zu berechnen, bei der Zusammenrechnung aber in entsprechender Anwendung des § 191 BGB. das Jahr mit 365 Tagen anzusetzen. Hat ein Beamter beispielsweise Dienstzeiten v. 1. Okt. 80 bis 15. Juli 93, 1. Nov. 93 bis 15. Juli 99, 1. Dez. 99 bis 31. März 00 und v. 16. April 00 bis 15. April 09, so ergibt sich folgende Berechnung:

1. Oktober 1880 bis 15. Juli 1893:	12	Jahre 288	Tage,
1. November 1893 bis 15. Juli 1899:	5	„ 257	„
1. Dezember 1899 bis 31. März 1900 (Schaltjahr):	—	„ 122	„
16. April 1900 bis 15. April 1909:	9	„ —	„
	26	Jahre 667	Tage
	= 27	Jahre 302	Tage.

Artikel 54.

Bei der Feststellung der Dienstzeit (Artikel 53) wird [1]) auch die Zeit gerechnet, während welcher der Beamte

1. mit Bezug von Wartegeld im einstweiligen Ruhestande sich befand oder
2. im Dienste des Reiches [2]) oder
3. als anstellungsberechtigte ehemalige Militärperson auf einer ihm später in etatsmäßiger Eigenschaft übertragenen Amtsstelle gleicher Art zunächst auf Probe oder zur probeweisen Dienstleistung verwendet war [3]) oder
4. als Staatsdienstaspirant den für die Ernennung zum etatsmäßigen Beamten angeordneten oder zugelassenen Vorbereitungsdienst ableistete. [4])

1) Art. 54 führt im Anschluß an den § 46 RBeaG. und an ähnliche Bestimmungen anderer BeaG. die Fälle auf, in denen eine nicht im unmittelbaren Dienste des Staates oder wenigstens nicht in der Eigenschaft eines Beamten zugebrachte Zeit für die Bemessung des Ruhegehalts angerechnet werden muß, während Art. 56 die Fälle bezeichnet, in denen diese Anrechnung stattfinden kann.

2) Die in Ziff. 2 vorgesehene Anrechnung der im Dienste des Reichs zugebrachten Zeit rechtfertigt sich dadurch, daß andererseits das Reich nach § 46 Ziff. 2 RBeaG. auch die Anrechnung der im Dienste eines Bundesstaats zurückgelegten Dienstzeit zuläßt.

3) Über die Anrechnung der Zeit der Anstellung auf Probe und der probeweisen Dienstleistung ehemaliger Militär-

personen (Ziff. 3) siehe oben Art. 28 Anm. 2. Selbstverständlich erscheint eine Doppelrechnung dieser Dienstzeit ausgeschlossen, wenn die Militärperson während der Dauer der Probezeit noch im aktiven Militärverbande verbleibt (vgl. § 20 der Grundsätze für die Besetzung der mittleren, Kanzlei- und Unterbeamtenstellen bei den Reichs- und Staatsbehörden mit Militäranwärtern und Inhabern des Anstellungsscheins v. 30. Sept. 07 — GVBl. 685).

4) Ziff. 4 des Art. 54 sieht die Anrechnung der Zeit des Vorbereitungsdienstes der Staatsdienstaspiranten vor. Soweit den Staatsdienstaspiranten die Eigenschaft eines Beamten im Sinne des Art. 1 zuerkannt wird, gelangt die in dieser Eigenschaft zurückgelegte Dienstzeit schon auf Grund der allgemeinen Bestimmung des Art. 53 zur Anrechnung. Im Interesse einer gleichmäßigen Behandlung wurde jedoch in Art. 54 Ziff. 4 die Anrechnung des Vorbereitungsdienstes der Staatsdienstaspiranten allgemein vorgesehen, um diese Anrechnung auch denjenigen Staatsdienstaspiranten zuzuwenden, die nicht als Beamte im Sinne des Art. 1 erklärt sind und um außerdem auch die Anrechnung der Zeit zu ermöglichen, die außerhalb des eigentlichen Staatsdienstes, z. B. bei Stadtmagistraten, Rechtsanwälten, Banken u. dgl. abgeleistet wurde. Aus diesem Grunde ist auch in dem Gesetze der Ausdruck „angeordneter oder zugelassener Vorbereitungsdienst" gewählt, um nicht nur die Anrechnung der Zeit der Vorbereitung, der zur Erlangung einer bestimmten Stelle nach den bestehenden Vorschriften jeder Bewerber Genüge leisten muß, sondern auch die Anrechnung derjenigen Vorbereitungszeit zu ermöglichen, die dem Bewerber nicht zur Pflicht gemacht ist, sondern der er sich im Interesse seiner weiteren Ausbildung mit Genehmigung der zuständigen Stelle freiwillig unterzieht.

Die Bestimmung in Ziff. 4 gilt auch praktisch für die Beamten der Verkehrsverwaltung, die aus dem Arbeiterstande hervorgegangen sind insoferne, als diesen die Vorbereitungszeit, die sie nach den Aufnahmsbestimmungen für die statusmäßige Anstellung in der Mindestdauer von drei Jahren abzuleisten haben, als Vorbereitungszeit im Sinne des Art. 54 Ziff. 4 auf das pensionsfähige Dienstalter anzurechnen ist. Die Vorbereitungszeit braucht außerdem keine zusammenhängende zu sein.

Artikel 55.

Der Zivildienstzeit wird die Zeit des aktiven Militärdienstes[1]) im deutschen Heere oder in der Kaiserlichen Marine[2]) oder bei den Kaiserlichen Schutztruppen[2]) sowie die Zeit eines früheren aktiven Militärdienstes in einem zum Deutschen Reiche gehörigen Bundesstaate hinzugerechnet.

Für jeden Krieg, an dem ein Beamter im deutschen Heere, in der Kaiserlichen Marine oder bei den Kaiserlichen Schutztruppen oder in der bewaffneten Macht eines Bundesstaats teilgenommen hat, wird zu der wirklichen Dauer der Dienstzeit ein Jahr (Kriegsjahr) hinzugerechnet; jedoch ist für mehrere in ein Kalenderjahr fallende Kriege die Anrechnung nur eines Kriegsjahrs zulässig.

Wer als Teilnehmer an einem Kriege anzusehen ist, unter welchen Voraussetzungen bei Kriegen von längerer Dauer mehrere Kriegsjahre anzurechnen sind, welche militärische Unternehmungen als ein Krieg im Sinne dieses Gesetzes anzusehen und welche Zeit als Kriegszeit zu rechnen ist, wenn keine Mobilmachung oder Demobilmachung stattgefunden hat, bemißt sich nach den für die Reichsbeamten geltenden Vorschriften und, soweit in der Vergangenheit solche Vorschriften für die Reichsbeamten nicht getroffen wurden, nach den Entschließungen des Königs.[3])

Wieweit die Zeit eines Festungsarrestes oder einer Kriegsgefangenschaft angerechnet werden kann, ist nach den für die Pensionierung der Militärpersonen geltenden gesetzlichen Vorschriften zu bemessen.[4])

1) Art. 55 regelt in Übereinstimmung mit dem Rechte im Reiche und in anderen Bundesstaaten (vgl. §§ 47 bis 49 RBeaG., §§ 15 bis 17 des pr. Pensionsges. v. 27. März 72/27. Mai 07, §§ 1 ff. des sächs. Ges. v. 5. März 74, Art. 40 und 41 des württ. BeaG., Art. 38 des bad. BeaG.) die Einrechnung der Militärdienstzeit in die pensionsfähige Zivildienstzeit.

Hinsichtlich der Militäranwärter (Inhaber des Zivilversorgungsscheins) ergibt sich die Notwendigkeit dieser Anrechnung schon aus § 23 und § 76 Abs. 3 RG. v. 31. Mai 09, RGBl. 593.

Anrechnungsfähig ist indes nur die aktive Militärdienstzeit, gleichviel in welcher militärischen Stellung diese zugebracht wurde (§§ 38 und 56 RMilG. v. 2. Mai 74) und auch diese nur — den Fall des Krieges ausgenommen — soweit sie nach dem 21. Lebensjahre zurückgelegt wurde (Art. 58 BeaG.). Ein ununterbrochener Zusammenhang des Militärdienstes mit dem Zivildienste wird nicht gefordert. Ist ein Beamter freiwillig oder unfreiwillig aus dem Staatsdienst ausgetreten, so findet im Falle späterer Wiederanstellung eine Anrechnung der vor dem Austritte liegenden Militärdienstzeit ebenfalls ohne weiteres statt, da sich Art. 57 nur auf die vor dem Austritte liegende Zivildienstzeit bezieht (vgl. Anm. zu Art. 57).

2) § 53 MilitärpensG. v. 31. Mai 06 sieht eine Doppelrechnung des mindestens sechs Monate dauernden, ununterbrochenen Bordkommandos in außerheimischen Gewässern oder eines ebenso gearteten Dienstaufenthalts in den deutschen Schutzgebieten oder deren Hinterländern, § 69 des genannten RG. eine Doppelrechnung der mindestens sechs Monate dauernden ununterbrochenen Dienstzeit bei den Kaiserlichen Schutztruppen in den Schutzgebieten vor, sofern diese Dienstzeiten nicht in solche Jahre fallen, die bereits als Kriegsjahre zu erhöhtem Ansatze kommen. Die gleichen Vorschriften sind in §§ 54 und 65 des MannschVersG. v. 31. Mai 06 enthalten. Diese Doppelrechnung ist auch bei der Festsetzung der nach Art. 57 der Zivildienstzeit zuzurechnenden Zeit des aktiven Militärdienstes anzuwenden, wie dies tatsächlich auch bei der Berechnung der Zivildienstzeit nach dem RBeaG. geschieht.

3) Für die Frage, wer als Teilnehmer an einem Kriege anzusehen ist, unter welchen Voraussetzungen bei Kriegen von längerer Dauer mehrere Kriegsjahre anzurechnen sind, welche militärische Unternehmungen als ein Krieg im Sinne des BeaG. anzusehen sind und welche Zeit als Kriegszeit zu rechnen ist, wenn keine Mobilmachung oder Demobilmachung stattgefunden hat, richtet sich nach den für die Reichsbeamten geltenden Bestimmungen. Es ist demnach dem Beamten in allen jenen Fällen, in welchen ihm zu der pensionsfähigen Dienstzeit ein oder mehrere Kriegsjahre hinzuzurechnen wären, wenn er Reichsbeamter wäre, die gleiche Kriegszeit auch zu seiner nach dem BeaG. zu berechnenden pensionsfähigen Dienstzeit zuzuzählen. Für die Reichsbeamten sind hinsichtlich der Anrechnung der Kriegszeit die hierwegen nach § 17 OffPG. v. 31. Mai 06 in jedem Falle ergehenden Bestimmungen des Kaisers, für die Zeit vor Erlassung des RBeaG., d. i. vor dem 31. März 73, die hierüber in den einzelnen Bundesstaaten getroffenen Bestimmungen maßgebend. Seit Erlassung des RBeaG. sind bezüglich der Anrechnung der militärischen Unternehmungen in den deutschen Schutzgebieten sowie der Expedition gegen China zahlreiche Kaiserliche Erlasse ergangen, die gemäß Art. 57 Abs. 3 BeaG. ohne weiteres auch für die bayerischen Beamten Anwendung finden (vgl. die Aufzählung dieser Erlasse bei Romen, das OffPG. v. 31. Mai 06, Anlage 2 S. 278, ferner die Zusammenstellung in dem Berichte der Reichstagskommission über den Entwurf eines OffPG. Sten. Ber. 11. Legislaturperiode II. Session 05/06 VI. Anl.-Bd. S. 4352).

Für die vor dem Erlasse des RBeaG. liegenden kriegerischen Unternehmungen, auf welche auch für die Reichsbeamten die bis dahin für sie gültig gewesenen Bestimmungen ihres Heimatstaates Anwendung zu finden haben (vgl. Entsch. d. RG. bei Reger V 90), sind Bestimmungen in Bayern nicht getroffen. Es kommen hier hauptsächlich die Feldzüge 66 und 70/71 in Betracht. Für den Feldzug 66 ist indes durch Kaiserlichen Erlaß v. 11. Febr. 75 (preuß. JustMinBl. 133) die Anrechnung des Feldzugs von 66 allgemein allen in den Zivildienst des Reichs übergetretenen Beamten zugestanden worden, sofern sie an einem Gefechte teilgenommen oder behufs Ausführung von Operationen zu kriegerischen Zwecken die Grenzen ihrer damaligen Heimatländer verlassen haben, so daß dieser Erlaß ohne weiteres auch für die nach Art. 57 Abs. 3 BeaG. vorzunehmende Anrechnung maßgebend ist. Hinsichtlich des Feldzugs von 70/71 wird es aber, ohne daß es einer besonderen gesetzlichen Bestimmung bedarf, genügen, wenn die in dieser Hinsicht für das preußische Kontingent erlassenen Bestimmungen (Kabinetts-Ordres v. 16. Mai 71, 17. Mai 72, 14. Juli 74) durch Königliche Entschließung auch für die Berechnung der Dienstzeit nach Maßgabe des Art. 57 BeaG. für anwendbar erklärt werden.

4) Wie bereits oben Anm. 4 zu Art. 53 bemerkt ist, wird der Lauf der Dienstzeit durch Verbüßung einer Freiheitsstrafe nicht unterbrochen. Eine Ausnahme macht Art. 55 Abs. 4 durch die Bestimmung, daß die Zeit einer während des aktiven Militärdienstes erlittenen Freiheitsstrafe nur insoweit angerechnet wird, als dies nach den für die Pensionierung der Militärpersonen geltenden gesetzlichen Bestimmungen der Fall ist. Danach aber ist Festungshaft unter einem Jahre ohne weiteres, Festungshaft von einem Jahre oder längerer Dauer nur mit besonderer Genehmigung des Kontingentsherrn (hier des Königs), bei Marine- und Schutztruppen mit Genehmigung des Kaisers anzurechnen (§§ 18, 45, 54, 62, 70 OffPG. v. 31. Mai 06 und §§ 8, 49, 55, 63 und 66 des MannschVersG. v. 31. Mai 06).

Für die Frage der Anrechnung der Zeit einer Kriegsgefangenschaft sollen nach Art. 55 Abs. 4 ebenfalls die für die Pensionierung der Militärpersonen geltenden gesetzlichen Vorschriften maßgebend sein. Danach aber soll die Zeit der Kriegsgefangenschaft grundsätzlich außer Ansatz bleiben und nur mit Genehmigung des Kaisers angerechnet werden können (§ 18 Abs. 1 und 2, §§ 45 und 62 OffPG. und § 8 Abs. 1 und 2, §§ 49 und 63 MannschVersG.). Hinsichtlich der Anrechnung von Kriegsgefangenschaft während des Feldzugs 70/71 sind die Kaiserlichen Erlasse v. 11. April 71, 18. Mai 71, 17. Mai 72 und 14. Juli 74 ohne weiteres auch für die Berechnung der Dienstzeit nach Art. 57 BeaG. maßgebend.

Artikel 56.

Bei der Feststellung der Dienstzeit (Artikel 53) kann [1]) ganz oder teilweise auch die Zeit gerechnet werden, [2]) während welcher der Beamte

1. im Dienste eines anderen deutschen Bundesstaats oder eines dem Deutschen Reiche nicht angehörenden Staates oder
2. als nicht aus der Staatskasse besoldeter Beamter des Staates [3]) oder

3. in einem sonstigen öffentlichen Dienste[4]) verwendet oder
4. außerhalb des öffentlichen Dienstes tätig war, sofern diese Tätigkeit für die berufliche Ausbildung förderlich ist,[5]) oder
5. vor seiner Ernennung im privatrechtlichen Vertragsverhältnisse zum Staate oder zu einem Staatsbeamten Dienst geleistet hat, sofern er mit Aussicht auf dauernde Verwendung ständig und hauptsächlich mit den Dienstverrichtungen eines Beamten betraut war und diese Beschäftigung zu seiner Ernennung zum Beamten geführt hat.

Dem Beamten kann bei seiner Ernennung die volle oder teilweise Anrechnung dieser Zeit (Abs. 1) zugesichert werden.

1) Während Art. 54 die Fälle aufführt in denen eine nicht schon unter die vorhergehenden Artikel fallende Dienstzeit für die Bemessung des Ruhegehalts angerechnet werden muß, behandelt Art. 56 die Fälle, in denen die Anrechnung erfolgen kann (vgl. § 52 RBeaG., § 19 des preuß. PensG. v. 27. März 72/27. Mai 07, Art. 43 des württ. BeaG., § 40 des bad. BeaG.).

Diese Anrechnung ist indes nur mit Genehmigung des zuständigen Ministeriums im Benehmen mit dem Staatsministerium der Finanzen zulässig, um einen möglichst gleichmäßigen Gebrauch dieser Ermächtigung zu sichern.

Die Entscheidung darüber, ob in einem der in Art. 56 bezeichneten Fälle die anderweitig zugebrachte Dienstzeit anzurechnen ist oder nicht, wird häufig erst bei der aus Anlaß der Festsetzung des Ruhegehalts vorzunehmenden Feststellung der Dienstzeit erfolgen, insbesondere dann, wenn sich erst nach Abschluß der Dienstzeit beurteilen läßt, ob genügende Gründe für eine derartige Anrechnung vorliegen. Indes soll die Möglichkeit nicht ausgeschlossen sein, daß dem Beamten schon bei der Ernennung die volle oder teilweise Anrechnung zugesichert wird, da Fälle eintreten können, in denen die betreffende Persönlichkeit — z. B. ein Hochschulprofessor — nur gegen eine solche Zusicherung für den bayerischen Staatsdienst gewonnen werden kann.

Art. 56 gibt auch die Möglichkeit, alle jene Fälle zu berücksichtigen, in denen über die 3 jährige Vorbereitungszeit (s. oben Art. 54) die übrigens keine zusammenhängende zu sein braucht, hinaus Dienste eines Arbeiters derart waren, daß man sie als Beamtendienste ansehen kann. Hierunter fallen die Dienste als Vorarbeiter in der Werkstätte mit der Zuständigkeit eines Werkaufsehers, die Dienstzeit, die ein nicht statusmäßiger Lokalbahnschaffner gemacht hat, die Dienste von ständigen Kanzleigehilfen, Hilfsschreibern u.s.w.

2) Vgl. oben Anm. 4 zu Art. 28.

3) Vgl. oben Anm. 5 zu Art. 28.

4) Vgl. oben Anm. 6 zu Art. 28.

5) Vgl. oben Anm. 7 zu Art. 28.

Artikel 57.

Einem Beamten, dessen Dienstverhältnis nach Artikel 8 Abs. 2 oder nach Artikel 10 gelöst war und der später im Staatsdienste wieder in etatsmäßiger Eigenschaft angestellt wird, kann bei der Feststellung der Dienstzeit (Artikel 53) ganz oder teilweise die vor der Lösung des Dienstverhältnisses zurückgelegte Zivildienstzeit angerechnet werden, sofern sein Ausscheiden nicht durch eine Verletzung seiner dienstlichen Pflichten veranlaßt war.[1])

Die Anrechnung kann einem Beamten, dessen Dienstverhältnis auf sein Ansuchen gelöst wird, bei der Bewilligung der Entlassung zugesichert werden.

1) Da durch die Versetzung in den Ruhestand das Dienstverhältnis des Beamten, wenn dieser später gemäß Art. 64 wieder zur Dienstleistung berufen wird, nur unterbrochen wird, so ist es selbstverständlich, daß in diesem Falle bei der wiederholten Versetzung in den Ruhestand die vor der ersten Ruhestandsversetzung liegende aktive Dienstzeit bei der Festsetzung des Ruhegehalts angerechnet wird. Dagegen soll nach Art. 57 in den Fällen, in denen das Dienstverhältnis durch freiwilligen oder unfreiwilligen Austritt des Beamten nach Art. 8 Abs. 2 oder nach Art. 10 gelöst wurde, im Falle der Wiederanstellung die frühere Zivildienstzeit nur dann ganz oder teilweise angerechnet werden können, wenn das Ausscheiden aus dem Dienste nicht durch eine Verletzung der dienstlichen Pflichten veranlaßt war. Hieraus ergibt sich von selbst, daß im Falle einer im Wege der Gnade etwa erfolgenden Wiederanstellung eines im Straf- oder Disziplinarverfahren entlassenen Beamten die vor der Entlassung liegende Zivildienstzeit nicht angerechnet werden kann. Ist hiergegen die Wiederanstellung des durch Disziplinarerkenntnis entlassenen Beamten erfolgt, weil sich im Wiederaufnahmeverfahren seine Unschuld herausgestellt hat (Art. 159), so ist es selbstverständlich, daß in diesem Falle die frühere Dienstzeit voll angerechnet wird. Im Interesse eines gleichmäßigen Verfahrens soll die Erteilung der in Art. 57 vorgesehenen Genehmigung dem zuständigen Ministerium im Benehmen mit dem Staatsministerium der Finanzen vorbehalten werden.

Wegen der Anrechnung der Militärdienstzeit bei der Wiederanstellung eines freiwillig oder unfreiwillig aus dem Staatsdienst ausgeschiedenen oder eines zur Strafe entlassenen Beamten siehe oben Anm. 1 zu Art. 55.

Artikel 58.

Nicht gerechnet wird die Zivil- und Militärdienstzeit, die der Beamte vor Vollendung des einundzwanzigsten Lebensjahrs zurückgelegt hat.[1]) Nur im Kriegsfalle wird die Militärdienstzeit vom Beginne des Krieges, beim Eintritt in den Militärdienst während des Krieges vom Tage des Eintritts an nach der Vorschrift des Artikel 55 ohne Rücksicht auf das Lebensalter angerechnet.[2])

1) Die vor dem vollendeten 21. Lebensjahre liegende Zivil- und Militärdienstzeit soll grundsätzlich bei der Berechnung der pensionsfähigen Dienstzeit außer Betracht bleiben. Diese Bestimmung ist eine Folge des in Art. 3 Ziff. 2 ausgesprochenen Grundsatzes.

2) Eine Ausnahme von der Regel des Art. 58 Satz 1 ist in Übereinstimmung mit § 48 Abs. 2 und 3 RBeaG., § 14 Abs. 2 und 3 OffPG. und § 5 Abs. 3 und 4 MannschVersG. nur bezüglich der Militärdienstzeit vorgesehen, die in einen Krieg fällt.

Ist bei einer als Krieg anzusehenden militärischen Unternehmung (s. oben Art. 55 Abs. 3 und Anm. 3 dazu) eine Mobilmachung oder Demobilmachung nicht erfolgt, so würde im Sinne des Art. 58 als Mobilmachungstag der Tag des Beginns und als Demobilmachungstag der Tag der Beendigung der kriegerischen Unternehmung anzusehen sein (vgl. auch die Begründung zu §§ 14 bis 18 OffPG. — Sten. Ber. d. Reichstags 11. Legislaturperiode II. Session 05/06 II. Anl.-Bd. Nr. 13 S. 1105).

Artikel 59.

Hat der in den Ruhestand versetzte Beamte aus einem früheren Dienstverhältnis einen Anspruch auf Wartegeld, Ruhegehalt oder auf einen ähnlichen Bezug gegenüber dem Reiche, einem anderen Staate, einer Gemeinde, Religions- oder Kirchengesellschaft oder sonstigen Körperschaft, Stiftung oder Anstalt des öffentlichen Rechtes, so wird der Ruhegehalt nach der gesamten Dienstzeit (Artikel 53 bis 58) berechnet, die sich unter Einrechnung der Zeit des früheren Dienstverhältnisses ergeben würde, und sodann um den Betrag des in dem früheren Dienstverhältnis erworbenen Bezugs gekürzt.[1])

1) Art 59 behandelt den Fall, in dem ein in den Ruhestand versetzter Beamter aus einem früheren Dienstverhältnisse bereits einen Anspruch auf Wartegeld, Ruhegehalt oder einen ähnlichen Bezug gegenüber dem Reiche, einem anderen Staate, einer Gemeinde, Religions- oder Kirchengesellschaft oder sonstigen Körperschaft, Stiftung oder Anstalt des öffentlichen Rechtes besitzt. In diesem Falle soll ihm neben dem bereits aus dem früheren Verhältnisse zustehenden Anspruche nicht auch noch unbeschränkt der nach dem BeaG. sich berechnende Ruhegehalt gewährt werden. Vielmehr soll in diesem Falle der aus dem späteren Dienstverhältnisse zu beanspruchende Ruhegehalt nur so weit verabfolgt werden, daß unter Hinzurechnung des aus dem früheren Dienstverhältnisse zustehenden Anspruchs der Betrag nicht überschritten wird, der sich bei Zugrundelegung der gesamten in dem früheren und in dem späteren Dienstverhältnisse zurückgelegten Dienstzeit aus dem zuletzt bezogenen pensionsfähigen Diensteinkommen als Ruhegehalt berechnet. Wenn also beispielsweise ein Beamter, der im Zeitpunkte seiner Versetzung in den Ruhestand ein pensionsfähiges Diensteinkommen von 8400 ℳ bezieht und im bayerischen Staatsdienst eine pensionsfähige Dienstzeit von 20 Jahren zurückgelegt hat, noch als vormaliger Reichsbeamter einen Anspruch gegen das Reich auf ein Wartegeld von 6000 ℳ besitzt, so würde sich sein Ruhegehalt nach Maßgabe des Art. 52 an sich auf 55 % aus 8400 ℳ = 4620 ℳ berechnen; er würde also an Wartegeld und Ruhegehalt zusammen 10620 ℳ erhalten, demnach sowohl mehr als sein ursprünglich im Reichsdienste (mit 8000 ℳ), als sein zuletzt im bayerischen Staatsdienst (mit 8400 ℳ) bezogenes Diensteinkommen betrug. Sein Ruhegehalt von 4620 ℳ wäre demgemäß nach Art. 59 zu kürzen und würde sich, wenn er beispielsweise im Reichsdienste 20 anrechnungsfähige Dienstjahre zurückgelegt hätte, auf 75 % aus 8400 ℳ = 6300—6000 ℳ (Wartegeld) = 300 ℳ beziffern.

Für den von dem Art. 59 verschiedenen Falle, daß ein im Genuß eines auf Grund des gegenwärtigen Gesetzes gewährten Ruhegehalts stehender bayerischer Beamter aus einer Wiederverwendung in einem öffentlichen Dienste eine Pension erdient, trifft Art. 66 Ziff. 2 Bestimmung (siehe Anm. 3).

Artikel 60.

Bezieht der in den Ruhestand versetzte Beamte auf Grund der Unfallversicherungsgesetze eine Rente aus der Staatskasse, so wird der Ruhegehalt um den Betrag der Unfallrente gekürzt.¹) In besonderen Fällen kann durch das dem Beamten vorgesetzte Staatsministerium von dieser Kürzung ganz oder teilweise Abstand genommen werden.

Den Beamten der Bergwerks-, Hütten- und Salinenverwaltung, für die der Staat als Werksbesitzer Beiträge in der Höhe der Mitgliederbeiträge geleistet hat, wird auf den nach diesem Gesetze sich berechnenden Ruhegehalt die Hälfte des Bezugs aus der Knappschaftskasse angerechnet.[2])

1) Siehe auch oben Art. 36 Anm. 1.

2) Nach § 202 Abs. 2 BergG. v. 20. März 69 i. d. F. v. 20. Juli 00 sind auch die Werksbeamten berechtigt, den Knappschaftsvereinen als Mitglieder beizutreten und nach §§ 209 und 210 dieses Gesetzes haben die Werksbesitzer zu den Knappschaftskassen Beiträge mindestens in der Höhe der Hälfte des Beitrags der Mitglieder zu leisten. In dem Falle daß der Staat tatsächlich derartige Beiträge geleistet hat, ist in gleicher Weise wie dies schon bisher durch § 25 Abs. 1 Ziff. 3 KAB. v. 26. Juni 94 vorgeschrieben war, auch künftig wenigstens die Hälfte des Bezugs aus der Knappschaftskasse auf den Ruhegehalt aus der Staatskasse anzurechnen.

Artikel 61.

Beamten, die Mitglieder einer Kreispensionsanstalt für dienstunfähige Lehrpersonen im Sinne des Artikel 18 Abs. 2 des Schulbedarfgesetzes vom 28. Juli 1902 sind, wird neben dem nach dem gegenwärtigen Gesetze sich berechnenden Ruhegehalte der nach den Satzungen der Kreispensionsanstalt sich berechnende Ruhegehalt so weit gewährt, als dieser den nach dem gegenwärtigen Gesetze sich berechnenden Ruhegehalt übersteigt.[1])

1) Da nach Art. 18 Abs. 5 des SchulbedG. v. 28. Juli 02 der Staat zu den aus den Kreisanstalten zur Unterstützung dienstunfähiger Lehrpersonen fließenden Ruhegehalten gewisse Zuschüsse leistet und andererseits nach Art. 56 Ziff. 2 BeaG. die im öffentlichen Volksschuldienste zurückgelegte Dienstzeit bei der Bemessung des staatlichen Ruhegehalts angerechnet werden kann und wohl in der Regel angerechnet werden wird, so erscheint es angezeigt, daß der Ruhegehalt aus diesen Kreisanstalten nicht unverkürzt neben dem nach den Vorschriften des BeaG. sich berechnenden Ruhegehalte, sondern nur so weit gewährt wird, als er den letzteren Ruhegehalt übersteigt. Eine ähnliche Vorschrift enthält bereits § 17 KAB. v. 2. Jan. 04, die Satzungen der Kreispensionsanstalten für dienstunfähige Lehrpersonen betr., GVBl. 7, für die Mitglieder dieser Anstalten, die in pragmatische lehramtliche Stellungen befördert wurden. Bei den nichtpragmatischen Beamten, die auf Grund der Vorschriften des Art. 18 Abs. 2 des SchulbedG. v. 28. Juli 02 Mitglieder der Kreispensionsanstalten waren, wurde dagegen bisher auf

die staatliche Pension der den Kreispensionsanstalten für einen quieszierten Schullehrer gewährte Staatszuschuß angerechnet (vgl. § 25 Abs. 1 Ziff. 1 KAB. v. 26. Juni 94).

Artikel 62.

Der Anspruch auf den Ruhegehalt beginnt mit dem Zeitpunkte, von dem an die Versetzung in den Ruhestand verfügt wird. Endigt die Dienstleistung in einem späteren Zeitpunkte, so beginnt der Anspruch auf den Ruhegehalt mit diesem Zeitpunkte.[1])

Fällt dieser Zeitpunkt nicht auf den Ersten eines Monats, so beginnt die Zahlung des Ruhegehalts am Ersten des nächsten Monats. Bis dahin bezieht der in den Ruhestand versetzte Beamte noch seinen Gehalt, auch wenn er bereits seiner Dienstleistung enthoben ist.

Hat der Beamte seinen Gehalt über diesen Zeitpunkt (Abs. 1, 2) hinaus bezogen, so hat er den zuviel bezogenen Betrag zurückzuerstatten oder sich auf den Ruhegehalt oder auf anderweitige Bezüge aus der Staatskasse anrechnen zu lassen.

1) Bis dahin ist dem Beamten noch der Aktivitätsgehalt weite zu zahlen.

Artikel 63.

Der Ruhegehalt wird monatlich vorausgezahlt.[1])

1) Art. 63 entspricht dem Art. 34 Abs. 3 BeaG.

Artikel 64.

Der infolge eines körperlichen Gebrechens oder Schwäche seiner körperlichen oder geistigen Kräfte zeitlich oder dauernd in den Ruhestand versetzte Beamte kann[1]) unter den gleichen Voraussetzungen, unter denen nach dem Artikel 9 Abs. 1 einem unwiderruflichen Beamten eine andere Amtsstelle übertragen werden kann, wieder zur Dienstleistung berufen werden, wenn er seine Dienstfähigkeit wieder erlangt und das fünfundsechzigste Lebensjahr noch nicht überschritten hat.

Kann ein zeitlich in den Ruhestand versetzter Beamter nach Wiedererlangung seiner Dienstfähigkeit nicht sofort auf einer geeigneten Amtsstelle wieder angestellt werden, so wird er bis zum Eintritte dieser Möglichkeit unter Fortgewährung seines Ruhegehalts im zeitlichen Ruhestande belassen.[2])

1) Die Verpflichtung zur Wiederaufnahme eines Amtes soll in gleicher Weise, wie dies nach Art. 42 BeaG. für den Wartegeldempfänger gilt, auf Amtsstellen beschränkt sein, die dem Beamten, wenn er im Dienste geblieben wäre, im Wege der Versetzung hätten übertragen werden können. Die Weigerung des im Ruhestande befindlichen Beamten, einer derartigen Wiederanstellung Folge zu leisten, hat nach Art. 65 Ziff. 1 BeaG. den Verlust des Ruhegehalts zur Folge (vgl. Anm. 1 zu Art. 42).

Die Vorschrift des Art. 64 Abs. 1 BeaG. gilt nach Art. 183 Abs. 2 Ziff. 6 und Art. 184 mit den aus diesen Vorschriften sich ergebenden Ausnahmen auch für die richterlichen Beamten einschließlich der Mitglieder des Obersten Rechnungshofs.

2) Der Abs. 2 des Art. 64 verfolgt den Zweck, jeden Zweifel über die rechtliche Natur der Versetzung in den zeitlichen Ruhestand auszuschließen und bestimmt zum Ausdrucke zu bringen, daß der zeitlich in den Ruhestand versetzte Beamte, gleich dem in den dauernden Ruhestand versetzten Beamten, im Falle des Wiedereintritts der Dienstfähigkeit kein Recht auf Wiederanstellung besitzt.

Artikel 65.

Der Anspruch auf den Ruhegehalt erlischt:

1. wenn der Beamte nach Maßgabe des Artikel 64 im Staatsdienste wieder angestellt wird;[1])
2. wenn er rechtskräftig zu einer Strafe verurteilt ist, die, wenn er im Zeitpunkte der Rechtskraft noch im Dienste gewesen wäre, kraft des Gesetzes den Verlust des Amtes zur Folge gehabt hätte, oder wenn ihm durch Urteil des Disziplinargerichts der Anspruch auf den Ruhegehalt rechtskräftig aberkannt worden ist;[2])
3. mit Ablauf des Monats, in dem er stirbt.

1) Die Bestimmung in Ziff. 1 ist die natürliche Folge des in Art. 64 ausgesprochenen Grundsatzes, daß der in den Ruhestand versetzte Beamte unter gewissen Voraussetzungen der Wiederberufung zur Dienstleistung folgen muß.

2) Die Vorschrift des Art. 65 Ziff. 2 erstreckt sich gleichmäßig auf richterliche wie auf nichtrichterliche Beamte. Im übrigen vgl. hierher auch Art. 167 und die Anm. 1 dazu.

Artikel 66.

Der Anspruch auf den Ruhegehalt ruht:[1])

1. wenn der Beamte die deutsche Reichsangehörigkeit verliert, bis zu ihrer Wiedererlangung;[2])
2. solange er aus der Verwendung in dem Reichs-, Staats- oder einem sonstigen öffentlichen Dienste

ein Einkommen bezieht, so weit, als der Betrag dieses Einkommens unter Hinzurechnung des Ruhegehalts den Betrag des vor seiner Ruhestandsversetzung bezogenen Gehalts übersteigt.[3]) Erdient der Beamte in der neuen Stellung einen Ruhegehalt, ein Wartegeld oder einen ähnlichen Bezug, so findet daneben der Bezug des ursprünglichen Ruhegehalts nur bis zur Erreichung des Betrags statt, der sich nach Maßgabe der gesamten Dienstzeit (Artikel 53 bis 58) aus dem der Festsetzung des ursprünglichen Ruhegehalts zu Grunde gelegten pensionsfähigen Diensteinkommen berechnet.

1) In dem Art. 66 sind die Fälle geregelt, in denen der Anspruch auf den Ruhegehalt nicht, wie nach dem Art. 65, erlöschen, sondern nur bis auf weiteres ruhen soll.

2) Ziff. 1 stimmt mit § 27 Ziff. 2 KAB. v. 26. Juni 94 sowie mit § 57 Ziff. 1 RBeaG. und mit Art. 44 Ziff. 1 BeaG. überein.

3) Die Vorschrift des Art. 66 Abs. 2 ist auch in § 57 Abs. 1 Ziff. 2 dann §§ 58, 59 RBeaG. und in § 26 OffPG. enthalten und entspringt der Absicht, einerseits zu verhindern, daß ein wieder im öffentlichen Dienste verwendeter pensionierter Beamter durch den gleichzeitigen Bezug zweier Pensionen etwa eine sein früheres Diensteinkommen erreichende oder gar übersteigende Gesamtpension erhält, andererseits aber dem Beamten immerhin zu ermöglichen, daß er, wenn er den Höchstbetrag des Ruhegehalts noch nicht erdient hatte, durch eine noch seiner Dienstfähigkeit entsprechende anderweitige Tätigkeit eine Steigerung seines Ruhegehalts erzielen kann. Hat daher beispielsweise ein Beamter, der bei einem Jahresgehalte von 6000 ℳ und einer Dienstzeit von 20 Jahren einen Ruhegehalt von 55 % aus 6000 ℳ = 3300 ℳ erhält, im Gemeindedienste wieder Verwendung gefunden und nach Ablauf von 10 Dienstjahren dort eine Pension von 1500 ℳ erdient, so wird ihm bei seinem Ausscheiden aus dem Gemeindedienste neben der gemeindlichen Pension der staatliche Ruhegehalt nur bis zur Erreichung des aus dem ursprünglichen Diensteinkommen von 6000 ℳ bei einer Gesamtdienstzeit von 30 Jahren sich berechnenden Ruhegehalts, demnach nur bis zur Erreichung der Summe von 3900 ℳ (65 % aus 6000 ℳ), gewährt, so daß also neben der gemeindlichen Pension zu 1500 ℳ der staatliche Ruhegehalt nur mehr mit dem Teilbetrage von 2400 ℳ gewährt wird.

Artikel 67.[1])

Die Einziehung oder Kürzung des Ruhegehalts tritt mit Schluß des Monats ein, in dem das die Einziehung oder Kürzung bedingende Ereignis sich vollzogen hat. Vollzieht sich dieses Ereignis am ersten Tage eines Monats, so tritt, abgesehen von dem Falle des Artikel 65 Ziff. 3, die Einziehung oder Kürzung mit dem Beginne dieses Monats ein.

Die Wiedergewährung des Ruhegehalts tritt mit dem Beginne des Monats ein, in dem das die Wiedergewährung bedingende Ereignis sich vollzogen hat.

Hat der in den Ruhestand versetzte Beamte den Ruhegehalt über den in Abs. 1 bezeichneten Zeitpunkt hinaus bezogen, so hat er den zuviel bezogenen Betrag zurückzuerstatten oder sich auf anderweitige Bezüge aus der Staatskasse anrechnen zu lassen.

1) Art. 67 stimmt mit den in Art. 45 BeaG. für das Wartegeld vorgesehenen Vorschriften überein und schließt sich sachlich an die Vorschriften des § 60 RBeaG. und des § 25 OffPG. an.

Artikel 68.

Die widerruflichen etatsmäßigen Beamten können auf Grund eintretender Dienstunfähigkeit in den Ruhestand versetzt werden[1]). In diesem Falle kann ihnen in widerruflicher Weise ein Ruhegehalt bis zur Höhe des nach den vorstehenden Bestimmungen sich berechnenden Betrags gewährt werden.

1) Nach dem BeaG. steht allen unwiderruflichen Beamten ein Rechtsanspruch auf Ruhegehalt zu, während den widerruflichen etatsmäßigen Beamten, die auf Grund eingetretener Dienstunfähigkeit in den Ruhestand versetzt werden, ein Ruhegehalt bis zur Höhe des für die unwiderruflichen Beamten sich berechnenden Betrags in widerruflicher Weise gewährt werden kann.

Den Interessen der infolge des Dienstes zu Schaden gekommenen Beamten erscheint durch die Vorschriften der Art. 89 und 102 BeaG. Rechnung getragen, die bei Unfällen im Dienste dem Beamten ohne Rücksicht darauf, ob er unwiderruflich oder noch widerruflich ist, einen Rechtsanspruch auf Ruhegehalt einräumen.

C. Gemeinsame Bestimmungen.

Artikel 69.

Die Versetzung in den Ruhestand wird, sofern der Beamte durch den König ernannt wurde, durch den König, außerdem durch die zur Ernennung zuständige Stelle verfügt.

Artikel 70.[1])

Die in den Ruhestand versetzten Beamten sind zur Weiterführung ihres bisherigen Amtstitels mit dem Beisatz „außer Dienst" befugt.[2]) Auch kann ihnen das Weitertragen der Dienstabzeichen gestattet werden.[3]) Die Befugnis des Beamten zur Führung eines anderen ihm verliehenen Titels bleibt unberührt.

Die Erlaubnis zum Weitertragen der Dienstabzeichen kann jederzeit zurückgenommen werden. Ebenso kann den widerruflichen Beamten jederzeit die Befugnis zur Weiterführung des Titels entzogen werden. Den unwiderruflichen Beamten kann die Befugnis zur Weiterführung des Titels nur im Wege des Disziplinarverfahrens entzogen werden.[4])

1) Die Vorschriften des Art. 70 finden auch auf die Richter und die ihnen gleichgestellten Beamten Anwendung.

2) Wie schon nach bisherigem Rechte (vgl. § 19 der IX. Beil. zur VerfU. und § 8 Abs. 3 KAB. v. 26. Juni 94), soll den in den Ruhestand versetzten Beamten von den staatsdienerlichen Ehrenrechten auch in Zukunft das Recht zur Fortführung ihres bisherigen Titels mit dem Beisatz „außer Dienst" verbleiben, ohne daß dabei die Führung eines anderen, gelegentlich der Versetzung in den Ruhestand oder schon vorher verliehenen Titels ausgeschlossen werden soll. Ein Bezirksamtmann, dem während seiner Dienstesaktivität oder bei seiner Versetzung in den Ruhestand der Titel eines Regierungsrats verliehen wurde, ist hiernach zur Führung des Titels „Regierungsrat und Bezirksamtmann a. D." befugt.

3) Die Dienstabzeichen sind ein Zeichen der Aktivität. Ein Recht, sie auch im Ruhestand zu tragen, besteht nicht. Die Befugnis zum Weitertragen der Dienstabzeichen (Uniform rc.) ist deshalb von besonderer Genehmigung abhängig, die jederzeit widerrufen werden kann.

4) Den widerruflichen Beamten, die wegen Dienstunfähigkeit aus dem Dienste ausgeschieden sind, kann, falls ein Anlaß hierzu besteht, auch die Befugnis zur Weiterführung des Titels jederzeit durch die zuständige Dienstbehörde wieder entzogen werden, da die widerruflichen Beamten im Verwaltungsweg auch jederzeit entlassen werden können. Dagegen kann den im Ruhestande befindlichen unwiderruflichen Beamten die Befugnis zur Weiterführung des Titels wegen der in dieser Maßnahme liegenden Strafe nur im Wege des Disziplinarverfahrens aberkannt werden (vgl. Art. 167 Abs. 3 BeaG. und Art. 8 Ziff. 2 RichtDiszG.).

Artikel 71.

Die Festsetzung des Wartegeldes oder Ruhegehalts erfolgt durch die zuständigen Staatsministerien im Benehmen mit dem Staatsministerium der Finanzen. Die Staatsministerien können diese Befugnis einer untergebenen Behörde übertragen.

Der Jahresbetrag des Wartegeldes und des Ruhegehalts ist nach oben so abzurunden, daß bei Teilung durch drei sich volle Markbeträge ergeben.

V. Abschnitt.

Fürsorge für die Hinterbliebenen der etatsmäßigen Beamten.

A. Sterbegehalt.

Artikel 72.[1])

Die Witwe und die ehelichen oder legitimierten Kinder eines etatsmäßigen Beamten[2]) erhalten für das auf den Sterbemonat folgende Vierteljahr noch den vollen Betrag des von dem Beamten bezogenen Gehalts (Artikel 26), Wartegeldes (Artikel 39, 46) oder Ruhegehalts (Artikel 52, 68), abzüglich des bereits zu Lebzeiten des Beamten erhobenen Teilbetrags als Sterbegehalt.[3])

In Ermanglung solcher Hinterbliebener kann der Sterbegehalt ganz oder teilweise auch dann gewährt werden, wenn der Verstorbene Eltern, Großeltern, Geschwister, Geschwisterkinder, Enkel, Adoptiv-, Stief- oder Pflegekinder, deren Ernährer er war, in Bedürftigkeit hinterläßt oder wenn der Nachlaß nicht ausreicht, die Kosten der letzten Krankheit und der Beerdigung zu decken.

An wen die Zahlung des Sterbegehalts rechtsgültig zu leisten und wie er unter mehrere Anspruchsberechtigte (Abs. 1) oder Beteiligte (Abs. 2) zu verteilen ist, bestimmt die Staatsregierung mit Ausschluß des Rechtswegs.

Der Sterbegehalt kann weder abgetreten noch verpfändet werden.[4])

1) Die Gewährung eines Sterbegehalts steht in Übereinstimmung mit §§ 7 und 69 RBeaG., § 2 des preuß. Ges. v. 6. Febr. 81, die Zahlung der Beamtengehälter und Bestimmungen über das Gnadenquartal betr., sowie § 31 des preuß. PensG. i. d. F. des Ges. v. 27. Mai 07, ferner unter Anlehnung an die ähnliche Bestimmung des sächs. Ges. v. 7. März 35 (§ 40) und des bad. BeaG. v. 24. Juli 88 (§ 55).

2) Für die Zahlung des Sterbegehalts ist nur Voraussetzung, daß der verstorbene Beamte etatsmäßig war oder tatsächlich im Genuß eines Wartegeldes oder Ruhegehalts stand; ohne Einfluß ist daher, ob der Beamte bereits das Recht der Unwiderruflichkeit besaß oder nicht, und ob er einen Rechtsanspruch auf den im Zeitpunkte seines Ablebens bezogenen Ruhegehalt hatte oder nicht. Einen Anspruch auf Sterbegehalt haben auch die Hinterbliebenen der weiblichen etatsmäßigen Beamten, jedoch mit dem Abmaße, daß nach dem Wortlaute des Art. 72 Abs. 1 BeaG. der Ehemann nicht zu den Hinterbliebenen im Sinne dieser Bestimmung zählt. Dem Ehemanne könnte daher der Sterbegehalt nur unter den Voraussetzungen des Abs. 2 des Art. 72 gewährt werden.

3) Den Hinterbliebenen, d. i. der Witwe (s. Anm. 1 zu Art. 73), den ehelichen oder legitimierten Kindern (§§ 1719 ff., 1723 ff. BGB.), gleichviel ob sie im einzelnen Falle zugleich Erben des Verstorbenen sind oder nicht, und ob sie nach Art. 73 BeaG. Witwen- oder Waisengeld zu beanspruchen haben oder nicht, ist nunmehr ein rechtlicher Anspruch auf den Gehalt oder den Ruhegehalt des verstorbenen Beamten nicht mehr bloß für den Sterbenachmonat, sondern für das auf den Sterbemonat folgende Vierteljahr, den Sterbegehalt, eingeräumt.

Soweit der Gehalt oder Ruhegehalt für das Sterbevierteljahr schon zu Lebzeiten des Beamten vorausbezahlt worden war (Art. 34 Abs. 3, Art. 41 Abs. 1, Art. 63), hat der auf das Sterbevierteljahr treffende Teilbetrag auf den Sterbegehalt zur Anrechnung zu kommen.

4) Mit Rücksicht auf den Zweck des Sterbegehalts wurde die Abtretung und Verpfändung des Sterbegehalts ausgeschlossen. Die Zulässigkeit eines solchen Verbots findet ihre rechtliche Grundlage in Art. 81 EGzBGB. Aus der Unübertragbarkeit des Sterbegehalts ergibt sich gemäß § 851 Abs. 1 RZPO. zugleich dessen Unpfändbarkeit.

B. Witwen- und Waisengeld.

Artikel 73.

Die Witwe und die ehelichen oder legitimierten Kinder[1]) eines unwiderruflichen Beamten, der zur Zeit seines Todes im Genuß eines Ruhegehalts stand oder hiezu berechtigt gewesen wäre, erhalten Witwen- und Waisengeld nach Maßgabe der folgenden Vorschriften.

1) Art. 73 räumt in Übereinstimmung mit dem § 1 RBea.-HinterblG. v. 17. Mai 07 und § 7 des preuß. Hinterbliebenenfürsorge G. v. 20. Mai 82 i. d. F. des Ges. v. 27. Mai 07 einen Anspruch auf Versorgung — Witwen- und Waisengeld — nicht nur der Witwe (d. i. diejenige Frau, die mit dem Beamten bis zu seinem Tode in der Ehe gestanden hat) und den ehelichen Kindern sondern auch allen legitimierten Kindern, also sowohl den durch nachgefolgte Ehe als auch den durch Verfügnug der Staatsgewalt legitimierten, ein. Dagegen sind die an Kindesstatt angenommenen (adoptierten) Kinder vom Bezuge des Waisengeldes ausgeschlossen.

Artikel 74.

Das Witwengeld[1]) beträgt jährlich vierzig vom Hundert des Ruhegehalts, zu dessen Bezug der verstorbene Beamte berechtigt gewesen ist oder berechtigt gewesen sein würde, wenn er am Todestag in den Ruhestand versetzt worden wäre. Der Berechnung des Witwengeldes darf jedoch in keinem Falle ein höherer Betrag als fünfundsiebzig vom Hundert des pensionsfähigen Diensteinkommens des Beamten (Artikel 39 Abs. 2) zu Grunde gelegt werden.[2])

Das Witwengeld soll, unbeschadet der Vorschrift des Artikel 76, mindestens jährlich dreihundert Mark betragen.[3])

Beziehen die Witwen oder Waisen auf Grund der Unfallversicherungsgesetze eine Witwen- oder Kinderrente aus der Staatskasse, so werden das Witwen- und Waisengeld je um den Betrag dieser Rente gekürzt.

Im Falle der Wiederverheiratung kann der Witwe auf Ansuchen eine einmalige Beihilfe bis zum fünffachen Jahresbetrage des Witwengeldes (Abs. 1) gewährt werden.[4])

1) Das Witwengeld beträgt, wenn der Beamte im Zeitpunkte des Todes sich bereits im Ruhestande befand, 40 v. H. des im Zeitpunkte des Todes von dem Verlebten tatsächlich bezogenen Ruhegehalts, wenn der Beamte aber in der Dienstesaktivität gestorben ist, 40 v. H. des Ruhegehalts, der ihm anzuweisen gewesen wäre, wenn er im Zeitpunkte seines Todes in den Ruhestand versetzt worden wäre. Da der Höchstbetrag des Ruhegehalts des Beamten nach Art. 52 Abs. 2 BeaG. 75 v. H. des zuletzt bezogenen pensionsfähigen Diensteinkommens nicht übersteigen soll, so beziffert sich der Höchstbetrag des Witwengeldes auf $0{,}4 \times 0{,}75 = 30$ v. H. des pensionsfähigen Diensteinkommens des Beamten.

2) Dieser Höchstsatz darf in keinem Falle überschritten werden. Diese Bestimmung verfolgt den Zweck, eine über die normale Höchstgrenze hinausgehende Festsetzung des Witwengeldes in den Fällen zu verhüten, in denen der verlebte Beamte wegen eines im Dienste erlittenen Unfalls (Art. 89 und 102 BeaG.) und der dadurch eingetretenen Hilflosigkeit im Genuß eines nach Art. 89 Abs. 3 BeaG. erhöhten Ruhegehalts (einer sogen. Hilflosenpension) stand, der Tod aber nachweislich nicht infolge des Unfalls eintrat. Da diese sogenannte Hilflosenpension ihrer rechtlichen Natur nach die Eigenschaft des Ruhegehalts teilt, so müßte in einem solchen Falle nach Art. 74 Abs. 1 Satz 1 das Witwengeld mit 40 v. H. aus dem tatsächlich von dem Verlebten bezogenen Ruhegehalte, demnach, wenn die Hilflosenpension 100 v. H. des Diensteinkommens des Verstorbenen betrug, mit 40 v. H. des vollen Diensteinkommens bemessen werden. Das Gleiche würde in einem solchen Falle auch zutreffen, wenn der Tod tatsächlich eine Folge des Unfalls war, da das nach Art. 74 zu bemessende Witwengeld höher wäre als die nach Art. 90 Abs. 1 Ziff. 2a zu bemessende Rente von 20 v. H. des Diensteinkommens und daher nach Art. 90 Abs. 3 BeaG. der erstere Betrag anzuweisen wäre. Es würde jedoch zu bedenklichen Ungleichheiten führen, wenn man aus der lediglich in der persönlichen, mit dem Tode in Wegfall gekommenen Bedürftigkeit des Beamten einen Grund ableiten wollte, auch der Witwe dauernd ein den regelmäßigen Höchstsatz von 30 v. H. des Diensteinkommens übersteigendes Witwengeld zu gewähren. War demnach beispielsweise ein Beamter, der einen etatsmäßigen Gehalt von 2400 ℳ und ein in der GehO. als pensionsfähig bezeichnetes Nebeneinkommen von 300 ℳ bezog, infolge eines im Dienste erlittenen Unfalls und der dadurch hervorgerufenen Hilflosigkeit unter Anweisung eines Ruhegehalts von 90 v. H. des pensionsfähigen Diensteinkommens zu 2700 ℳ, sohin von 2430 ℳ, in den Ruhestand versetzt worden, so würde sich, gleichviel, ob der Tod eine Folge des Unfalls war oder nicht, das Witwengeld nach Art. 74 Abs. 1 Satz 1 auf 40 v. H. aus 2430 ℳ = 972 ℳ berechnen. Nach der Bestimmung in Satz 2 ist jedoch dieser Betrag auf 40 v. H. aus 75 v. H. des Diensteinkommens, sohin auf 40 v. H. aus 2025 ℳ, demnach auf 810 ℳ zu kürzen.

3) Diese Vorschrift steht im Anschluß an die Vorschriften in § 2 des RBeaHinterblG. und in § 8 Abs. 2 des preußischen HinterbliebFürsG.

4) Die Bestimmung in Abs. 4 des Art. 74 hat ihr Vorbild in der Vorschrift des § 16 Abs. 2 des GewUVG. und verfolgt den Zweck, der Witwe, deren Anspruch auf Witwengeld nach Art. 85 Ziff. 1 BeaG. mit der Wiederverehelichung erlischt, durch Gewährung einer nach Lage des einzelnen Falles zu bemessenden einmaligen Beihilfe bis zum fünffachen Jahresbetrage des Witwengeldes die Wiederverehelichung zu ermöglichen oder zu erleichtern; für die Festsetzung der einmaligen Beihilfe, insbesondere des Höchstbetrags derselben, soll

nicht das etwa nach Art. 76 und 77 BeaG. gekürzte, sondern das normale Witwengeld zu 40 v. H. des Ruhegehalts des verlebten Mannes als Grundlage dienen, was durch die Einschaltung der Worte „Abs. 1" zum Ausdrucke gebracht worden ist.

Artikel 75.

Das Waisengeld beträgt jährlich:

1. für jedes Kind, dessen Mutter noch lebt und zur Zeit des Todes des Beamten zum Bezuge von Witwengeld berechtigt war,[1]) ein Fünftel des Witwengeldes;
2. für jedes Kind, dessen Mutter nicht mehr lebt[2]) oder zur Zeit des Todes des Beamten zum Bezuge von Witwengeld nicht berechtigt war, ein Drittel des Witwengeldes.

1) Entscheidend für die Frage, ob einem Kinde das Waisengeld für einfache oder für Doppelwaisen gebührt, ist, ob die Mutter zur Zeit des Todes des Beamten zum Bezuge des Witwengeldes berechtigt war oder nicht. War die Mutter in diesem Zeitpunkte zum Bezuge des Witwengeldes berechtigt, ist aber ihre Berechtigung später wegen ihrer Wiederverehelichung weggefallen (Art. 85 Ziff. 1), so hat dies auf die Höhe des Waisengeldes keinen Einfluß. Stirbt dagegen die im Bezuge des Witwengeldes befindliche Mutter, so ist den Kindern statt des Waisengeldes für einfache Waisen jenes für Doppelwaisen anzuweisen.

2) Als Doppelwaisen gelten auch die Kinder aus einer geschiedenen Ehe, wenn die Mutter noch lebt, sowie die Kinder aus einer früheren Ehe, die eine Stiefmutter haben, und zwar auch dann, wenn die Stiefmutter im Genusse des Witwengeldes sich befindet.

Artikel 76.

Witwen- und Waisengeld dürfen zusammen den Betrag des Ruhegehalts nicht übersteigen,[1]) zu dessen Bezug der Verstorbene berechtigt gewesen ist oder berechtigt gewesen sein würde, wenn er am Todestag in den Ruhestand versetzt worden wäre. Die Bestimmung des Artikel 74 Abs. 1 Satz 2 findet entsprechende Anwendung.

Ergibt sich an Witwen- und Waisengeld zusammen ein höherer Betrag, so werden die einzelnen Sätze im gleichen Verhältnisse gekürzt.

Nach dem Ausscheiden[2]) eines Witwen- oder Waisengeld-Berechtigten erhöht sich das Witwen- oder Waisengeld der verbleibenden Berechtigten vom Beginne des folgenden Monats an so weit, als sie sich noch nicht im vollen Genusse der ihnen nach den Artikeln 74, 75 und dem Artikel 76 Abs. 1 gebührenden Beträge befinden. Das Gleiche gilt im Falle des Artikel 86 Abs. 1 Ziff. 1 für die Dauer des vorübergehenden Ausscheidens eines Bezugsberechtigten.

1) Es würde nicht begründet erscheinen, wenn den Hinterbliebenen in ihrer Gesamtheit ein höherer Pensionsbezug zugestanden würde, als ihn der Beamte selbst zu seinen Lebzeiten bezogen hat oder bezogen haben würde, wenn er im Zeitpunkte seines Todes in den Ruhestand hätte versetzt werden müssen.

2) Unter dem Ausscheiden eines Witwen- und Waisengeld-Berechtigten im Sinne des Abs. 3 ist neben den Fällen des Erlöschens eines Anspruchs auf Grund des Art. 85 noch der Fall des Ruhens nach Art. 86 Abs. 1 Ziff. 1 zu verstehen. Dagegen hat das Ruhen eines Bezugs nach Maßgabe des Art. 86 Abs. 1 Ziff. 2 oder 3 eine nachträgliche Erhöhung des Bezugs der übrigen Berechtigten nicht zur Folge, da in diesen Fällen angesichts der dem Ruhen des Bezugs zugrunde liegenden Voraussetzungen kein ausreichender Anlaß besteht, die gekürzten Beträge den übrigen Bezugsberechtigten zuzuwenden.

In welcher Weise die Kürzung vorzunehmen ist, läßt das zu Art. 78 gegebene Beispiel entnehmen.

Artikel 77.[1])

War die Witwe mehr als fünfzehn Jahre jünger als der verstorbene Beamte, so wird das nach Maßgabe des Artikel 74 und des Artikel 76 Abs. 1, 2 berechnete Witwengeld für jedes angefangene Jahr des Altersunterschieds über fünfzehn bis einschließlich fünfundzwanzig Jahre um ein Zwanzigstel gekürzt. Nach fünfjähriger Dauer der Ehe wird für jedes angefangene Jahr ihrer weiteren Dauer dem gekürzten Betrag ein Zehntel des nach Maßgabe des Artikel 74 und des Artikel 76 Abs. 1, 2 sich berechnenden Witwengeldes so lange hinzugesetzt, bis der volle Betrag wieder erreicht ist.

Die Kürzung unterbleibt, soweit hiedurch das Witwengeld unter den Jahresbetrag von dreihundert Mark herabsinken würde.

Auf den nach dem Artikel 75 zu berechnenden Betrag des Waisengeldes ist diese Kürzung des Witwengeldes ohne Einfluß.[2])

1) Art. 77 schließt sich an die Vorschrift in § 6 des RBeaHinterbliebenenG., dann an § 12 des pr. HinterbliebenenfürsorgeG. v. 20. Mai 82, Art. 57 des württ. BeaG. v. 28. Juni 76/1. Aug. 07 und § 65 des bad. BeaG. vom 24. Juli 88 an.

2) Für die Berechnung des Waisengeldes soll nach dem Abs. 2 nicht der nach Abs. 1 gekürzte, sondern der volle Betrag des Witwengeldes zugrunde gelegt werden.

Zur Erläuterung über die Art der Kürzung nach Art. 77 wird auf das zu Art. 78 gegebene Beispiel Bezug genommen.

Artikel 78.

Liegen die Voraussetzungen einer Kürzung sowohl nach dem Artikel 76 als auch nach dem Artikel 77 vor, so ist zunächst das Witwen- und Waisengeld nach dem Artikel 76 und erst dann das Witwengeld nach dem Artikel 77 zu kürzen, demnächst aber der gemäß dem Artikel 77 an dem Witwengelde gekürzte Betrag dem nach dem Artikel 76 gekürzten Waisengelde bis zur Erreichung des vollen Betrags zuzusetzen.[1])

1) Da in den Fällen, in welchen die Voraussetzungen einer Kürzung des Witwen- und Waisengeldes sowohl nach Art. 76 als auch gleichzeitig nach Art. 77 vorliegen, die Ergebnisse verschieden sind, je nachdem die Kürzung zuerst nach der einen oder nach der andern Vorschrift vorgenommen wird, hat das Gesetz im Anschluß an den § 7 des RBeaHinterblG. die Art der Vornahme dieser Kürzung beim Zusammentreffen mehrerer Kürzungen ausdrücklich und zwar in der für die Hinterbliebenen günstigeren Weise geregelt.

Das folgende Beispiel veranschaulicht die Berechnungsweise:

Ein zum Bezug eines Ruhegehalts von 3000 ℳ berechtigter Beamter hinterläßt in zweiter Ehe eine um 20—21 Jahre jüngere Witwe, mit der er die Ehe in der Dienstesaktivität geschlossen und bis zu seinem Tode 4½ Jahre fortgesetzt hatte, sowie drei Kinder aus erster und drei Kinder aus zweiter Ehe.

Nach Art. 74 und 75 berechnet sich in diesem Falle das Witwengeld:

auf 40 v. H. aus 3000 ℳ = ... 1200 ℳ,

das Waisengeld:

a) für die drei Kinder aus erster Ehe auf ⅓ aus 1200 ℳ = 400 × 3 = ... 1200 ℳ,

b) für die drei Kinder aus zweiter Ehe auf ⅕ aus 1200 ℳ = 240 × 3 = ... 720 ℳ

Summe: 3120 ℳ

Da nach Art. 76 Abs. 1 der Betrag von 3000 ℳ nicht überstiegen werden darf, hat zunächst Kürzung nach Art. 76 Abs. 2 einzutreten, so daß sich ergibt:

als Witwengeld: $1200 \times \frac{3000}{3120} =$ . . . . 1153 ℳ 84 ₰,

als Waisengeld:

a) für die ersteheIichen Kinder:

$1200 \times \frac{3000}{3120} =$ . . . . 1153 ℳ 84 ₰,

b) für die zweitehelichen Kinder:

$720 \times \frac{3000}{3120} =$ . . . . 692 ℳ 32 ₰,

Summe: 3000 ℳ — ₰.

Sodann hat mit Rücksicht auf den Altersunterschied zwischen der Witwe und dem verlebten Beamten von 20 bis 21 Jahren nach Art. 77 Abs. 1 eine Kürzung des Witwengeldes um 5/20 einzutreten, so daß verbleibt:

Witwengeld: 1153,84 — 288,46 = ... 865 ℳ 38 ₰,

Waisengeld:

a) für die ersteheIichen Kinder: . . . . 1153 ℳ 84 ₰,

b) für die zweitehelichen Kinder . . . . 692 ℳ 32 ₰.

Der am Witwengeld nach Art. 77 gekürzte Betrag von 288 ℳ 46 ₰ ist nun den Kindern bis zur Erreichung des vollen nach Art. 75 sich berechnenden Waisengeldes, d. i. bis zum Betrage von zusammen 1920 ℳ zuzurechnen, so daß also von dem Betrage zu 288 ℳ 46 ₰ noch

1920 — 1846,16 = ... 73 ℳ 84 ₰

den Kindern zugute kommen und zwar den

Kindern erster Ehe:

$\frac{1153{,}84 \times 73{,}84}{1846{,}16} =$ . . . . 46 ℳ 16 ₰,

und den Kindern zweiter Ehe:

$\frac{692{,}32 \times 73{,}84}{1846{,}16} =$ . . . . 27 ℳ 68 ₰.

Demnach sind schließlich anzuweisen:

als Witwengeld: 865 ℳ 38 ₰, aufzurunden nach Art. 83 Abs. 2 auf . . . 867 ℳ,

als Waisengeld:

a) für die ersteheIichen Kinder:

1153,84 + 46,16 = ... 1200 ℳ,

b) für die zweitehelichen Kinder:

692,32 + 27,68 = ... 720 ℳ

Artikel 79.

Den Hinterbliebenen der Beamten der Bergwerks-, Hütten- und Salinenverwaltung, für die der Staat als Werksbesitzer Beiträge in der Höhe der Mitgliederbeiträge geleistet hat, wird auf das nach diesem Gesetze sich berechnende Witwen- und Waisengeld die Hälfte des Bezugs aus der Knappschaftskasse angerechnet.[1])

1) Siehe oben Anm. 2 zu Art. 60.

Artikel 80.

Ist ein Beamter, dessen Hinterbliebenen im Falle seines Todes auf Grund dieses Gesetzes Witwen- und Waisengeld zustehen würde, verschollen, so kann den Hinterbliebenen das Witwen- und Waisengeld in widerruflicher Weise bereits vor der Todeserklärung[1]) gewährt werden, wenn das Ableben des verschollenen Beamten mit hoher Wahrscheinlichkeit anzunehmen ist. Den Tag, von welchem an in diesem Falle die Zahlung des Witwen- und Waisengeldes beginnt, bestimmt die zur Gewährung zuständige Behörde (Artikel 83).[2])

1) Siehe §§ 15—17 BGB.

2) Sache der zur Gewährung zuständigen Behörde ist es, im einzelnen Falle die erforderlichen Vorkehrungen zu treffen, daß der Staatskasse bei etwaiger Rückkehr des Vermißten oder späterer Todeserklärung aus der Gewährung des Witwen- und Waisengeldes kein Schaden erwächst.

Artikel 81.

Keinen Anspruch auf Witwen- und Waisengeld haben die Witwe und die hinterbliebenen Kinder eines Beamten aus einer Ehe, die erst nach der Versetzung des Beamten in den dauernden Ruhestand[1]) geschlossen worden ist.

1) Da der in den dauernden Ruhestand versetzte Beamte verpflichtet ist, einer Wiederberufung zur Dienstleistung nach Maßgabe des Art. 64 Abs. 1 Folge zu leisten, so kann sich die Frage ergeben, ob die Hinterbliebenen aus einer nach der Versetzung in den Ruhestand geschlossenen Ehe auch dann von dem Anspruch auf Versorgung ausgeschlossen sind, wenn eine solche Wiederberufung zur Dienstleistung stattfindet, und der Beamte dann in der Dienstesaktivität oder nach einer neuerlichen Versetzung in den Ruhestand

stirbt. Das Gesetz sieht von einer ausdrücklichen Vorschrift für diesen Fall ab, da sich die Verneinung dieser Frage aus der Auslegung des Gesetzes von selbst ergibt. Die Wiederberufung eines in den dauernden Ruhestand versetzten Beamten zum Dienste, seine Wiederanstellung (Art. 65 Ziff. 1), ist ihrer Natur nach nichts anderes als die Begründung eines neuen Dienstverhältnisses, und es hat demnach für eine vor dieser Wiederanstellung geschlossene Ehe das Gleiche zu gelten, wie für eine vor der erstmaligen Anstellung geschlossene Ehe, für die hinsichtlich der aus ihr stammenden Hinterbliebenen eine Beschränkung des Versorgungsanspruchs gleichfalls nicht besteht.

Eine Vorschrift, daß das Witwengeld nicht anzusprechen ist, wenn die Ehe, gleichviel aus wessen Verschulden, rechtskräftig geschieden worden ist, hat das Gesetz für entbehrlich erachtet, weil mit der Scheidung die bisherige Ehefrau aufhört, Ehefrau zu sein, und deshalb auch nicht Witwe des verstorbenen Beamten werden kann. Ebenso wurde von einer ausdrücklichen Vorschrift für den Fall der Aufhebung der ehelichen Gemeinschaft gemäß § 1575 Abs. 1 Satz 1 BGB. abgesehen, da nach § 1586 dieses Gesetzes auch mit der Aufhebung der ehelichen Gemeinschaft, vorbehaltlich der dort bezeichneten Ausnahmen, die mit der Scheidung verbundenen Wirkungen eintreten, und es daher nicht zweifelhaft sein kann, daß der Ehefrau bei aufgehobener ehelicher Gemeinschaft gleichfalls ein Anspruch auf Witwengeld nicht zusteht. Dagegen wird, wenn nach Erlaß des Urteils auf Aufhebung der ehelichen Gemeinschaft später die eheliche Gemeinschaft nach § 1587 BGB. wiederhergestellt und bis zum Tode des Beamten fortgesetzt wird, der Ehefrau das Witwengeld zu gewähren sein.

Artikel 82.

Der Anspruch auf Witwen- und Waisengeld beginnt mit dem Ablaufe der Zeit, für die der Sterbegehalt (Artikel 72) verabfolgt wurde, für Waisen, die erst nach Ablauf dieser Zeit geboren wurden, mit dem Beginne des Monats der Geburt.[1])

1) Vorausgesetzt, daß das nachgeborene Kind noch nach §§ 1592 und 1593 BGB. als ehelich zu erachten ist.

Artikel 83.

Die Festsetzung des Witwen- und Waisengeldes und die Bestimmung darüber, an wen die Zahlung zu leisten ist, sowie die Bewilligung der einmaligen Beihilfen (Artikel 74 Abs. 4) erfolgt durch die zuständigen Staatsministerien im Benehmen mit dem Staatsministerium der Finanzen. Die Staatsministerien

können diese Befugnis einer untergebenen Behörde übertragen.

Der Jahresbetrag des Witwen- und Waisengeldes ist nach oben so abzurunden, daß bei Teilung durch drei sich volle Markbeträge ergeben. Im Falle einer nach den Artikeln 76, 77 oder nach beiden Bestimmungen zugleich vorzunehmenden Kürzung findet die Abrundung erst nach Vornahme dieser Kürzung statt.

Artikel 84.

Das Witwen- und Waisengeld wird monatlich vorausgezahlt.

Artikel 85.

Der Anspruch auf Witwen- und Waisengeld erlischt: [1])

1. für jeden Berechtigten mit dem Ablaufe des Monats, in dem er sich verheiratet oder stirbt;
2. für jede Waise mit dem Ablaufe des Monats, in dem sie das einundzwanzigste Lebensjahr vollendet.

1) Der Wegfall des Anspruchs eines oder mehrerer Berechtigter hat in gewissen Fällen auf die Höhe der Bezüge der verbleibenden Berechtigten einen Einfluß. Dies ist zunächst der Fall, wenn die Bezüge gemäß Art. 76 gekürzt waren. Hier erhöhen sich die Bezüge der verbleibenden Berechtigten bis zur Erreichung der ihnen gesetzmäßig gebührenden Beträge. Ferner äußert der Wegfall des Witwengeldes eine Wirkung für die Bezüge der Waisen dann, wenn dieser Wegfall infolge des Todes der Witwe eintritt, indem in diesem Falle den Kindern nicht mehr das einfache Waisengeld, sondern das Waisengeld für Doppelwaisen zu bewilligen ist. Dagegen hat der Wegfall des Witwengeldes infolge der Wiederverehelichung der Mutter keinen Einfluß auf die Höhe des Waisengeldes (s. o. Anm. 4 zu Art. 74) und ebensowenig wird, von dem Falle der nach Art. 76 erfolgten Kürzung abgesehen, durch den Wegfall des Bezugs eines Kindes der Bezug der Witwe oder der übrigen Kinder berührt.

Artikel 86.

Der Anspruch auf Witwen- und Waisengeld ruht:

1. wenn der Berechtigte die deutsche Reichsangehörigkeit verliert, bis zu ihrer Wiedererlangung; [1])
2. wenn einem Hinterbliebenen aus einer anderweitigen Verwendung des verstorbenen Beamten im Staats- oder einem sonstigen öffentlichen Dienste eine Versorgung zusteht, so weit, als das

Witwen- und Waisengeld unter Hinzurechnung dieser anderweitigen Versorgung den Betrag überschreitet, den der Hinterbliebene nach den Vorschriften dieses Gesetzes unter Zugrundelegung desjenigen Betrags zu beziehen hätte, der dem verstorbenen Beamten nach dem Artikel 66 Ziff. 2 Satz 2 gezahlt wurde oder zu zahlen gewesen wäre; [2])

3. bei der Ernennung zum Beamten (Artikel 1) oder bei einer sonstigen Verwendung [3]) in dem Staats- oder einem anderen öffentlichen Dienste, wenn das Diensteinkommen nach Abzug der etwa zur Bestreitung eines Dienstaufwandes bestimmten Summe für die Witwe den Jahresbetrag von zweitausend Mark und für eine Waise den Jahresbetrag von eintausend Mark übersteigt, in der Höhe des Mehrbetrags. Erdient die Witwe aus dieser Verwendung eine Pension oder ähnliche Versorgung, die den Jahresbetrag von eintausendfünfhundert Mark übersteigt, so ruht das nach diesem Gesetze sich berechnende Witwengeld in dem Betrag, um den die anderweitige Pension oder Versorgung die Summe von eintausendfünfhundert Mark übersteigt. [4])

Auf die Einziehung und Wiedergewährung des Witwen- und Waisengeldes finden die Vorschriften des Artikel 67 entsprechende Anwendung.

1) Ziff. 1 steht mit Art. 44 Ziff. 1 und Art. 66 Ziff. 1 im Einklange.

2) Die Vorschrift in Ziff. 2, die sich inhaltlich mit dem § 15 Ziff. 2 des RBeaHintblG. deckt, steht mit der Vorschrift in Art. 66 Ziff. 2 in Zusammenhang und entspringt der Erwägung, daß es der Billigkeit nicht entsprechen würde, wenn der Witwe und den Waisen für den Fall, daß der verstorbene Gatte und Vater nach seiner Versetzung in den Ruhestand wieder in den Staats- oder in einen anderen öffentlichen Dienst eingetreten war und in dieser neuen Stellung einen Anspruch auf Versorgung seiner Hinterbliebenen erdient hatte, doppeltes Witwen- und Waisengeld gewährt würde. Nach Art. 66 Ziff. 2 Satz 2 BeaG. soll im Falle einer solchen Wiederverwendung des in den Ruhestand versetzten Beamten neben dem erdienten neuen Ruhegehalt der alte Ruhegehalt nur bis zur Erreichung des Betrages gezahlt werden, der sich nach Maßgabe der Gesamtdienstzeit aus dem der Festsetzung des alten Ruhegehalts zugrunde gelegten pensionsfähigen Diensteinkommen ergibt. Es ist

daher nur folgerichtig, wenn in Art. 86 Ziff. 2 festgesetzt wird, daß auch das Witwen- und Waisengeld, falls den Hinterbliebenen aus einer anderweitigen Verwendung des verstorbenen Beamten im Staats- oder öffentlichen Dienste ein weiterer Versorgungsanspruch erwächst, nach dem Betrage berechnet wird, den der verstorbene Beamte an alter und neuer Pension gemäß Art. 66 Ziff. 2 Satz 2 bezogen hat oder zu beziehen gehabt hätte.

Wird das oben bei Art. 66 gewählte Beispiel zugrunde gelegt und angenommen, daß der fragliche Beamte bei seinem Tode eine Witwe und zwei Kinder hinterlassen hat und daß diese aus der Wiederverwendung des verstorbenen Beamten im Gemeindedienst einen Anspruch auf eine Witwenpension von 600 ℳ und eine Waisenpension von je 120 ℳ besitzen, so ergibt sich folgende Berechnung:

a) Witwengeld zu 40 v. H. aus dem ursprünglichen staatlichen Ruhegehalte des Mannes zu 3300 ℳ = ... 1320 ℳ,

b) Waisengeld je $\frac{1320}{5}$ = ... 264 ℳ.

Unter Hinzurechnung der gemeindlichen Pension würde daher die Witwe 1320 + 600 ℳ = ... 1920 ℳ und jedes Kind 264 + 120 ℳ = ... 384 ℳ erhalten. Da nun aber dem verstorbenen Beamten nach Art. 66 Ziff. 2 Satz 2 an staatlicher und gemeindlicher Pension zusammen nur 3900 ℳ zu zahlen waren, sollen auch die Witwe und die Kinder an staatlicher und gemeindlicher Versorgung zusammen keinen höheren Betrag erhalten, als er sich nach den Vorschriften des BeaG. unter Zugrundelegung der Gesamtpension des Beamten zu 3900 ℳ berechnet, d. i. die Witwe 40 v. H. aus 3900 ℳ = 1560 ℳ und jedes jedes Kind $^1/_5$ aus 1560 ℳ = 312 ℳ. Das staatliche Witwengeld von 1320 ℳ ruht daher zu einem Betrage von 1920 — 1560 = 360 ℳ und das staatliche Waisengeld zu einem Betrage von je 384 — 312 = 72 ℳ, sodaß also die Witwe neben der gemeindlichen Pension zu 600 ℳ noch ein staatliches Witwengeld von 960 ℳ und jede Waise neben der gemeindlichen Pension von je 120 ℳ noch ein staatliches Waisengeld von je 192 ℳ erhält.

3) Unter einer „sonstigen Verwendung“ im Staats- oder einem anderen öffentlichen Dienst ist, wie bei Art. 44 Ziff. 3 und Art. 66 Ziff. 2, jede andere Verwendung in diesen Diensten zu verstehen, sofern es sich nicht um Dienstleistungen auf Grund rein privatrechtlichen Vertrags handelt, die sonst nicht zu den Obliegenheiten eines Beamten gehören. Daher begründet beispielsweise die Verwendung einer im Bezuge von Witwengeld stehenden Witwe als Bahn- oder Postagentin auf Dienstvertrag oder die Verwendung eines im Genusse von Waisengeld stehenden jungen Mannes als Hilfsarbeiter in einer staatlichen Kanzlei gegen Taggeld die Anwendung des Art. 86 Ziff. 3, wenn das Einkommen aus diesen Verwendungen die dort vorgeschriebene Höhe erreicht. Dagegen tritt ein Ruhen des Witwen- oder Waisengeldes beispielsweise nicht ein,

wenn die Witwe oder die Tochter eines verstorbenen Beamten bei staatlichen Behörden Beschäftigung als Putz- oder Aufwartfrau oder die Söhne verstorbener Beamten Beschäftigung als Handwerker in staatlichen Betrieben oder Werkstätten finden.

4) Die Bestimmung in Ziff. 3 des Art. 86 entspricht inhaltlich den Vorschriften in § 15 Ziff. 3 und § 16 des RBeaHinterblG. und regelt die Fälle, in denen Hinterbliebene, bevor ihr Recht auf Witwen- oder Waisengeld erloschen ist, durch Anstellung als Beamte im Sinne des BeaG. oder durch eine sonstige Verwendung im Staats- oder einem anderen öffentlichen Dienste ein Einkommen beziehen. Diese Regelung erscheint notwendig, weil namentlich die Verwendung weiblicher Personen sowohl in etatsmäßigen als in nichtetatsmäßigen Beamtenstellungen nicht mehr selten ist und im Laufe der Zeit wohl noch zunehmen wird. Es erscheint nun weder veranlaßt noch der Billigkeit entsprechend, Hinterbliebenenbezüge auch da in vollem Umfange zu gewähren, wo in anderer Weise aus öffentlichen Mitteln für die Hinterbliebenen genügend gesorgt ist. Das Gesetz sieht daher in diesen Fällen gleichfalls eine Kürzung des Witwen- und Waisengeldes vor. Die Kürzungsgrenze ist, wie im Reiche, so weit gezogen, daß den Interessen der Hinterbliebenen in ausreichendem Maße Rechnung getragen ist.

Wenn das Ruhen des Witwengeldes neben einem Diensteinkommen vorgeschrieben ist, so muß folgerichtig das Gleiche auch für den Fall einer von der Witwe selbst erdienten Pension gelten. Das Gesetz hat daher in Übereinstimmung mit dem im Reiche geltenden Rechte auch für diesen Fall Bestimmung getroffen und hier die Kürzungsgrenze mit Rücksicht darauf, daß der Höchstbetrag des Ruhegehalts $\frac{3}{4}$ des Diensteinkommens beträgt, um $\frac{1}{4}$ niedriger, d. i. wie im Reiche von 2000 ℳ auf 1500 ℳ festgesetzt. Hinsichtlich der Waisen wurde in dieser Beziehung eine Bestimmung für entbehrlich erachtet, weil Waisen während des Bezugs von Waisengeld wohl kaum je eine eigene Pension selbst erdienen werden.

5) Der Ausdruck „der Anspruch ruht" ist nicht etwa, ähnlich wie im Falle der vorläufigen Dienstenthebung nach Art. 174 BeaG., dahin aufzufassen, daß das Witwen- und Waisengeld nur vorläufig einbehalten wird und unter gewissen Voraussetzungen später nachbezahlt werden kann, daß vielmehr während dieser Zeit der Anspruch selbst ganz oder teilweise erlischt und hiernach beim Wegfalle des Grundes zwar die Wiedergewährung für die Zukunft, nicht aber eine etwaige Nachzahlung der zurückbehaltenen Beträge für die Vergangenheit stattfindet.

Artikel 87.

Die Witwe und die ehelichen oder legitimierten Kinder eines widerruflichen etatsmäßigen Beamten erhalten Witwen- und Waisengeld nach Maßgabe der

vorstehenden Vorschriften (Artikel 74 bis 86), wenn der verstorbene Beamte im Zeitpunkte seines Todes auf Grund der Artikel 46, 68 im Genuß eines Wartegeldes oder Ruhegehalts stand oder wenn ihm nach Artikel 68 ein Ruhegehalt hätte gewährt werden können, falls er im Zeitpunkte seines Todes in den Ruhestand versetzt worden wäre.

Der Bemessung des Witwen- und Waisengeldes ist der volle Betrag des Ruhegehalts zu Grunde zu legen, der sich für den verstorbenen Beamten auf Grund der Vorschriften der Artikel 52 bis 61 berechnet hätte, auch wenn dem Beamten selbst auf Grund des Artikel 68 ein geringerer Ruhegehalt bewilligt war.[1])

1) Diese Bestimmung erschien notwendig, weil die Gründe, die für die Gewährung eines geringeren Ruhegehalts an den Beamten selbst maßgebend waren, möglicherweise für die Hinterbliebenen des Beamten nicht oder wenigstens nicht in dem gleichen Maße zutreffen.

Ob die Voraussetzungen für die Anweisung eines Ruhegehalts nach Art. 68 und demnach auch die Voraussetzungen für die Anweisung eines Witwen- und Waisengeldes nach Art. 87 gegeben sind, soll nach Art. 68 in Verbindung mit Art. 178 Ziff. 2 und 9 BeaG. der Entscheidung der zuständigen Verwaltungsbehörden unterliegen. Ist aber den Hinterbliebenen widerruflicher etatsmäßiger Beamten Witwen- und Waisengeld einmal zuerkannt, so sollen auch sie gleich den Witwen und Waisen unwiderruflicher Beamten hierauf einen rechtlich verfolgbaren Anspruch haben, der ihnen nur in den Fällen der Art. 85 und 86 entzogen werden kann.

Artikel 88.

Im Falle der Erwerbsunfähigkeit und Unterstützungsbedürftigkeit können den hinterbliebenen ehelichen und legitimierten Kindern eines etatsmäßigen Beamten (Artikel 73, 87), die das einundzwanzigste Lebensjahr bereits vollendet haben und ledigen Standes sind, fortlaufende Unterhaltsbeiträge bis zur Höhe des Waisengeldes gewährt werden, das sich bei Anwendung der Vorschriften dieses Gesetzes berechnet.

Die Bewilligung dieser Unterhaltsbeiträge erfolgt durch das zuständige Staatsministerium im Benehmen mit dem Staatsministerium der Finanzen.

VI. Abschnitt.

Unfallfürsorge.

A. Fürsorge bei Betriebsunfällen, die in reichsgesetzlich der Unfallversicherung unterliegenden Betrieben eintreten.

Die rechtliche Lage der Staatsbeamten und ihrer Hinterbliebenen hinsichtlich der Fürsorge bei Unfällen, die in den reichsgesetzlich der Unfallversicherung unterliegenden Betrieben des Staates eintreten, war bisher in Bayern verschieden, je nachdem es sich um pragmatische oder um nichtpragmatische statusmäßige oder um Beamte handelt, die nur in einem diätarischen Dienstverhältnisse zum Staate stehen. In Abschnitt VI BeaG. ist nunmehr die Unfallfürsorge, die bisher lediglich dem nichtpragmatischen statusmäßigen Personale zugewendet war, für das gesamte Personal, dem die Beamteneigenschaft im Sinne des Art. 1 BeaG. zukommt, eingeführt.

Hierdurch werden den bayerischen Beamten nicht nur die gleichen Vorteile gewährt, wie sie im RUFürsG. den Reichsbeamten und in den Unfallfürsorgegesetzen anderer Bundesstaaten deren Beamten eingeräumt sind (vgl. z. B. für Preußen: UnfallfürsG. v. 2. Juni 1902; für Sachsen: UnfallfürsG. v. 1. Juli 1902; für Württemberg: UnfallfürsG. v. 23. Dez. 1902; für Baden: UnfallfürsG. v. 27. Juli 1902; für Hessen: UnfallfürsG. v. 24. Dez. 1902; für Elsaß-Lothringen: UnfallfürsG. v. 20. Mai 1902), sondern es wird auf diese Weise auch hinsichtlich der Beschränkung der Schadensersatzansprüche aus Betriebsunfällen und hinsichtlich des Ausschlusses der reichsgesetzlichen Vorschriften über die Unfallversicherung für die bayerischen Staatsbeamten die gleiche Rechtslage geschaffen wie für die Reichsbeamten und die Beamten derjenigen Bundesstaaten, die durch landesrechtliche Vorschriften die Unfallfürsorge eingeführt haben.

Die Vorschriften in den Art. 89 bis 101 BeaG. schließen sich, um die nach § 14 des RUnfallfürsG. v. 18. Juni 1901 erforderliche Gleichwertigkeit der landesgesetzlichen Fürsorge mit der reichsgesetzlichen Fürsorge zu gewährleisten, nach Form und Inhalt möglichst an die Vorschriften des Reichsgesetzes an. Eine Abweichung von den Vorschriften des Reichsgesetzes trat nur soweit ein, als in einzelnen Punkten über das Maß der reichsgesetzlichen Vorschriften hinausgegangen wurde oder durch die besonderen landesgesetzlichen Vorschriften des bayerischen Staates eine Ergänzung der reichsgesetzlichen Vorschriften erforderlich war.

Artikel 89.

Beamte,[1]) die in reichsgesetzlich der Unfallversicherung unterliegenden Betrieben[2]) beschäftigt[3]) sind, erhalten, wenn sie infolge eines im Dienste erlittenen Betriebsunfalls [2]) dauernd dienstunfähig [3]) werden, als Ruhegehalt [4]) sechsundsechzig zwei Drittel vom Hundert ihres jährlichen Diensteinkommens.

Sind solche Beamte infolge eines im Dienste erlittenen Betriebsunfalls nicht dauernd dienstunfähig geworden, [5]) aber in ihrer Erwerbsfähigkeit beeinträchtigt worden, so erhalten sie bei ihrer Entlassung [6]) aus dem Dienste als Ruhegehalt:

1. im Falle völliger Erwerbsunfähigkeit für deren Dauer den im ersten Absatze bezeichneten Betrag;
2. im Falle teilweiser Erwerbsunfähigkeit für deren Dauer denjenigen Teil des vorstehend bezeichneten Ruhegehalts, der dem Maße der durch den Unfall herbeigeführten Einbuße an Erwerbsfähigkeit entspricht.

Ist der Verletzte infolge des Unfalls nicht nur völlig dienst- oder erwerbsunfähig sondern auch derart hilflos geworden, daß er ohne fremde Wartung und Pflege nicht bestehen kann, so ist für die Dauer dieser Hilflosigkeit der Ruhegehalt bis zum vollen Betrage des Diensteinkommens zu erhöhen.

Solange der Verletzte aus Anlaß des Unfalls tatsächlich und unverschuldet arbeitslos ist, kann in den Fällen des Abs. 2 Ziff. 2 der Ruhegehalt bis zum vollen Betrage des Abs. 1 vorübergehend erhöht werden.

Steht dem Verletzten nach den allgemeinen Vorschriften (Artikel 52 ff.) ein höherer Betrag zu, so erhält er diesen.

Dem Verletzten sind außerdem die Kosten des Heilverfahrens (§ 9 Ab. 1 Ziff. 1 des Gewerbeunfallversicherungsgesetzes) zu ersetzen.

1) Unter den Beamten im Sinne des Art. 89 sind alle unter den Art. 1 BeaG. fallenden Personen zu verstehen, gleichviel, ob sie eine etatsmäßige Stelle innehaben oder nicht, ob sie widerruflich oder unwiderruflich sind und ob ihre Stelle mit einem Einkommen verbunden ist oder nicht. Auch die weiblichen Beamten fallen unter den Art. 89. Auf die Beamten der Heeresverwaltung, also sowohl auf die Militärbeamten als die Zivilbeamten der Militärverwaltung (§ 38 A 1 und C des RMG. v. 2. Mai 1874/6. Mai 1880), finden die reichsgesetzlichen Vorschriften über Unfallfürsorge nach wie vor unmittelbare Anwendung.

2) Welche Betriebe der Unfallversicherung unterliegen, bemißt sich nach den Reichs-Unfallversicherungsgesetzen.

3) Die Begriffe der „Beschäftigung im Betriebe" und des „Betriebsunfalls" sind die gleichen wie nach dem RUFürsG. Hierbei ist noch besonders hervorzuheben, daß als „Beamte, die in reichsgesetzlich der Unfallversicherung unterliegenden Betrieben beschäftigt sind", nicht bloß die eigentlichen Betriebsbeamten dieser Betriebe, sondern auch diejenigen Beamten zu erachten sind, die, ohne in diesen Betrieben angestellt zu sein, vermöge ihrer amtlichen Funktionen darin tätig und den Gefahren des Betriebs ausgesetzt sind, so daß also fürsorgeberechtigt auch diejenigen Beamten sind, die aus Anlaß der staatlichen oder polizeilichen Beaufsichtigung staatlicher oder privater Betriebe, z. B. als Steuerbeamte, Fabrikinspektoren, Gewerbeaufsichtsbeamte, in diesen Betrieben einen Unfall erleiden (vgl. auch RGZ. Bd. 60 S. 207).

4) Da der Anspruch auf Unfallfürsorge den Charakter der Pension hat (Art. 98 BeaG.), ist in Art. 89 auch ausdrücklich die Bezeichnung als Ruhegehalt gewählt. Aus diesem Charakter folgt zugleich, daß für die Berechnung des Ruhegehalts nach Art. 89 ebenso wie für die Berechnung des Ruhegehalts bei einer nicht durch Betriebsunfall verursachten Dienstunfähigkeit (Art. 52 Abs. 1 und Art. 39 Abs. 2 BeaG.) nicht der Zeitpunkt des Unfalls, sondern der Zeitpunkt der Versetzung in den Ruhestand maßgebend ist (vgl. hinsichtlich des RUFürsG. und des preußischen UFürsG. Entscheidung des RGZ. Bd. 60 S. 215 und JW. 1904 S. 267, sowie hinsichtlich der Verordnung vom 13. Nov. 1902 Beschl. des Bayer. Oberst. LG. v. 11. Okt. 1907 in der BayerZ. 1907 S. 458).

5) Unter dauernder Dienstunfähigkeit im Sinne des Art. 89 Abs. 1 ist ein Zustand zu verstehen, der die Versetzung des verletzten Beamten in den Ruhestand veranlaßt erscheinen läßt oder, falls es sich um einen nicht pensionsberechtigten Beamten handelt, im Falle des Vorhandenseins der Pensionsberechtigung veranlaßt erscheinen ließe, gleichviel ob die Versetzung in den Ruhestand für immer oder mit Rücksicht auf die Möglichkeit der Wiedergenesung nur für eine bestimmte Zeit (Art. 49 BeaG.) ausgesprochen wird oder auszusprechen wäre. Eine dauernde Dienstunfähigkeit im Sinne des Art. 89 Abs. 1 ist daher auch dann als vorhanden anzunehmen, wenn der betreffende Beamte lediglich in den zeitlichen Ruhestand (Art. 49) versetzt wird oder zu versetzen wäre. Den Gegensatz zu der dauernden Dienstunfähigkeit bildet die bloß vorübergehende Dienstunfähigkeit, d. i. die lediglich auf kürzere Zeit eingetretene Behinderung in der Ausübung der Amtspflichten, die eine baldige Wiederaufnahme des Dienstes erwarten läßt, und während der der Beamte in dem Fortbezuge seines Diensteinkommens belassen wird (vgl. Art. 35 Abs. 2 BeaG.).

Ob Dienstunfähigkeit im Sinne des Art. 89 Abs. 1 vorliegt, ist durch die vorgesetzte Dienstbehörde nach Maßgabe der Bestimmungen in den Art. 50, 51 BeaG. auszusprechen; es kann daher hierüber nicht vom Richter im ordentlichen Rechtsstreit entschieden werden (vgl. Art. 178 Ziff. 2 und RGZ. Bd. 44 S. 35).

6) Aus welchem Grunde die Entlassung seitens des Staates erfolgte, ist gleichgültig; nur wenn die Voraussetzungen des Art. 96 BeaG. vorliegen, entfällt der Anspruch des Entlassenen auf Unfallfürsorge.

Artikel 90.

Die Hinterbliebenen[1]) solcher in dem Artikel 89 bezeichneten Personen, die infolge eines im Dienste erlittenen Betriebsunfalls gestorben sind, erhalten:

1. als Sterbegeld,[2]) sofern ihnen nicht nach dem Artikel 72 Anspruch auf Sterbegehalt zusteht, den Betrag des einmonatigen Diensteinkommens oder des einmonatigen Ruhegehalts des Verstorbenen, jedoch mindestens fünfzig Mark;
2. eine Rente.[3]) Diese beträgt jährlich:
   a. für die Witwe bis zu ihrem Tode oder ihrer Wiederverheiratung, ebenso für jedes Kind bis zum Ablaufe des Monats, in dem es das einundzwanzigste Lebensjahr vollendet, oder bis zur etwaigen früheren Verheiratung zwanzig vom Hundert des jährlichen Diensteinkommens des Verstorbenen, jedoch für die Witwe nicht unter dreihundert Mark und für jedes Kind nicht unter einhundertsechzig Mark;
   b. für Verwandte der aufsteigenden Linie, wenn ihr Lebensunterhalt ganz oder überwiegend durch den Verstorbenen bestritten worden war, bis zum Wegfalle der Bedürftigkeit insgesamt zwanzig vom Hundert des Diensteinkommens des Verstorbenen, jedoch nicht unter einhundertsechzig Mark und nicht mehr als eintausendsechshundert Mark; sind mehrere Berechtigte dieser Art vorhanden, so wird die Rente den Eltern vor den Großeltern gewährt;
   c. für elternlose Enkel, falls ihr Lebensunterhalt ganz oder überwiegend durch den Verstorbenen bestritten worden war, im Falle der Bedürftigkeit bis zum Ablaufe des Monats, in dem sie das achtzehnte Lebensjahr vollenden oder

bis zur etwaigen früheren Verheiratung insgesamt zwanzig vom Hundert des Diensteinkommens des Verstorbenen, jedoch nicht unter einhundertsechzig Mark und nicht mehr als eintausendsechshundert Mark.

Die Renten dürfen zusammen sechzig vom Hundert des Diensteinkommens nicht übersteigen. Ergibt sich ein höherer Betrag, so haben die Verwandten der aufsteigenden Linie nur so weit einen Anspruch, als durch die Renten der Witwe und der Kinder der Höchstbetrag der Renten nicht erreicht wird, die Enkel nur soweit, als der Höchstbetrag der Renten nicht für Ehegatten, Kinder oder Verwandte der aufsteigenden Linie in Anspruch genommen wird. Soweit die Renten der Witwe und der Kinder den zulässigen Höchstbetrag überschreiten, werden die einzelnen Renten in gleichem Verhältnisse gekürzt. Beim Ausscheiden eines Berechtigten erhöht sich die Rente der verbleibenden Berechtigten von dem nächstfolgenden Monat an so weit, als sie sich noch nicht im vollen Genusse der ihnen nach vorstehenden Vorschriften gebührenden Beträge befinden.

Steht nach den allgemeinen Vorschriften (Artikel 73 ff.) einem der Hinterbliebenen ein höherer Betrag zu, so erhält er diesen.

Der Anspruch der Witwe ist ausgeschlossen, wenn die Ehe erst nach dem Unfalle geschlossen worden ist. Bei inmitte liegenden besonderen Verhältnissen kann jedoch auch in diesem Falle eine Witwenrente gewährt werden.

Im Falle der Wiederverheiratung kann der Witwe auf Ansuchen eine einmalige Beihilfe bis zum fünffachen Jahresbetrage der Witwenrente (Abs. 1 Ziff. 2a) gewährt werden.

1) Voraussetzung für die Gewährung der in Art. 90 vorgesehenen Bezüge ist, daß der Tod unmittelbar oder mittelbar eine Folge des Unfalls ist. Wenn ein Beamter, der infolge eines Unfalls eine Unfallfürsorgepension bezogen hat, stirbt, ohne daß der Tod nachweislich in irgend einem ursächlichen Zusammenhange mit dem Unfalle steht, so bemessen sich die Ansprüche der Hinterbliebenen nach Art. 74 BeaG. War beispielsweise ein Beamter der Klasse 21 der GehO. mit 2400 M Gehalt und 300 M pensionsfähigem Neben-

bezug im Genuß einer Unfallfürsorgepension zu 66⅔ v. H. aus 2700 ℳ = 1800 ℳ, so erhält, wenn er später an einer nachweisbar mit dem Unfalle weder mittelbar noch unmittelbar im Zusammenhange stehenden Krankheit stirbt, seine Witwe nach Art. 74 Abs. 1 BeaG. ein Witwengeld von 40 v. H. aus 1800 ℳ = 720 ℳ. Denselben Betrag würde sie allerdings auch erhalten, wenn der Tod als Folge des Unfalls anzusehen wäre, da die nach Art. 90 Ziff. 2a sich berechnende Witwenrente zu 20 v. H. aus 2700 ℳ nur 540 ℳ betragen würde, und daher nach Art. 90 Abs. 3 BeaG. der nach den allgemeinen Vorschriften sich berechnende höhere Betrag von 720 ℳ anzuweisen ist. Hätte dagegen der Verstorbene außer der Witwe noch drei unter 20 Jahre alte Kinder hinterlassen, so würde sich, falls der Tod außer Zusammenhang mit dem Unfalle steht, das Witwengeld auf 720 ℳ und das Waisengeld auf 720 : 5 × 3 = 432 ℳ, der Gesamtbezug sohin auf 1152 ℳ beziffern, während beim Vorliegen eines ursächlichen Zusammenhanges zwischen Tod und Unfall nach Maßgabe des Art. 90 Abs. 3 sich eine Witwenrente von 585 ℳ und eine Waisenrente von 3 × 405 = 1215 ℳ, zusammen ein Bezug von 1800 ℳ ergeben würde. Wegen Berechnung der Hinterbliebenenbezüge in dem Falle, in dem der Verstorbene nach Art. 89 Abs. 3 im Genuß einer Hilflosenrente war, wird auf die Bemerkungen zu Art. 74 Bezug genommen.

2) Das Sterbegeld, das den Hinterbliebenen zu gewähren ist, die keinen Anspruch auf Sterbegehalt nach Maßgabe des Art. 72 BeaG. besitzen, besteht in dem einmonatigen Diensteinkommen oder in dem einmonatigen Ruhegehalte des Verstorbenen. Die Berechnung des Diensteinkommens bemißt sich auch für diesen Fall nach Art. 92 BeaG.; als Ruhegehalt, dessen einmonatiger Betrag als Sterbegeld zu gewähren ist, ist der Betrag zu verstehen, den der Verstorbene als Ruhegehalt tatsächlich bezogen hat, demnach, wenn ihm nach Art. 89 Abs. 3 BeaG. wegen Hilflosigkeit ein Ruhegehalt von 100 v. H. des Diensteinkommens angewiesen war, der Betrag dieser Hilflosenrente.

3) Bei der Entscheidung der Frage, ob sich die Höhe der Unfallfürsorgerenten nach den Unfallfürsorgevorschriften oder nach den allgemeinen Vorschriften über die Hinterbliebenenfürsorge bemißt, dürfen nicht die Gesamtbezüge der Hinterbliebenen nach den einen und den anderen Vorschriften einander gegenübergestellt werden, sondern es ist die Witwen-Unfallfürsorgerente mit dem Witwengeld und die Waisen-Unfallfürsorgerente mit dem Waisengelde zu vergleichen und der für jeden einzelnen Berechtigten treffende günstigere Betrag anzuweisen. Dabei dürfen aber die durch die Unfallfürsorgevorschriften (Art. 90 Abs. 2) und durch die allgemeinen Pensionsvorschriften (Art. 76 Abs. 1) festgesetzten Höchstgrenzen nicht überschritten werden, wobei die Höchstgrenze nach der günstigeren Vorschrift maßgebend ist (vgl. auch Begründung zu § 2 des Entwurfs eines Unfallfürsorgegesetzes für Beamte und Personen des Soldatenstandes, Stenogr. Berichte über die Verhandl. des Reichstags

10. Leg.-Per. II. Session 1900/01, Anlagebd. II Nr. 176 S. 1115 und 1116).

Wenn beispielsweise ein unwiderruflicher Beamter, der das dreißigste pensionsfähige Dienstjahr angetreten und seit einem Jahre einen Gehalt von 2400 ℳ und ein in der Gehaltsordnung als pensionsfähig bezeichnetes Nebeneinkommen von 300 ℳ bezogen hat (Klasse 21 der GehO.), bei einem Betriebsunfalle tötlich verletzt wird und bei seinem Tode eine Witwe und fünf Kinder hinterläßt, so berechnen sich die Bezüge der Hinterbliebenen in folgender Weise:

a) nach den Unfallfürsorgevorschriften (Abschnitt VI BeaG.):

Witwenrente:

20 v. H. aus 2700 ℳ = ... 540 ℳ,

Waisenrente:

5 × 20 v. H. aus 2700 ℳ = ... 2700 ℳ.

Summe 3240 ℳ.

Da der Betrag von 60 v. H. des Diensteinkommens = 1620 ℳ nicht überstiegen werden darf, so können nur gewährt werden:

Witwenrente:

$540 \times \frac{1620}{3240}$ = ... 270 ℳ,

Waisenrente:

5 × 270 = ... 1350 ℳ.

Summe 1620 ℳ.

b) nach den allgemeinen Vorschriften über Hinterbliebenenfürsorge (Abschnitt V BeaG.):

Die Pension des Verstorbenen würde nach Art. 39 Abs. 2 und Art. 52 BeaG. 65 v. H. aus jährlich 2400 ℳ Gehalt, 300 ℳ pensionsfähigem Anschlage von Nebenbezügen und 50 ℳ Teilbetrag der nächstfälligen Alterszulage = 1787 ℳ 50 ₰, aufgerundet auf 1788 ℳ (Art. 71 Abs. 2), betragen haben.

Es berechnen sich daher

das Witwengeld:

auf 40 v. H. aus 1788 ℳ = 715 ℳ 20 ₰, aufgerundet nach Art. 83 Abs. 2 auf . . . . 717 ℳ,

das Waisengeld:

auf 1/5 von 717 ℳ = 143 ℳ 40 ₰, aufgerundet nach Art. 83 Abs. 2 auf 144 ℳ, für 5 Kinder sohin auf . . 720 ℳ,

Summe 1437 ℳ.

Für die Witwe ist demnach das nach den allgemeinen Vorschriften berechnete Witwengeld höher als die Witwenrente, während für die Waisen das Waisengeld hinter der Waisenrente zurückbleibt. Es ist daher jedem Berechtigten der für ihn günstigere Betrag anzuweisen.

Die Witwenrente könnte mithin von 270 ℳ bis auf 717 ℳ erhöht werden. Da aber nach Art. 76 Abs. 1 BeaG. der Betrag des Ruhegehalts, zu dem der Verstorbene berechtigt gewesen wäre (d. i. in dem gegebenen Falle der Betrag von 1788 ℳ) nicht überschritten werden darf, so kann eine Erhöhung des Witwengeldes über 438 ℳ hinaus nicht stattfinden, so daß tatsächlich anzuweisen wären:

Witwengeld	438 ℳ,
Waisengeld	1350 ℳ,
Summe	1788 ℳ.

Für den Fall des Ausscheidens eines Bezugsberechtigten ist für die übrigen Berechtigten die vorstehende Berechnung von neuem anzustellen.

Artikel 91.

Die Fürsorge erstreckt sich auf die Folgen von Unfällen bei häuslichen und anderen Diensten, zu denen die in dem Artikel 89 bezeichneten Personen neben der Beschäftigung im Betriebe von ihren Vorgesetzten herangezogen werden.[1])

1) Die Anordnung entspricht der Vorschrift in § 3 des RUfürsG., an die sie sich auch dem Wortlaute nach anschließt.

Artikel 92.

Bei der Festsetzung der nach den Artikeln 89 bis 91 zu gewährenden Bezüge wird der Berechnung des Diensteinkommens das gesamte von dem Beamten zuletzt bezogene dienstliche Einkommen nach Maßgabe der folgenden Vorschriften zu Grunde gelegt:[1])

1. Feststehende Nebenbezüge werden mit ihrem vollen Betrag eingerechnet, soweit nicht in den Etats eine anderweitige Bestimmung getroffen ist. Freie Dienstwohnungen kommen mit ihrem festgesetzten Werte zur Anrechnung.
2. Einkommensbestandteile,[2]) die ihrer Natur nach steigend und fallend sind, wie Fahrgelder, Materialersparnisprämien, werden nur, soweit sie als pensionsfähig erklärt sind, zur Anrechnung gebracht, und zwar nach den in der Gehaltsordnung, in den Etats oder sonst bei Verleihung des Anspruchs auf diese Bezüge deshalb getroffenen Festsetzungen oder in Ermanglung solcher Festsetzungen nach ihrem durchschnittlichen Betrage

während der drei letzten Rechnungsjahre vor dem Rechnungsjahr, in dem der Ruhegehalt oder die Rente festgesetzt wird. Stand der Verunglückte noch nicht während dreier voller Rechnungsjahre im Genusse der angeführten Einkommensbestandteile, so ist der dreijährige Durchschnitt der von einem anderen, in der gleichen Dienstgruppe im regelmäßigen Dienste verwendeten Beamten bezogenen Einkommensbestandteile zu Grunde zu legen. War der Verunglückte im letzten Rechnungsjahre längere Zeit durch den Unfall dienstunfähig, so ist der Durchschnittsbetrag anzunehmen, der sich ergeben würde, wenn der Verunglückte auch während der Zeit der Dienstunfähigkeit regelmäßig Dienst geleistet hätte. [3])

3. Die zur Bestreitung von Dienstaufwands- und Repräsentationskosten bestimmten Einkünfte sowie die Ortszulagen der Auslandsbeamten kommen nicht zur Anrechnung.

4. Bloß zufällige Diensteinkünfte, wie Tagegelder für Dienstreisen, widerrufliche Gewinnanteile, außerordentliche Remunerationen, kommen gleichfalls nicht zur Anrechnung.

1) Die Vorschriften des Art. 92 entsprechen den Vorschriften des § 42 des RBeaG. in der Fassung der RKzlB. v. 18. Mai 07.

2) In der neuen GehO. ist für eine Reihe von Beamten der Verkehrsverwaltung ein bestimmter Betrag als pensionsfähiger Anschlag von Nebenbezügen aufgeführt. Hierunter ist ein gewisser Teil der diesen Beamten bei der Verwendung im Fahrdienste zukommenden Fahrgelder zu verstehen, der bei besonderer Sparsamkeit erübrigt werden kann. Mit dem Inkrafttreten der neuen GehO. ist bei der nach Art. 92 zu bemessenden Höhe des Diensteinkommens dieser Beamten der in der neuen Gehaltsordnung aufgeführte feste Betrag maßgebend.

3) Diese Bestimmung bezweckt, rechnerische Ungleichheiten zu vermeiden, die sich bei Festsetzung des Diensteinkommens solcher verletzter Beamten ergeben würden, deren Unfall und Versetzung in den Ruhestand in das nämliche Rechnungsjahr fällt, und solcher verletzter Beamten, die erst in einem vom Unfalljahre verschiedenen Rechnungsjahr in den Ruhestand versetzt werden, weil bei den ersteren die Nebenbezüge der drei letzten Jahre vor der Pensionierung voll, bei den letzteren aber wegen der durch den Unfall verursachten Erkrankung nur teilweise in Ansatz gebracht würden.

Artikel 93.

Erreicht das jährliche Diensteinkommen nicht den dreihundertfachen Betrag des für den Beschäftigungsort festgesetzten ortsüblichen Taglohns gewöhnlicher erwachsener Tagarbeiter (§ 8 des Krankenversicherungsgesetzes), so ist dieser Betrag der Berechnung zu Grunde zu legen.

Bleibt der nach Abs. 1 zu Grunde zu legende Betrag hinter dem Jahresarbeitsverdienste zurück, den während des letzten Jahres vor dem Unfalle Personen bezogen haben, die mit Arbeiten derselben Art in demselben Betrieb oder in benachbarten gleichartigen Betrieben beschäftigt waren, so ist dieser Jahresarbeitsverdienst der Berechnung der Rente zu Grunde zu legen.

Der eintausendfünfhundert Mark übersteigende Betrag kommt nur zu einem Drittel zur Anrechnung.

Bleibt bei den Beamten im Sinne des Artikel 89, die nicht mit Pensionsberechtigung angestellt sind, die nach vorstehenden Vorschriften der Berechnung zu Grunde zu legende Summe unter dem niedrigsten Diensteinkommen derjenigen Stellen, in denen solche Beamte nach den bestehenden Grundsätzen zuerst mit Pensionsberechtigung angestellt werden können, so ist der letztere Betrag der Berechnung zu Grunde zu legen. [1])

1) Die Vorschrift in Abs. 4 des Art. 93 findet ihre Begründung darin, daß zu den Beamten im Sinne des Art. 89 BeaG. auch Beamte gehören können, die sich noch in der Vorbereitungszeit befinden und nur eine geringe oder gar keine Besoldung beziehen, und daß es der Billigkeit nicht entspricht, die diesen Personen zustehende Pension nach dem Jahresarbeitsverdienste gewöhnlicher Tagarbeiter (Abs. 1 bis 3 des Art. 93) zu bemessen. Wenn daher z. B. ein als Beamter im Sinne des Art. 1 erklärter Aspirant der Verkehrsverwaltung ohne Taggeldbezug oder mit einem Taggeldbezug von 3 ℳ im Dienste einen Betriebsunfall erleidet, so bemißt sich die ihm zukommende Unfallfürsorgepension aus einem Diensteinkommen von 1800 ℳ (Klasse 17 der GehO.), da er nach den bestehenden Grundsätzen die erste etatsmäßige Anstellung in einer dieser Gehaltsklasse angehörenden Stellung zu erwarten gehabt hätte.

Artikel 94.

Ist das der Berechnung der Hinterbliebenenrente zu Grunde zu legende Diensteinkommen infolge eines früher erlittenen, nach den reichsgesetzlichen Vorschriften über Unfallversicherung oder nach den Vorschriften über Unfallfürsorge entschädigten Unfalls geringer als der vor diesem Unfalle bezogene Lohn oder das vor diesem Unfalle bezogene Diensteinkommen, so ist die aus Anlaß des früheren Unfalls bei Lebzeiten bezogene Rente oder der aus diesem Anlasse bezogene Ruhegehalt dem Diensteinkommen bis zur Höhe des der früheren Entschädigung zu Grunde gelegten Jahresarbeitsverdienstes oder Diensteinkommens hinzuzurechnen.

Artikel 95.

Der Anspruch auf Ruhegehalt (Artikel 89) beginnt mit dem Wegfalle des Diensteinkommens, der Anspruch auf Hinterbliebenenrente (Artikel 90) mit dem Ablaufe der Zeit, für die der Sterbegehalt bezogen wurde, oder, soweit ein solcher nicht gewährt wird, mit dem Ablaufe der Zeit, für die nach dem Artikel 90 Abs. 1 Ziff. 1 das Diensteinkommen oder der Ruhegehalt weiter bezogen worden ist.

Der Anspruch auf Ruhegehalt (Artikel 89) erlischt mit dem Ablaufe des Monats, in dem der Beamte stirbt oder die der Bewilligung zu Grunde liegenden Voraussetzungen ihr Ende erreicht haben.

Der Anspruch auf Hinterbliebenenrente (Artikel 90) erlischt für jeden Berechtigten mit dem Ablaufe des Monats, in dem er sich verheiratet oder stirbt. Außerdem erlischt der Anspruch auf diese Renten:

1. für jedes Kind mit dem Ablaufe des Monats, in dem es das einundzwanzigste Lebensjahr vollendet;
2. für die Verwandten der aufsteigenden Linie und für die elternlosen Enkel mit dem Ablaufe des Monats, in dem die Voraussetzung der Bedürftigkeit in Wegfall gekommen ist oder die elternlosen Enkel das achtzehnte Lebensjahr vollendet haben.

Gehört der Verletzte auf Grund gesetzlicher oder statutarischer Verpflichtung einer Krankenkasse oder der Gemeinde-Krankenversicherung an, so wird bis zum Ablaufe der dreizehnten Woche nach dem Eintritte des Unfalls der Ruhegehalt und der Ersatz der Kosten des Heilverfahrens um den Betrag der von der Krankenkasse oder der Gemeinde-Krankenversicherung geleisteten Krankenunterstützung gekürzt. Der Anspruch auf das

Sterbegeld und vom Beginne der vierzehnten Woche ab auch der Anspruch auf den Ruhegehalt sowie auf den Ersatz der Kosten des Heilverfahrens geht bis zum Betrage des von der Krankenkasse gezahlten Sterbegeldes oder bis zum Betrage der von ihr gewährten weiteren Krankenunterstützung auf die Krankenkasse über. Als Wert der freien ärztlichen Behandlung, der Arznei und der Heilmittel (§ 6 Abs. 1 Ziff. 1 des Krankenversicherungsgesetzes) gilt die Hälfte des gesetzlichen Mindestbetrags des Krankengeldes.

Artikel 96.

Ein Anspruch auf die in den Artikeln 89 bis 91 bezeichneten Bezüge besteht nicht, wenn der Verletzte den Unfall vorsätzlich oder durch ein Verschulden herbeigeführt hat, wegen dessen auf Dienstentlassung oder auf Verlust des Titels und Ruhegehaltsanspruchs gegen ihn erkannt oder wegen dessen ihm die Fähigkeit zur Beschäftigung in einem öffentlichen Dienstzweig aberkannt worden ist.[1]) Die Verhängung der Dienstentlassung mit der Wirkung des Verlustes des Anspruchs auf Unfallfürsorge erfolgt auch hinsichtlich der widerruflichen Beamten nach den für die Dienstentlassung der unwiderruflichen Beamten maßgebenden Vorschriften (Artikel 118 ff.).

Der Anspruch kann, auch ohne daß ein Urteil der bezeichneten Art ergangen ist, ganz oder teilweise abgelehnt[2]) werden, falls das Verfahren wegen des Todes oder der Abwesenheit des Betreffenden oder aus einem anderen in seiner Person liegenden Grunde nicht durchgeführt werden kann.

1) Der Anspruch auf die Unfallfürsorgebezüge fällt nur dann weg, wenn in dem Disziplinarurteile festgestellt und zum Ausdrucke gebracht ist, daß schon die Verschuldung, welche den Unfall herbeigeführt hat, allein und nicht etwa erst im Zusammenhange mit früheren Verfehlungen und dem sonstigen dienstlichen Verhalten des Verletzten die Dienstentlassung rechtfertigte. Es ist deshalb in derartigen Fällen Aufgabe der im Disziplinarverfahren mit der Vertretung der Interessen der Dienstverwaltung betrauten Staatsanwaltschaft, auf Herbeiführung einer solchen Feststellung im Disziplinarurteile hinzuwirken.

2) Zuständig sind hier die Zivilgerichte.

Artikel 97.[1])

Ansprüche auf Grund der Artikel 89 bis 91 sind, soweit ihre Feststellung nicht von Amts wegen erfolgt, bei Vermeidung des Ausschlusses vor Ablauf von zwei Jahren nach dem Eintritte des Unfalls bei der dem Verletzten unmittelbar vorgesetzten Dienstbehörde anzumelden. Die Frist gilt auch dann als gewahrt, wenn die Anmeldung bei der für den Wohnort des Entschädigungsberechtigten zuständigen unteren Verwaltungsbehörde erfolgt ist. In solchem Falle ist die Anmeldung unverzüglich an die zuständige Behörde abzugeben und der Beteiligte davon zu benachrichtigen.

Nach Ablauf dieser Frist ist der Anmeldung nur dann eine Folge zu geben, wenn zugleich glaubhaft bescheinigt wird, daß eine den Anspruch begründende Folge des Unfalls erst später bemerkbar geworden oder daß der Berechtigte von der Verfolgung seines Anspruchs durch außerhalb seines Willens liegende Verhältnisse abgehalten worden ist, und wenn die Anmeldung innerhalb dreier Monate, nachdem eine Unfallfolge bemerkbar geworden oder das Hindernis für die Anmeldung weggefallen war, erfolgt ist.

Jeder Unfall, der von Amts wegen oder durch Anmeldung der Beteiligten einer vorgesetzten Dienstbehörde bekannt wird, ist sofort zu untersuchen. Den Beteiligten ist Gelegenheit zu geben, selbst oder durch Vertreter ihre Interessen bei der Untersuchung zu wahren.

1) Die Vorschriften dieses Artikels entsprechen den Anordnungen in § 8 RUfürsG.

Artikel 98.

Soweit vorstehend nichts anderes bestimmt ist, finden auf die nach den Artikeln 89 bis 91 zu gewährenden Bezüge die für die Beteiligten geltenden allgemeinen Vorschriften über Ruhegehalte der Beamten (Artikel 52 ff.) und über die Fürsorge für die Witwen und Waisen (Artikel 73 ff.) Anwendung. Auf die Bezüge von Verwandten der aufsteigenden Linie und von Enkeln finden diese Vorschriften entsprechende Anwendung.

Die nach den Artikeln 89 bis 91 zu gewährenden Bezüge treten an die Stelle des Ruhegehalts und des Witwen- und Waisengeldes, die den Beteiligten auf Grund der Artikel 47 ff., 73 ff. zustehen, soweit nicht die letzteren Beträge die nach Maßgabe der Artikel 89 bis 91 zu gewährenden Bezüge übersteigen (Artikel 89 Abs. 5 und Artikel 90 Abs. 3).

Artikel 99.

Die in den Artikeln 89, 90 bezeichneten Personen können, auch wenn sie einen Anspruch auf Ruhegehalt oder Rente nicht haben, wegen eines im Dienste erlittenen Betriebsunfalls gegen den bayerischen Staat weitere Ansprüche[1]), als sie ihnen nach diesem Gesetze zustehen, nicht geltend machen.

1) Hierunter sind sowohl reichs- als landesgesetzliche Ansprüche zu verstehen. Bezüglich der reichsgesetzlichen Ansprüche ergibt sich der Ausschluß allerdings schon unmittelbar aus § 14 des RUfürsG. v. 18. Juni 01, wonach den Landesbeamten, für die eine den reichsgesetzlichen Vorschriften gleichkommende Fürsorge getroffen ist, ein reichsgesetzlicher Anspruch auf Ersatz des durch den Unfall erlittenen Schadens nur nach Maßgabe der §§ 10 bis 12 des RUfürsG. zusteht. Immerhin ist es in der Rechtsprechung zweifelhaft, ob sich die Vorschrift in § 12 Abs. 2 des RUfürsG., wonach dem Verletzten und dessen Hinterbliebenen weitergehende Ansprüche als auf die Unfallfürsorgebezüge gegen das Reich und die Bundesstaaten nicht zustehen sollen, nur auf die in Abs. 1 des § 12 dieses Gesetzes erwähnten Ansprüche aus dem RHaftpflichtG. v. 7. Juni 71 beziehe oder auf alle reichsgesetzlichen Ansprüche, insbesondere auch auf jene aus dem BGB. (vgl. RG. v. 11. Febr. 07 in der JW. 1907, 287). Es erschien daher geboten, in Art. 99 BeaG. eine Fassung zu wählen, die auch alle weitergehenden, auf reichsgesetzliche Bestimmungen gestützten Ansprüche gegen den Staat ausschließt, soweit dies nicht bereits durch § 12 des RUfürsG. geschehen ist, und soweit nicht im einzelnen Falle eine zwingende reichsgesetzliche Vorschrift im Wege steht. Im allgemeinen kann, wie auch in dem erwähnten Urteile des Reichsgerichts hervorgehoben ist, die Ausschließung weitergehender zivilrechtlicher Entschädigungsansprüche keinem Bedenken unterliegen. Diese Ausschließung entspricht sowohl dem Grundgedanken des RUfürsG. als auch der Billigkeit, da der Staat schon auf Grund der Vorschriften in Art. 89 ff. BeaG. für die Folgen der Verunglückung im Dienste ausreichende Fürsorge trifft und daher kein Grund besteht, daß derselbe Staat noch aus anderen zivilrechtlichen Titeln für den gleichen Unfall haftbar gemacht wird.

Anlangend die weitergehenden Ansprüche auf Grund bayerischer Landesgesetze, so kommen hier insbesondere die Vorschriften in den Art. 59, 60 und 61 AGzBGB. in Betracht. Auch für diese besonderen Fälle einer auf Landesgesetz beruhenden Entschädigungspflicht des Staates ist jeder weitere Anspruch gegen den Staat ausgeschlossen.

Artikel 100.

Die in den Artikeln 89, 90 bezeichneten Personen können, auch wenn sie einen Anspruch auf Ruhegehalt oder Rente nicht haben, wegen eines im Dienste erlittenen Betriebsunfalls aus bayerischen Landesgesetzen gegen die im § 10 des Reichs-Unfallfürsorgegesetzes vom 18. Juni 1901 aufgeführten Personen einen Anspruch auf Schadensersatz nur nach Maßgabe der §§ 10, 11 dieses Reichsgesetzes geltend machen.

Steht den in den Artikeln 89, 90 bezeichneten Personen wegen eines im Dienste erlittenen Betriebsunfalls auf Grund der Reichsgesetze oder der bayerischen Landesgesetze ein Schadensersatzanspruch gegen die im § 10 des Reichs-Unfallfürsorgegesetzes vom 18. Juni 1901 aufgeführten Personen zu, so geht dieser Anspruch in der Höhe der den Entschädigungsberechtigten auf Grund des gegenwärtigen Gesetzes vom Staate zu zahlenden Beträge auf den Staat über.

Ebenso gehen diejenigen Entschädigungsansprüche, die den in den Artikeln 89, 90 bezeichneten Personen wegen eines im Dienste erlittenen Betriebsunfalls auf Grund bayerischer Landesgesetze gegen andere als die im § 10 des Reichs-Unfallfürsorgegesetzes vom 18. Juni 1901 bezeichneten Personen zustehen, in der Höhe der den Entschädigungsberechtigten auf Grund des gegenwärtigen Gesetzes vom Staate zu zahlenden Beträge auf den Staat über.

B. Fürsorge bei Unfällen, die in einem der reichsgesetzlichen Unfallversicherung nicht unterliegenden Betrieb oder Dienstzweig eintreten.

Artikel 101.

Die Vorschriften der Artikel 89 bis 100 dieses Gesetzes[1]) finden, unbeschadet der Vorschrift im § 5 des Reichshaftpflichtgesetzes vom 7. Juni 1871, auch Anwendung, wenn Beamte[2]) in Ausübung des Dienstes in einem reichsgesetzlich der Unfallversicherung nicht unterliegenden Betrieb oder Dienstzweig einen Unfall[3]) erleiden.

Ansprüche auf Ersatz des durch den Unfall verursachten Schadens, die dem Beamten[2]) oder seinen Hinterbliebenen[2]) gegen Dritte auf Grund gesetzlicher Vorschrift zustehen, gehen bis zur Höhe der ihnen nach dem gegenwärtigen Gesetze zukommenden Leistungen an den Staat über.[4])

1) Die Vorschriften der Art. 89 bis 100 beziehen sich nur auf Unfälle, die in reichsgesetzlich der Unfallversicherung unterliegenden Betrieben eintreten. Es entspricht jedoch der Billigkeit, daß die gleiche Fürsorge auch den Beamten zu teil wird, die in einem reichsgesetzlich der Unfallversicherung nicht unterliegenden Betrieb oder Dienstzweig beschäftigt sind und im Dienste einen Unfall erleiden, da es für das Verhältnis des Beamten zum Staate füglich ohne Bedeutung ist, ob der im Dienste verunglückte in einem Betrieb oder Dienstzweige beschäftigt war, welcher der Unfallversicherung unterliegt oder nicht. Durch den Art. 101 werden daher die vorhergehenden Vorschriften der Art. 89 bis 100 auch auf die nicht in unfallversicherungspflichtigen Betrieben oder Dienstzweigen beschäftigten Beamten und deren Hinterbliebene für den Fall der Verunglückung im Dienste erstreckt. Diese Verfügung hat insbesondere für das im Zollabfertigungs- und im Grenzwachdienste beschäftigte Beamtenpersonal, ferner für die Beamten der Schutzmannschaft und der Gendarmerie sowie für das Aufsichtspersonal in den Gerichtsgefängnissen und Strafanstalten praktische Bedeutung.

Da mit der Gewährung der Unfallfürsorge an die in unfallversicherungspflichtigen Betrieben beschäftigten Beamten alle weitern Entschädigungsansprüche gegen den Staat wegen des Unfalls ausgeschlossen sind (vgl. § 14 und §§ 10 bis 12 des RUfürsG. und Art. 99 BeaG.), mußte Art. 101 auch für die dort bezeichneten Personen die Gewährung der Unfallfürsorge von dem Ausschlusse weitergehender zivilrechtlicher Schadensersatzansprüche gegen den Staat abhängig machen. Denn es würde unbillig erscheinen, in dieser Hinsicht die nicht in unfallversicherungspflichtigen Betrieben beschäftigten Beamten und ihre Hinterbliebenen günstiger zu behandeln, als die in unfallversicherungspflichtigen Betrieben beschäftigten Beamten und deren Hinterbliebene. Der Ausgleich gegenüber dem Ausschlusse weitergehender zivilrechtlicher Ansprüche gegen den Staat liegt auch hier, ebenso wie in den Fällen der Verunglückung in einem unfallversicherungspflichtigen Betrieb, in der Gewährung einer erhöhten Pension, die ohne Rücksicht darauf zusteht, ob ein Verschulden des Staates oder seiner Organe an dem Unfalle vorliegt und ob den Verletzten oder Getöteten selbst ein Verschulden an dem Unfalle trifft oder nicht. Die Ausschließung der weitergehenden zivilrechtlichen Ansprüche auf dienstpragmatischem Wege wird, wie bereits in Anm. 1 Abs. 2 zu Art. 99 bemerkt wurde, rechtlichen Bedenken nicht unterliegen. Ein Vorbehalt mußte nur hinsichtlich des RHaftpflichtG. v. 7. Juni 71 gemacht werden. Die Anwendung der Vorschriften dieses Gesetzes ist nämlich durch § 12 Abs. 1 und 2 und § 14 des RUfürsG. nur für Unfälle ausgeschlossen worden, die sich in unfallversicherungspflichtigen Betrieben ereignen; eine Ausschließung der Vorschriften des HaftpflichtG. auf dienstpragmatischem Wege erscheint dagegen im Hinblick auf § 5 dieses RG. unzulässig. Art. 102 Abs. 1 läßt daher die Ansprüche aus dem RHaftpflichtG. ausdrücklich unberührt.

2) Der Begriff Beamte ist für die Anwendung des Art. 101 der gleiche wie in Art. 89 BeaG. Ebenso umfaßt der Begriff Hinterbliebene den gleichen Personenkreis, wie er in Art. 90 aufgeführt ist.

3) Auch der Begriff Unfall ist derselbe wie in Art. 89; eine aus Anlaß der dienstlichen Beschäftigung eingetretene Erkrankung, auf welche die Merkmale des Unfallbegriffes nicht zutreffen, gibt daher keinen Anspruch auf Unfallfürsorge nach Art. 101.

4) Die Vorschrift in Abs. 2 des Art. 101 bildet eine Ergänzung der Vorschriften des Art. 100 Abs. 2 und 3, da in diesen letzteren Bestimmungen mit Rücksicht auf § 12 Abs. 3 des RUfürsG. ein unmittelbarer gesetzlicher Forderungsübergang hinsichtlich derjenigen Entschädigungsansprüche, die dem Verletzten und seinen Hinterbliebenen auf Grund reichsgesetzlicher Vorschrift gegen Dritte, nicht in § 10 des RUfürsG. bezeichnete Personen zustehen, nicht festgesetzt zu werden brauchte. Es war daher erforderlich, in Abs. 2 des Art. 101 nach dem Vorgang in § 12 Abs. 3 des RUfürsG. noch die Bestimmung aufzunehmen, daß, soweit der Staat Unfallfürsorge gewährt, die den verunglückten Beamten oder ihren Hinterbliebenen gegen dritte Personen wegen des Unfalls auf Grund gesetzlicher Vorschrift etwa zustehenden Schadensersatzansprüche an den Staat übergehen.

VII. Abschnitt.

Dienstaufsicht und Dienststrafrecht.

A. Dienstaufsicht.

Wie bisher das Dienststrafrecht für die pragmatischen Staatsdiener sowie für die nichtpragmatischen Staatsbeamten und Staatsbediensteten geregelt war, ist in § 5, § 6 Ziff. 3 und § 7 Ziff. 4 der Denkschrift zur Frage der Neuregelung der Dienst-, Gehalts- und Pensionsverhältnisse der Staatsbeamten und Staatsbediensteten v. 20. Febr. 08 dargelegt. Aus dieser Darstellung ergibt sich, daß die Disziplinarverhältnisse für die bayerischen Staatsdiener — abgesehen von den Richtern, Notaren und Militärjustizbeamten — nur in unvollkommener Weise geregelt waren. Dies galt nicht bloß von den pragmatischen Staatsdienern, sondern in erhöhtem Maße von den nichtpragmatischen Beamten und Bediensteten, deren Dienstverhältnis nach § 8 der KAB. v. 26. Juni 94 jederzeit widerruflich war und die hiernach ohne weiteres durch Verfügung der Verwaltung aus dem Dienste entfernt werden konnten.

Die verschiedenen Versuche, die in den Jahren 1849, 1851, 1853 und 1879 unternommen wurden, um die Disziplinarverhältnisse für die pragmatischen Staatsdiener auf eine neue zeitgemäße Grundlage zu stellen, sind — von der inzwischen für die Richter und Notare erfolgten Ordnung der Frage abgesehen — erfolglos geblieben. Die Neuregelung des Beamtenrechts und insbesondere die dabei beabsichtigte Beseitigung des Unterschieds zwischen pragmatischen und nichtpragmatischen Beamten ließen aber die Aufnahme gesetzlicher Vorschriften über die Disziplinarverhältnisse der unter das BeaG. fallenden Beamten, soweit sie nicht zu den Richtern zählen, als unabweisbar erscheinen.

Leitender Grundsatz für die Regelung des Dienststrafrechts war, auf der einen Seite dem Staate genügende Zwangsmittel zur Aufrechthaltung der Ordnung und zur sicheren Durchführung des Dienstes sowie zur Reinhaltung der Ehre und des Ansehens des Beamtenstandes an die Hand zu geben, andererseits aber auch, die rechtliche Stellung des Beamten so zu gestalten, daß er in seiner wirtschaftlichen Existenz von dem bloßen Ermessen der Verwaltung unabhängig gestellt und die Entscheidung der Frage, ob er sich seines Amtes unwürdig gemacht habe und aus diesem zu entfernen sei, in die Hand einer völlig unabhängigen, nur dem Gesetze selbst unterworfenen richterlichen Instanz gelegt ist.

Durch das RichtDiszG. (abgedruckt unten unter Abt. III) ist dieser Grundsatz hinsichtlich der richterlichen Beamten bereits zur vollen Geltung gebracht worden.

Die unveränderte Herübernahme der Vorschriften des Richt.-DiszG. auf die übrigen Beamten verbot sich indessen, weil zwischen der Dienstesaufgabe der Richter und jener der übrigen Beamten ein tiefgreifender Unterschied besteht.

Das Wesen der richterlichen Tätigkeit erfordert es, daß diese von unabhängigen, nur dem Gesetz unterworfenen Beamten ausgeübt werde. Zu diesem Zwecke, also im Interesse der Rechtspflege und einer unabhängigen Rechtsprechung und nicht mit Rücksicht auf die Beamtenstellung des Richters, ist diesem durch das RichtDiszG. eine von jeder Einflußnahme seitens der vorgesetzten Behörden unabhängige Stellung eingeräumt, wobei noch zu bemerken ist, daß so weitgehende Garantieen in dieser Hinsicht, wie sie das bayerische RichtDiszG. enthält, sich in keinem anderen Disziplinargesetze finden.

Im Gegensatze zur richterlichen Tätigkeit ist es ein begriffliches Merkmal für die Dienstestätigkeit des Verwaltungsbeamten, daß diese in Abhängigkeit von den Dienstvorschriften und den Dienstbefehlen der Vorgesetzten ausgeübt wird. Der Verwaltungsbeamte kann nicht unabhängig von seinen Vorgesetzten gestellt werden, weil sonst die notwendige einheitliche Leitung der Staatsgeschäfte durch den einen Willen der Staatsregierung gefährdet würde.

Diese sich aus dem Staatsdienerverhältnisse von selbst ergebende Gehorsamspflicht des nichtrichterlichen Beamten hat in Art. 12 BeaG. ihren gesetzlichen Ausdruck gefunden.

Es mußte deshalb auch für die Gestaltung des Disziplinarrechts für nichtrichterliche Beamte nicht nur die Sicherstellung der Beamten gegen ungerechtfertigte Übergriffe ihrer Vorgesetzten, sondern vor allem auch die Aufrechterhaltung der Autorität und der Disziplin im Auge behalten werden.

Dieser Grundsatz zwang zu verschiedenen Abweichungen vom RichtDiszG. Das BeaG. sieht indes solche Abweichungen nur soweit vor, als sie durch die erörterte Verschiedenartigkeit der Stellung des Verwaltungsbeamten gegenüber der Stellung der richterlichen Beamten unbedingt erforderlich waren. Im übrigen schließt es sich möglichst eng an die Vorschriften jenes Gesetzes an und gewährt damit auch den Verwaltungsbeamten sehr viel weitergehende Garantieen, als ihnen nach den Disziplinargesetzen des Reichs und der anderen Bundesstaaten zustehen.

Diese sind nicht nur in der Zusammensetzung der Disziplinargerichte, bei denen stets das richterliche Element überwiegt, sondern vor allem auch in der vorgesehenen Einflußnahme der Disziplinargerichte auf die Gestaltung des Disziplinarverfahrens zu erblicken.

Nach dem BeaG. hat schon die Einleitung des Disziplinarverfahrens durch Verfügung des Präsidenten des Disziplinargerichts zu erfolgen und dieser auch den untersuchungführenden Beamten zu ernennen. Weiter ist nach durchgeführter Voruntersuchung die Entscheidung über die Eröffnung des Hauptverfahrens ausschließlich in das Ermessen des Disziplinargerichts gestellt.

Für das Disziplinarverfahren sind zwei Rechtszüge vorgesehen; gegen das Urteil des ersten Rechtszugs steht die Berufung ohne jede

Beschränkung offen. Einen erhöhten Rechtsschutz bietet weiter die aus dem Richter-Disziplinargesetze herübergenommene Vorschrift, daß zu jeder dem Beschuldigten nachteiligen Entscheidung, welche die Schuldfrage oder die Verurteilung zur Strafe der Dienstesentlassung betrifft, eine Mehrheit von 2/3 der Stimmen erforderlich sein soll. Da die Disziplinarkammern mit 5 und der Disziplinargerichtshof mit 7 Richtern besetzt ist, so erhöht sich die erforderliche Majorität tatsächlich auf 4/5 bezw. 5/7 der Stimmen.

Das BeaG. läßt ferner, eine Verjährung der dienststrafrechtlichen Verfehlungen innerhalb kurz bemessener Frist zu und sieht eine Entschädigung von Beamten vor, die im Disziplinarverfahren unschuldig verurteilt wurden.

Diesem die erörterten weitgehenden Garantieen bietenden Disziplinarrechte sind alle, nicht nur die vom König angestellten, etatsmäßigen, jedoch nur die unwiderruflich angestellten Beamten, unterstellt, sofern sie nur einmal die Unwiderruflichkeit erlangt haben.

Solange das Dienstverhältnis eines Beamten noch widerruflich und jederzeit vom Staate einseitig lösbar ist, kann die Versetzung und Entlassung des Beamten, selbstverständlich auch dann, wenn er sich grobe Verfehlungen hat zu Schulden kommen lassen, ohne weiteres im Verwaltungsverfahren erfolgen.

Auf die Minister finden die Vorschriften des VII. Abschn. keine Anwendung; es bleiben für sie in dieser Hinsicht vielmehr die Vorschriften des MinisterverantwortlichkeitsG. v. 4. Juni 48, insbesondere jene in Art. IX bis XIII maßgebend (vgl. Art. 182).

Artikel 102.

Die Vorschriften über die Qualifikation der Beamten werden von der Staatsregierung erlassen.

Auf Verlangen ist dem Beamten der wesentliche Inhalt[1]) der Einträge in seiner Qualifikationsliste bekannt zu geben. Gegen die Einträge ist Beschwerde zulässig.

1) Zum wesentlichen Inhalte gehören auch allenfallsige Randbemerkungen.

Artikel 103.

Jeder Vorgesetzte ist befugt[1]), den ihm untergebenen Beamten mündlich oder schriftlich Ermahnungen oder Warnungen zu erteilen.

Wer als Vorgesetzter zu erachten ist, wird durch die Dienstvorschriften bestimmt.

1) Die ganze Behördeneinrichtung beruht, auf dem Grundsatze der Über- und Unterordnung der Behörden und

ihrer Beamten (vgl. Art. 12 BeaG. und Anm.). Hieraus ergibt sich von selbst das Recht und die Pflicht der Vorgesetzten, die Tätigkeit der untergebenen Beamten zu leiten und die Einheitlichkeit und Ordnung in der Verrichtung der Dienstgeschäfte aufrecht zu erhalten.

Ein Ausfluß dieses Aufsichts- und Leitungsrechts ist die Befugnis des Vorgesetzten, dem untergebenen Beamten schriftlich oder mündlich Ermahnungen und Warnungen zu erteilen. Es liegt dies nicht bloß im Interesse des Dienstes, sondern auch im Interesse des Beamten selbst, der dadurch gewissermaßen schon bei den ersten Schritten auf dem Wege der Vernachlässigung seiner Pflichten in einer seine dienstliche Stellung nicht schädigenden Weise zurechtgewiesen und auf den richtigen Weg gelenkt werden kann. Die Erteilung solcher Ermahnungen und Warnungen hat daher keinen dienststrafrechtlichen Charakter.

Gegen die Ermahnungen und Warnungen, sowie gegen die nach Art. 104 BeaG. zulässigen Zwangsmittel ist die Zulässigkeit einer Beschwerde im Gegensatze zu Art. 72 AGzGVG. nicht besonders vorgesehen, da es sich hier um Maßnahmen handelt, deren Natur im einzelnen Falle die Austragung im geregelten Beschwerdeverfahren nicht gestattet. Dies schließt jedoch nicht aus, daß, wie gegen jede Verfügung einer Verwaltungsbehörde überhaupt, so auch hier Vorstellungen an die nächstvorgesetzten Behörden um aufsichtliches Einschreiten erhoben werden können.

Für die richterlichen Beamten gelten die Vorschriften der Art. 103 und 104 nicht; für diese Beamten kommen hinsichtlich der Dienstaufsicht nach wie vor die Vorschriften in den Art. 69 und 70 AGzGVG. und in Art. 3 des RichtDiszG. v. 26. März 81 zur Anwendung, welche durch die in Art. 224 Abschn. 2 BeaG. vorgeschlagene Einschaltung der Art. in das RichtDiszG. eine Ergänzung erfahren haben.

Artikel 104.

Die vorgesetzten Dienstbehörden sind befugt, einem Beamten für den Fall, daß er ein Amtsgeschäft nicht innerhalb einer bestimmten Frist erledigt, die Absendung eines Wartboten auf seine Kosten oder Zwangsstrafen[1]) anzudrohen, die für den gleichen Anlaß den Gesamtbetrag von fünfzig Mark nicht übersteigen dürfen. Nach fruchtlosem Ablaufe der Frist kann die Androhung ohne weiteres verwirklicht werden.

Die vorgesetzten Dienstbehörden sind auch befugt, einem säumigen Beamten auf seine Kosten zur Erledigung rückständiger Amtsgeschäfte eine Geschäftsaushilfe beizugeben.

Die Zwangsstrafen werden den Wohlfahrtseinrichtungen für die Beamten zugewendet.

1) In dem Aufsichts- und Leitungsrechte der Vorgesetzten (s. Art. 103 Anm. 1) ist auch die weitere Befugnis begründet, gegen einen säumigen Beamten **Zwangsmittel** zur Erfüllung seiner Pflichten anzuwenden. Als solche Zwangsmittel sieht das BeaG. die Entsendung eines Wartboten, die Androhung und Verhängung von Zwangsstrafen (sog. Exekutivstrafen) und die Beigabe einer Geschäftsaushilfe auf Kosten des säumigen Beamten vor. Voraussetzung für die Entsendung eines Wartboten und die Verhängung einer Zwangsstrafe ist, daß es sich um bestimmte Amtsgeschäfte handelt, daß für deren Erledigung eine bestimmte Frist vorgeschrieben war, und daß der Verhängung der Strafe ihre Androhung vorausging. Ist die Androhung erfolgt, so soll nach Ablauf der Frist die Zwangsstrafe ohne weiteres und ohne vorherige Anhörung des Beamten verhängt werden können. Auch diese Maßnahme hat nicht den Charakter einer Dienststrafe, sondern den eines Zwangsmittels; es können daher mehrere solcher Zwangsstrafen hinter einander festgesetzt werden, da die jedesmalige neue, unter Strafandrohung ergehende Aufforderung an den Beamten, das Geschäft zu erledigen und die Nichtbeachtung der neuerlichen Weisung einen neuen Fall bildet; jedoch sollen für ein und denselben Anlaß die Strafen den Gesamtbetrag von 50 ℳ nicht übersteigen dürfen.

Derartige Zwangsstrafen kennen auch die Beamtenrechte des Reichs (§ 82 Abs. 3 des RBeaG.), Preußens (§ 100 des DiszG. für die nichtrichterlichen Beamten v. 21. Juli 52), Württembergs (Art. 78 Abs. 3 des BeaG. v. 28. Juni 78/1. August 07) und Badens (§ 90 des BeaG. v. 24. Juli 88). Auch in Bayern sind gegenüber nichtrichterlichen Beamten der Justizverwaltung bereits durch das AGzGVG. (Art. 71 und 72) Zwangsstrafen zur Herbeiführung rechtzeitiger Erledigung von Amtsgeschäften vorgesehen. Diese Vorschriften bleiben mit dem Abmaße aufrecht erhalten, daß der nach Art. 71 des genannten AG zulässige Höchstbetrag der Strafe von 100 ℳ in Übereinstimmung mit Art. 104 BeaG. auf 50 ℳ ermäßigt werden soll (vgl. Art. 222 Ziff. II BeaG.).

B. Dienststrafrecht für unwiderrufliche aktive Beamte.

1. Dienstvergehen und Dienststrafen.

Artikel 105.

Ein Beamter, der die ihm obliegenden Pflichten schuldhaft verletzt, macht sich eines Dienstvergehens[1]) schuldig.

1) Art. 105 enthält den **Tatbestand des Dienstvergehens** und bezeichnet als solches jede schuldhafte Verletzung der dem Beamten obliegenden Pflichten. Darüber, welche Pflichten dem Beamten obliegen, wurde näheres bereits oben in den Erläuterungen

zum II. Abschn. ausgeführt. Von einer Aufzählung der einzelnen Dienstvergehen sieht das BeaG. in Übereinstimmung mit dem RBeaG. und anderen Beamtengesetzen ab, da es unmöglich ist, die verschiedenen Arten von Verfehlungen gegen die Beamtenpflichten mit abschließender Vollständigkeit nach ihren Tatbestandsmerkmalen genau zu bestimmen, und da die einzelne dienstwidrige Handlung des Beamten nicht lediglich für sich allein, sondern im Zusammenhalte mit dem gesamten dienstlichen und außerdienstlichen Verhalten des Beamten wird beurteilt werden müssen.

Art. 105 stimmt inhaltlich mit § 72 des RBeaG., Art. 69 des württ. und § 91 des bad. BeaG. überein.

Artikel 106.

Die Dienststrafen[1]) sind:

1. Ordnungsstrafen;
2. Disziplinarstrafen.

1) In den Art. 106 bis 108 werden die auf die Begehung eines Dienstvergehens gesetzten Dienststrafen aufgezählt und hierbei Ordnungsstrafen und Disziplinarstrafen unterschieden.

Als Ordnungsstrafen kommen Verweis und Geldstrafe bis zum Betrage des einmonatigen Diensteinkommens (sog. korrektive Disziplin), als Disziplinarstrafen Strafversetzung und Dienstentlassung (sog. reinigende Disziplin) in Betracht. Die gleichen Strafarten kennt auch das RichtDiszG., jedoch mit dem Abmaße, daß dort auch Verweis und Geldstrafe als Disziplinarstrafen zu gelten haben und daß ferner künftig bei Richtern, die abweichend von den übrigen Beamten einen Rechtsanspruch auf Vorrückung im Gehalte haben sollen (Art. 183 Abs. 2 Ziff. 2), auch die Entziehung des Anspruchs auf Vorrückung im Gehalt auf die Höchstdauer von drei Jahren als Disziplinarstrafe gelten soll (vgl. Art. 224 Abschn. 3 Nr. 1 Ziff. 3).

Artikel 107.

Die Ordnungsstrafen sind:

1. Verweis;
2. Geldstrafe bis zum Betrage des einmonatigen Gehalts.

Der Höchstbetrag der Geldstrafe darf auch beim Zusammenflusse mehrerer Dienstvergehen nicht überschritten werden.

Die Geldstrafen werden den Wohlfahrtseinrichtungen für die Beamten zugewendet.

Artikel 108.

Die Disziplinarstrafen sind:

1. Strafversetzung;
2. Dienstentlassung.

Artikel 109.

Die Strafversetzung[1]) erfolgt entweder

1. durch Versetzung auf eine Amtsstelle mit dem gleichen Range und dem gleichen Gehalt oder
2. durch Versetzung auf eine Amtsstelle mit einem geringeren Range und einem geringeren Gehalte.

Mit der Versetzung auf eine Amtsstelle mit dem gleichen Gehalte kann eine Geldstrafe verbunden werden, die den dritten Teil des zuletzt bezogenen Jahresgehalts nicht übersteigen darf.

Im Falle der Versetzung auf eine Amtsstelle mit einem geringeren Gehalte darf die Minderung des Gehalts den fünften Teil des zuletzt bezogenen Jahresgehalts nicht übersteigen.

Die Strafversetzung schließt den Anspruch auf Vergütung der Umzugskosten aus.

1) Die Strafversetzung soll entweder in ein anderes Amt mit dem gleichen Range und dem gleichen Gehalt oder durch Versetzung in ein Amt mit niedrigerem Range und einem geringeren Gehalt erfolgen können. Das BeaG. sieht demnach auch die Strafe der sog. Degradation vor. Diese Strafart ist zwar im Reiche und in anderen größeren Bundesstaaten, mit Ausnahme von Baden, als Disziplinarstrafe nicht eingeführt, sie war aber in Bayern nach den Strafordnungen für verschiedene Kategorien des nichtpragmatischen statusmäßigen Personals, so namentlich für das nichtpragmatische statusmäßige Verkehrspersonal, schon bisher üblich gewesen. Ihre Aufrechterhaltung erschien zunächst im dienstlichen Interesse angezeigt, weil dadurch eine größere Auswahl unter den bei der Versetzung in Betracht kommenden Stellen gegeben ist, was namentlich für Dienstzweige von Bedeutung ist, in denen die Zahl der für eine Versetzung in Frage kommenden Stellen nur eine beschränkte ist. Die Möglichkeit der Verhängung dieser Strafe kann übrigens mitunter geradezu im Interesse des Beamten liegen, weil durch die Versetzung auf eine geringere Stelle unter Umständen die sonst erforderliche, für den Beamten wie die Familie ungleich empfindlichere Strafe der Dienstentlassung umgangen werden kann. Die Strafe der Degradation wird sich häufig als letztes schärfstes Strafmittel vor dem Übergange zum äußersten Mittel der Dienstentlassung als zweckdienlich erweisen.

Um die Versetzung auf eine andere Amtsstelle von gleichem Range und Gehalt als eine auch finanziell fühlbare Maßnahme erscheinen zu lassen, soll damit eine Geldstrafe bis zu einem Dritteil des von dem Bestraften im Zeitpunkte der Bestrafung bezogenen Jahresgehalts verbunden werden können. Eine derartige Verbindung einer Vermögensstrafe mit der Strafversetzung sehen zum Teil obligatorisch, zum Teil fakultativ sowohl das RBeaG. als die Beamtengesetze von Preußen, Württemberg und Baden vor. Auf der anderen Seite soll die Degradation keine Verminderung des Gehalts um mehr als ein Fünftel des zuletzt, d. h. in der im Zeitpunkte der Versetzung innegehabten Dienststellung bezogenen Jahresgehalts, herbeiführen dürfen.

Hinsichtlich der Bedeutung der Ausdrücke „Amtsstelle mit gleichem Range und gleichem Gehalte" sowie „geringerem Range und geringerem Gehalte" s. o. Anm. 4 zu Art. 9.

Das Disziplinargericht hat nur auszusprechen, daß die Strafversetzung entweder durch Versetzung auf eine Amtsstelle mit dem gleichen Range und dem gleichen Gehalt (Art. 109 Ziff. 1) oder durch Versetzung auf eine Amtsstelle mit einem geringeren Range und einem geringeren Gehalt (Art. 109 Ziff. 2) zu erfolgen habe. Der Vollzug der Versetzung, als auch die Bestimmung der anderen Amtsstelle, ist Sache der Verwaltungsbehörden (Art. 163). Die Strafversetzung muß nicht immer in einer Versetzung an einen anderen Dienstort bestehen, sie erscheint vielmehr auch in eine andere vorhandene Stelle von gleichem oder geringerem Range am gleichen Dienstorte zulässig. Sofern aber eine Ortsveränderung mit der Versetzung verbunden ist, ist der Anspruch auf Vergütung der Umzugskosten ausgeschlossen, weil diese durch das eigene Verschulden des Beamten verursacht wurden.

Die Strafe des Arrests ist aufgehoben.

Artikel 110.

Die Dienstentlassung[1]) hat den Verlust des Titels und der Dienstabzeichen sowie des Anspruchs auf Diensteinkommen, Ruhegehalt und Hinterbliebenenversorgung von Rechts wegen zur Folge.[2])

Lassen besondere Umstände eine mildere Beurteilung zu, so kann in dem Urteile des Disziplinargerichts ausgesprochen werden, daß dem Beamten vom Zeitpunkte seiner Entlassung an auf Lebenszeit oder auf bestimmte Zeit als Unterhaltsbeitrag ein Teil des Ruhegehalts zu gewähren sei, den er anzusprechen hätte, wenn er im Zeitpunkte der Entlassung in den Ruhestand versetzt würde. Auch kann bei gleicher

Voraussetzung den Hinterbliebenen des aus dem Dienste entlassenen Beamten durch das Urteil des Disziplinargerichts der Anspruch[3]) auf Versorgung ganz oder teilweise, mit oder ohne Zeitbeschränkung vorbehalten werden.

Liegen berücksichtigungswerte Verhältnisse vor, so kann durch Königliche Entschließung dem aus dem Dienste entlassenen Beamten oder seiner Familie ausnahmsweise sofort oder später ein widerruflicher Unterhaltsbeitrag gewährt werden; der Unterhaltsbeitrag soll jedoch in der Regel die Hälfte des Betrags nicht übersteigen, der sich als Ruhegehalt berechnet hätte, wenn der Beamte im Zeitpunkte seiner Dienstentlassung in den Ruhestand versetzt worden wäre. Unter der gleichen Voraussetzung (Satz 1) kann durch Königliche Entschließung den Hinterbliebenen eines aus dem Staatsdienst entlassenen Beamten ausnahmsweise ein widerruflicher Unterhaltsbeitrag gewährt werden; dieser soll in der Regel die Hälfte der Beträge nicht übersteigen, die sie als Witwen- und Waisengeld zu beanspruchen hätten, wenn der Beamte im Zeitpunkte der Dienstentlassung gestorben wäre.[4])

1) Die Strafe der Dienstentlassung, die schärfste Disziplinarstrafe, ist stets, und zwar auch ohne daß eine andere Bestrafung oder die Androhung der Entlassung vorausgegangen sein muß, dann auszusprechen, wenn die Pflichtverletzung eines Beamten derart ist, daß sein Verbleiben im Dienste mit den staatlichen Interessen und insbesondere den Interessen des öffentlichen Dienstes nicht mehr vereinbar ist. Ob diese Voraussetzung vorliegt, hat das Disziplinargericht nach freiem Ermessen zu entscheiden.

Als unmittelbare Folge eines strafgerichtlichen Urteils tritt die Dienstentlassung von selbst und ohne daß es eines weiteren Ausspruchs oder der Einleitung eines weiteren Verfahrens seitens der Dienstbehörden bedarf, in den Fällen der §§ 31, 32, 33, 35, 81, 83, 84, 87 bis 91, 94, 95, ferner in den Fällen der §§ 128, 129, 331, 339 bis 341, 352 bis 355, 357 und 358 RStGB. ein (vgl. Art. 116 Anm. 3).

2) Abs. 1 bringt klar zum Ausdrucke, daß mit der Dienstentlassung alle Rechte des Beamten aus dem Staatsdienstverhältnis, insbesondere auch auf Hinterbliebenenversorgung, verloren gehen.

3) Unter dem Anspruche der Hinterbliebenen auf Versorgung ist naturgemäß derjenige Anspruch auf Witwen- und Waisengeld zu verstehen, der den Hinterbliebenen des entlassenen Beamten im Zeitpunkte der Rechtskraft des auf Ent-

lassung lautenden Urteils für den Fall zustand, daß der Entlassene in diesem Zeitpunkte mit Tod abgegangen wäre.

4) Durch die Vorschriften in Abs. 2 und 3 des Art. 110 wird die dem Staate nach Art. 14 des Heimatgesetzes und nach den Vorschriften des Gesetzes über die Armenpflege obliegende Unterstützungspflicht nicht berührt, sofern der durch Urteil des Disziplinargerichts vorbehaltene Teil des Ruhegehalts oder des Witwen- und Waisengeldes oder die im Wege der Gnade gewährten Unterhaltsbeiträge im einzelnen Falle hinter den nach den Vorschriften des Armengesetzes zu gewährenden Leistungen zurückbleiben sollten.

Um eine Übereinstimmung auch in der Fassung herbeizuführen, haben die Abs. 4 und 5 des Art. 5 des RichtDiszG. den gleichen Wortlaut wie Art. 110 erhalten (vgl. Art. 224 Abschn. 4 Nr. 4 BeaG.).

Artikel 111.

Welche der in den Artikeln 106 bis 110 bestimmten Strafen anzuwenden sei, ist nach der größeren oder geringeren Erheblichkeit des Dienstvergehens mit besonderer Rücksicht auf die gesamte Führung des Beschuldigten zu ermessen.[1])

1) Ebensowenig wie bestimmte Vergehensbegriffe lassen sich auch bestimmte Strafen für einzelne Vergehen aufstellen und ist daher die Strafzumessung in das pflichtmäßige Ermessen der Disziplinarbehörden und -Gerichte gelegt, die hierbei die Erheblichkeit des Dienstvergehens nach seiner objektiven und subjektiven Seite unter Berücksichtigung des gesamten dienstlichen wie außerdienstlichen Verhalten des Beschuldigten zu würdigen haben. Die Garantie für einen gerechten objektiven Gebrauch dieses freien richterlichen Ermessens darf bei den schwereren Fällen, in denen die Strafe der Versetzung oder Entlassung in Frage kommt, in der Zusammensetzung der Disziplinargerichte und in den streng geregelten Formen des Verfahrens erblickt werden.

Artikel 112.

Hat ein Beamter während seines früheren Dienstverhältnisses als Richter, Notar oder als öffentlicher Beamter ein Dienstvergehen begangen, so unterliegt er auch hiewegen den Vorschriften dieses Gesetzes.[1])

Wegen einer Handlung, die ein Beamter vor dem Eintritt in den Staatsdienst zu einer Zeit begangen hat, in der er weder Staatsbeamter noch öffentlicher Beamter war, ist ein Einschreiten im Dienststrafverfahren nur dann zulässig, wenn die Handlung die Strafversetzung oder Dienstentlassung begründet.

1) Diese Bestimmung erschien deshalb notwendig, weil für Richter, Notare und solche öffentliche Beamte, die nicht unter die Vorschriften des BeaG. fallen, besondere Disziplinarbestimmungen bestehen und daher, wenn diese Personen in ein unter die Disziplinarbestimmungen des BeaG. fallendes Dienstverhältnis eintreten, Zweifel darüber entstehen könnten, nach welchen Vorschriften ein von ihnen in ihrem früheren Dienstverhältnis unter der Herrschaft anderer Disziplinarvorschriften begangenes Dienstvergehen zu behandeln wäre. Das BeaG. geht von dem Gedanken aus, daß für die Frage, welche dienststrafrechtlichen Vorschriften zur Anwendung kommen sollen, nicht die Zeit der Verübung des Dienstvergehens, sondern die Zeit der Verfolgung des Vergehens maßgebend sein soll. Hat ein Richter in dieser Eigenschaft ein Dienstvergehen begangen, ist er aber zu der Zeit der Verfolgung dieses Vergehens nicht mehr Richter, sondern Staatsanwalt, so erfolgt die Aburteilung nicht nach den Bestimmungen des RichtDiszG., sondern nach den Vorschriften des VII. Abschn. des BeaG.

Artikel 113.

Die Strafverfolgung von Dienstvergehen verjährt in fünf Jahren.[1]) Verstößt die Tat auch gegen ein Strafgesetz, so verjährt die Strafverfolgung des Dienstvergehens nicht, bevor die Strafverfolgung der Straftat verjährt ist.

Jede Handlung des Strafrichters oder des Disziplinarrichters oder des mit der Führung der Voruntersuchung beauftragten Beamten oder des von diesem ersuchten Gerichts oder Beamten (Artikel 134 Abs. 2, 7), die wegen der begangenen Tat gegen den Täter gerichtet ist, unterbricht die Verjährung. Nach der Unterbrechung beginnt eine neue Verjährung.[2])

1) Bezüglich der Einführung einer Verjährung vgl. Art. 2 Abs. 1 des RichtDszG. und Verh. der K. der Abg. 1880 Beil. Bd. X S. 195, 196 und Sten. Ber. Bd. V S. 25, 31, sowie Verh. der K. der RR. 1881 Prot. Bd. I S. 1772 bis 1774.

Da kein Grund vorlag, die Verjährung der Strafverfolgung von Dienstvergehen im RichtDiszRecht anders zu regeln als die Verjährung der Strafverfolgung von Dienstvergehen der übrigen Beamten, ist in Art. 224 Abschn. 1 des BeaG. eine mit Art. 113 übereinstimmende Fassung des Art. 2 Abs. 1 des RichtDiszG. verfügt.

2) Der Abs. 2 des Art. 113 entspricht der in § 68 RStGB. und in § 10 des EGzMilStGO. v. 1. Dez. 98 vorgesehenen Regelung und schließt sich inhaltlich dem Abs. 2 des Art. 2 des RichtDiszG. an.

Artikel 114.

Das Dienststrafverfahren wird eingestellt, wenn der Beschuldigte unter Verzicht auf Titel und Dienstabzeichen sowie auf Diensteinkommen, Ruhegehalt und Hinterbliebenenversorgung um Entlassung aus dem Staatsdienste nachsucht[1]), vorausgesetzt, daß er in Bezug auf seinen Dienst sich nicht in verschuldetem Rückstande befindet und über eine ihm anvertraute Verwaltung von öffentlichem Vermögen Rechenschaft abgelegt hat.

1) Einem Beamten, gegen den ein Dienststrafverfahren anhängig ist, kann, wenn er um seine Entlassung aus dem Staatsdienste nachsucht, diese Entlassung nicht wegen des schwebenden Dienststrafverfahrens verweigert werden, da ein solcher Verweigerungsgrund in Art. 10 des BeaG. nicht vorgesehen ist.

Dagegen wird durch einen Antrag des Beschuldigten auf Versetzung in den Ruhestand, selbst wenn ihm im Laufe des Verfahrens stattgegeben würde, der Fortgang des Dienststrafverfahrens nicht berührt.

Die bis zur Einstellung des Verfahrens erwachsenen Kosten hat der Beschuldigte zu tragen (Art. 162 Abs. 3).

War der Beschuldigte während des Verfahrens gemäß Art. 171 oder 172 vorläufig seines Dienstes enthoben, so ist ihm der einbehaltene Gehaltsteil nicht nachzuzahlen; derselbe fällt vielmehr, soweit er nicht zur Deckung der Kosten des Verfahrens und der Stellvertretung notwendig ist, nach Art. 175 den Wohlfahrtseinrichtungen für die Beamten zu, da auch hier der in Art. 175 vorgesehene Fall, daß das Verfahren „zum Verluste des Amtes führt“, vorliegt (vgl. a. die Anm. zu Art. 175).

Artikel 115.

Hat der Staatsanwalt in einem strafrechtlichen Verfahren die öffentliche Klage erhoben oder ist in einem militärgerichtlichen Verfahren die Anklage verfügt worden[1]), so darf vor Beendigung dieses Verfahrens gegen den Beschuldigten wegen der nämlichen Tatsachen ein Dienststrafverfahren[2]) weder eingeleitet noch fortgesetzt werden.

Ist wegen Abwesenheit des Beschuldigten die vorläufige Einstellung des Strafverfahrens beschlossen, so kann von diesem Zeitpunkt an das Dienststrafverfahren eingeleitet oder fortgesetzt werden.[3])

1) Art. 115 schließt sich dem Art. 12 des RichtDiszG. an, enthält jedoch gegenüber dem letzteren eine Ergänzung insofern, als

der Erhebung der öffentlichen Klage die Verfügung der Anklage im militärgerichtlichen Verfahren (§ 250 MilStGO. v. 1. Dez. 98) gleichgestellt werden soll. Diese Einschaltung erwies sich als notwendig, weil nicht nur die Vorschriften des Abschn. VII auch auf die Beamten der Militärverwaltung nach Maßgabe des Abschn. XI L Anwendung finden sollen, sondern weil auch gegen Beamte des Zivilressorts, die dem Beurlaubtenstande angehören, ein militärgerichtliches Verfahren eintreten kann.

Über die rechtliche Natur des Dienststrafrechts und insbesondere über sein Verhältnis zum allgemeinen Strafrechte besteht in der Staatsrechtslehre keine Übereinstimmung der Meinungen. Nach der Auffassung des Entwurfs zum BeaG. sind Strafrechtspflege und Beamtendisziplin völlig selbständige und von einander unabhängige Gebiete, die begrifflich in keinem inneren Zusammenhange stehen. Dieser Grundsatz wird jedoch in Art. 115 aus Zweckmäßigkeitsgründen modifiziert. Der Grund hierfür beruht in der Erwägung, daß es sowohl im Interesse des Beamten, wie in dem der Strafrechtspflege liegt, wenn nicht dieselbe Handlung zum Gegenstand einer doppelten Untersuchung gemacht wird, und daß ferner das strafgerichtliche Verfahren in vielen Fällen von entscheidender Bedeutung für das Dienststrafverfahren sein kann, indem es zu einer Freisprechung (Art. 116) oder zu einer Verurteilung führt, die schon kraft des Gesetzes den Verlust des Amtes nach sich zieht. Gleichlautende Vorschriften finden sich auch in den Disziplinarvorschriften anderer Beamtengesetze, so in § 77 des RBeaG., § 4 des preuß. DisziplinarG. v. 21. Juli 1852, Art. 75 des württemb. und § 98 des bad. BeaG.

Sache des Vollzugs ist es, dafür zu sorgen, daß der vorgesetzten Dienstbehörde von jeder Erhebung der öffentlichen Klage gegen einen Beamten durch die Staatsanwaltschaft oder den Gerichtsherrn Mitteilung gemacht wird, damit die Einleitung eines Dienststrafverfahrens vorerst unterbleibt oder die Aussetzung des eingeleiteten Verfahrens herbeigeführt wird.

2) Art. 115 bezieht sich, wie aus seiner Fassung sich ergibt, auf jedes Dienststrafverfahren, somit nicht bloß auf die Fälle des Disziplinarverfahrens (Art. 118), sondern auch auf die Fälle des Ordnungsstrafverfahrens. Die Aussetzung des etwa bereits eingeleiteten Verfahrens hat im Ordnungsstrafverfahren die Dienstbehörde, die mit der Sache befaßt ist, im Disziplinarstrafverfahren das Disziplinargericht, bei dem die Sache anhängig ist, zu verfügen.

3) Abs. 2 des Art. 115 bezieht sich auf die Fälle der §§ 203, 319, 327 der RStPO. und bringt zum Ausdrucke, daß sich der Beschuldigte durch Abwesenheit der dienststrafrechtlichen Ahndung, insbesondere der Entlassung aus dem Dienste, nicht entziehen kann.

Artikel 116.

Ist von den Strafgerichten auf Freisprechung erkannt, so findet wegen der Tatsachen, die in dem strafrechtlichen Verfahren Gegenstand der Aburteilung waren, ein Dienststrafverfahren nur noch insofern statt, als diese Tatsachen an sich und ohne ihre Beziehung zu dem gesetzlichen Tatbestande der strafbaren Handlung, auf die das Strafverfahren sich erstreckte, ein Dienstvergehen enthalten.[1])

Die Freisprechung wegen Verjährung im strafrechtlichen Verfahren schließt die Einleitung oder Fortsetzung eines Dienststrafverfahrens nicht aus, solange die Strafverfolgung wegen Dienstvergehens noch nicht gemäß Artikel 113 ausgeschlossen ist.[2])

Ist in einem strafrechtlichen Verfahren eine Verurteilung erfolgt, die den Verlust des Amtes nicht zur Folge gehabt hat, so kann von diesem Zeitpunkt an das Dienststrafverfahren eingeleitet oder fortgesetzt werden.[3])

1) Art. 116 Abs. 1 enthält, im Anschluß an den Art. 13 Abs. 1 des RichtDiszG., § 78 des RBeaG., § 5 des preuß. DiszG., Art. 76 des württ. und § 99 des bad. BeaG., eine weitere Einschränkung des in der Anm. 1 zu Art. 115 bereits hervorgehobenen Grundsatzes, daß Strafrechtspflege und Beamtendisziplin von einander unabhängig sind, indem er bestimmt, daß im Falle der strafgerichtlichen Freisprechung wegen der Tatsachen, die Gegenstand der Aburteilung waren, ein Dienststrafverfahren — und zwar sowohl ein Ordnungs- als ein Disziplinarverfahren — nicht mehr Platz greifen darf. Denn es würde dem Wesen des Dienststrafverfahrens widersprechen, wenn es dazu benützt werden könnte, eine Strafe nachzuholen, die der Strafrichter zu verhängen abgelehnt hat.

Eine Ausnahme soll nur insoweit bestehen, als die Tatsachen, die den Gegenstand der strafrechtlichen Aburteilung bildeten, an sich und ohne ihre Beziehung zum gesetzlichen Tatbestande der strafbaren Handlung ein Dienstvergehen bilden. Als Beispiel hierfür kann dienen, wenn der Beamte wegen Vergehens wider die Sittlichkeit angeklagt war, aber freigesprochen wurde, weil nicht alle Merkmale für den strafrechtlichen Tatbestand gegeben waren, immerhin aber eine ärgerniserregende, den Anstand verletzende Handlung vorlag. Wenn ferner ein Beamter angeklagt war, amtliche Gelder unterschlagen zu haben (§ 350 RStGB.), aber freigesprochen wird, weil die Aneignung der amtlichen Gelder nicht erwiesen wurde, so könnte immerhin noch wegen unordentlicher Kassenführung, Mangel an Sorgfalt in der Aufbewahrung der Gelder ein Einschreiten im Dienststrafwege Platz greifen. Ebenso könnte ein Beamter, wenn er eine Körperverletzung begangen hat, aber freigesprochen wird, weil er sich bei Begehung der Tat infolge Trunkenheit in einem nach § 51 RStGB. die Strafbarkeit ausschließenden Zustande befunden hat, im Dienststrafverfahren nicht mehr wegen der Körperverletzung, aber wegen seines trunkenen Zustandes bestraft werden. Das letztere ergibt sich übrigens nicht lediglich aus der Vorschrift in Art. 116 Abs. 1, sondern schon daraus, daß die Trunkenheit als solche überhaupt nicht Gegenstand des strafgerichtlichen Verfahrens war und unabhängig von dem Tatbestande der Körperverletzung ein selbständiges Dienstvergehen bilden kann.

2) Ist die Freisprechung im strafrechtlichen Verfahren lediglich wegen Verjährung erfolgt, hat also der Strafrichter über die Frage, ob der Beamte der ihm zur Last gelegten Handlung schuldig ist oder nicht, keine Entscheidung getroffen, so ist der Grund, aus dem nach Abs. 1 des Art. 116 die Handlung nicht mehr zum Gegenstande dienststrafrechtlichen Einschreitens gemacht werden soll, in Wegfall gekommen. Es soll daher nach Abs. 2 des Art. 116 in diesem Falle die dienststrafrechtliche Verfolgung, solange nicht auch sie verjährt ist, zulässig sein.

3) In denjenigen Fällen, in welchen in dem strafrechtlichen Verfahren eine Verurteilung erfolgt ist, die den Verlust des Amtes kraft Gesetzes nach sich zieht (§§ 31, 33, 35 RStGB.) oder die unmittelbar den Verlust des Amtes ausspricht (§§ 81, 83, 84, 87, 88, 89, 90, 91, 94, 95, 319, 358 RStGB.), ist für ein nachfolgendes Dienststrafverfahren kein Raum mehr; die Einleitung oder Fortsetzung eines bereits eingeleiteten Dienststrafverfahrens hat daher in diesen Fällen als entbehrlich zu entfallen. In allen anderen Fällen der strafgerichtlichen Verurteilung tritt nach Art. 116 Abs. 3 der Grundsatz der Selbständigkeit des Dienststrafverfahrens gegenüber dem strafgerichtlichen Verfahren in Geltung, wonach die kriminelle Bestrafung nicht ausschließt, daß der Beamte wegen derselben Handlung oder Unterlassung auch noch dienststrafrechtlich und zwar entweder im Ordnungsstrafverfahren und Disziplinarverfahren zur Verantwortung gezogen wird. Ist in diesem Falle ein Dienststrafverfahren noch nicht eingeleitet, so ist es Sache der dem Beamten vorgesetzten Behörde, zu entscheiden, ob sie nach Art. 117 das Ordnungsstrafverfahren durchführen oder nach Art. 129 Abs. 1 die Einleitung des Disziplinarverfahrens beantragen soll. War das Verfahren bereits eingeleitet, auf Grund des Art. 115 Abs. 1 aber ausgesetzt, so entscheidet, je nachdem ein Ordnungsstrafverfahren oder ein Disziplinarverfahren in Frage steht, die Behörde oder das Disziplinargericht, bei denen das Verfahren anhängig ist, über die Fortsetzung des Verfahrens.

2. Ordnungsstrafverfahren.[1])

Artikel 117.

Zur Verhängung der Ordnungsstrafen (Artikel 107) sind die vorgesetzten Behörden und Beamten zuständig.

Vor der Verhängung einer Ordnungsstrafe ist dem Beamten Gelegenheit zu geben, sich über die ihm zur Last gelegte Verletzung seiner Dienstpflicht zu äußern, sofern nicht die Ordnungsstrafe schon vorher für den Fall einer bestimmt bezeichneten Verfehlung angedroht war.

Die Verhängung der Ordnungsstrafe erfolgt unter Angabe der Gründe durch schriftliche Verfügung oder zu Protokoll.

Die näheren Vorschriften über die Zuständigkeit der Behörden und Beamten zur Verhängung von Ordnungsstrafen und über das Beschwerdeverfahren werden von der Staatsregierung erlassen.

1) Das Ordnungsstrafverfahren soll in möglichst einfacher Weise ohne kontradiktorisches Verfahren vor sich gehen und ebenso, wie dies im Reiche und in anderen Bundesstaaten der Fall ist, durch Verfügung der Verwaltungsbehörden erledigt werden. Das Gesetz selbst stellt nur, ausgenommen den Fall der vorherigen Androhung für den Fall einer bestimmt bezeichneten Verfehlung, zwei Erfordernisse für das Verfahren auf, nämlich Gewährung rechtlichen Gehörs und Mitteilung der Gründe in einer schriftlichen Verfügung oder zu Protokoll.

3. Disziplinarverfahren.

Artikel 118.

Zur Verhängung der Disziplinarstrafen sind die Disziplinargerichte zuständig. Für Dienstvergehen wegen Zuwiderhandlung gegen die Vorschrift des Artikel 16 sind sie auch zuständig, wenn das Dienstvergehen eine Ordnungsstrafe begründet.

Artikel 119.

Die Disziplinargerichte sind:

1. in erster Instanz die Disziplinarkammern;
2. in zweiter Instanz der Disziplinarhof.

Die Disziplinarkammern führen die Bezeichnung „Disziplinarkammer für nichtrichterliche Beamte", der Disziplinarhof die Bezeichnung „Disziplinarhof für nichtrichterliche Beamte".

Artikel 120.

Am Sitze jedes Oberlandesgerichts wird eine Disziplinarkammer errichtet.

Die Disziplinarkammer besteht aus einem Präsidenten, den Mitgliedern und stellvertretenden Mitgliedern der bei demselben Oberlandesgerichte gebildeten Disziplinarkammer für richterliche Beamte, ferner je zwei bis sechs Beamten aus dem Geschäftskreise jedes Ministeriums und der erforderlichen Anzahl von Stellvertretern. Diese Beamten und ihre Stellvertreter müssen unwiderrufliche Beamte im Sinne des Artikel 6 Abs. 1 bis 4 sein; sie werden vom König auf die Dauer des von ihnen bekleideten Hauptamts ernannt.

Präsident der Disziplinarkammer ist der Präsident des Oberlandesgerichts. Im Verhinderungsfalle wird dieser durch den Senatspräsidenten und, wenn mehrere Senatspräsidenten vorhanden sind, durch den dienstältesten, bei gleichem Dienstalter durch den der Geburt nach ältesten Senatspräsidenten des Oberlandesgerichts vertreten.

Artikel 121.

Die Disziplinarkammer entscheidet mit Einschluß des Präsidenten in der Besetzung von fünf Mitgliedern.

Bei der Entscheidung müssen außer dem Präsidenten zwei Mitglieder oder stellvertretende Mitglieder der Disziplinarkammer für richterliche Beamte mitwirken; die beiden anderen Mitglieder werden dem Geschäftskreise des Ministeriums entnommen, dem der beschuldigte Beamte untersteht, und, wenn sich das Verfahren gegen Beamte aus dem Geschäftskreise mehrerer Ministerien richtet, dem Geschäftskreise dieser Ministerien.

Die Zusammensetzung der Disziplinarkammer erfolgt durch den Präsidenten.

Artikel 122.

Zuständig im einzelnen Falle ist die Disziplinarkammer, in deren Bezirk der Beschuldigte zur Zeit der Einleitung des Disziplinarverfahrens seinen Amtssitz hat, und, wenn dieser außerhalb Bayerns sich befindet, die Disziplinarkammer in München.

Meinungsverschiedenheiten über die Zuständigkeit verschiedener Disziplinarkammern entscheidet der Disziplinarhof.

Artikel 123.

Der Disziplinarhof kann auf Antrag des Staatsanwalts oder des Beschuldigten die Verweisung der Sache an eine andere Disziplinarkammer beschließen, wenn Gründe vorliegen, welche die Unbefangenheit der zuständigen Disziplinarkammer zweifelhaft machen.

Artikel 124.

Der Disziplinarhof hat seinen Sitz in München.

Er besteht aus einem Präsidenten, den Mitgliedern und stellvertretenden Mitgliedern des Disziplinarhofs für richterliche Beamte, ferner je drei bis sechs Beamten aus dem Geschäftskreise jedes Ministeriums und der erforderlichen Anzahl von Stellvertretern. Diese Beamten und ihre Stellvertreter müssen unwiderrufliche Beamte im Sinne des Artikel 6 Abs. 1 bis 4 sein; sie werden vom König auf die Dauer des von ihnen bekleideten Hauptamts ernannt.

Präsident des Disziplinarhofs ist der Präsident des Obersten Landesgerichts. Im Verhinderungsfalle wird dieser durch den dienstältesten Senatspräsidenten und bei gleichem Dienstalter durch den der Geburt nach ältesten Senatspräsidenten des Obersten Landesgerichts vertreten.

Artikel 125.

Der Disziplinarhof entscheidet mit Einschluß des Präsidenten in der Besetzung von sieben Mitgliedern.

Bei jeder Entscheidung müssen außer dem Präsidenten drei Mitglieder oder stellvertretende Mitglieder des Disziplinarhofs für richterliche Beamte mitwirken; die drei anderen Mitglieder werden dem Geschäftskreise des Ministeriums entnommen, dem der beschuldigte Beamte untersteht, und, wenn das Verfahren sich gegen Beamte aus dem Geschäftskreise mehrerer Ministerien richtet, dem Geschäftskreise dieser Ministerien.

Die Zusammensetzung des Disziplinarhofs erfolgt durch den Präsidenten.

Artikel 126.

Die Verrichtungen der Staatsanwaltschaft bei der Disziplinarkammer obliegen dem Oberstaatsanwalte bei dem Oberlandesgerichte.

Bei dem Disziplinarhofe besorgt der Generalstaatsanwalt bei dem Obersten Landesgerichte die Geschäfte der Staatsanwaltschaft.

Den Dienst des Gerichtsschreibers bei den Disziplinargerichten versehen die Gerichtsschreiber der betreffenden Gerichtshöfe.

Der Oberstaatsanwalt und der Generalstaatsanwalt haben den Weisungen des Ministeriums und den Anregungen der Stelle, welche die Einleitung des Verfahrens veranlaßt haben, Rechnung zu tragen.

Artikel 127.

Eine besondere Verpflichtung der Mitglieder der Disziplinarkammern und des Disziplinarhofs auf die Erfüllung ihrer Obliegenheiten findet nicht statt.[1])

1) Die Mitglieder der Disziplinarkammern und des Disziplinarhofes haben bereits den Richtereid oder den für Beamte vorgeschriebenen Eid geleistet.

Artikel 128.

Hinsichtlich der Ausschließung und Ablehnung von Mitgliedern der Disziplinarkammern und des Disziplinarhofs finden die Vorschriften der Reichs-Strafprozeßordnung über die Ausschließung und Ablehnung von Gerichtspersonen mit Ausnahme des § 23 Abs. 3 dieses Gesetzes entsprechende Anwendung.[1])

Über die Ausschließung oder Ablehnung entscheidet das Disziplinargericht, dem das Mitglied angehört.

Wird die Disziplinarkammer durch Ausscheiden der abgelehnten Mitglieder beschlußunfähig, so entscheidet der Disziplinarhof und verweist erforderlichenfalls die Aburteilung der Sache an eine andere Disziplinarkammer.

Ablehnungsgesuche wegen Besorgnis der Befangenheit sind bei Vermeidung des Ausschlusses spätestens vor Beginn der Hauptverhandlung bei dem Disziplinargericht anzubringen, dem die abzulehnenden Mitglieder angehören.

Gegen den auf ein Ablehnungsgesuch erlassenen Beschluß des Disziplinargerichts findet ein Rechtsmittel nicht statt.

1) Es ist daher der die Untersuchung führende Beamte (Art. 134 Abs. 2 BeaG.) nicht grundsätzlich von der Mitwirkung bei der Entscheidung der Disziplinarkammer oder des Disziplinarhofs ausgeschlossen) vgl. a. § 12 Abs. 2 der Novelle v. 9. April 79 zu den preuß. Disziplinargesetzen, Preuß. Ges.-Samml. S. 345).

Artikel 129.

Das Disziplinarverfahren ist auf Antrag des zuständigen Ministeriums oder der von diesem ermächtigten Stelle durch Verfügung des Präsidenten der Disziplinarkammer einzuleiten.[1])

Ist Gefahr auf Verzug, so können auch vor der Einleitung des Disziplinarverfahrens von den dem Beschuldigten vorgesetzten Behörden und Beamten Untersuchungshandlungen[2]) zur Sicherung des Beweises vorgenommen werden. Zu diesen Untersuchungshandlungen ist ein beeidigter Protokollführer beizuziehen. In dringenden Fällen kann der Beamte eine andere geeignete Persönlichkeit als Protokollführer beiziehen und beeidigen.

1) Die Einleitung des Disziplinarverfahrens und die Entscheidung über das Ergebnis der Voruntersuchung steht nicht den vorgesetzten Dienstbehörden oder dem Ministerium, sondern den Disziplinargerichten zu. Die Einleitung des Verfahrens erfolgt aber nicht durch Beschluß der Disziplinarkammer, sondern durch Verfügung des Präsidenten, da die Einleitung des Verfahrens mit Rücksicht darauf, daß in allen Fällen eine Voruntersuchung stattfinden muß, sich als einfacher mehr formaler Akt darstellt, zu dem sachlich ein Beschluß der Kammer, deren Zusammenberufung überdies mit Rücksicht auf die wohl nicht durchweg am Sitze der Disziplinarkammer wohnenden nichtrichterlichen Mitglieder häufig umständlich und mit Kosten verbunden sein wird, nicht erforderlich erscheint.

2) Die Vorschrift in Abs. 2 hat nicht die im Verwaltungswege vorzunehmenden Ermittlungen über das dem Beamten zur Last gelegte Dienstvergehen im Auge, sondern die Vornahme von Untersuchungshandlungen im Sinne der Art. 131, 134, insbesondere also die eidliche Vernehmung von Zeugen und Sachverständigen.

Artikel 130.[1])

Die Vorschriften der Reichs-Strafprozeßordnung über den Fristenlauf und über die Wiedereinsetzung in den vorigen Stand gegen Ablauf von Fristen (§§ 42 bis 47) finden auf das Disziplinarverfahren entsprechende Anwendung.

1) Vgl. Art. 26 RichtDiszG.

Artikel 131.[1])

Zeugen und Sachverständige werden, soweit nicht durch die in Abs. 2 bezeichneten Vorschriften Ausnahmen begründet sind, eidlich vernommen.

Die Vorschriften der Reichs-Strafprozeßordnung über die Verpflichtung, vor Gericht zu erscheinen und sich als Zeuge oder Sachverständiger vernehmen zu lassen, über die Folgen des Nichterscheinens und der Verweigerung des Zeugnisses oder der Eidesleistung sowie über die Zulässigkeit der Beeidigung und der Berufung auf einen früher geleisteten Eid, ferner die Vorschriften der Reichs-Strafprozeßordnung und des Gesetzes zu ihrer Ausführung vom 18. August 1879 über die Form der Eidesleistung und über den Gebrauch gewisser Beteuerungsformeln an Stelle des Eides gelten auch für das Disziplinarverfahren.

1) Vgl. Art. 27 RichtDiszG.

Artikel 132.[1])

Die im Disziplinarverfahren an den Beschuldigten ergehenden schriftlichen Mitteilungen sollen unter Umschlag, der mit dem Dienstsiegel zu versehen ist, zugestellt werden.

Die Zustellung ist als gültig erfolgt anzusehen, wenn sie an die Person, an welche die Mitteilung gerichtet ist, nachweislich bewirkt wurde.

Wird der Beschuldigte nicht angetroffen, so kann die Zustellung in seiner Wohnung an einen zu der Familie gehörigen erwachsenen Hausgenossen oder an eine in der Familie dienende erwachsene Person oder, wenn solche Personen nicht angetroffen werden, an den in demselben Hause wohnenden Hauswirt oder Vermieter erfolgen, sofern diese zur Annahme des Schriftstücks bereit sind.

Ist die Zustellung nach diesen Bestimmungen nicht ausführbar, so kann sie an den Bürgermeister oder seinen Stellvertreter geschehen.

Ist der Aufenthalt des Beschuldigten unbekannt oder hält er sich außerhalb seines Amtssitzes im Ausland auf, so kann die Zustellung an seinem letzten Amtssitze bewirkt werden. Eine öffentliche Ladung ist unzulässig.

Hinsichtlich der Zustellungen an den Staatsanwalt finden die Vorschriften des § 41 der Reichs-Strafprozeßordnung Anwendung.

Die Staatsregierung ist ermächtigt, im übrigen die Formen der Zustellung durch Vollzugsvorschriften zu regeln.

1) Vgl. Art. 28 RichtDiszG.

Artikel 133.[1])

Alle im Disziplinarverfahren ergehenden Entscheidungen sind mit Gründen zu versehen.

1) Vgl. Art. 29 RichtDiszG.

Artikel 134.

Nach der Einleitung des Disziplinarverfahrens hat eine Voruntersuchung stattzufinden.

Der Beamte, durch den die Voruntersuchung zu führen ist, wird durch den Präsidenten bestimmt. Mit der Führung der Voruntersuchung ist ein Beamter aus dem Geschäftskreise des Ministeriums zu beauftragen, dem der Beschuldigte untersteht. Über die Wahl des Beamten hat sich der Präsident mit dem zuständigen Ministerium oder mit der Stelle, welche die Einleitung des Verfahrens beantragt hat, zu benehmen.

Die Voruntersuchung hat den Zweck, den Sachverhalt zu ermitteln und die erforderlichen Beweise zu erheben.

Der Beschuldigte wird unter Mitteilung der Anschuldigungspunkte vorgeladen und, wenn er erscheint, in Abwesenheit des Staatsanwalts mit seinen Erklärungen und Anträgen gehört. Die Verhaftung, vorläufige Festnahme oder Vorführung des Beschuldigten ist unzulässig.

Den Vernehmungen der Zeugen oder Sachverständigen darf weder der Staatsanwalt noch der Beschuldigte beiwohnen. Ausnahmsweise ist ihnen die Anwesenheit zu gestatten, wenn ein Zeuge oder Sachverständiger vernommen wird, der voraussichtlich am Erscheinen in der Hauptverhandlung verhindert oder dessen Erscheinen wegen großer Entfernung besonders erschwert sein wird.

Ist zu befürchten, daß der Zeuge in Gegenwart des Beschuldigten die Wahrheit nicht sagen werde, so kann der Beschuldigte von der Anwesenheit bei der Verhandlung ausgeschlossen werden.

Ist die Vernehmung eines Zeugen oder Sachverständigen wegen großer Entfernung erschwert, so kann der die Voruntersuchung führende Beamte das Amtsgericht, in dessen Bezirk der Zeuge oder Sachverständige sich aufhält, oder mit Zustimmung des Vorsitzenden der Disziplinarkammer auch einen anderen Beamten um die Vernehmung ersuchen.

Artikel 135.[1])

Über jede Untersuchungshandlung ist ein Protokoll unter Beobachtung der im § 186 der Reichs-Strafprozeßordnung enthaltenen Vorschriften aufzunehmen. Hiezu ist ein beeidigter Protokollführer beizuziehen. In dringenden Fällen kann der die Voruntersuchung führende Beamte eine andere geeignete Persönlichkeit als Protokollführer beiziehen und beeidigen.

1) Vgl. Art. 34 RichtDiszG.

Artikel 136.[1])

Der Staatsanwalt kann stets, ohne daß jedoch das Verfahren dadurch aufgehalten werden darf, von dem Stande der Voruntersuchung durch Einsicht der Akten Kenntnis nehmen und Anträge stellen.

Vor dem Schlusse der Voruntersuchung ist dem Beschuldigten das Ergebnis mitzuteilen und ihm nochmals Gelegenheit zu seiner Verteidigung zu geben.

Auch im Laufe der Voruntersuchung soll dem Beschuldigten, soweit es ohne Gefährdung des Untersuchungszwecks geschehen kann, im Interesse seiner Verteidigung von wichtigen oder neuen Beweisergebnissen Mitteilung gemacht werden.

1) Vgl. Art. 35 RichtDiszG.

Artikel 137.[1])

Erachtet der die Voruntersuchung führende Beamte die Untersuchung für geschlossen, so übermittelt er die Akten dem Staatsanwalte.

Beantragt der Staatsanwalt eine Ergänzung der Voruntersuchung, so hat der die Voruntersuchung führende Beamte, wenn er dem Antrage nicht stattgeben will, die Entscheidung des Präsidenten der Disziplinarkammer einzuholen.

Auf Grund des Ergebnisses der Voruntersuchung stellt der Staatsanwalt seine Anträge an die Disziplinarkammer.

Beantragt der Staatsanwalt die Verweisung der Sache zur Hauptverhandlung, so hat er eine Anschuldigungsschrift zu fertigen, in welche die wesentlichen Ergebnisse der Ermittlungen aufzunehmen sind. Diese Anschuldigungsschrift ist dem Beschuldigten zur Erklärung binnen einer von dem Präsidenten zu bestimmenden Frist mitzuteilen.

Die Disziplinarkammer kann eine Ergänzung der Voruntersuchung anordnen.

1) Vgl. Art. 36 RichtDiszG.

Artikel 138.

Liegt nach dem Ergebnisse der Voruntersuchung ein Dienstvergehen nicht vor, so hat die Disziplinarkammer[1]) den Beschuldigten außer Verfolgung zu setzen.

Liegt ein Dienstvergehen vor, ist aber die Verurteilung zur Strafversetzung oder Dienstentlassung nicht zu erwarten, so hat, unbeschadet der Vorschrift des Artikel 118 Satz 2, die Disziplinarkammer das Verfahren einzustellen.[2]) In diesem Falle kann die zuständige Behörde eine Ordnungsstrafe[3]) verhängen.

Steht dem weiteren Verfahren der Umstand entgegen, daß der Beschuldigte nach der Tat in Geisteskrankheit verfallen ist, so kann die vorläufige Einstellung des Verfahrens beschlossen werden.

In den Fällen der Abs. 1, 2 ist dem Beschuldigten eine Ausfertigung des Beschlusses der Disziplinarkammer zu erteilen.

1) Die Entscheidung über das Ergebnis der Voruntersuchung steht der Disziplinarkammer zu; ihr Beschluß kann entweder auf Außerverfolgungsetzung des Beschuldigten auf Einstellung oder auf vorläufige Einstellung des Verfahrens oder auf Verweisung der Sache zur mündlichen Hauptverhandlung lauten.

2) Ein Beschluß auf Einstellung des Verfahrens soll dann gefaßt werden, wenn nach dem Ergebnisse der Voruntersuchung zwar ein Dienstvergehen als vorliegend anzunehmen ist, dieses Vergehen sich aber nicht als so schwer darstellt, daß die Verurteilung zur Strafversetzung oder zur Dienstentlassung zu erwarten ist. Wenn nun auch die Verhängung einer Ordnungsstrafe durch das Disziplinargericht nicht grundsätzlich ausgeschlossen ist und insbesondere dann Platz greifen soll, wenn erst in der mündlichen Verhandlung sich das Vergehen als ein minder schweres herausstellt (Art. 148 Abs. 2), so erscheint es doch als zu weitgehend und wegen der Kosten auch nicht im Interesse des Beschuldigten gelegen, wenn die Disziplinarkammer auch in Fällen, in denen sich in der Voruntersuchung die Sache erheblich zu Gunsten des Beschuldigten gestaltet hat, und schon zum vorhinein nur eine Ordnungsstrafe zu erwarten ist, die Sache zur mündlichen Verhandlung verweisen müßte. Es ist vielmehr in solchem Falle zweckmäßig und genügend, wenn das Verfahren vor dem Disziplinargericht eingestellt und der vorgesetzten Dienstbehörde überlassen wird, ob sie eine Ordnungsstrafe verhängen will. Das Interesse der Dienstbehörde wird dadurch genügend gewahrt, daß dem Staatsanwalte gegen den Einstellungsbeschluß die Beschwerde an den Disziplinarhof freisteht (Art. 140).

3) Hat die Dienstbehörde auf Grund des nach Art. 138 Abs. 2 ergangenen Einstellungsbeschlusses eine Ordnungsstrafe verhängt, so soll dies nach Art. 141 Abs. 2 der Wirkung eines rechtskräftigen Urteils im Sinne des Art. 148 Abs. 2 BeaG. gleichkommen und damit eine Wiederaufnahme des eingestellten Verfahrens ausgeschlossen sein, auch wenn sich nachträglich neue Tatsachen oder Beweismittel ergeben, nach denen sich die Handlung als schwereres Dienstvergehen darstellt, so daß nunmehr die Verhängung einer Disziplinarstrafe angezeigt erscheinen würde. Diese Vorschrift schließt sich an den § 99 Abs. 2 RBeaG. an und erscheint aus Gründen der Billigkeit und durch die Erwägung gerechtfertigt, daß mit der nachträglich im Ordnungsstrafverfahren durchgeführten Ahndung des Beschuldigten die Sache zum endgültigen Abschlusse gebracht

sein und nicht wieder von neuem an die Disziplinargerichte verwiesen werden soll.

Ist dagegen eine Bestrafung des Beschuldigten im Ordnungsstrafverfahren nicht erfolgt, so soll auf Antrag des zuständigen Ministeriums oder der von diesem ermächtigten Behörde auf Grund neuer Tatsachen oder Beweismittel die Wiederaufnahme des nach Art. 138 Abs. 2 —, ebenso wie nach Art. 138 Abs. 1 — eingestellten Verfahrens von der Disziplinarkammer beschlossen werden können, vorausgesetzt, daß nicht etwa inzwischen bereits Verjährung nach Art. 113 Abs. 1 eingetreten ist.

Es bedarf nach der Fassung des Art. 138 Abs. 1 und 2 kaum der Erwähnung, daß die Verhängung einer Ordnungsstrafe nur im Falle des Abs. 2 des Art. 138 zulässig und demnach dann ausgeschlossen ist, wenn der Beschuldigte außer Verfolgung gesetzt oder wenn das Verfahren wegen nachträglich eingetretener geistiger Erkrankung des Beschuldigten eingestellt worden ist.

Wegen der Einstellung des Verfahrens im Falle der Zurücknahme des Antrags des Ministeriums oder der zuständigen Stelle vgl. Art. 151 Anm.

Artikel 139.

Ist der Beschuldigte nach dem Ergebnisse der Voruntersuchung eines Dienstvergehens hinreichend verdächtig, das die Strafversetzung oder Dienstentlassung begründet, so verweist die Disziplinarkammer die Sache zur Hauptverhandlung.

Auf die Abfassung des Beschlusses findet § 205 Abs. 1 der Reichs-Strafprozeßordnung entsprechende Anwendung.

Artikel 140.

Gegen die Beschlüsse nach Artikel 138 Abs. 1, 2 steht dem Staatsanwalte die Beschwerde an den Disziplinarhof zu.

Artikel 141.

In den Fällen des Artikel 138 Abs. 1, 2 kann das Disziplinarverfahren nur auf Grund neuer Tatsachen oder Beweismittel wieder aufgenommen werden. Die Wiederaufnahme erfolgt auf Antrag des zuständigen Ministeriums oder der von diesem ermächtigten Stelle durch Beschluß der Disziplinarkammer.

Wurde im Falle des Artikel 138 Abs. 2 eine Ordnungsstrafe verhängt, so ist die Wiederaufnahme des eingestellten Verfahrens ausgeschlossen.

Artikel 142.

Beschließt die Disziplinarkammer die Verweisung der Sache zur Hauptverhandlung, so hat der Präsident Termin anzuberaumen und die erforderlichen Ladungen und sonst nötigen Vorbereitungen zu bewirken.

Der Beschuldigte ist unter abschriftlicher Mitteilung des Beschlusses über die Verweisung der Sache zur Hauptverhandlung (des Verweisungsbeschlusses) mit der Warnung zu laden, daß die Verhandlung im Falle seines Ausbleibens gleichwohl stattfinden werde.

Zwischen der Zustellung der Ladung und dem Tage der Hauptverhandlung muß eine Frist von mindestens einer Woche liegen. Ist diese Frist nicht eingehalten worden, so kann der Beschuldigte die Aussetzung der Verhandlung verlangen, solange nicht in der Sitzung mit der Verlesung des Verweisungsbeschlusses begonnen ist.

Die Zeugen oder Sachverständigen werden von Amts wegen geladen, soweit der Präsident der Disziplinarkammer diese Ladung nach dem Ergebnisse der Voruntersuchung für nötig erachtet. Anträge des Staatsanwalts und des Beschuldigten auf Vorladung von Zeugen oder Sachverständigen werden, unbeschadet der etwaigen Erneuerung bei der Hauptverhandlung, von dem Präsidenten beschieden.

Die ergehenden Verfügungen sind den Beteiligten bekannt zu geben.

Lehnt der Präsident den Antrag auf Ladung einer Person ab, so kann sie der Beschuldigte unmittelbar laden lassen. Der Beschuldigte hat dies dem Präsidenten gleichzeitig anzuzeigen. Eine unmittelbar geladene Person ist nur dann zum Erscheinen verpflichtet, wenn ihr bei der Ladung die gesetzliche Entschädigung für Reisekosten und Zeitversäumnis bar dargeboten oder ihre Hinterlegung bei dem Gerichtsschreiber nachgewiesen wird.

Der Beschuldigte kann sich des Beistandes eines Rechtsanwalts als Verteidigers bedienen. Diesem ist die Einsicht der Akten zu gestatten.

Artikel 143.

Die Hauptverhandlung findet statt, auch wenn der Beschuldigte nicht erschienen ist.

Er kann sich durch einen Rechtsanwalt vertreten lassen. Der Disziplinarkammer steht es jedoch frei, das persönliche Erscheinen des Beschuldigten unter der Warnung anzuordnen, daß bei seinem Ausbleiben ein Verteidiger zu seiner Vertretung nicht würde zugelassen werden.

Die Verhandlung ist nicht öffentlich. Das Ministerium oder die von ihm ermächtigte Stelle ist befugt, einen Beamten in die Verhandlung abzuordnen. Auf Antrag des Beschuldigten können einzelne Personen nach dem Ermessen des Vorsitzenden als Zuhörer zugelassen werden.

Hinsichtlich der Handhabung der Sitzungspolizei finden die Vorschriften des Reichs-Gerichtsverfassungsgesetzes entsprechende Anwendung.

Artikel 144.

Bei der Hauptverhandlung wird der Verweisungsbeschluß verlesen.

Hierauf wird der Beschuldigte vernommen. Gesteht er die den Gegenstand der Anschuldigung bildenden Tatsachen ein und walten gegen die Glaubwürdigkeit seines Geständnisses keine Bedenken ob, so beschließt die Disziplinarkammer, daß eine Beweiserhebung nicht stattfinde.

Andernfalls gibt ein von dem Präsidenten der Disziplinarkammer aus der Zahl ihrer Mitglieder ernannter Berichterstatter auf Grund der bisherigen Erhebungen eine Darstellung der Beweisaufnahme, soweit sie sich auf die in dem Verweisungsbeschluß enthaltenen Anschuldigungspunkte bezieht und nicht durch unmittelbare Beweiserhebung in der Sitzung (Artikel 145, 146) ersetzt wird.

Urkunden und andere als Beweismittel dienende Schriftstücke sind zu verlesen, ebenso die Protokolle über die Aussagen der vernommenen Zeugen und die Gutachten der Sachverständigen, sofern diese Personen nicht bei der Hauptverhandlung vernommen werden.

Die Verlesung der Aussage eines vor der Hauptverhandlung vernommenen Zeugen, der erst in der Hauptverhandlung von seinem Rechte, das Zeugnis zu verweigern, Gebrauch macht, hat zu unterbleiben.

Zum Schlusse wird der Staatsanwalt mit seinem Antrag und der Beschuldigte mit seiner Verteidigung gehört. Dem Beschuldigten gebührt das letzte Wort.

Artikel 145.

Erachtet die Disziplinarkammer im Laufe der Hauptverhandlung auf Antrag des Beschuldigten, des Staatsanwalts oder von Amts wegen die Vernehmung von Zeugen oder Sachverständigen, sei es vor der Disziplinarkammer oder durch einen beauftragten Beamten, oder die Herbeischaffung anderer Beweismittel für angemessen, so erläßt sie den erforderlichen Beschluß und verlegt nötigenfalls die Fortsetzung der Verhandlung auf einen anderen Tag, der bekannt zu geben ist.

Artikel 146.

Die Zeugen und Sachverständigen müssen auf Antrag des Staatsanwalts oder des Beschuldigten in der Hauptverhandlung vernommen werden, wenn die Tatsachen erheblich sind, über die sie vernommen werden sollen, und die Disziplinarkammer diese Vernehmung zur näheren Aufklärung der Sache für erforderlich erachtet.

Artikel 147.

Stehen dem Erscheinen eines Zeugen oder Sachverständigen Krankheit oder andere unabweisbare Hindernisse entgegen oder ist ihr Erscheinen wegen großer Entfernung besonders erschwert, so ist von der Disziplinarkammer ihre Vernehmung durch einen beauftragten oder ersuchten Beamten anzuordnen

Von dem zum Zwecke dieser Vernehmung anberaumten Termine sind der Staatsanwalt, der Beschuldigte und sein Verteidiger vorher zu benachrichtigen; ihrer Anwesenheit bei der Vernehmung bedarf es nicht.

Artikel 148.

Auf Grund des Ergebnisses der Beweisaufnahme entscheidet die Disziplinarkammer nach ihrer freien, aus dem Inbegriffe der Verhandlung geschöpften Überzeugung und erkennt auf Freisprechung oder Verurteilung.

Findet die Disziplinarkammer auf Grund des Ergebnisses der Beweisaufnahme, daß nur eine Ordnungsstrafe zu verhängen sei, so hat sie sofort selbst auf die Ordnungsstrafe zu erkennen.

Die Verurteilung des Beschuldigten in eine Dienststrafe kann nur wegen der Tat erfolgen, die in dem Verweisungsbeschlusse bezeichnet ist.

Zu jeder dem Beschuldigten nachteiligen Entscheidung, welche die Schuldfrage oder die Verurteilung zur Strafe der Dienstentlassung betrifft, ist eine Mehrheit von zwei Dritteilen der Stimmen erforderlich.

Die Verkündung des Urteils erfolgt am Schlusse der Verhandlung oder spätestens innerhalb der darauffolgenden vierzehn Tage durch Verlesung der Urteilsformel und Eröffnung der Urteilsgründe. Die Eröffnung der Urteilsgründe geschieht durch Verlesung oder durch mündliche Mitteilung ihres wesentlichen Inhalts. War die Verkündung des Urteils ausgesetzt, so sind die Urteilsgründe vor derselben schriftlich festzusetzen. Dem Beschuldigten ist eine Ausfertigung des Urteils zu erteilen.

Im übrigen finden hinsichtlich der Beratung und Abstimmung die Vorschriften der §§ 194 bis 199 des Reichs-Gerichtsverfassungsgesetzes und hinsichtlich der Beurkundung der Urteile und der Erteilung von Ausfertigungen und Auszügen die Vorschriften des § 275 Abs. 2 bis 4 der Reichs-Strafprozeßordnung entsprechende Anwendung. Für die Reihenfolge bei der Abstimmung bemißt sich das Dienstalter nach der Zeit der Ernennung zum Mitgliede der Disziplinarkammer.

Artikel 149.

Über die Hauptverhandlung wird ein Protokoll aufgenommen, das den Ort und den Tag der Verhandlung, die Namen der mitwirkenden Mitglieder des Disziplinargerichts, des Staatsanwalts und des Gerichtsschreibers, dann des Beschuldigten und seines Verteidigers sowie das Wesentliche über den Gang und über das Ergebnis der Verhandlung enthalten und die verlesenen Schriftstücke bezeichnen muß.

In das Protokoll sind ferner die im Laufe der Verhandlung gestellten Anträge, die ergangenen Entscheidungen und die Urteilsformel aufzunehmen.

Kommt es auf die Feststellung eines Vorganges in der Hauptverhandlung oder des Wortlauts einer Aussage oder Äußerung an, so hat der Präsident die vollständige Niederschreibung und Verlesung anzuordnen. In dem Protokoll ist zu bemerken, daß die Verlesung geschehen und die Genehmigung erfolgt ist oder welche Einwendungen erhoben wurden.

Das Protokoll ist von dem Präsidenten und dem Gerichtsschreiber zu unterzeichnen. Ist der Präsident verhindert, so unterzeichnet für ihn das älteste beisitzende Mitglied.

Artikel 150.

Ist weder der Beschuldigte noch ein Vertreter bei der Hauptverhandlung erschienen, so kann der Beschuldigte gegen das Urteil binnen einer Woche nach der Zustellung die Wiedereinsetzung in den vorigen Stand unter den gleichen Voraussetzungen wie gegen die Versäumung einer Frist nachsuchen.

Artikel 151.

Der Antrag des Ministeriums oder der von diesem ermächtigten Stelle (Artikel 129) kann[1]) bis zur Verkündung des Urteils der Disziplinarkammer zurückgenommen werden. Nach dem Erlasse des Verweisungsbeschlusses ist eine Zurücknahme nur mit Zustimmung des Beschuldigten zulässig. Wird der Antrag zurückgenommen, so ist das Verfahren einzustellen.[2])

1) Der Zweck des Dienststrafrechts ist, die nötige Ordnung im Dienste aufrecht zu erhalten und die Erfüllung der Dienstpflichten durch den Beamten zu sichern. Die Ausübung des Dienststrafrechts ist demnach ein Recht, keineswegs aber eine Pflicht des Dienstherrn und es steht daher in seinem Ermessen, ob er von seinem Rechte Gebrauch machen will oder nicht. Hinsichtlich des

Disziplinarverfahrens ist dies in Art. 129 Abs. 1 BeaG. noch besonders dadurch zum Ausdrucke gebracht worden, daß die Einleitung des Verfahrens von dem Antrage des zuständigen Ministeriums oder der von ihm ermächtigten Behörde abhängig gemacht ist. Als weitere Folge dieses Grundsatzes ergibt sich, daß der Dienstherr berechtigt sein muß, jederzeit noch nachträglich von der Geltendmachung seines Rechtes auf Bestrafung des Beamten abzusehen und den bereits gestellten Antrag auf Durchführung des Disziplinarverfahrens zurückzunehmen, solange das Gericht erster Instanz das Urteil noch nicht gesprochen hat. Art. 151 sieht dieses Recht ausdrücklich vor und bestimmt zugleich, daß in diesem Falle die Disziplinarkammer das Verfahren einzustellen habe. Auch die Verhängung einer Ordnungsstrafe ist in diesem Falle alsdann ausgeschlossen.

2) Die Einstellung hat, gleichviel in welcher Lage des Verfahrens die Zurücknahme des Antrags erfolgt, durch Beschluß der Disziplinarkammer zu erfolgen.

Artikel 152.[1])

Gegen das Urteil der Disziplinarkammer steht sowohl dem Staatsanwalt als dem Beschuldigten die Berufung an den Disziplinarhof offen.

Neue Tatsachen, welche die Grundlage einer anderen Beschuldigung bilden, dürfen in der Berufungsinstanz nicht vorgebracht werden.

Jede von dem Staatsanwalt eingelegte Berufung hat die Wirkung, daß das angefochtene Urteil auch zu Gunsten des Beschuldigten abgeändert oder aufgehoben werden kann.

War das Urteil nur von dem Beschuldigten oder zu seinen Gunsten von dem Staatsanwalt angefochten worden, so darf es nicht zum Nachteile des Beschuldigten abgeändert werden.

Die Zurücknahme einer zu Gunsten des Beschuldigten eingelegten Berufung ist nur mit seiner Zustimmung statthaft.

1) Vgl. Art. 52 RichtDiszG.

Artikel 153.[1])

Die Berufung muß bei der Disziplinarkammer, die das anzufechtende Urteil erlassen hat, schriftlich oder zu Protokoll des Gerichtsschreibers angemeldet werden. Für den Beschuldigten kann die Berufung auch durch einen mit schriftlicher Vollmacht versehenen Bevollmächtigten angemeldet werden.

Die Anmeldungsfrist beträgt zwei Wochen. Sie beginnt für den Staatsanwalt mit der Verkündung des Urteils, für den Beschuldigten mit dem Tage, an dem ihm die Ausfertigung des Urteils zugestellt worden ist.

Die Bestimmung des § 356 der Reichs-Strafprozeßordnung findet, falls ein Gesuch um Wiedereinsetzung in den vorigen Stand gestellt wird, entsprechende Anwendung.

1) Vgl. Art. 53 RichtDiszG.

Artikel 154.[1])

Durch rechtzeitige Einlegung der Berufung wird die Rechtskraft des Urteils, soweit es angefochten ist, gehemmt.

1) Vgl. Art. 54 RichtDiszG.

Artikel 155.[1])

Zur schriftlichen Rechtfertigung der Berufung steht demjenigen, der sie rechtzeitig angemeldet hat, eine Frist von zwei Wochen, vom Ablaufe der Anmeldungsfrist grechnet, offen.

Die Berufung kann auf bestimmte Beschwerdepunkte beschränkt werden. Ist dies nicht geschehen oder ist eine Rechtfertigung überhaupt nicht erfolgt, so gilt der ganze Inhalt des Urteils als angefochten.

1) Vgl. Art. 55 RichtDiszG.

Artikel 156.[1])

Die Anmeldung der Berufung und die etwa eingegangene Rechtfertigungsschrift werden dem Gegner, und zwar dem Beschuldigten in Abschrift, dem Staatsanwalte nach Maßgabe des Artikel 132 Abs. 6 dieses Gesetzes, zugestellt.

Innerhalb zwei Wochen nach erfolgter Zustellung kann der Gegner eine Beantwortungsschrift einreichen.

1) Vgl. Art. 56 RichtDiszG.

Artikel 157.[1])

Die Fristen zur Rechtfertigung und Beantwortung der Berufung können auf Antrag von dem Präsidenten der Disziplinarkammer verlängert werden.

1) Vgl. Art. 57 RichtDiszG.

Artikel 158.[1])

Nach Ablauf der in den vorstehenden Artikeln bestimmten Fristen werden die Akten an den Disziplinarhof eingesendet.

Der Präsident des Disziplinarhofs kann die zur Aufklärung der Sache etwa erforderlichen Verfügungen erlassen. Sodann bestimmt er eine Sitzung zur Hauptverhandlung, zu welcher der Beschuldigte unter der in dem Artikel 142 Abs. 2 erwähnten Warnung vorzuladen und der Staatsanwalt zuzuziehen ist.

Hinsichtlich der Zustellung der Ladung an den Beschuldigten findet die Bestimmung des Artikel 142 Abs. 3 mit der Maßgabe Anwendung, daß der dort erwähnte Antrag auf Aussetzung der Verhandlung vor Beginn der im nachfolgenden Absatze bezeichneten Berichterstattung gestellt werden muß.

Bei der Hauptverhandlung gibt zunächst der von dem Präsidenten des Disziplinarhofs aus der Zahl seiner Mitglieder ernannte Berichterstatter eine Darstellung der bis dahin stattgefundenen auf die Anschuldigungspunkte bezüglichen Verhandlungen.

Zum Schlusse werden der Staatsanwalt und der Beschuldigte mit ihren Ausführungen und Anträgen, und zwar der Beschwerdeführer zuerst, gehört. Dem Beschuldigten gebührt das letzte Wort.

Der Prüfung des Disziplinarhofs unterliegt das Urteil nur, soweit es angefochten ist. Im übrigen wird nach Maßgabe der in dem Artikel 142 Abs. 4 bis 6, dem Artikel 143, dem Artikel 144 Abs. 2 bis 4, den Artikeln 145 bis 150 enthaltenen Vorschriften verfahren. Für die Reihenfolge bei der Abstimmung bemißt sich das Dienstalter nach der Zeit der Ernennung zum Mitgliede des Disziplinarhofs.[2])

1) Vgl. Art. 58 RichtDiszG.
2) Vgl. oben Art. 148 Abs. 6.

Artikel 159.[1])

Auf die Wiederaufnahme[2]) eines durch rechtskräftiges Urteil geschlossenen Verfahrens sind die Vorschriften des vierten Buches der Reichs-Strafprozeßordnung über die Wiederaufnahme des Verfahrens in den vor den Schöffengerichten verhandelten Sachen mit Ausnahme der Vorschriften des § 403, § 411 Abs. 4 entsprechend anzuwenden. Wird eine Beweisaufnahme angeordnet (§ 409), so ist sie nach den für die Voruntersuchung in Disziplinarsachen geltenden Vorschriften durchzuführen. Wird die Erneuerung der Hauptverhandlung angeordnet (§ 410 Abs. 2), so bemißt sich das weitere Verfahren nach den Vorschriften der Artikel 142 ff. des gegenwärtigen Gesetzes.

1) Vgl. Art. 59 RichtDiszG.

2) Daß das Wiederaufnahmeverfahren nach Art. 159 wesentlich verschieden ist von der in Art. 141 bei Außerverfolgungsetzung oder Einstellung des Verfahrens (Art. 138 Abs. 1, 2) geregelten Wiederaufnahme, bedarf keiner besonderen Ausführung.

Artikel 160.

Ein verurteilter Beamter, dessen Unschuld im Wiederaufnahmeverfahren festgestellt wird, kann Ersatz des ihm durch die Strafvollstreckung erwachsenen Vermögensschadens aus der Staatskasse beanspruchen.

Wird ein verurteilter Beamter im Wiederaufnahmeverfahren mit einer geringeren Strafe belegt, so kann[1]) das Disziplinargericht aussprechen, daß ihm der durch die Strafvollstreckung erwachsene Vermögensschaden ganz oder teilweise aus der Staatskasse ersetzt wird.

Im übrigen finden die Vorschriften des § 1 Abs. 2 bis 4, § 2 Abs. 2, § 3 Abs. 2, §§ 4, 5 des Reichsgesetzes vom 20. Mai 1898, betreffend die Entschädigung der im Wiederaufnahmeverfahren freigesprochenen Personen, entsprechende Anwendung. Der Antrag nach § 5 des Reichsgesetzes ist bei der von der Staatsregierung zu bestimmenden Behörde einzureichen. Über ihn entscheidet das zuständige Ministerium oder die von diesem ermächtigte Stelle.

1) Die Entscheidung ist in diesem Falle in das Ermessen des Disziplinargerichts gestellt worden, weil es zu weit ginge, allgemein einen Rechtsanspruch auf Entschädigung auch schon dann einzuräumen, wenn die Verhängung einer geringeren Strafe im Wiederaufnahmeverfahren lediglich wegen milderer Beurteilung des Falles geschieht, ohne daß sich in tatsächlicher Beziehung Änderungen ergeben haben, die für diese mildere Beurteilung ausschlaggebend gewesen wären.

Artikel 161.[1])

Auf die in diesem Gesetze gegen Entscheidungen[2]) der Disziplinargerichte zugelassenen Beschwerden finden die Vorschriften der Reichs-Strafprozeßordnung über die sofortige Beschwerde entsprechende Anwendung.

1) Vgl. Art. 61 RichtDiszG.

2) Art. 161 bezieht sich nur auf diejenigen Entscheidungen, gegen die nach dem BeaG. selbst die Beschwerde eingeräumt ist. Damit sind aber die Fälle, in denen die Beschwerde zulässig ist, noch nicht erschöpft. Soweit nämlich Beschlüsse und Verfügungen in Frage kommen, die gemäß ausdrücklicher Vorschrift des BeaG. nach Maßgabe der RStPO. und des GVG. zu erfolgen haben (vgl. Art. 130, 131 Abs. 2, 143 Abs. 4, 159 BeaG.), findet auch hiergegen das Rechtsmittel der Beschwerde oder der sofortigen Beschwerde statt, sofern es nach den genannten Gesetzen eingeräumt ist (vgl. §§ 46, 346, 412 RStPO., § 183 GVG.) und sofern nicht in dem BeaG. (vgl. Art. 128 Abs. 5) etwas anderes bestimmt ist.

4. Kosten des Verfahrens

Artikel 162.[1])

Für das Dienststrafverfahren werden nur bare Auslagen[2]) in Ansatz gebracht.

Wird der Beschuldigte verurteilt oder bleibt ein von ihm eingelegtes Rechtsmittel erfolglos, so hat er die im Verfahren erwachsenen baren Auslagen ganz oder teilweise zu erstatten.

Die Kosten des in Anwendung des Artikel 114 eingestellten Verfahrens trägt der Beschuldigte, die Kosten eines von dem Verurteilten zurückgenommenen Rechtsmittels dieser.

In allen übrigen Fällen trägt die Staatskasse die erwachsenen Kosten.[3])

Wird der Beschuldigte außer Verfolgung gesetzt oder freigesprochen oder wird das Verfahren nach Artikel 151 eingestellt, so können die dem Beschuldigten erwachsenen notwendigen Auslagen einschließlich der Kosten der Verteidigung der Staatskasse auferlegt werden.

Über die Pflicht zur Tragung der Kosten ist gleichzeitig mit der Entscheidung in der Hauptsache zu erkennen.

1) Vgl. Art. 77 RichtDiszG.

2) Die Vorschrift, daß im Disziplinarverfahren nur bare Auslagen in Ansatz gebracht werden sollen, enthalten auch das RBeaG. (§ 124), das sächs. Ges. v. 3. Juni 76 (§ 30) und das bad. BeaG. (§ 127). Zu den baren Auslagen sind die Tagegelder und Reisekosten der Mitglieder der Disziplinargerichte für die Reisen an den Sitz der Disziplinargerichte zur Teilnahme an den Sitzungen nicht zu rechnen, da sie allgemeine, durch die Bildung der Disziplinargerichte veranlaßte Verwaltungskosten darstellen. Dagegen haben die für Reisen des die Untersuchung führenden Beamten entstehenden Kosten und Tagegelder, ebenso wie die für die Beweisaufnahme (Zeugen- und Sachverständigenvernehmungen), Zustellungen u. s. w. erwachsenden Kosten, als bare Auslagen in Ansatz zu kommen.

3) Zu den nach Art. 162 Abs. 4 von der Staatskasse zu tragenden Kosten gehören die dem Beschuldigten selbst erwachsenen Auslagen, insbesondere jene für Verteidigung, grundsätzlich nicht. Diese Kosten können daher, auch wenn im übrigen die Kosten der Staatskasse zur Last fallen, nur in den in Abs. 5 ausdrücklich bezeichneten drei Fällen zur Erstattung gelangen.

5. Vollstreckung der Dienststrafen.

Artikel 163.

Die Vollstreckung der rechtskräftigen Urteile der Disziplinargerichte wird durch das zuständige Ministerium oder die von diesem ermächtigte Stelle auf Grund einer beglaubigten Abschrift der Urteilsformel veranlaßt, die der Gerichtsschreiber der Disziplinarkammer erteilt und mit der Bescheinigung der Vollstreckbarkeit versieht.[1])

Die Vollstreckung der Zwangs- und Geldstrafen erfolgt, soweit tunlich, im Wege der Aufrechnung nach dem Artikel 12 Abs. 1 des Ausführungsgesetzes zum Bürgerlichen Gesetzbuche. Andernfalls wird sie nach Maßgabe des Artikel 7 Abs. 1 des Ausführungsgesetzes zur Reichs-Zivilprozeßordnung und Konkursordnung bewirkt; einer Zustellung der beglaubigten Abschrift der Urteilsformel bedarf es nicht.[2])

Im übrigen werden die Vorschriften über die Vollstreckung der Dienststrafen von der Staatsregierung erlassen.

Die Umwandlung einer nicht beizutreibenden Geldstrafe in eine Freiheitsstrafe findet nicht statt.[3])

1) Die Vollstreckung und zwar nicht bloß der im Ordnungsstrafverfahren, sondern auch der im Disziplinarverfahren verhängten Strafen erfolgt durch die Verwaltungsbehörden. Zu diesem Zwecke hat in den Fällen, in denen die Strafe vom Disziplinargerichte ausgesprochen wurde, die Disziplinarkammer dem zuständigen Ministerium oder der Stelle, welche die Einleitung des Verfahrens beantragt hat, eine vom Gerichtsschreiber erteilte beglaubigte und mit der Bescheinigung der Vollstreckbarkeit versehene Abschrift der Urteilsformel zu übermitteln, worauf das Ministerium oder die zuständige Stelle je nach dem Ausspruche des Urteils die weiteren Maßnahmen zu betätigen hat.

Auch die Vollstreckung eines Verweises, falls ein solcher etwa vom Disziplinargerichte in Anwendung des Art. 148 Abs. 2 verhängt worden sein sollte, hat nach Maßgabe des Art. 163 Abs. 1 und 3 durch die zuständige Verwaltungsbehörde zu erfolgen.

2) Sollen Geldstrafen — gleichviel, ob sie Zwangs- oder Ordnungsstrafen sind und ob letztere im Ordnungsstrafverfahren oder gemäß Art. 148 Abs. 2 im Disziplinarverfahren verhängt wurden — vollstreckt werden, so soll dies, soweit möglich, im Wege der Aufrechnung gemäß Art. 12 Abs. 1 des AGzBGB., andernfalls im Wege der Beitreibung im Verwaltungsvollstreckungverfahren gemäß Art. 7 Abs. 1 des AGzZPO. und KO. geschehen. Da dem Beschuldigten nach Art. 148 Abs. 5 und Art. 158 Abs. 6 des BeaG. vom Disziplinargerichte eine Ausfertigung des Urteils zu erteilen ist, soll es nach Art. 163 Abs. 2 vor der Vollstreckung einer vom Disziplinargerichte verhängten Geldstrafe keiner Zustellung der vom Gerichtsschreiber der Behörde erteilten beglaubigten Abschrift der Urteilsformel mehr bedürfen.

3) Vgl. Art. 64 Abs. 2 RichtDiszG.

C. Dienststrafrecht für andere Beamte.

Während in den Art. 105 bis 163 das Dienststrafrecht für unwiderrufliche aktive Beamte behandelt ist, soll in den Art. 164 bis 169 das Dienststrafrecht für andere Klassen von Beamten geregelt werden.

Hierunter fallen:

die widerruflichen aktiven Beamten (Art. 164), die Staatsdienstaspiranten, die nicht als Beamte im Sinne des Art. 1 BeaG. erklärt sind, sowie sonstige Personen, die, ohne Beamte im Sinne des Art. 1 zu sein, mit den

Verrichtungen eines solchen Beamten ständig oder vorübergehend betraut sind (Art. 25, 165),

die unter Gewährung von Wartegeld einstweilen in den Ruhestand versetzten (unwiderruflichen und widerruflichen) Beamten (Art. 166),

die zeitlich oder dauernd in den Ruhestand versetzten Beamten (Art. 167) und endlich

die auf andere Weise als durch Pensionierung freiwillig oder unfreiwillig aus dem Dienste ausgeschiedenen Beamten und mit den Verrichtungen eines Beamten betraut gewesenen Personen (Art. 168).

Artikel 164.

Auf die widerruflichen[1]) aktiven Beamten finden, unbeschadet der Vorschrift des Artikel 96 Abs. 1 Satz 2, die Vorschriften der Artikel 105 bis 107, 111 bis 117, soweit sie sich auf Ordnungsstrafen beziehen, mit der Maßgabe entsprechende Anwendung, daß Geldstrafen gegen etatsmäßige Beamte bis zum Betrage des einmonatigen Gehalts, gegen die übrigen widerruflichen Beamten bis zum Betrage von einhundert Mark verhängt werden können.

1) Während der Zeit der Widerruflichkeit kann die Versetzung und Entlassung eines Beamten, der sich grobe Verfehlungen gegen die Dienstpflichten zu Schulden kommen ließ, jederzeit im Verwaltungswege erfolgen, da es mit dem Wesen der Widerruflichkeit, die dem Staate das Recht gibt, das Dienstverhältnis jederzeit anders zu gestalten oder ganz aufzulösen, nicht vereinbar wäre, wenn in Fällen schwerer Pflichtverletzung die Versetzung auf ein anderes Amt von gleichem oder niedrigerem Range oder die Entlassung aus dem Dienste, wie bei den unwiderruflichen Beamten, nur auf Grund eines richterlichen Urteils erfolgen könnte. Es finden deshalb nach Art. 164 auf die widerruflichen aktiven Beamten nur die Vorschriften über das Ordnungsstrafverfahren, nicht aber jene über das Disziplinarverfahren Anwendung. Eine Ausnahme mußte im Hinblick auf zwingende reichsrechtliche Vorschriften nur für den Fall gemacht werden, daß einem widerruflichen Beamten wegen schuldhafter Herbeiführung eines Betriebsunfalles der Anspruch auf Unfallfürsorge versagt werden soll (Art. 96 Abs. 1 Satz 2 BeaG.).

Artikel 165.

Auf die in dem Artikel 25 bezeichneten Staatsdienstaspiranten[1]) und sonstigen Personen finden die Vorschriften der Artikel 105 bis 107, 111 bis 117, soweit sie sich auf Ordnungsstrafen beziehen, mit der

Maßgabe entsprechende Anwendung, daß Geldstrafen bis zum Betrage von einhundert Mark verhängt werden können.

1) Staatsdienstaspiranten fallen, soweit sie als Beamte im Sinne des Art. 1 erklärt sind, hinsichtlich der Disziplin unter die in Art. 164 für widerrufliche aktive Beamte getroffenen Vorschriften. Da jedoch nach Art. 25 BeaG. eine Reihe von Vorschriften des Gesetzes über die Pflichten der Beamten auch auf diejenigen Staatsdienstaspiranten, die nicht als Beamte im Sinne des Art. 1 erklärt sind, sowie auf andere Personen Anwendung findet, die, ohne Beamte im Sinne des Art. 1 zu sein, mit dem Verrichtungen eines solchen Beamten ständig oder vorübergehend betraut sind, so mußte auch hinsichtlich dieser Personen, in Art. 165 eine Vorschrift über die Ausübung des Dienststrafrechts getroffen werden. Demnach finden auch auf sie die Vorschriften des VII. Abschn. über das Ordnungsstrafverfahren Anwendung, während naturgemäß die Versetzung, die übrigens bei diesen Personen kaum in Frage kommen wird, sowie die Entlassung ohne weiteres oder erforderlichenfalls nach vorausgegangener Kündigung durch Verfügung der Verwaltung erfolgen können.

Artikel 166.[1])

Auf die unter Gewährung von Wartegeld einstweilen in den Ruhestand versetzten unwiderruflichen Beamten findet das Dienststrafrecht für unwiderrufliche aktive Beamte mit der Maßgabe Anwendung, daß Geldstrafe bis zum Betrage des einmonatigen Wartegeldes zulässig ist und daß an Stelle der Strafversetzung auf Minderung des Wartegeldes um höchstens den fünften Teil für die ganze Zeit oder für einen Teil des einstweiligen Ruhestandes zu erkennen ist.

Auf die unter Gewährung von Wartegeld einstweilen in den Ruhestand versetzten widerruflichen Beamten finden die Vorschriften der Artikel 105 bis 107, 111 bis 117, soweit sie sich auf Ordnungsstrafen beziehen, mit der Maßgabe entsprechende Anwendung, daß Geldstrafe bis zum Betrage des einmonatigen Wartegeldes zulässig ist.

1) Der unter Gewährung von Wartegeld einstweilen in den Ruhestand versetzte Beamte scheidet nicht aus dem Dienstverhältnis überhaupt, sondern nur aus dem Amte aus; er bleibt Beamter, aber ohne Amt. Aus dieser rechtlichen Stellung des Wartegeldempfängers ergibt sich, daß für ihn die Pflichten des Beamten, die nicht lediglich mit der Führung des Amtes verbunden sind, gelten (Art. 24 Abs. 1), und daß er daher auch während der

Zeit des einstweiligen Ruhestandes der Dienststrafgewalt im vollen Umfang unterliegt. Art. 166 bestimmt demgemäß, daß auf die einstweilen in den Ruhestand versetzten unwiderruflichen und widerruflichen Beamten die Vorschriften über das Dienststrafrecht für unwiderrufliche bezw. für widerrufliche, aktive Beamte Anwendung finden sollen, jedoch mit dem Abmaße, daß die Geldstrafe den Betrag des einmonatigen Wartegeldes nicht übersteigen soll und daß bei unwiderruflichen Wartegeldempfängern an Stelle der hier nicht möglichen Strafversetzung auf Minderung des jährlichen Wartegeldes um höchstens den fünften Teil desselben für die ganze Dauer oder für einen Teil des einstweiligen Ruhestandes zu erkennen ist. Soll demnach gegen einen im einstweiligen Ruhestande befindlichen unwiderruflichen Beamten eine schwerere Strafe als eine Ordnungsstrafe, nämlich Minderung des Wartegeldes oder Dienstentlassung, verhängt werden, so hat dies in dem in den Art. 118—161 vorgeschriebenen Disziplinarverfahren zu geschehen, während bei den einstweilen in den Ruhestand versetzten widerruflichen Beamten, wenn die Verhängung einer Ordnungsstrafe nicht für genügend erachtet wird, die Kürzung des Wartegeldes, auf das nach Art. 46 kein Rechtsanspruch besteht, oder die Entlassung unter Verlust des Wartegeldes durch Verfügung der Verwaltung zu erfolgen hat. Diese Grundsätze werden gleichmäßig für die Beamten der Militärverwaltung für anwendbar erachtet, wenn auch für diese der Art. 46 BeaG. nicht gilt (vgl. § 32, 4 der Pensionsverordnung für die Beamten der bayerischen Militärverwaltung v. 17. Juli 07). Hinsichtlich der örtlichen Zuständigkeit der Disziplinarkammer für das Disziplinarverfahren gegen unwiderrufliche Wartegeldempfänger ist durch Art. 169 BeaG. Bestimmung getroffen.

Auch in anderen Beamtengesetzen, so in § 97 des preuß. DiszG. v. 21. Juli 52 und § 26 des Abänderungsgesetzes hierzu v. 9. April 79, Art. 107 des württ. und § 123 des bad. BeaG. werden die einstweilen in den Ruhestand versetzten Beamten der vollen Dienststrafgewalt unterworfen.

Artikel 167.

Auf die zeitlich oder dauernd in den Ruhestand versetzten unwiderruflichen Beamten [1]) findet das Dienststrafrecht für die aktiven unwiderruflichen Beamten mit folgenden Einschränkungen entsprechende Anwendung:

Auf Verweis oder Geldstrafe kann nur wegen Verletzung der Pflicht der Amtsverschwiegenheit erkannt werden. Geldstrafe ist zulässig bis zum Betrage des einmonatigen Ruhegehalts.

Im übrigen ist ein Disziplinarverfahren nur wegen solcher in der Dienstesaktivität oder im Ruhestande be-

gangener Handlungen zulässig, die gegenüber einem aktiven Beamten die Dienstentlassung begründen. An Stelle der Dienstentlassung ist auf Verlust des Titels, der Dienstabzeichen und des Ruhegehalts sowie des Anspruchs auf Hinterbliebenenversorgung zu erkennen. Die Vorschriften des Artikel 110 Abs. 2, 3 finden entsprechende Anwendung.

War der in den Ruhestand versetzte Beamte widerruflich, so finden die Vorschriften der Artikel 105 bis 107, 111 bis 117, soweit sie sich auf Ordnungsstrafen beziehen, mit der Maßgabe entsprechende Anwendung, daß auf diese Strafen nur wegen Verletzung der Pflicht der Amtsverschwiegenheit erkannt werden kann und daß Geldstrafe bis zum Betrage des einmonatigen Ruhegehalts zulässig ist.

1) Das Rechtsverhältnis des zeitlich oder dauernd in den Ruhestand versetzten Beamten zum Staate ist verschieden von demjenigen des einstweilen unter Gewährung von Wartegeld in den Ruhestand versetzten Beamten (s. o. S. 48 f.). Der zeitlich oder dauernd pensionierte Beamte wird nicht nur, wie der Wartegeldempfänger, frei vom Amte, sondern er scheidet auch im allgemeinen aus dem Dienstverhältnis aus. Hieraus und aus dem Zwecke des Dienststrafrechts, der die Aufrechthaltung der Ordnung des Dienstes und die Sicherung der Erfüllung der Dienstpflicht zum Gegenstande hat (s. o. Art. 151 Anm. 1), ergibt sich, daß, soweit eine gegenteilige gesetzliche Vorschrift nicht besteht, der im Ruhestande befindliche Beamte der Dienststrafgewalt nicht unterliegt.

Das RichtDiszG. v. 26. März 81 hat indes, ähnlich wie das württ. BeaG., mit Rücksicht auf das dienstliche Bedürfnis eine Ausnahme von diesem Grundsatz in Art. 10 vorgesehen. Nach diesem Artikel soll nämlich ein Einschreiten wegen bestimmter Handlungen, die noch in der Dienstesaktivität begangen wurden, und wegen solcher Handlungen, die erst in die Zeit nach der Versetzung in den Ruhestand fallen, zulässig sein.

Art. 167 schließt sich dem in dem RichtDiszG. eingenommenen Standpunkt im allgemeinen an.

Danach ist gegen die zeitlich oder dauernd in den Ruhestand versetzten Beamten die Verhängung einer Ordnungsstrafe nur wegen Verletzung der Pflicht zur Amtsverschwiegenheit unzulässig, wobei die Geldstrafe den Betrag des einmonatigen Ruhegehalts nicht übersteigen darf. Außerdem kann gegen die vor der Versetzung in den Ruhestand bereits unwiderruflich gewesenen Beamten ein Disziplinarverfahren wegen solcher in der Aktivität oder im Ruhestande begangener Handlungen eingeleitet werden, die gegenüber einem aktiven Beamten die Dienstentlassung begründen. In diesem Falle ist an Stelle der Dienstentlassung, die wegen der bereits erfolgten Lösung des Dienstverhältnisses nicht mehr ausgesprochen werden kann, auf Verlust des Titels, der Dienstabzeichen und des Ruhegehalts sowie des Anspruchs auf Hinterbliebenenversorgung zu erkennen, wobei die in Art. 110 Abs. 2, 3 enthaltenen Vorschriften über Belassung eines Teiles des Ruhegehalts oder des Anspruchs auf Versorgung sowie über die gnadenweise Gewährung eines Unterhaltsbeitrags gleichmäßig Anwendung finden sollen. Im Hinblick auf Art. 65 Ziff. 2 BeaG. ist Anlaß gegegeben, die Entziehung des Ruhegehalts und der Hinterbliebenenversorgung auch bei Dienstvergehen zuzulassen, die im Ruhestande begangen wurden.

Aus der Vorschrift in Abs. 1 ergibt sich, daß auch der Art. 114 entsprechende Anwendung zu finden hat. Das Dienststrafverfahren ist sohin auch einzustellen, wenn der im Ruhestande befindliche Beamte den Verzicht auf Titel, Dienstabzeichen, Ruhegehalt und Hinterbliebenenversorgung erklärt.

Gegenüber einem im zeitlichen oder dauernden Ruhestande befindlichen Beamten, der noch nicht das Recht der Unwiderruflichkeit erlangt hatte, erscheint ein Disziplinarverfahren gegenstandslos, da die Entziehung des Titels, der Dienstabzeichen und des Anspruchs auf Ruhegehalt und Hinterbliebenenversorgung gemäß Art. 68, 70 Abs. 2 und 87 auf dem Verwaltungsweg erfolgen kann.

Die Zuständigkeit zur Verhängung einer Ordnungsstrafe gegenüber den im Ruhestande befindlichen Beamten wegen Verletzung der Pflicht zur Amtsverschwiegenheit wird in den nach Art. 117 Abs. 4 BeaG. von der Staatsregierung zu erlassenden Vorschriften geregelt werden; für das Disziplinarverfahren ist die Regelung der örtlichen Zuständigkeit in Art. 169 BeaG. geschehen.

Artikel 168.

Gegen Beamte und gegen die in dem Artikel 25 bezeichneten Staatsdienstaspiranten und sonstigen Personen, deren Dienstverhältnis auf Ansuchen oder ohne Ansuchen gelöst wurde (Artikel 8 Abs. 2, Artikel 9 Abs. 2 und Artikel 108 Ziffer 2, Artikel 10), kann, sofern nicht eine andere Strafe verwirkt ist, wegen einer Verletzung der Pflicht der Amtsverschwiegenheit[1]) auch nach der Auflösung des Dienstverhältnisses eine Geldstrafe bis zum Betrage von sechshundert Mark im Disziplinarverfahren verhängt werden.

1) Nach Art. 15 des BeaG. dauert die Pflicht zur Amtsverschwiegenheit über das Dienstverhältnis hinaus. Es muß daher Vorsorge getroffen werden, daß die Verletzung dieser

Pflicht auch gegenüber solchen Personen eine Ahndung finden kann, die durch freiwillige oder unfreiwillige Lösung des Dienstverhältnisses aus dem Dienste ausgeschieden sind. Artikel 168 bestimmt daher, daß wegen der bezeichneten Pflichtverletzung gegenüber solchen Personen eine Geldstrafe bis zum Betrage von 600 ℳ verhängt werden könne und daß dies im Wege des für die unwiderruflichen aktiven Beamten vorgesehenen Disziplinarverfahrens zu erfolgen habe. Die Ueberweisung der Aburteilung an die Disziplinargerichte erschien hier um deswillen angezeigt, weil es sich um Personen handelt, deren Verhältnis zum Staate nach allen Richtungen gelöst ist und die aus ihrem früheren Verhältnisse keinerlei Rechte mehr besitzen, so daß eine Bestrafung im Ordnungsstrafverfahren kaum angängig erscheinen würde.

Für die Bemessung der Höhe der anzudrohenden Geldstrafe war die Vorschrift in Art. 106 Abs. 2 AGzRStPO. maßgebend, deren fernere Anwendung auf Staatsbeamte durch Art. 223 Ziff. II BeaG. ausgeschlossen wurde.

Tritt bereits auf Grund einer Vorschrift der allgemeinen Strafgesetze, z. B. nach § 92 RStGB., eine Bestrafung wegen der Verletzung der Pflicht zur Amtsverschwiegenheit ein, so besteht kein dienstliches Interesse, daß auch noch im Disziplinarverfahren eine Bestrafung eintritt. In einem solchen Falle ist daher das letztere Verfahren ausgeschlossen.

Artikel 169.[1])

In einem Disziplinarverfahren nach den Artikeln 166 bis 168 ist die Disziplinarkammer zuständig, in deren Bezirk der Beschuldigte seinen letzten Amtssitz hatte, und wenn dieser außerhalb Bayerns sich befand, die Disziplinarkammer in München.

1) Art. 169 trifft Bestimmung über die örtliche Zuständigkeit der Disziplinarkammern in jenen Fällen, in denen es sich um nicht mehr im Dienste befindliche Beamte und Personen handelt.

VIII. Abschnitt.

Vorläufige Dienstenthebung.

Artikel 170.

Der unwiderrufliche Beamte kann jederzeit unter Wahrung aller seiner Rechte als Beamter seines Dienstes vorläufig enthoben werden.[1])

1) Die Dienstesfunktionen, deren Wahrnehmung einem Beamten übertragen ist, bilden einen Bestandteil der Staatstätigkeit. Hieraus ergibt sich, daß der Beamte hinsichtlich der Ausübung dieser Dienstesfunktionen in seinem Verhältnisse zum Staate nur Pflichten,

aber keine Rechte hat, sofern ihm nicht, wie dies bei den Richtern und den ihnen gleichgestellten Beamten der Fall ist, ein Recht auf die Dienstleistung besonders eingeräumt ist (vgl. Art. 183 Abs. 2 Ziff. 7 und Art. 184). Der Staat ist daher auch einem unwiderruflichen Beamten gegenüber berechtigt, ihn jederzeit bis auf weiteres von der Dienstleistung zu entheben, sofern hierbei seine Rechte aus dem Dienstverhältnis, insbesondere seine Ansprüche auf das volle Diensteinkommen, gewahrt bleiben. Art. 170 bringt dies noch besonders zum Ausdruck und schafft hierdurch eine gesetzliche Grundlage für die schon bisher auf Grund des § 19 Abs. 1 der IX. Beilage zur VerfU. geübte Maßnahme der sogenannten Suspension aus administrativen Erwägungen, d. h. der vorläufigen Enthebung des Beamten vom Dienste unter Wahrung seiner vollen Rechte als Beamter. Die Möglichkeit zu einer solchen Maßnahme erscheint unentbehrlich, da sich Fälle ergeben können, in denen es im dienstlichen Interesse geboten ist, den Beamten sofort von jeder weiteren amtlichen Tätigkeit fern zu halten, auch ohne daß bereits die Voraussetzungen gegeben sind, unter denen nach Art. 171 und 172 die vorläufige Dienstenthebung mit den in Art. 174 bezeichneten Folgen — Einbehaltung des dritten Teiles des Gehalts — kraft Gesetzes eintritt oder von der zuständigen Dienstbehörde verfügt werden kann.

Die vorläufige Dienstenthebung ist keine Strafe, sondern nur ein dienstpolizeiliches Schutzmittel; sie entzieht dem Beamten nur die Befugnis zur Ausübung des Amtes, nicht aber das Amt selbst; für den vorläufig vom Dienste enthobenen Beamten gelten daher alle Pflichten des Beamten, die sich nicht lediglich auf die Dienstleistung selbst beziehen, fort, insbesondere auch die in Art. 21 festgesetzte Residenzpflicht.

Art. 170 bezieht sich bloß auf die unwiderruflichen (nichtrichterlichen) Beamten. Hinsichtlich der widerruflichen Beamten die gleiche Vorschrift zu treffen, war erforderlich, da die Befugnis des Staates, das Dienstverhältnis des widerruflichen Beamten jederzeit vollständig zu lösen, schon naturgemäß auch das weniger weitgehende Recht in sich schließt, einen solchen Beamten unter Fortgewährung seiner Bezüge vorläufig des Dienstes zu entheben.

Dem von der Maßregel der Dienstenthebung getroffenen Beamten steht das Recht der Beschwerde zu (vgl. Art. 172 Abs. 2).

Die Dienstwohnung behält der vorläufig seines Dienstes enthobene Beamte zunächst bei.

Artikel 171.[1])

Die vorläufige Enthebung eines Beamten[2]) vom Dienste mit den Wirkungen des Artikel 174 tritt kraft des Gesetzes[3]) ein:

1. wenn ein richterlicher Haftbefehl gegen ihn erlassen wurde;
2. wenn wegen eines Verbrechens oder eines solchen Vergehens, das den Verlust des Amtes zur Folge haben kann, die Eröffnung des Hauptverfahrens, im militärgerichtlichen Verfahren die Anklageverfügung beschlossen wurde;
3. wenn im Disziplinarverfahren ein noch nicht rechtskräftiges Urteil ergangen ist, das auf Dienstentlassung lautet;
4. wenn eine Gefängnisstrafe gegen ihn in Vollzug gesetzt wird.[4])

1) Art. 171 steht in Übereinstimmung mit Art. 59 des Richt.-DiszG. und, abgesehen von dem Falle der Ziff. 3, auch mit Art. 111 des AG. v. 18. Aug. 79 zur RStPO.

2) Art. 171 bezieht sich im Gegensatze zu Art. 170 nicht bloß auf unwiderrufliche, sondern auch auf widerrufliche Beamte, weil auch die widerruflichen Beamten, solange das Dienstverhältnis nicht gelöst ist, einen nach Art. 176 im Zivilrechtswege verfolgbaren Anspruch auf Entrichtung des vollen Gehalts haben und daher auch für sie der Eintritt der nach Art. 174 an die vorläufige Dienstenthebung kraft Gesetzes geknüpften Wirkung auf den Gehaltsanspruch im Gesetze besonders ausgesprochen werden mußte. Daß die Vorschriften des Art. 171 sich nur auf aktive Beamte beziehen, nicht dagegen auf Beamte, die einstweilen, zeitlich oder dauernd in den Ruhestand versetzt sind, ergibt sich sowohl aus dem Wortlaute desselben als aus der Natur der Sache, da die letzteren Beamten kein Amt mehr haben und daher auch nicht von der Dienstleistung enthoben werden können. Von einer Vorschrift jedoch, daß in gewissen Fällen, in denen bei einem aktiven Beamten die vorläufige Dienstenthebung kraft Gesetzes eintritt, für die Wartegeldempfänger und die pensionierten Beamten wenigstens die vermögensrechtliche Wirkung der vorläufigen Dienstenthebung (Einbehaltung eines Teiles des Wartegeldes oder Ruhegehaltes) eintreten soll, wie dies z. B. für den in Art. 171 Ziff. 3 BeaG. vorgesehenen Fall in § 132 RBeaG. für die Wartegeldempfänger vorgeschrieben ist, konnte abgesehen werden, da hier wegen des Nichtanfalls von Stellvertretungskosten die Einbehaltung eines Teiles des Gehalts einen enger begrenzten Zweck hätte wie bei aktiven Beamten (vgl. Art. 175), ein besonderes Bedürfnis zu einer derartigen Vorschrift daher nicht bestand.

3) Die vorläufige Dienstenthebung kraft Gesetzes unterscheidet sich, abgesehen von der nach Art. 174 eintretenden vermögensrechtlichen Wirkung, nicht von der vorläufigen Dienst-

enthebung gemäß Art. 170; auch sie ist daher keine Strafe, und auch der kraft Gesetzes vorläufig enthobene Beamte verliert dadurch noch nicht sein Amt, sondern nur die Befugnis zur Dienstausübung.

4) Nach Ziff. 4 soll nur die Vollstreckung einer Gefängnisstrafe während der Dauer derselben die vorläufige Dienstenthebung kraft Gesetzes zur Folge haben. Dagegen soll für die Dauer der Vollstreckung einer anderen Freiheitsstrafe als Gefängnisstrafe die vorläufige Dienstenthebung mit den in Art. 174 bezeichneten Wirkungen nur eintreten, wenn die zuständige Dienstbehörde dies verfügt (vgl. Art. 172). Zu diesen anderen Freiheitsstrafen zählen die Festungshaft, die Haft und der Arrest (§ 1 des RStGB., §§ 16, 19 und 44 MilStGB.); die Zuchthausstrafe kann hier um deswillen nicht in Betracht kommen, weil die rechtskräftige Verurteilung zu derselben kraft Gesetzes die dauernde Unfähigkeit des Verurteilten zur Bekleidung eines öffentlichen Amtes (§ 31 RStGB.) und somit von selbst dessen Entlassung aus dem Staatsdienste bewirkt.

Artikel 172.

Durch die zuständige Dienstbehörde kann die vorläufige Enthebung eines Beamten vom Dienste mit den Wirkungen des Artikel 174 verfügt werden, solange gegen ihn ein strafgerichtliches Verfahren oder ein Disziplinarverfahren eingeleitet ist oder eine nicht in dem Artikel 171 Ziff. 4 bezeichnete Freiheitsstrafe vollstreckt wird.[1])

Gegen die Verfügung steht dem Beamten die Beschwerde im Instanzenzug offen.[2])

1) Art. 172 bezieht sich sowohl auf unwiderrufliche als auf widerrufliche Beamte und bildet die notwendige Ergänzung zu Art. 171, um die vorläufige Dienstenthebung mit der in Art. 174 bezeichneten finanziellen Wirkung auch da zu ermöglichen, wo die Voraussetzungen für den Eintritt der vorläufigen Dienstenthebung kraft Gesetzes nicht oder noch nicht gegeben sind. Denn es bedarf keiner näheren Begründung, daß auch in anderen als in den in Art. 171 bezeichneten Fällen Gründe vorliegen können, welche die Fortführung des Amtes durch einen Beamten sowohl im dienstlichen als im öffentlichen Interesse nicht für angängig erscheinen lassen. Es soll daher in diesen Fällen der Entscheidung der zuständigen Dienstbehörde überlassen bleiben, ob der Beamte vorläufig des Dienstes zu entheben sei oder nicht. Allgemeine Voraussetzung für eine solche Verfügung der zuständigen Dienstbehörde ist jedoch, daß gegen den Beamten ein gerichtliches Strafverfahren oder ein Disziplinarverfahren eingeleitet ist oder gegen ihn eine andere Freiheitsstrafe als Gefängnisstrafe vollstreckt wird; nähere Vorschriften darüber, ob und wann die Dienstbehörde beim Vor-

liegen dieser allgemeinen Voraussetzungen von der ihr eingeräumten Befugnis Gebrauch machen soll, lassen sich bei der Mannigfaltigkeit der in Betracht kommenden Verhältnisse im Gesetze selbst nicht geben.

Ob das Strafverfahren wegen eines Verbrechens, Vergehens oder wegen einer Übertretung eingeleitet ist, macht keinen Unterschied. Eingeleitet wird das gerichtliche Strafverfahren entweder durch Eröffnung der gerichtlichen Voruntersuchung (§ 182 RStPO.) oder durch Eröffnung des Hauptverfahrens (§ 201 RStPO.), ferner durch die Hauptverhandlung vor dem Schöffengericht oder dem Amtsgericht im Falle des § 211 RStPO. und durch den Strafbefehl des Amtsrichters (§ 147 RStPO.), endlich durch Anordnung des Ermittlungsverfahrens nach § 156 MilStGO. Die bloße „Vorbereitung der öffentlichen Klage" (§ 156 RStPO.) sowie die vor der Anordnung des Ermittlungsverfahrens vorgenommenen Untersuchungshandlungen (§ 153 MilStGO.) können noch nicht als Einleitung des Strafverfahrens im Sinne des Art. 172 BeaG. angesehen werden.

Die Einleitung des Disziplinarverfahrens ist mit der Erlassung der Verfügung des Präsidenten der Disziplinarkammer (Art. 129 Abs. 1) oder bei Militärbeamten, die ausschließlich unter Militärbefehlshabern stehen, mit Erlassung der Verfügung des kommandierenden Generals des Armeekorps (Art. 200 Abs. 1) erfolgt; vor Erlassung dieser Verfügung kann die vorläufige Dienstenthebung von der Dienstbehörde nur nach Maßgabe des Art. 170, nicht aber nach Art. 172 verfügt werden. Ebenso schließt die Einleitung eines Ordnungsstrafverfahrens die vorläufige Dienstenthebung nach Art. 172 aus.

Als Freiheitsstrafen im Sinne des Art. 172 sind Festungshaft, Haft und Arrest zu verstehen (s. o. Art. 171 Anm. 4).

Für die Suspension der Militärbeamten im Falle des Krieges gelten besondere Vorschriften für sämtliche Kontingente des Deutschen Heeres, die nach Art. 201 BeaG. unberührt bleiben.

Für die Richter sind Vorschriften über die vorläufige Dienstenthebung in anderen Fällen als denen der vorläufigen Dienstenthebung kraft Gesetzes in Art. 79 des RichtDiszG. enthalten, der durch Art. 224 Abschn. 21 eine neue Fassung erhalten hat.

Die vorläufige Dienstenthebung nach Art. 172 unterscheidet sich ihrer rechtlichen Natur nach nicht von jener nach Art. 171; sie ist also ebensowenig wie diese eine Strafe und entzieht dem Beamten nicht das Amt, sondern nur die Befugnis zur Ausübung der Dienstesfunktionen.

Die vorläufige Dienstenthebung nach Art. 172 und jene nach Art. 171 können möglicherweise neben einander bestehen, z. B. wenn der Beamte eines Verbrechens oder solchen Vergehens beschuldigt wird, das den Verlust des Amtes nach sich ziehen kann und die Dienstbehörde schon bei Eröffnung der Voruntersuchung (§ 182 RStPO.) die vorläufige Dienstenthebung verfügt hat, nachher aber mit der

Eröffnung des Hauptverfahrens (§ 201 RStPO.) die vorläufige Dienstenthebung kraft Gesetzes eintritt. Dieses Nebeneinanderbestehen hat selbstredend nicht die Wirkung, daß die vermögensrechtlichen Folgen der vorläufigen Dienstenthebung (Art. 174) doppelt eintreten, es kann aber Bedeutung gewinnen für den Fortbestand der vermögensrechtlichen Wirkungen in dem Falle, daß die Voraussetzungen für den Wegfall der einen vorläufigen Dienstenthebung gegeben sind (vgl. Art. 173 Anm. 1 Abs. 2).

2) Gegen die Verfügung der Dienstbehörde, wodurch die vorläufige Dienstenthebung angeordnet wird, ist nach Abs. 2 des Art. 172 nur Beschwerde im Instanzenzug offen, der Rechtsweg daher ausgeschlossen (vgl. Art. 178 Ziff. 11).

Artikel 173.

Die vorläufige Dienstenthebung[1]) dauert in den Fällen des Artikel 171 Ziff. 1, 4 bis zum Ablaufe des zehnten Tages nach Beendigung der Freiheitsentziehung.

In den Fällen des Artikel 171 Ziff. 2, 3 endet die vorläufige Dienstenthebung, sobald ein rechtskräftiges Urteil ergangen ist, das den Verlust des Amtes nicht zur Folge hat. Lautet jedoch im Falle des Artikel 171 Ziff. 2 das rechtskräftige Urteil auf Freiheitsstrafe, so dauert die vorläufige Dienstenthebung bis zum Ablaufe des zehnten Tages[2]) nach Vollstreckung der Strafe fort.

1) Art. 173 trifft Bestimmung über die Dauer der kraft Gesetzes eintretenden vorläufigen Dienstenthebung und schließt sich den Vorschriften in Art. 80 Abs. 1 und 2 des RichtDiszG. an; dagegen ist über die Dauer der durch die zuständige Dienstbehörde verfügten vorläufigen Dienstenthebung eine ausdrückliche Vorschrift im BeaG. nicht getroffen, weil es zunächst von dem Ermessen der Dienstbehörde abhängt, wie lange sie die vorläufige Dienstenthebung aufrecht erhalten will. Eine Beschränkung findet dieses Ermessen aber durch die in Art. 172 für die Zulässigkeit der behördlichen vorläufigen Dienstenthebung aufgestellten Voraussetzungen, wonach sie nur verfügt werden kann, solange ein strafgerichtliches Verfahren oder ein Disziplinarverfahren schwebt oder eine Freiheitsstrafe der in Art. 172 bezeichneten Art vollstreckt wird. Mit der endgültigen Erledigung des straf- oder disziplinargerichtlichen Verfahrens sowie mit der Entlassung aus der Strafhaft fällt daher die nach Art. 172 verfügte vorläufige Dienstenthebung von selbst weg, ohne daß es einer besonderen Aufhebung der Verfügung bedarf. Es gilt demnach hier insbesondere nicht die Vorschrift, daß die vorläufige Dienstenthebung in der Zeit zwischen der Rechtskraft des auf eine Freiheits-

strafe lautenden Urteils bis zur Vollstreckung der Freiheitsstrafe keine Unterbrechung erleide und daß sie noch zehn Tage über die Beendigung der Freiheitsentziehung hinaus fortdauere. Zu einer solchen Vorschrift bestand hier, wo es sich nicht, wie in Art. 171 Ziff. 2 und 4, um schwerere strafrechtliche Delikte handelt, kein Anlaß. Hieraus ergibt sich auch, daß die während des Strafverfahrens verfügte und mit der Beendigung des Strafverfahrens erloschene behördliche vorläufige Dienstenthebung von neuem angeordnet werden muß, wenn sie auch für ein nach Art. 116 BeaG. sich an das Strafverfahren etwa anschließendes Disziplinarverfahren bestehen bleiben soll.

Die Dauer der vorläufigen Dienstenthebung kraft Gesetzes und der von der zuständigen Dienstbehörde verfügten, kann demnach eine verschiedene sein. Dies kann, da beide Dienstenthebungen neben einander bestehen können (s. Art. 172 Anm. 1 letzt. Abs.), hinsichtlich der Fortdauer der vermögensrechtlichen Wirkungen dann Bedeutung gewinnen, wenn zwar die Voraussetzung für die eine, aber nicht für die andere vorläufige Dienstenthebung weggefallen ist. Ist beispielsweise gegen einen Beamten ein Strafverfahren wegen eines Vergehens, das den Verlust des Amtes nicht zur Folge haben kann, eingeleitet und nach der Einleitung von der zuständigen Dienstbehörde die vorläufige Dienstenthebung nach Art. 172 verfügt, nachher aber der Beamte wegen Fluchtverdachts in Untersuchungshaft genommen, jedoch gegen Sicherheitsleistung wieder auf freien Fuß gesetzt worden, so haben während der Dauer der Verhaftung sowohl die behördliche als die gesetzliche vorläufige Dienstenthebung neben einander bestanden und die Wirkungen der ersteren für die Dauer der letzteren geruht; mit dem Wegfalle der letzteren, also mit der Entlassung aus der Untersuchungshaft, dauert jedoch die behördliche vorläufige Dienstenthebung mit den vermögensrechtlichen Folgen des Art. 174 fort, ohne daß es einer neuen Verfügung der Dienstbehörde bedarf.

2) Die Vorschrift, wonach die vorläufige Dienstenthebung erst mit dem Ablaufe des zehnten Tages nach Beendigung der Untersuchungshaft und der Erstehung der Freiheitsstrafe enden soll, hat ihren Grund in der Erwägung, daß der Beamte in solchen Fällen, wo es sich meist um schwerere Delikte handelt, ohne Schädigung seines Ansehens nicht sofort aus der Haft wieder in das Amt eintreten könne (vgl. auch Begr. zu Art. 59 bis 64 des Entw. eines RichtDiszG., Verh. der K. d. Abg. 1879/80 Beil. Bd. IX Beil. 382 S. 595). Auf ähnlicher Erwägung beruht auch die Vorschrift, daß die vorläufige Dienstenthebung in den Fällen des Art. 171 Ziff. 2 bis zur Vollstreckung der Strafe fortdauert, da es ebenfalls nicht im Interesse des Ansehens des Beamten liegen würde, wenn dieser, nachdem er zuerst wegen schwererer strafbarer Handlungen kraft Gesetzes vorläufig vom Dienste enthoben war und schließlich zu einer, wenn auch milderen Strafe verurteilt wird, in der Zwischenzeit

zwischen der Verurteilung und dem Antritte der Strafe sein Amt wieder ausüben würde. Es soll jedoch nur die vorläufige Dienstenthebung selbst während der zehn Tage seit Beendigung der Freiheitsentziehung fortdauern, nicht dagegen die vermögensrechtliche Wirkung derselben, sofern nicht etwa während dieser Zeit die behördliche vorläufige Dienstenthebung gemäß Art. 172 verfügt wird (vgl. Art. 174 Abs. 4).

Ähnliche Vorschriften enthalten auch § 126 RBeaG., § 49 des preuß. DiszG. v. 21. Juli 52 und Art. 109 des württ. BeaG.

Artikel 174.

Während der vorläufigen Enthebung eines Beamten vom Dienste nach den Artikeln 171, 172 wird ihm vom Ablaufe des Monats an, in dem sie eintritt, der dritte Teil des Gehalts einbehalten.[1]

Soweit für diese Zeit der Gehalt bereits vorausgezahlt ist, wird der zuviel gezahlte Teilbetrag bei der nächstfälligen Gehaltszahlung gekürzt.

In Fällen der Not des Beamten ist das zuständige Ministerium oder die von diesem ermächtigte Stelle befugt, die Einbehaltung auf einen geringeren Teil des Gehalts zu beschränken.[2]

Wird die Vollstreckung einer Freiheitsstrafe ohne Schuld des Verurteilten aufgehalten oder unterbrochen, so tritt für die Zeit der Verzögerung oder Unterbrechung eine Kürzung des Gehalts nicht ein.[3] Das Gleiche gilt hinsichtlich der in dem Artikel 173 Abs. 1, 2 bestimmten Zeit von zehn Tagen, wenn nicht vor ihrem Ablaufe durch die zuständige Dienstbehörde (Artikel 172) die vorläufige Enthebung vom Dienste verfügt wird.[4]

1) Art. 174 bestimmt die vermögensrechtlichen Wirkungen sowohl der kraft Gesetzes eintretenden als der nach Art. 172 von der zuständigen Dienstbehörde verfügten vorläufigen Dienstenthebung und schließt sich in der Hauptsache dem bereits geltenden Rechte (Art. 111 AGzRStPO. und Art. 81 des RichtDiszG.) an. Da nunmehr eine Ausscheidung des Gehalts in Standes- und Dienstgehalt im Sinne des § 7 der IX. Beil. zur VerfU. nicht mehr besteht, wurde der einzubehaltende Gehaltsteil auf ein Drittel des Gehalts festgesetzt, welcher Bruchteil nach Art. 111 Abs. 4 des genannten Gesetzes schon bisher bei den nicht unter die IX. Beil. zur Verf.-Urk. fallenden Beamten zurückbehalten wurde.

Die Zurückbehaltung eines Teiles des Gehalts hat in erster Linie den Zweck der Sicherung des Staates für die Kosten des Disziplinarverfahrens, der Geldstrafen und der etwaigen Stellvertretungskosten, beruht aber weiter auch auf der Erwägung, daß der Beamte, der aus eigener Schuld dem Staate keine Dienste zu leisten vermag, während dieser Zeit auch nicht seine vollen Gehaltsbezüge erhalten soll. Von diesem letzteren Gesichtspunkt aus ist daher in Art. 175 bestimmt, daß wenigstens in den Fällen, in denen das Verfahren zum Verluste des Amtes führt, der einbehaltene Gehaltsteil, soweit er nicht zur Deckung der Kosten des Verfahrens und der Stellvertretung verbraucht wurde, nicht nachzuzahlen ist.

2) Diese Vorschrift hat ihr Vorbild in § 128 Abs. 2 RBeaG. und Art. 111 Abs. 2 des württ. BeaG. und entspringt Erwägungen der Billigkeit, da dem Beamten bis zum endgültigen Ausgange des Verfahrens die zum Lebensunterhalte notwendigsten Mittel nicht entzogen werden sollen.

3) Die Vorschrift in Abs. 4 des Art. 174 (Art. 81 Abs. 4, 5 des RichtDiszG.), wonach dann, wenn die Vollstreckung einer Freiheitsstrafe ohne Schuld des Verurteilten aufgehalten oder unterbrochen wird, für die Zeit der Verzögerung oder Unterbrechung eine Kürzung des Gehalts nicht eintreten soll, erscheint deshalb geboten, weil in diesen Fällen die vorläufige Dienstenthebung nach Art. 173 Abs. 2 fortdauern kann, es aber der Billigkeit nicht entsprechen würde, wenn für diese ohne Verschulden des Beamten herbeigeführte Verzögerung oder Unterbrechung der Strafvollstreckung die vorläufige Dienstenthebung auch ihre vermögensrechtlichen Wirkungen beibehalten würde.

4) Ähnlichen Erwägungen (wie in der vorstehenden Anm. angegeben) entspringt auch die weitere Vorschrift des Abs. 4, wonach eine Gehaltskürzung auch für die in Art. 173 Abs. 1, 2 bezeichneten zehn Tage nach Beendigung der Freiheitsentziehung nicht Platz greifen soll, soferne nicht vor Ablauf dieser Zeit durch die Dienstbehörde nach Art. 172 neuerdings die vorläufige Dienstenthebung verfügt wird. Ergeht vor Ablauf der zehn Tage eine solche Verfügung, so wird auch für diese zehn Tage der dritte Teil des Gehalts einbehalten; ergeht jedoch die Verfügung erst nach Ablauf der zehn Tage, so tritt die Gehaltskürzung erst wieder mit Ablauf des Monats ein, in dem die vorläufige Dienstenthebung verfügt wurde.

Artikel 175.

Der einbehaltene Teil des Gehalts ist[1]) zur Deckung der den Beamten treffenden Kosten des Verfahrens (Artikel 162), sodann zur Deckung der erkannten Geldstrafe und in den Fällen, in denen das Verfahren zur Strafversetzung oder zum Verluste des Amtes führt, zur Deckung der durch die Vertretung des Beamten verursachten Kosten zu verwenden, zur Deckung der Stellvertretungskosten[2]) auch, soweit sie wegen der

Vollstreckung einer Freiheitsstrafe (Artikel 171 Ziff. 4, Artikel 172, Artikel 173 Abs. 1 und Abs. 2 Satz 2) erwachsen sind. Stellvertretungskosten, die durch den einbehaltenen Teil des Gehalts nicht gedeckt werden können, fallen dem Beamten nicht zur Last. Der nicht verbrauchte Teil des Gehalts ist, wenn das Verfahren zum Verluste des Amtes führt[4]), den Wohlfahrtseinrichtungen[5]) für die Beamten zuzuwenden, sonst dem Beamten nachzuzahlen.[3])

1) Die in Art. 175 vorgeschriebene Reihenfolge für die Verwendung des einbehaltenen Gehaltsteils ist eine zwingende. Reicht der einbehaltene Gehalt zur Deckung der Kosten des Disziplinarverfahrens oder der erkannten Geldstrafe nicht aus, so muß der ungedeckte Betrag von dem Beamten aus seinem sonstigen Vermögen oder Einkommen entrichtet werden, da dieser aus dem Disziplinarurteile sich ergebenden Verpflichtung im Art. 175 keine Grenze gezogen ist. Hierbei soll noch hervorgehoben werden, daß, wie sich aus der Bezugnahme auf den Art. 162 klar ergibt, von dem einbehaltenen Teile des Gehalts nur die dem Beschuldigten zur Last fallenden Kosten des Disziplinarverfahrens, nicht auch die Kosten des gerichtlichen Strafverfahrens gedeckt werden dürfen; die letzteren Kosten müssen gegebenenfalls auf dem gewöhnlichen Wege der Vollstreckung beigetrieben werden.

Durch den Tod des Beschuldigten vor rechtskräftiger Beendigung des Verfahrens findet sowohl das Strafverfahren wie das Disziplinarverfahren seine Erledigung, ohne daß es eines besonderen Einstellungsbeschlusses bedarf (vgl. Löwe-Hellweg, RStPO., 11. Aufl. S. 455 Anm. VI Nr. 27a). In diesem Falle sind daher die während der vorläufigen Dienstenthebung des verstorbenen Beschuldigten einbehaltenen Gehaltsteile den Erben voll auszuzahlen, da die vorläufige Dienstenthebung als solche dem Staate noch kein endgültiges Recht auf die einbehaltenen Gehaltsteile verleiht und die Voraussetzungen, unter denen diese Gehaltsteile nach Art. 175 BeaG. zu den dort bezeichneten Zwecken verwendet werden dürfen, nicht eingetreten sind. Stirbt dagegen der während der Vollstreckung einer Freiheitsstrafe vorläufig des Dienstes enthobene Beamte in dieser Zeit, so sind nach Art. 175 die während der Verbüßung der Strafe bis zu seinem Tode erwachsenen Stellvertretungskosten an dem einbehaltenen Teile des Gehalts in Abzug zu bringen.

2) Außer den beiden Fällen, in denen das Verfahren zur Strafversetzung oder zum Verluste des Amtes führt, dürfen Stellvertretungskosten bis zur Höhe des einbehaltenen Teiles des Gehalts nur im Falle der Vollstreckung einer Freiheitsstrafe (Gefängnisstrafe, Festungshaft, Haft oder Arrest — Art. 171 Ziff. 4, Art. 172 Abs. 1, Art. 173 Abs. 1, Abs. 2 Satz 2) aufgerechnet werden

In anderen als diesen drei Fällen sind die während der gesetzlichen oder von der Dienstbehörde verfügten vorläufigen Dienstenthebung etwa erwachsenen Stellvertretungskosten von der Staatskasse voll zu übernehmen, da hier der Ausgang des Verfahrens die Überbürdung der Stellvertretungskosten nicht rechtfertigen würde. Die Entscheidung über den dem Beamten an dem einbehaltenen Gehaltsteile für Stellvertretungskosten abzuziehenden Betrag soll nach Art. 178 Ziff. 12 ausschließlich den Verwaltungsbehörden zustehen, da es nicht angängig erscheint, die Frage, ob während der vorläufigen Dienstenthebung eines Beamten eine Vertretung notwendig und der dafür aufgewendete Betrag angemessen war, im gerichtlichen Wege auszutragen (vgl. auch § 129 Abs. 2 RBeaG. und Entsch. des Oberst. LG. v. 31. Okt. 89, Samml. Bd. XII S. 429 Nr. 149).

3) Soweit der einbehaltene Teil des Gehalts nicht zur Deckung der Kosten des Disziplinarverfahrens, der im Disziplinarverfahren erkannten Geldstrafe und der Stellvertretungskosten zu verwenden ist, ist er dem Beamten nachzuzahlen, da die Einbehaltung, wie bereits in Anm. 1 zu Art. 174 bemerkt wurde, in erster Linie nur den Zweck der Sicherung des Staates für die eben bezeichneten Forderungen hat.

Das BeaG. geht mit der Vorschrift der regelmäßigen Nachzahlung des Gehalts zu Gunsten der Beamten über das bisherige Recht hinaus, da nach Art. 111 Abs. 5 AGzRStPO. und nach Art. 82 RichtDiszG. die Nachzahlung nur dann erfolgte, wenn der Beamte oder Richter außer Verfolgung gesetzt oder freigesprochen wurde oder wenn die Verurteilung des Richters im Disziplinarverfahren nur auf Verweis oder Geldstrafe lautete. Art. 82 RichtDiszG. wurde daher auch dem Art. 175 entsprechend geändert (vgl. Art. 224 Abschn. 24 BeaG.).

4) Eine Ausnahme von der Nachzahlung des Gehalts soll jedoch für den Fall gemacht werden, daß das Verfahren, gleichviel ob Straf- oder Disziplinarverfahren, zum Verluste des Amtes führt. In diesem Falle erscheint es nicht veranlaßt (vgl. Art. 174 Anm. 1), dem Beamten, der schuldhafterweise während der Zeit der vorläufigen Dienstenthebung dem Staate keine Dienste geleistet hat, zu den ihm ohnehin während der vorläufigen Dienstenthebung unverkürzt gelassenen Zweidritteilen des Gehalts noch einen Teil zurückzuzahlen.

Zum Verluste des Amtes hat das Verfahren nicht bloß dann geführt, wenn gegen den Beschuldigten im gerichtlichen Strafverfahren eine Verurteilung ergangen ist, die kraft Gesetzes den Verlust des Amtes zur Folge hat (§§ 31, 33, 35 RStGB.) oder die direkt den Verlust des Amtes ausspricht (§§ 81, 83, 84, 87, 88, 89, 90, 91, 94, 95, 319, 358 RStGB.), oder wenn gegen ihn im Disziplinarverfahren rechtskräftig auf Dienstentlassung erkannt ist, sondern auch dann, wenn er während des Disziplinarverfahrens unter Verzicht auf alle Rechte seine Entlassung aus dem Staatsdienste genommen hat.

Denn hier ist das Disziplinarverfahren der Grund und die Veranlassung gewesen, weshalb die Entlassung genommen wurde und der Verlust des Amtes eingetreten ist. Es sind daher auch in diesem Falle außer den Kosten des Verfahrens, die schon nach Art. 162 Abs. 3 BeaG. dem Beschuldigten zur Last fallen, noch die bis zur Erteilung der Entlassung erwachsenen Kosten der Stellvertretung von dem einbehaltenen Teile des Gehalts in Abzug zu bringen und der etwa verbleibende Rest nicht nachzuzahlen, sondern den Wohlfahrtseinrichtungen für die Beamten zuzuweisen.

5) Der zurückbehaltene Teil wird gleich den Zwangs- und Geldstrafen (vgl. Art. 104 Abs. 3 und Art. 107 Abs. 3) den Wohlfahrtseinrichtungen für die Beamten zugewendet.

IX. Abschnitt.

Verfolgung vermögensrechtlicher Ansprüche der Beamten und ihrer Hinterbliebenen.

Artikel 176.

Hinsichtlich der vermögensrechtlichen Ansprüche[1]) der Beamten aus ihrem Dienstverhältnis, insbesondere hinsichtlich der Ansprüche auf Gehalt, Wartegeld und Ruhegehalt sowie hinsichtlich der den Hinterbliebenen der Beamten gesetzlich eingeräumten vermögensrechtlichen Ansprüche steht der Rechtsweg offen.

Ausgeschlossen von der Verfolgung im Rechtswege sind die Ansprüche der Beamten auf Vergütung der Umzugskosten und auf die Entschädigungen für Dienstreisen.[2])

1) Nach dem BeaG. erwachsen dem Beamten aus dem Staatsdienstverhältnisse in einer Reihe von Fällen Rechtsansprüche gegen den Staat.

Im Anschluß an § 149 RBeaG. und Abschn. 1 § 1 des preuß. Ges. v. 24. Mai 61, betreffend die Erweiterung des Rechtswegs (Ges.-Samml. S. 241), eröffnet Art. 176 Abs. 1 für diese vermögensrechtlichen Ansprüche der Beamten und ihrer Hinterbliebenen (s. a. weiter unten) aus dem Dienstverhältnisse der ersteren den bürgerlichen Rechtsweg. Der Beamte kann nunmehr auch den Ersatz von Auslagen, die er im Interesse des Staates macht, und von Schaden, den er durch Beschädigung im Dienste erlitten hat und bezüglich dessen er auf Grund des Dienstverhältnisses Vergütung beanspruchen zu können glaubt, im bürgerlichen Rechtswege geltend machen. Dagegen ist der Rechtsweg verschlossen für nichtvermögensrechtliche Ansprüche, also z. B. für Ansprüche auf Titel, Rang und Dienstabzeichen. Soweit den Beamten in dieser Beziehung Rechtsansprüche überhaupt eingeräumt sind, sind sie durch die in Art. 70 BeaG. vorgesehenen Vorschriften hinreichend gesichert.

Gemäß Art. 26 Ziff. 1 AGzGVG. sind für Ansprüche der Staatsbeamten gegen den Staat aus ihren Dienstverhältnissen ohne Rücksicht auf den Wert des Streitgegenstandes die Landgerichte ausschließlich zuständig. Hierunter fallen auch die Ansprüche der Hinterbliebenen eines Beamten, da das BeaG. bezüglich der Rechtsnatur dieser Ansprüche an der Auffassung des Art. XXIV § 1 der Dienstespragmatik v. 1. Jan. 1805 festhält, wonach die Ansprüche lediglich „ein auf die Witwen und Kinder der Staatsdiener übergehender Ergänzungsteil des Gehalts" sind und ihre Bestimmung allein aus der Größe des letzteren schöpfen. (Vgl. Motive zu Art. 25 des Entwurfs eines AGzRGVG., Verh. der Kammer der Abg. 1878/79 Beil. Bd. V S. 134; RGZ. Bd. XIV S. 366; Seufferts Archiv Bd. 36 Nr. 29; Hartmann, Zeitschrift für Gesetzgebung und Praxis Jahrgang III S. 192 ff.).

2) Nach Abs. 2 sind die Ansprüche auf Vergütung der Umzugskosten und auf die Entschädigungen für Dienstreisen von der Verfolgung im Rechtsweg ausgeschlossen. Für die finanziell nicht sehr erheblichen Streitfälle, die sich hier ergeben können, ist der den Beamten offenstehende Beschwerdeweg vollkommen ausreichend. Die Ausnahme gilt selbstverständlich nicht, soweit ihr bezüglich der Richter die reichsrechtliche Vorschrift in § 9 RGVG. vorgeht.

Artikel 177

Die in dem Artikel 176 bezeichneten Ansprüche können erst gerichtlich verfolgt werden, wenn der Beteiligte gegen die ihn beschwerende Verfügung bei der zunächst zuständigen höheren Verwaltungsstelle und, sofern die Verfügung von einem Ministerium ausgegangen ist, bei diesem selbst Abhilfe verlangt und entweder eine ablehnende oder innerhalb sechs Wochen eine Entschließung nicht erhalten hat.[1])

Über das Abhilfegesuch ist dem Beteiligten ungesäumt und unentgeltlich Empfangsbescheinigung zu erteilen.[1])

Die Klage muß bei Verlust des Klagerechts innerhalb sechs Monaten, nachdem dem Beteiligten die auf das Abhilfegesuch ergangene Entschließung eröffnet worden ist und, sofern innerhalb der Frist von sechs Wochen eine Entschließung nicht ergangen ist, binnen sechs Monaten nach Ablauf dieser sechswöchigen Frist erhoben werden.[2])

1) Die Vorschriften in Abs. 1 und 2 decken sich sachlich mit jenen in Art. 2 AGzRZPO. und KO. und sind nur um deswillen etwas abweichend gefaßt, um einige Zweifel, die sich in der Praxis über die Auslegung dieser Gesetzesstelle ergeben haben, auszuschließen. (Vgl. BlfRA Bd. 60 S. 385, Bd. 61 S. 145; ObstLGZ. Bd. II S. 343).

2) Die in Abs. 3 vorgeschriebene Klagefrist ist im Interesse des K. Ärars geboten und auch in § 150 RBeaG. und in Abschn. I Ziff. 2 des Preuß. Ges. v. 24. Mai 61, Ges.-Samml. 241, vorgesehen. Die Frist soll eine gesetzliche Ausschließungsfrist, keine Verjährungsfrist sein. Die allgemeinen Vorschriften über die Anspruchsverjährung (§§ 195, 197, 210 BGB., Art. 125 AGzBGB.) bleiben unberührt.

Artikel 178.

Für die Beurteilung der vor dem Gerichte geltend gemachten vermögensrechtlichen Ansprüche sind die Entscheidungen der Verwaltungsbehörden und Disziplinargerichte bindend[1]), welche diese nach ihrem pflichtgemäßen Ermessen zu treffen berechtigt sind, insbesondere die Entscheidungen[2])

1. über Versetzung auf eine andere Amtsstelle,
2. über einstweilige, zeitliche oder dauernde Versetzung in den Ruhestand,
3. über Wiederanstellung,
4. über Dienstentlassung,
5. über Zuweisung des Gehalts, über Versagung und nachträgliche Anweisung der Gehaltsvorrückungen,
6. über den Verlust des Diensteinkommens wegen Fernbleibens vom Amte oder wegen Überschreitung des Urlaubs,
7. über die Höhe der Entschädigungen für Dienstwohnungen, Gärten und sonstige Grundstücke,
8. über die Frage, ob die Einwendungen eines Beamten oder seines Vertreters gegen die Versetzung in den Ruhestand (Artikel 51 Abs. 7) begründet waren oder nicht, und über die Anrechnung einer Dienstzeit nach Artikel 56, 57,
9. über die Voraussetzungen, unter denen der Witwe oder den Kindern eines widerruflichen etatsmäßigen Beamten Witwen- oder Waisengeld zu gewähren ist, ferner

10. die Entscheidungen der Beamten, Behörden und Disziplinargerichte über die Verhängung von Zwangs-[3]), Ordnungs- und Disziplinarstrafen,
11. die Entscheidungen der Dienstbehörden über die vorläufige Enthebung eines Beamten vom Dienste, endlich
12. die Entscheidungen über den Betrag, der einem vorläufig vom Dienste enthobenen Beamten für Stellvertretungskosten an dem einbehaltenen Gehalte abzuziehen ist.

1) Eine Nachprüfung durch das Gericht ist deshalb unzulässig.

2) Die Aufzählung in Art. 178 ist erschöpfend, soweit Rechtsansprüche, die dem Beamten im BeaG. unter gewissen Voraussetzungen eingeräumt sind, in Frage stehen und der Streit sich lediglich darum dreht, ob diese gesetzlichen Voraussetzungen im einzelnen Falle von den Verwaltungsbehörden mit Recht oder Unrecht als erfüllt oder nicht erfüllt angenommen wurden. In jenen Fällen, in denen der Entscheidung der Verwaltungsbehörden im Gesetze keine Grenzen gezogen sind, es vielmehr ihrem Ermessen anheimgestellt ist, wie sie eine Entscheidung treffen wollen, versteht es sich dagegen von selbst, daß diese Entscheidung auch dann für die Gerichte bindend ist, wenn auf sie keiner der ausdrücklichen Vorbehalte des Art. 178 zutrifft. Denn in solchen Fällen hängt der Rechtsanspruch von der freien Entschließung der Verwaltung selbst, nicht aber von objektiven Voraussetzungen ab. Außer den bereits in dem Art. 178 angeführten Bestimmungen fallen hierunter insbesondere auch die in dem Art. 35 Abs. 3, dem Art. 37 Abs. 5 und dem Art. 80 und 88 BeaG. vorgesehenen Fälle.

3) Zu den Zwangsstrafen im Sinne des Art. 178 Ziff. 10 BeaG. ist auch die Anordnung einer Geschäftsaushilfe nach Art. 104 Abs. 2 BeaG. zu zählen.

X. Abschnitt.

Verfahren bei Ersatzzuweisungen.

Artikel 179.

Hat ein Beamter durch vorsätzliche oder fahrlässige Verletzung seiner Amtspflicht dem Staate einen Schaden zugefügt, so kann die zuständige Behörde[1]) beschließen, daß der Beamte für den Schaden haftbar ist und in welcher Höhe er dem Staate Ersatz zu leisten hat.[2])

Der Beschluß ist mit Gründen zu versehen und dem Beamten unter Belehrung über das ihm zustehende Beschwerderecht zu eröffnen.[3]) Auf Verlangen ist ihm eine Abschrift zu behändigen.

Gegen den Beschluß steht dem Beamten die Beschwerde im Instanzenzug offen. Die Frist zur Einlegung der Beschwerde beträgt zwei Wochen vom Tage der Eröffnung an.

Der Beschluß wird mit dem Ablaufe der Beschwerdefrist oder mit der Eröffnung der Entscheidung der letzten Instanz an den Beamten nach Maßgabe der Vorschriften über das Vollstreckungsrecht der Verwaltungsbehörden (Artikel 6, 7 des Ausführungsgesetzes zur Reichs-Zivilprozeßordnung und Konkursordnung) vollstreckbar. Der Beschluß kann auch vorher für vorläufig vollstreckbar erklärt werden, wenn zu befürchten ist, daß der Beamte sein Vermögen der Verwendung zum Ersatze des Schadens entziehen werde oder wenn sonst durch die Aussetzung der Vollstreckung für den Staat ein schwer zu ersetzender Nachteil entstehen würde. Dem Beamten ist in diesem Falle zu gestatten, durch Sicherheitsleistung oder durch Hinterlegung die Vollstreckung abzuwenden.

1) Die zuständige Behörde ist nicht immer die unmittelbar vorgesetzte Dienstbehörde, sondern jene Behörde, die gerade in diesem Falle die Zuständigkeit hat, die besondere Aufsicht auszuüben. Handelt es sich z. B. um Bedenken gegen die Gebarung einer Kasse, die der Aufsicht der Rechnungskammer untersteht, so wird der Beschluß von der Rechnungskammer erlassen.

2) In Art. 13 BeaG. ist bestimmt, daß der Beamte, der vorsätzlich oder fahrlässig seine Amtspflicht verletzt, dem Staate für den diesem daraus entstehenden Schaden haftet. Zur Ergänzung dieser materiellrechtlichen Vorschrift enthalten die Art. 179 bis 181 Bestimmungen darüber, in welchem Verfahren die Haftung des Beamten im einzelnen Falle festzustellen und, falls die Ersatzleistung nicht freiwillig erfolgt und auch im Wege der Aufrechnung nicht erreicht werden kann, zu verwirklichen ist.

3) Es genügt, wenn die Eröffnung der Ersatzzuweisung an den betr. Beamten unter Mitteilung der Gründe und der zu Gebote stehenden Rechtsmittel zu Niederschrift erfolgt. Doch steht es dem Beamten frei, sich eine Abschrift des Beschlusses ausfertigen zu lassen.

Zu diesem Zwecke sieht das Gesetz für alle Fälle, in denen Beamte durch vorsätzliche oder fahrlässige Verletzung ihrer Amtspflicht dem Staate einen Schaden zufügen, die Möglichkeit eines administrativen vollstreckbaren Haftungsbescheid vor. Es wurde nicht als veranlaßt erachtet, diese Möglichkeit auf Kassen- oder Rechnungsdefekte oder auf Schädigungen bei Wahrnehmung wirtschaftlicher Angelegenheiten des Staates zu beschränken, da die für das Verfahren sprechenden Gründe mehr oder weniger in allen Fällen zutreffen. Hat ein Beamter durch eine von ihm in Ausübung oder in Veranlassung der Ausübung anvertrauter öffentlicher Gewalt begangene Pflichtwidrigkeit den Staat geschädigt, sei es unmittelbar oder mittelbar durch Schädigung eines Dritten, dem der Staat hierwegen Ersatz leisten mußte, so muß vor Erlassung des Haftungsbeschlusses die Vorentscheidung des Verwaltungsgerichtshofs, falls sie nicht schon seitens des Dritten herbeigeführt wurde, erholt werden. Die Vorentscheidung ist für die Verwaltungsbehörde und im Falle eines sich anschließenden Zivilrechtsstreits auch für die Gerichte bindend.

Das Ersatzzuweisungsverfahren ist kein Disziplinarverfahren; sein Zweck ist lediglich der, Schaden und Schädiger vorläufig festzustellen und die Ersatzleistung zu sichern. Daher greift es nicht bloß gegen die im Dienste, sondern auch gegen die im Ruhestande befindlichen und selbst gegen entlassene Beamte Platz.

Artikel 180.

Gegen den vollstreckbaren Beschluß, durch den der Beamte zum Ersatz eines Schadens an den Staat verpflichtet wird, steht ihm sowohl hinsichtlich der Ersatzverbindlichkeit als auch hinsichtlich des Betrags[1]) des zu ersetzenden Schadens die Beschreitung des Rechtswegs offen.[2])

Das Klagerecht erlischt binnen einer Ausschlußfrist von einem Jahre. Sie beginnt mit dem Tage, an dem der Beschluß vollstreckbar geworden ist. Auf sie finden die Vorschriften der §§ 203, 206, 207 des Bürgerlichen Gesetzbuchs entsprechende Anwendung.

Die Vorschrift des Artikel 2 des Ausführungsgesetzes zur Reichs-Zivilprozeßordnung und Konkursordnung findet keine Anwendung.

1) Eine wesentliche Änderung des bisherigen Rechtszustandes zu Gunsten der Beamten bringt Art. 180 Abs. 1 insofern, als er im Einklange mit anderen Beamtengesetzgebungen den Rechtsweg sowohl hinsichtlich der Ersatzverbindlichkeit als auch des Betrags des zu ersetzenden Schadens zuläßt. Der Richter ist also, soweit er nicht etwa durch eine Vorentscheidung des Verwaltungsgerichtshofs gebunden ist, nicht mehr bloß auf die Würdigung privatrechtlicher Befreiungsgründe beschränkt, sondern berechtigt, zu prüfen und zu entscheiden, ob und in welcher Höhe eine Verpflichtung des Beamten zum Ersatze materiell begründet ist. Die Feststellungen der

Verwaltungsbehörden über die Ersatzpflicht haben also nur mehr die Bedeutung vorläufiger Entscheidungen. Der Zivilrichter kommt zwar hiernach in die Lage, auch die Frage nachzuprüfen, ob und inwieweit der den Staat in wirtschaftlichen Angelegenheiten vertretende Beamte seine Amtspflicht verletzt hat, und es sind infolgedessen zwischen Entscheidungen der Verwaltungsbehörden und Disziplinargerichte einerseits und der Zivilgerichte andererseits Kollisionen nicht ausgeschlossen. Diesem Umstande kann jedoch im Interesse der Beamten keine ausschlaggebende Bedeutung beigemessen werden, da in diesem Falle in der Hauptsache nur fiskalische, nicht auch dienstliche Interessen gefährdet erscheinen.

2) Gegen den vollstreckbaren Beschluß kann der Beamte auch schon dann den Rechtsweg beschreiten, wenn er die Ersatzsumme noch nicht bezahlt oder sichergestellt hat

Artikel 181.

Die Vorschriften der Artikel 179, 180 finden auf die in dem Artikel 25 bezeichneten Staatsdienstaspiranten und sonstigen Personen Anwendung.

XI. Abschnitt.

Besondere Vorschriften für einzelne Klassen von Beamten.

A. Staatsminister.[1])

Artikel 182.

Auf die Zivilstaatsminister[2]) finden die für unwiderrufliche Beamte geltenden Vorschriften der Abschnitte I bis VI, IX dieses Gesetzes Anwendung, soweit sich nicht aus dem Gesetze vom 4. Juni 1848, die Verantwortlichkeit der Minister betreffend, ein anderes ergibt.

1) Die besondere Stellung der Staatsminister ist durch das Ges. v. 4. Juni 48, die Verantwortlichkeit der Minister betr., und das in Ergänzung derselben erlassene Ges. v. 30. März 50, den Staatsgerichtshof und das Verfahren bei Anklagen gegen Minister betr., festgelegt. Diese gesetzlichen Bestimmungen bleiben aufrecht erhalten.

Hiernach können zunächst auf die Zivilstaatsminister wegen der im Ministerverantwortlichkeitsgesetz (Art. IX—XIII) bereits erfolgten Regelung der dienstlichen Verantwortlichkeit der Minister die Vorschriften in den Abschn. VII, VIII und X BeaG. über das Dienststrafrecht, die vorläufige Enthebung vom Dienste und über das Verfahren bei Ersatzzuweisungen keine Anwendung finden. Dagegen gelten die Vorschriften der übrigen Abschn. I—VI und IX für die

Zivilstaatsminister so weit, als sie sich auf unwiderrufliche Beamte beziehen und als sich nicht aus dem Ministerverantwortlichkeitsgesetz etwas anderes ergibt.

Als eine solche abweichende Vorschrift kommt insbesondere die Bestimmung im Art. III des Ministerverantwortlichkeitsgesetzes in Betracht, wonach der König den Staatsminister jederzeit aus eigenem Antriebe von seiner Stelle entheben, und ebenso der Minister jederzeit unter Anspruch auf den gesetzlichen Ruhegehalt die Enthebung von seiner Stelle erbitten kann, wenn der König in wichtigen Regierungsangelegenheiten die Ratschläge des Ministers nicht annehmen zu können glaubt. Eine weitere Ausnahme ergibt sich aus Art. VII des genannten Gesetzes, wonach für den Staatsminister die in Art. 12 BeaG. vorgesehene staatsdienerliche Gehorsamspflicht eine wesentliche Änderung erleidet.

2) Art. 182 sieht eine teilweise Anwendung der Vorschriften des BeaG. zunächst nur für die Zivilstaatsminister vor. Für den Kriegsminister gelten zwar die Vorschriften des Ministerverantwortlichkeitsgesetzes ebenfalls, im übrigen richten sich aber seine dienstrechtlichen Verhältnisse mit Rücksicht auf seine Eigenschaft als Offizier und, da die Vorschriften des BeaG. auf Personen des Soldatenstandes überhaupt keine Anwendung finden, nach den in dieser Beziehung geltenden gesetzlichen Bestimmungen, insbesondere also hinsichtlich der Pensionsverhältnisse und der Hinterbliebenenversorgung in erster Linie nach den Vorschriften des OffizPensG. v. 31. Mai 06 und des MilHinterblG. v. 17. Mai 07. Die Vorschriften des BeaG. über Ruhegehalt und Hinterbliebenenversorgung finden nur soweit Anwendung, als sich nach Art. I des MinisterverantwG. in der durch Art. 221 BeaG. festgesetzten Fassung und nach Art. 215 BeaG. für ihn oder für seine Hinterbliebenen ein höherer Bezug berechnet.

Über die Änderungen des MinisterverantwG. durch das BeaG. vgl. Art. 221 und die Anm. hierzu.

B. Richter der ordentlichen Gerichte und Mitglieder des Verwaltungsgerichtshofs.

Artikel 183.

Die Vorschriften dieses Gesetzes finden auf die Richter der ordentlichen Gerichte und auf die Mitglieder des Verwaltungsgerichtshofs Anwendung, soweit nicht in den Reichsgesetzen, in dem Ausführungsgesetze zum Reichs-Gerichtsverfassungsgesetz, in dem Disziplinargesetze für richterliche Beamte und in dem Gesetz über die Errichtung eines Verwaltungsgerichtshofs und das Verfahren in Verwaltungsrechtssachen ein anderes bestimmt ist.[1])

Für diese richterlichen Beamten gelten folgende weitere besondere Vorschriften:

1. An Stelle des Artikel 27 Abs. 2: Die Stelle eines Richters oder eines Mitglieds des Verwaltungsgerichtshofs darf nicht mit einem Verweser besetzt werden; die Vorschrift des Artikel 2 des Ausführungsgesetzes zu der Grundbuchordnung und zu dem Gesetz über die Zwangsversteigerung und die Zwangsverwaltung bleibt unberührt. Einem richterlichen Beamten darf nicht ein geringerer Gehalt als der in der Gehaltsordnung bestimmte zugewiesen werden; eine Ausnahme gilt nur für die Vorstände der Amtsgerichte und für die Vorstände der Abteilungen der Amtsgerichte, ihnen muß jedoch mindestens der Gehalt eines Oberamtsrichters zugewiesen werden.

2. An Stelle des Artikel 28 Abs. 2: Die richterlichen Beamten haben einen Anspruch[2]) auf Vorrückung im Gehalte nach Maßgabe der Gehaltsordnung und des Dienstalters.

3. Die Artikel 31, 33 Abs. 2 gelten für richterliche Beamte nicht.

4. Zu Artikel 32[3]): Hat das gegen einen richterlichen Beamten eingeleitete Strafverfahren den Verlust des Amtes nicht zur Folge, wird aber wegen des nämlichen Tatbestandes innerhalb zweier Wochen nach der Beendigung des Strafverfahrens ein Disziplinarverfahren eingeleitet, so bleibt die Vorrückung des richterlichen Beamten im Gehalt auch während der Zeit von der Beendigung des Strafverfahrens bis zur Erledigung des Disziplinarverfahrens ausgesetzt. Ist ein anderes Strafverfahren als ein in Artikel 32 bezeichnetes gegen einen richterlichen Beamten anhängig, so kann die Disziplinarkammer vor der Einleitung des Disziplinarverfahrens die Aussetzung der Vorrückung anordnen. Führt das Strafverfahren oder das Disziplinarverfahren zum Verluste des Amtes oder zur Entziehung des Anspruchs auf Vorrückung im Ge-

halte, so findet eine Nachzahlung der einbehaltenen Beträge nicht statt.

5. Zu Artikel 35 Abs. 2: Bei richterlichen Beamten bedarf es der in Satz 2 bezeichneten Erlaubnis nicht.[4])

6. Wird ein richterlicher Beamter wider seinen Willen in den Ruhestand versetzt, weil ohne sein Verschulden Umstände gegeben waren, die seine amtliche Wirksamkeit nicht bloß vorübergehend störten, so sind für die Bemessung und Zahlung des Ruhegehalts die Vorschriften der Artikel 39 bis 41 entsprechend anzuwenden.[5])

Die Vorschrift des Artikel 64 Abs. 1 gilt für richterliche Beamte mit der Maßgabe, daß die Richter der ordentlichen Gerichte nicht auf eine andere Stelle als auf eine Richterstelle dieser Gerichte, die Mitglieder des Verwaltungsgerichtshofs nicht auf eine andere Stelle als die Stelle eines Mitglieds dieses Gerichtshofs wider ihren Willen berufen werden können.

7. Die Vorschriften der Artikel 103, 104, 170 finden auf richterliche Beamte nicht Anwendung.[6])

8. Die Vorschriften der Artikel 179, 180 gelten für richterliche Beamte nur soweit, als sie Hinterlegungsbeamte sind.[7])

1) Die Vorschriften des BeaG. können auf die Richter der ordentlichen Gerichte und die Mitglieder des Verwaltungsgerichtshofs nicht in ihrem vollen Umfang Anwendung finden.

Das BeaG. kann zunächst die für die Richter der ordentlichen Gerichte geltenden Vorschriften der Reichsgesetze nicht ändern. Unberührt bleiben demnach insbesondere die Vorschriften des GVG. und des EG. hierzu. So schließt beispielsweise der § 8 Abs. 3 GVG. die Anwendung des ersten Halbsatzes des Art. 38, der § 9 dieses RG. die Anwendung des Art. 176 Abs. 2 BeaG. aus; die Vorschrift des Art. 19 BeaG. kann für Richter nur in den Grenzen gelten, die durch den § 4 EGzGVG. gezogen sind.

Unberührt bleiben auch die Vorschriften des AGzGVG. und des DisziplinarG. für richterliche Beamte, da die erwähnten Reichsgesetze, zu deren Vollzug sie erlassen wurden, unverändert geblieben sind.

Die Disziplin der Richter bleibt auch künftig ausschließlich den Disziplinargerichten übertragen. Eine Scheidung in Ordnungsstrafen, die von den Aufsichtsbehörden verhängt werden, und Disziplinarstrafen, die von den Disziplinargerichten erkannt werden (Art. 107 ff. BeaG.), ist nicht zulässig. Auch muß das Disziplinarverfahren gegen Richter ein Offizialverfahren bleiben, dessen Einleitung und Fortsetzung ausschließlich in das Ermessen des Disziplinargerichts gestellt ist. Nicht minder muß auch fernerhin die Entscheidung darüber, ob ein Richter wider seinen Willen auf eine andere Stelle versetzt, in den Ruhestand versetzt oder vorläufig des Amtes enthoben werden soll, dem Einflusse der Justizverwaltung entzogen sein (IV., V. und VII. Abteilung des RichtDiszG.); die Vorschriften der Art. 9, 38 Halbsatz 2, 48 51, 170 ff. gelten für Richter nicht.

Es bestand sodann kein Anlaß, die Vorschriften des AGzGVG., die mit dem BeaG. nicht in Einklang stehen, zu ändern. In Betracht kommen insbesondere die Art. 1 Abs. 1, Art. 2—4, 6 AG.; sie bleiben an Stelle der Art. 4, 23, 21 BeaG. in Geltung.

Die Vorschriften des RichtDiszG. gelten auch für die Mitglieder des Verwaltungsgerichtshofs und bleiben für sie ebenso wie die Vorschriften des Gesetzes über die Errichtung eines Verwaltungsgerichtshofs und das Verfahren in Verwaltungsrechtssachen aufrecht erhalten. Von besonderer Bedeutung sind die Art. 2, 7 Abs. 3 des letzteren Gesetzes.

Soweit die Rechtsverhältnisse der Richter der ordentlichen Gerichte und der Mitglieder des Verwaltungsgerichtshofs durch die aufgeführten Gesetze nicht geregelt sind, gelten für sie die Vorschriften des BeaG. mit den in Ziff. 1 mit 8 bezeichneten Ausnahmen.

2) Dieser Anspruch kann nur im Disziplinarverfahren aberkannt werden. Die Vorschriften der Art. 28 Abs. 2, 31, 33 Abs. 2 BeaG. gelten deshalb für richterliche Beamte nicht.

Aus Ziff. 2 ergibt sich auch, daß bei der Berechnung des pensionsfähigen Diensteinkommens eines richterlichen Beamten der Teilbetrag der nächsten Dienstalterszulage, der sich nach Maßgabe der seit der letzten Gehaltsvorrückung zurückgelegten Dienstzeit berechnet, immer einzurechnen ist, wenn dem richterlichen Beamten der Anspruch auf diese Vorrückung nicht durch Urteil der Disziplinargerichte aberkannt ist. Die Ziff. 2 modifiziert hiernach auch den Art. 39 Abs. 2 Satz 2 BeaG.

3) Die Zusätze zu Art. 32 BeaG. sollen für alle Fälle, in denen ein Strafverfahren gegen einen richterlichen Beamten anhängig war, dem Disziplinargerichte die Möglichkeit wahren, zu prüfen, ob eine Entziehung des Anspruchs auf Vorrückung im Gehalt angezeigt ist. Die Vorschrift des Satzes 2, die der Disziplinarkammer die Befugnis gibt, vor der Einleitung des Disziplinarverfahrens die Aussetzung der Vorrückung anzuordnen, war notwendig im Hinblick auf Art. 12 Abs. 1 RichtDiszG.

4) Der richterliche Beamte muß, bis er freiwillig oder unfreiwillig aus dem Amte scheidet, im Genusse seines Gehalts belassen

werden, auch wenn er durch Krankheit am Dienste gehindert ist. Die Verwaltung kann das Verfahren nach Art. 71, 85 RichtDiszG. einleiten, darf aber die Bezüge des richterlichen Beamten vor der Durchführung des Verfahrens nicht schmälern.

5) Der Abs. 1 entspricht dem Art. 38 Halbsatz 2; der Abs. 2 enthält eine Ergänzung des Art. 64 Abs. 1 BeaG.

6) Die Vorschriften des AGzGVG. sind durch den ersten Absatz des Art. 183 aufrecht erhalten und damit auch die Vorschrift des Art. 71 jenes Gesetzes, die sich im wesentlichen mit dem Art. 104 BeaG. deckt. Der Art. 104 geht aber weiter als der Art. 71, insbesondere in Abs. 2. Um Mißverständnisse auszuschließen, wurde ausdrücklich erklärt, daß die weitergehenden Vorschriften des Art. 104 auf richterliche Beamte nicht Anwendung finden.

Die Art. 103 und 170 können für Richter nicht gelten.

7) Eine Ersatzpflicht des Richters kann, soweit er nicht mit einer Vermögensverwaltung betraut ist, nur durch die Gerichte festgestellt werden.

C. Mitglieder des Obersten Rechnungshofs.

Artikel 184.

Auf die Mitglieder des Obersten Rechnungshofs [1]) finden in Bezug auf den Anspruch auf Gehalt und die Vorrückung im Gehalt, in Bezug auf die Dienstaufsicht und das Dienststrafverfahren, die vorläufige Dienstenthebung, die unfreiwillige Versetzung auf eine andere Stelle und die unfreiwillige Versetzung in den Ruhestand die für die Mitglieder des Verwaltungsgerichtshofs geltenden Vorschriften Anwendung. Hiebei tritt an die Stelle des Verwaltungsgerichtshofs und seiner Mitglieder der Oberste Rechnungshof und seine Mitglieder und an die Stelle des Staatsministers des Innern der Staatsminister der Finanzen.

In Bezug auf die Verfolgung vermögensrechtlicher Ansprüche gegen den Staat findet auf die Mitglieder des Obersten Rechnungshofs die Vorschrift im § 9 des Reichs-Gerichtsverfassungsgesetzes entsprechende Anwendung. [2])

1) Die Stellung des Obersten Rechnungshofes ist in der Hauptsache die einer in ihren Entscheidungen unabhängigen obersten richterlichen Instanz.

Eine Folge der in Art. 184 ausgesprochenen Gleichstellung der Mitglieder des Obersten Rechnungshofs mit den Mitgliedern des Verwaltungsgerichtshofs ist, daß ihr Dienstverhältnis sofort mit ihrer Ernennung unwiderruflich ist, weshalb sie auch in der Anlage I zum BeaG. den sofort unwiderruflichen Beamten zugezählt sind. Eine weitere Folge dieser Gleichstellung ist die in Art. 222 BeaG. vorgesehene Befreiung von der Berufung zum Amte eines Schöffen und eines Geschworenen.

2) Nach § 9 RGVG. darf wegen vermögensrechtlicher Ansprüche der Richter aus ihrem Dienstverhältnisse, insbesondere auf Gehalt, Wartegeld oder Ruhegehalt, der Rechtsweg nicht ausgeschlossen werden. Nachdem diese Vorschrift gemäß Art. 2 Abs. 1 des Ges. v. 8. Aug. 78, die Errichtung eines Verwaltungsgerichtshofs und das Verfahren in Verwaltungsrechtssachen betr., von selbst auch für die Mitglieder des Verwaltungsgerichtshofs Geltung hat, wurde bestimmt, daß sie auch auf die Mitglieder des Obersten Rechnungshofes Anwendung findet.

D. Landtagsbeamte.

Artikel 185.

Unberührt bleiben die Vorschriften in dem Artikel 11 des Gesetzes vom 19. Januar 1872, den Geschäftsgang des Landtags betreffend.[1])

Die Ernennung des Kanzleidirektors der Kammer der Reichsräte erfolgt auf Vorschlag des Direktoriums der Kammer der Reichsräte, die Ernennung des Bureauvorstandes der Kammer der Abgeordneten auf Vorschlag des Direktoriums der Kammer der Abgeordneten.[2])

Die Ernennung des Vorstandes und der Mitglieder des Stenographischen Instituts erfolgt auf Vorschlag der Direktorien der beiden Kammern des Landtags.[2])

Während der Versammlung des Landtags in ordentlicher oder außerordentlicher Tagung sowie während der Tagung eines bei nicht versammeltem Landtag einberufenen Ausschusses steht die Dienstaufsicht über den Landtagsarchivar den Direktorien der beiden Kammern, die Dienstaufsicht über den Kanzleidirektor der Kammer der Reichsräte dem Direktorium der Kammer der Reichsräte, die Dienstaufsicht über den Bureauvorstand der Kammer der Abgeordneten dem Direktorium der Kammer der Abgeordneten zu. Die Stellung des Antrags auf Einleitung des Disziplinarverfahrens und die Zurücknahme dieses Antrags erfolgt während dieser Zeit mit Zustimmung der betreffenden Direktorien.[3])

Der Vorstand und die Mitglieder des Stenographischen Instituts sind während dieser Zeit hinsichtlich ihres Dienstes im Landtags-Stenographenbureau den Direktorien der beiden Kammern untergeordnet.[4])

1) In Art. 11 des Ges. v. 19. Jan. 72, den Geschäftsgang des Landtags betr., ist den Kammern das Recht eingeräumt, einen gemeinschaftlichen ständigen Archivar zu benennen, der aus der Staatskasse besoldet wird.

2) In ähnlicher Weise, wenn auch nicht in Gesetzesform, besteht ein Vorschlagsrecht des Direktoriums der Kammer der Reichsräte hinsichtlich ihres Kanzleidirektors (Verh. v. J. 1898), des Direktoriums der Kammer der Abgeordneten hinsichtlich ihres Bureauvorstandes (§ 2 der KAE. v. 20. Aug. 74), sowie der Direktorien beider Kammern hinsichtlich des Vorstandes und der Mitglieder des K. Stenographischen Instituts (§ 6 Abs. 1 und 2 der im Einverständnisse mit den Präsidenten der beiden Kammern erlassenen Dienstanweisung v. 8. Okt. 03).

Es bedurfte deshalb auch bezüglich der Besetzung dieser Stellen eines besonderen Vorbehalts in gegenwärtigem Gesetze.

Bezüglich der Dienstverhältnisse der übrigen Beamten und Bediensteten beim Landtage (Archivsekretär, Bureausekretär der Kammer der Abgeordneten, Maschinenmeister, Verwalter des Landtagsgebäudes, Archivdiener, Kanzleidiener der Kammer der Reichsräte, Botenmeister und Bureaudiener der Kammer der Abgeordneten, Hausdiener) ist im J. 1906 zwischen der K. Staatsregierung und dem Landtage vereinbart worden, daß für die Zukunft deren Aufnahme und die Regelung ihrer Gehalts-, Pensions- und sonstigen Dienstverhältnisse durch die Direktorien der beiden Kammern im Wege des Dienstvertrags unter sinngemäßer Anwendung der Bestimmungen der KAB. v. 26. Juni 94 und unter Verrechnung ihrer Bezüge auf die Regie des Landtages zu erfolgen habe.

Mit Rücksicht auf diese Vereinbarung wurde davon abgesehen, diese Kategorien von Landtagsbediensteten in die neue GehO. aufzunehmen und dem Geltungsbereiche des BeaG. zu unterwerfen. Es bleibt vielmehr den Direktorien der beiden Kammern überlassen, wie sie die bezeichneten Dienstverhältnisse, die sie durch die am 11. Aug. 06 beschlossenen Satzungen geordnet hatten, mit dem Inkrafttreten des gegenwärtigen Gesetzes neu regeln und die Bestimmungen des letzteren zur entsprechenden Anwendung bringen wollen. Nachdem eine Neuordnung dieser Dienstverhältnisse für die künftig aufzunehmenden Landtagsbediensteten ohnehin zu erfolgen haben wird, hat die Staatsregierung es für angemessen erachtet, auch hinsichtlich der gegenwärtigen Bediensteten, die noch auf Grund der KAB. v. 26. Juni 94 angestellt sind, die weitere Verfügung den Direktorien der beiden Kammern in der Weise zu überlassen, daß sie auch diese Bediensteten für ihre Person den zu revidierenden Satzungen unterwerfen und dabei zugleich ihre (bisher nach der KAB. v. 26. Juni 94 bemessenen) Bezüge den entsprechenden Klassen der neuen GehO. angleichen. Es wurde hierbei von der Erwägung ausgegangen, daß damit ein einheitliches Recht für die gegenwärtigen und künftigen Landtagsbediensteten geschaffen und die Belastung der neuen GehO. mit künftig wegfallenden Stellen vermieden werden würde.

3) Um den Direktorien des Landtags hinsichtlich der höheren Beamten (des Landtagsarchivars, des Kanzleidirektors der Kammer der Reichsräte und des Bureauvorstandes der Kammer der Abgeordneten) das Recht der Dienstaufsicht für die Dauer der Landtagsversammlung zu wahren, wurde eine besondere Vorschrift in das Gesetz aufgenommen. Hierdurch wird den Direktorien der beiden Kammern die Eigenschaft von vorgesetzten Behörden im Sinne des gegenwärtigen Gesetzes beigelegt.

Auch hinsichtlich des Disziplinarverfahrens ist ein Mitwirkungsrecht der betreffenden Direktorien bei der Antragstellung vorgesehen, während die erkennende Tätigkeit in Disziplinarsachen nach den Grundsätzen des neuen Gesetzes weder den Staatsministerien noch den Direktorien der Kammern, sondern den besonderen Disziplinargerichten zukommt.

4) Hinsichtlich der dienstlichen Unterordnung des Vorstandes und der Mitglieder des K. Stenographischen Instituts ist der Inhalt des § 1 Abs. 2 der obenbezeichneten Dienstanweisung v. 8. Okt. 03, der ebenfalls eine Ausnahme von der Regel dieses Gesetzes enthält, als Vorbehalt in das BeaG. aufgenommen worden.

E. Beamte der Versicherungskammer und des Wasserversorgungsbureaus.

Artikel 186.

Die Beamten, die einer in den besonderen Gehaltsordnungen für den Bereich der Versicherungskammer und den Bereich des Wasserversorgungsbureaus aufgeführten Beamtenklasse angehören und in den in dem Artikel 5 Abs. 1 vorgeschriebenen Formen ernannt werden, sind etatsmäßige Beamte im Sinne des Artikel 2 dieses Gesetzes.[1]) Das Dienstverhältnis dieser Beamten ist, soweit sie in dem diesem Gesetz als Anlage II beigefügten Verzeichnis aufgeführt sind, nach einer etatsmäßigen Dienstzeit von drei Jahren unwiderruflich[2]); das Dienstverhältnis der übrigen in den besonderen Gehaltsordnungen aufgeführten etatsmäßigen Beamten ist nach einer etatsmäßigen Dienstzeit von zehn Jahren unwiderruflich.

Die Vorschrift des Artikel 6 Abs. 4 dieses Gesetzes findet entsprechende Anwendung.

Bei dem Übertritt aus einer in den besonderen Gehaltsordnungen aufgeführten Klasse in eine in der Gehaltsordnung im Sinne dieses Gesetzes aufgeführte Klasse und umgekehrt gelten diese Gehaltsordnungen als eine einzige Gehaltsordnung.[3])

1) Die Königliche Versicherungskammer ist eine dem K. Staatsministerium des Innern unmittelbar untergeordnete staatliche Behörde, der die Verwaltung und Vertretung der Gebäudebrandversicherungsanstalt (Art. 80 BrandversicherungsG. v. 3. April 75), dann der Hagelversicherungsanstalt (Art. 15 G. v. 13. Febr. 84, die Hagelversicherungsanstalt betr.), der Viehversicherungsanstalt (Art. 1 Abs. 2 mit Art. 20 G. v. 11. Mai 96, die Viehversicherungsanstalt betr.) und der Pferdeversicherungsanstalt (Art. 1 Abs. 2 G. v. 15. April 00, die Pferdeversicherungsanstalt betr.) übertragen ist.

Ebenso ist das K. Wasserversorgungsbureau, das zum Vollzuge des Art. 89 BrandversicherungsG. errichtet ist, eine staatliche Behörde.

Die im Bereiche dieser beiden Stellen angestellten Beamten und Bediensteten sind daher staatliche Beamte und Bedienstete, und es hat sich deshalb die Neuregelung der Dienst-, Gehalts- und Pensionsverhältnisse der Staatsbeamten und Staatsbediensteten auch auf jene Gruppen von Staatsdienern zu erstrecken.

Da die Besoldung dieser beiden Gruppen von Staatsbeamten nicht aus allgemeinen Staatsmitteln, sondern für die Beamten im Bereiche der K. Versicherungskammer aus Mitteln der Brandversicherungsanstalt gedeckt, für die Beamten des K. Wasserversorgungsbureaus aus dem Fonds für Förderung des Feuerlöschwesens geschöpft wird, waren die Beamtenklassen dieser Gruppen von Staatsbeamten nicht in die GehO. aufzunehmen; die Gehaltsverhältnisse für diese beiden Gruppen von Staatsbeamten sind vielmehr in besonderen GehO., für deren Aufstellung selbstverständlich die gleichen Grundsätze wie für jene GehO. maßgebend waren, geregelt. Da hiernach die Beamtenklassen, denen die im Bereiche der K. Versicherungskammer und beim K. Wasserversorgungsbureau angestellten Beamten angehören, nicht in der in Art. 2 gemeinten GehO. aufgeführt sind, werden diese Beamten von der Bestimmung des Art. 2 nicht ohne weiteres erfaßt, und es war deshalb eine besondere Bestimmung erforderlich, durch welche die Beamten im Bereiche der K. Versicherungskammer und des K. Wasserversorgungsbureaus als etatsmäßige Beamte im Sinne des Art. 2 erklärt werden.

2) Für die Bestimmung der Beamtenklassen, deren Dienstverhältnis nach einer etatsmäßigen Dienstzeit von 3 Jahren

unwiderruflich sein soll (Anlage II), waren die gleichen Grundsätze maßgebend, wie für die in der Anlage I unter Buchstabe B vorgetragenen Beamtenklassen.

3) Der letzte Absatz erschien notwendig, um den übertretenden Beamten die Anrechnung ihrer bereits zurückgelegten Dienstzeit sowohl auf die Zeit des Provisoriums als auch auf das Besoldungsdienstalter zu sichern (vgl. Art. 6, 28 und 30).

F. Hochschulprofessoren.

Artikel 187.

Die Hochschulprofessoren[1]) beziehen außer ihrem Gehalte Kollegiengelder und Promotionsgebühren nach Maßgabe der hierüber jeweils bestehenden Vorschriften.

Durch Verordnung kann verfügt werden, daß, soweit die Einnahmen eines Hochschulprofessors aus Kollegiengeldern einen bestimmten jährlichen Höchstbetrag[2]) übersteigen, von dem Mehrbetrage der Kollegiengelder dem Hochschulprofessor nur die Hälfte verbleibt, die andere Hälfte dagegen einem bei den einzelnen Hochschulen zu bildenden Fonds zuzufließen hat, der nach Anordnung[3]) des zuständigen Staatsministeriums für sachliche und bauliche Bedürfnisse der Hochschule, dann zur Erteilung besoldeter Lehraufträge an Privatdozenten sowie zur Gewährung von Beihilfen an etwa bestehende Witwen- und Waisenkassen zu verwenden ist.

Professoren der Universitäten und der Technischen Hochschule, die das 65. Lebensjahr vollendet haben, können auf ihr Ansuchen von der Verpflichtung zur Abhaltung von Vorlesungen unter Belassung des von ihnen erdienten Gehalts befreit werden.[4])

1) a. Besonderer Regelung im Rahmen des BeaG. bedarf die Frage, ob und in welchem Umfange den Hochschulprofessoren für ihre hauptamtliche Tätigkeit neben ihrem Gehalt ein Anspruch auf Nebenbezüge, insbesondere auf die von den Studierenden zu entrichtenden Kollegiengelder, zukommen soll. Hinsichtlich der Verwendung der Kollegiengelder bieten sich drei Möglichkeiten:

1. Die Kollegiengelder werden nach Abzug etwaiger Hebegebühren den Dozenten belassen: bisheriges bayerisches System (auch in Sachsen, Württemberg und Baden in Geltung).

2. Den Dozenten kommt, soweit sie besoldet sind, ein Anspruch auf Kollegiengeld nicht zu; dieses fließt vielmehr der Staatskasse zu: österreichisches System.

3. Das Kollegiengeld verbleibt zum Teil den Professoren, zum Teil wird es für andere Zwecke in Anspruch genommen: preußisches System (seit 1. April 97 für die preußischen Universitäten und das Lyzeum Braunsberg in Kraft).

Im Zusammenhalte mit der Erhöhung der Professorengehälter erschien es begründet, auch in Bayern die Verwendung der Kollegiengelder nach dem Vorbilde der preußischen Regelung zu ändern.

b. Unter Hochschulprofessoren i. S. des Abs. 1 — wie auch des Abs. 2 — sind die mit Beamteneigenschaft ausgestatteten Professoren der drei Landesuniversitäten, der Technischen Hochschule, der Lyzeen, der Tierärztlichen Hochschule und der Forstlichen Hochschule zu verstehen. Für die Lyzeen und die Tierärztliche Hochschule gewinnen allerdings die Bestimmungen über Kollegiengelder, solange solche dort nicht erhoben werden, keine praktische Bedeutung. Ebenso kommt ein Bezug von Promotionsgebühren nur an den mit dem Promotionsrechte ausgestatteten Hochschulen in Frage.

2) Als sachliche Bedürfnisse kommen nicht etwa große Neubauten u. dgl., sondern kleinere Abänderungen und Baufallwendungen, die namentlich bei Berufung von neuen Institutsvorständen mitten im Laufe der Finanzperiode vorgenommen werden müssen, in Betracht.

3) Die Professoren von Fachhochschulen (Tierärztliche Hochschule, Forstliche Hochschule, Lyzeen), fallen nicht hierunter.

4) Eine etwaige Vorrückung in weitere Alterszulagen ist ausgeschlossen.

G. Beamte der aus Kreisfonds unterhaltenen Mittelschulen.

Artikel 188.

Die Beamten der Oberrealschulen, Progymnasien, Realschulen, Lateinschulen, der Kreisbaugewerkschule Kaiserslautern, der landwirtschaftlichen Mittelschulen und Kreisackerbauschulen, die in den in dem Artikel 5 Abs. 1 vorgeschriebenen Formen ernannt werden, sind etatsmäßige Beamte im Sinne des Artikel 2 dieses Gesetzes.[1]) Das Dienstverhältnis dieser Beamten ist, soweit sie in dem diesem Gesetz als Anlage III beigefügten Verzeichnis aufgeführt sind, nach einer etatsmäßigen Dienstzeit von drei Jahren, das Dienstverhältnis der übrigen Beamten nach einer etatsmäßigen Dienstzeit von zehn Jahren unwiderruflich.

Die vermögensrechtlichen Ansprüche der etatsmäßigen Beamten der Kreisbaugewerkschule Kaiserslautern und der Kreisackerbauschulen aus ihrem Dienstverhältnis und die ihren Hinterbliebenen gesetzlich eingeräumten vermögensrechtlichen Ansprüche richten sich gegen die Kreisgemeinde, in der diese Beamten angestellt sind.

Die Ansprüche der übrigen in Abs. 1 aufgeführten Beamten auf Wartegeld, Ruhegehalt, Hinterbliebenenversorgung und Unfallfürsorge, dann auf Gewährung von Umzugskosten richten sich gegen den Staat, der auch die Stellvertretungskosten bei diesen Anstalten bestreitet, die sonstigen vermögensrechtlichen Ansprüche der genannten Beamten aus dem Dienstverhältnisse richten sich gegen die Kreisgemeinde, in der sie angestellt sind.

Die Kreisgemeinden sind verpflichtet, die Gehalte des Personals der in Abs. 1 aufgeführten Anstalten vom Tage des Inkrafttretens dieses Gesetzes an in folgender Weise zu bemessen.

1. Es haben zu erhalten:

den gleichen Gehalt wie die Rektoren der humanistischen Gymnasien: die Rektoren der Oberrealschulen;

den gleichen Gehalt wie die Konrektoren der humanistischen Gymnasien: die Konrektoren der Oberrealschulen, die Rektoren der Realschulen in München, Rosenheim, Landshut, Pirmasens, Bamberg, Hof, Ansbach, Fürth und Nürnberg;

den gleichen Gehalt wie die Bezirksamtmänner: die Rektoren der Progymnasien, aller übrigen Realschulen, der Kreisbaugewerkschule Kaiserslautern und der landwirtschaftlichen Mittelschulen;

den gleichen Gehalt wie die Gymnasialprofessoren: die Professoren der Oberrealschulen, Progymnasien, Realschulen und landwirtschaftlichen Mittelschulen, dann die Subrektoren der Lateinschulen und die Vorstände der Kreisackerbauschulen;

den gleichen Gehalt wie die Gymnasiallehrer: die Reallehrer der Oberrealschulen, die Gymnasiallehrer der Progymnasien, die Reallehrer der Realschulen, die Studienlehrer der Lateinschulen, die Lehrer der Kreisbaugewerkschule Kaiserslautern, die Reallehrer der landwirtschaftlichen Mittelschulen und die Lehrer der Kreisackerbauschulen.

2. Die Gehalte der übrigen Beamten der in Abs. 1 aufgeführten Anstalten sind, soweit diese Beamten bisher nach Maßgabe der Vorschriften der Verordnung vom 26. Juni 1894 behandelt wurden, den Gehalten der in die Gehaltsordnung aufgenommenen einschlägigen Beamtenklassen anzugleichen.

3. Dem aushilfsweise verwendeten Lehrpersonale der in Abs. 1 aufgeführten Anstalten sind die gleichen Bezüge zu gewähren, wie dem einschlägigen Personale der aus Staatsmitteln unterhaltenen Mittelschulen.

4. Das Personal der mit Oberrealschulen oder Realschulen organisch verbundenen gewerblichen und technischen Fachschulen ist gleich dem Personale der Hauptanstalten zu behandeln.

Die bisherigen Leistungen der Distrikte und Städte zum Personalaufwande der in Abs. 1 genannten Anstalten sind nach Maßgabe der für das Jahr 1908 festgesetzten Anstaltsetats als Bauschbeträge fortzuentrichten. Die Bauschbeträge werden von fünf zu fünf Jahren nach Maßgabe der bei dem Inkrafttreten dieses Gesetzes zwischen den Kreisen und den Distrikten oder Städten bestehenden oder künftig an deren Stelle tretenden Vereinbarungen neu festgesetzt.[2])

1) Die im Abs. 1 dieses Art. genannten Beamten, sofern sie in den Formen des Art. 5 Abs. 1 BeaG. ernannt werden, sind kraft Gesetzes etatsmäßige Beamte i. S. des Art. 2. Hiernach gilt die im Dienste dieser Anstalten zugebrachte Zeit ohne weiteres, und ohne daß es einer besonderen Anrechnung nach Art. 28 Abs. 6 bedürfte, für einen späteren Übertritt in eine in der GehO. für die Staatsbeamten aufgeführte Dienstesstellung als etatsmäßige Dienstzeit i. S. des Art. 28 Abs. 3 des BeaG. (s. auch oben Art. 28 Anm. 5).

2) Was die Frage der Kostendeckung anlangt, so waren hieran bisher der Staat, die Kreise, die Städte und vereinzelt auch

Distrikte beteiligt. An diesen Rechtsverhältnissen ist in der Hauptsache eine Änderung nicht eingetreten, nur trifft der durch die neue GehO. verursachte Mehraufwand von vornherein auf die Kreise.

Der Staat ist bisher bei den in Abs. 1 des Art. 188 genannten Anstalten — mit Ausnahme der Kreisackerbauschulen und der Kreisbaugewerkschule Kaiserslautern, die ganz von den Kreisen unterhalten wurden — für die Pensionen des Lehrpersonals einschließlich der Hinterbliebenenversorgung sowie für die Stellvertretungskosten und die Unterstützungen des Personals aufgekommen. Dazu kommt nunmehr noch die Leistung des Wartegeldes, der Umzugskosten und der Unfallfürsorge. Der sonstige Personalaufwand (Gehalte, Gehaltszulagen usw.) wurde bisher und wird auch nunmehr, soweit nicht auch hierzu vom Staate Zuschüsse geleistet werden (wie bei den Oberrealschulen), bei den eigentlichen Kreisanstalten von den Kreisen, im übrigen aber von den Kreisen und den Städten gemeinsam aufgebracht, wobei das gegenseitige Beitragsverhältnis in den einzelnen Regierungsbezirken ein verschiedenes ist.

Um aber die jährliche umständliche Berechnung des Beitragsverhältnisses zu vermeiden, ist im BeaG. bestimmt, daß der gesamte Personalaufwand der beteiligten Anstalten, soweit er nicht vom Staate übernommen ist, zunächst von den Kreisgemeinden bereitgestellt wird. Die Zuschüsse der Kreisgemeinden zu dem Personalbedarfe der einzelnen Schulen sind demnach veränderlich, während die Städte und Distrikte ihre bisherigen Leistungen zum Personalaufwande der Anstalten nach Maßgabe der für 08 aufgestellten Anstaltsetats als Bauschbeträge, d. i. als fixe Leistungen, fortzuentrichten haben, die von fünf zu fünf Jahren nach Maßgabe der beim Inkrafttreten des Gesetzes bestehenden oder künftig an deren Stelle tretenden Vereinbarungen, namentlich auch unter Berücksichtigung der inzwischen eingetretenen Stellenmehrungen und Minderungen, neu festgesetzt werden. Bezüglich der Bestreitung der Realexigenz und der Anrechnung des Schulgelderträgnisses werden die bisherigen Verhältnisse durch die neuen gesetzlichen Bestimmungen nicht berührt. Auch hinsichtlich der Verrechnung der Gesamtexigenz der Anstalten tritt eine Änderung nicht ein; die jeweils sich ergebenden Kreisleistungen sind vielmehr wie seither rechnerisch als Zuschuß an die Anstaltskasse zu behandeln.

H. Sonstige Beamte der Kreise und Beamte der Stiftungen.

Artikel 189.

Durch Königliche Entschließung können die Vorschriften dieses Gesetzes über die etatsmäßigen Beamten auf die nicht in dem Artikel 188 aufgeführten, aus Kreismitteln besoldeten Beamten und auf die nicht in

die Gehaltsordnung aufgenommenen, aus Stiftungsmitteln besoldeten Beamten ganz oder teilweise für entsprechend anwendbar erklärt werden.[1])

Die Dauer der Widerruflichkeit des Dienstverhältnisses dieser Beamten wird in der Königlichen Entschließung bestimmt. Die vermögensrechtlichen Ansprüche aus dem Dienstverhältnisse sowie die den Hinterbliebenen eingeräumten vermögensrechtlichen Ansprüche richten sich bei den aus Kreismitteln besoldeten Beamten gegen die Kreisgemeinde, in der sie angestellt sind, bei den aus Stiftungsmitteln besoldeten Beamten gegen den Staat. Die beteiligten Stiftungen sind dem Staate ersatzpflichtig.

Durch Königliche Entschließung können für die in Abs. 1 genannten Kreisbeamten einheitliche Grundsätze über das Mindestmaß der diesen zu gewährenden Bezüge aufgestellt werden.

1) Als aus Kreismitteln besoldete Beamte i. S. dieses Art. kommen hauptsächlich in Betracht die Beamten der Kreisirrenanstalten und der sonstigen Kreiswohltätigkeitsanstalten (Kreistaubstummen-, Kreisblindenanstalten), dann die Kreisschulinspektoren, die Kreiswanderlehrer, das Personal der landwirtschaftlichen Kreisversuchsstationen ꝛc.

Unter die Stiftungsbeamten i. S. dieses Art. fallen nicht nur die bei den Stiftungsämtern und Stiftungsadministrationen im Hauptamt angestellten Beamten sondern auch das Personal der unter staatlicher Verwaltung stehenden Stiftungs-, Wohltätigkeits-, Erziehungs- und Unterrichtsanstalten.

Diese Beamtenkategorien besitzen zurzeit teils die Eigenschaft pragmatischer, teils die Eigenschaft nichtpragmatischer Beamter, teils sind sie auch in nichtstatusmäßiger Weise angestellt oder es sind ihre Verhältnisse analog den Verhältnissen des Lehrpersonals an den Volksschulen geregelt.

Art. 189 Abs. 1 schafft nun die gesetzliche Grundlage, auf der diesem Personale die Eigenschaft von etatsmäßigen Beamten verliehen werden kann. Soweit hieran finanzielle Wirkungen sich knüpfen, erscheint es selbstverständliche Voraussetzung, daß die erforderlichen Mittel entweder auf Kreisfonds (bei Kreisbeamten) durch entsprechende Beschlüsse der Landräte oder auf Stiftungsfonds (bei Stiftungsbeamten) durch bezügliche Verfügungen der Stiftungskuratelstellen übernommen werden.

Die Erstreckung der Vorschriften über die etatsmäßigen Beamten kann entweder auf dem Wege der KAV. für ganze Beamtengruppen oder auf dem Wege der Einzelentschließung in besonders gelagerten Fällen erfolgen. Jedoch mußte infolge der Besonderheit dieser Beamtenkategorien die Möglichkeit vorgesehen werden, daß auch nur ein Teil der Vorschriften über die etatsmäßigen Beamten auf sie ausgedehnt werden kann, z. B. nur die Vorschriften über die Unwiderruflichkeit oder das Dienststrafrecht für unwiderrufliche Beamte, nicht aber die Vorschriften über die Gehalts- oder über die Pensionsverhältnisse.

J. Beamte der Fachschulen.

Artikel 190.

Den Beamten derjenigen Fachschulen, die ganz oder größtenteils aus staatlichen Mitteln unterhalten werden, kann nach Maßgabe des dienstlichen Bedürfnisses die Eigenschaft von etatsmäßigen Beamten im Sinne des Artikel 2 dieses Gesetzes verliehen werden, sofern ihre Gehalte gleichzeitig der Gehaltsordnung entsprechend geregelt werden.[1]) Die Dauer der Widerruflichkeit ihres Dienstverhältnisses ist jeweils entsprechend festzusetzen.

1) Für bestimmte Industrie- und Gewerbszweige bestehen Fachschulen, die ihren Unterhalt ganz oder teilweise aus staatlichen Mitteln beziehen, deren Personal aber im Staatsbudget nicht erscheint, weil der Unterhalt dieser Schulen aus Zentralfonds oder aus budgetmäßigen Aversen bestritten wird. Die Gehalts- und sonstigen Verhältnisse des Beamtenpersonals dieser Fachschulen sind verschieden geregelt; denn dieses hat häufig nicht nur ganz von einander abweichende Bildungsgänge durchlaufen, sondern hat auch ganz verschiedene Aufgaben zu erfüllen. Die Eigenart des Unterrichts stellt besondere Anforderungen, und es ist nicht selten mit großen Schwierigkeiten verbunden, das geeignete Personal zu gewinnen und dauernd zu erhalten. Infolgedessen erschien es ausgeschlossen, eine für alle Fälle zutreffende Besoldung für dieses Personal im vornherein auszusetzen; es mußte deshalb auch seine Einreihung in die GehO. unterbleiben.

Doch können nunmehr diesen Beamten die Rechte etatsmäßiger Beamter, insbesondere zum Zwecke der Einräumung des Anspruchs auf Pension und Hinterbliebenenfürsorge, verliehen werden. Die Einräumung dieser Rechte soll Hand in Hand gehen mit der Einreihung der Beamten in eine entsprechende Klasse der GehO.; sie kann daher nur erfolgen, wenn die Mittel hierfür in den Zentralfonds oder den budgetmäßigen Aversalbeiträgen zur Verfügung stehen.

K: Beamte der K. Bank.

Artikel 191.

Durch Königliche Verordnung können die Vorschriften dieses Gesetzes über die etatsmäßigen Beamten ganz oder teilweise auf die Beamten der K. Bank[1]) für entsprechend anwendbar erklärt werden.

1) Die K. Bank ist nach § 1 KAV. v. 13. Dez. 78, GVBl. 489, eine unmittelbar unter dem K. Staatsministerium der Finanzen stehende Staatsanstalt mit kaufmännischer Geschäftsführung, die vorzugsweise den Zweck hat, als Depositen-, Wechsel- und Leihbank verfügbares Kapital nutzbar zu machen und insbesondere durch Vorlehen den Handel, die Industrie, das Gewerbe und die Landwirtschaft zu unterstützen und zu fördern.

Die Beamten der Bankdirektion, der Hauptbank und der Filialbanken werden von dem König ernannt. Sie und ihre Hinterbliebenen werden den übrigen Staatsdienern und deren Hinterbliebenen gleich behandelt, und es finden auf sie alle für die Staatsdiener und ihre Hinterbliebenen geltenden gesetzlichen und verordnungsmäßigen Bestimmungen Anwendung. Ihre Besoldungen werden durch die Anstellungsdekrete bestimmt und ebenso wie die Pensionen, Unterhaltsbeiträge und Alimentationen aus der Bankkasse bestritten. Neben der Besoldung können den Bankbeamten aus dem Reingewinne Nebenbezüge nach Maßgabe der in ihren Anstellungs- oder Beförderungsdekreten festgesetzten Prozentsätze gewährt werden (§§ 7 und 20 der obengen. KAV.).

Angesichts dieser Vorschriften kann es keinem Zweifel unterliegen, daß die Beamten der K. Bank als Staatsbeamte i. S. des Art. 1 BeaG. anzusehen sind. Dagegen sind sie nicht als etatsmäßige Beamte i. S. des Art. 2 BeaG. zu erachten, da sie keiner der in der GehO. aufgeführten Beamtenklassen angehören, sondern ihre Besoldungen durch § 20 KAV. v. 13. Dez. 78 besonderer Festsetzung vorbehalten sind. Immerhin erschien es angezeigt, die Vorschriften des BeaG., wie sie für die etatsmäßigen Beamten in Aussicht genommen sind, so namentlich die Vorschriften über die Erlangung der Unwiderruflichkeit und über die damit zusammenhängenden rechtlichen Folgen, auch auf die Beamten der K. Bank auszudehnen, was durch einen entsprechenden Nachtrag zu der KAV. v. 13. Dez. 78 geschehen soll. Die gesetzliche Ermächtigung hierzu wurde durch Art. 191 BeaG. geschaffen.

L. Beamte der Militärverwaltung.

Artikel 192.

Auf die Beamten der Militärverwaltung[1]) finden lediglich Abschnitt I, II, VII bis X[2]) dieses Gesetzes entsprechende[3]) Anwendung unter den nachstehenden besonderen Festsetzungen.

1) Die Beamten der Militärverwaltung sind wie beim übrigen Reichsheere Militärbeamte oder Zivilbeamte der Militärverwaltung; erstere unterstehen der Militär-, letztere der Zivil-Strafgerichtsbarkeit.

Die sämtlichen Beamten der Militärverwaltung haben entweder die Eigenschaft von höheren, mittleren oder unteren Beamten; die höheren und mittleren Beamten bilden zusammen die Klasse der oberen Beamten.

Über die Einteilung der Militärbeamten hinsichtlich ihres Unterordnungsverhältnisses siehe unten Art. 199 Anm. 1.

2) Hinsichtlich der im Artikel 192 nicht vorgetragenen Abschn. III bis VI ist zu bemerken:

Die Diensteinkommensverhältnisse (III. Abschn.) sind für die Beamten der Militärverwaltung auf Grund des Bündnisvertrags v. 23. Nov. 70 durch den Militäretat, die Friedensbesoldungsvorschrift und die sonst einschlägigen Gebührenvorschriften in Übereinstimmung mit dem übrigen Reichsheere geregelt.

Hinsichtlich der Versetzung in den Ruhestand (IV. Abschn.) gilt die mit den bezüglichen Bestimmungen des RBeaG. im Einklange stehende KAB. v. 14. Juli 07, die Pensionsansprüche der Beamten der Militärverwaltung betreffend.

Die Fürsorge für die Hinterbliebenen (V. Abschn.) bestimmt sich nach dem RBeaHinterblG. v. 17. Mai 07, das nach Maßgabe des Bündnisvertrags auch in Bayern zur Anwendung kommt.

Eine Einbeziehung der Beamten der Militärverwaltung in den VI. Abschn. (Unfallfürsorge) entfällt, da das RG. v. 18. Juni 01 betr. „die Fürsorge für Beamte und Personen des Soldatenstandes infolge von Betriebsunfällen" nach näherer Bestimmung des Bündnisvertrags auch für Bayern anzuwenden ist.

Ferner scheiden der Natur der Sache nach für die Militärverwaltung aus lit. a bis k und m bis o des XI. Abschn.

In den Schluß- und Übergangsbestimmungen (XII. Abschn.) sind die für die Militärverwaltung erforderlichen besonderen Bestimmungen in dem Art. 208 Abs. 4 und in dem Art. 209 Abs. 3 enthalten. Im übrigen ist in Art. 218 festgestellt, inwieweit der XII. Abschn. sich nicht auf die Militärverwaltung bezieht.

3) In den Anwendung findenden Abschnitten und Artikeln sind einzelne Stellen für die Militärverwaltung nicht wörtlich aufzufassen, wenn auch in Bezug auf ihre sinngemäße Anwendung kein Zweifel bestehen kann, so beispielsweise in Art. 6 Abs. 4 (GehO.), Art. 109 Ziff. 2 (Jahresgehalt), Art. 114, 175, 176, 178 (Gehalt), Artikel 162 (Staatskasse).

Artikel 193.

Etatsmäßige Beamte sind diejenigen Beamten, die eine in den Besoldungsetats[1]) aufgeführte Stelle bekleiden und in den in dem Artikel 5 Abs. 1 vorgeschriebenen Formen ernannt werden.

1) An Stelle der GehO. treten für die Militärbeamten die Besoldungsetats.

Artikel 194.

Das Dienstverhältnis der Beamten, die in dem diesem Gesetz als Anlage IV beigefügten Verzeichnis aufgeführt sind, ist nach einer etatsmäßigen Dienstzeit von drei Jahren unwiderruflich.

Das Dienstverhältnis der übrigen etatsmäßigen Beamten ist nach einer etatsmäßigen Dienstzeit von zehn Jahren unwiderruflich.

Artikel 195.[1])

Für das Dienstverhältnis der außeretatsmäßigen Beamten[2]) sind die einschlägigen allgemeinen Vorschriften und die mit diesen Beamten abgeschlossenen Dienstverträge maßgebend.

Auf diese Beamten finden die Vorschriften der Artikel 105 bis 107, 111 bis 117, soweit sie sich auf Ordnungsstrafen beziehen, mit der Maßgabe entsprechende Anwendung, daß Geldstrafen bis zum Betrage von einhundert Mark verhängt werden können.

Gegen diese Beamten kann nach Lösung ihres Dienstverhältnisses die in dem Artikel 168 vorgesehene Strafe verhängt werden.

Wird einem außeretatsmäßigen Beamten eine etatsmäßige Stelle übertragen, so wird ihm die in der Eigenschaft eines außeretatsmäßigen Beamten zurückgelegte Dienstzeit auf die Zeit der Widerruflichkeit angerechnet.

1) Dieser Art. gilt für den Bereich der Militärverwaltung an Stelle des Art. 6 Abs. 5.

2) **Außeretatsmäßige Beamte** sind diejenigen Beamten, die durch Anordnung des Kriegsministeriums als Beamte i. S. des Art. 1 BeaG. erklärt sind, aber keine in den Besoldungsetats aufgeführten Stellen bekleiden (Art. 193). Als solche kommen in Betracht Ingenieure, Chemiker und Meister der Technischen Institute, Regierungsbaumeister und Regierungsbauführer, Kupferstecher und Topographenfunktionäre, Maschinisten.

Die Anstellung dieser Beamten erfolgt unter dem ausdrücklichen Vorbehalte des Widerrufs oder der Kündigung auf Grund allgemeiner Dienstvorschriften oder durch Dienstvertrag.

Außerdem zählen zu den außeretatsmäßigen Beamten die überzähligen Intendanturassessoren und die Intendanturdiätare, von denen die dermalen vorhandenen Diätare ohne den vorbezeichneten Vorbehalt angestellt sind; künftig wird auch ihre Anstellung wie die der überzähligen Assessoren unter dem ausdrücklichen Vorbehalte des Widerrufs erfolgen.

Artikel 196.

Artikel 16 dieses Gesetzes gilt für die Militärbeamten neben dem § 49 des Reichs-Militärgesetzes vom 2. Mai 1874.

Die Vorschriften der Artikel 17, 18 finden auf die Beamten der Militärverwaltung nur insoweit Anwendung, als nicht im III. Abschnitte des vorbezeichneten Reichsgesetzes ein anderes bestimmt ist. [1])

Für die Qualifikation der Beamten der Militärverwaltung ist die Qualifikationsvorschrift für das Heer maßgebend Die Einlegung der Beschwerde gegen die Mitteilungen aus den Qualifikationen richtet sich nach der Beschwerdeordnung.

1) Nach § 40 RMilG. bedürfen die Militärpersonen des Friedensstandes zu denen nach § 38 auch die Militärbeamten des Friedensstandes gehören, zu ihrer Verheiratung der Genehmigung ihrer Vorgesetzten; nach § 41 können die Militärpersonen des Friedensstandes und die Zivilbeamten der Militärverwaltung die Übernahme von Vormundschaften ablehnen und sind zu deren Übernahme nur mit Genehmigung ihrer Vorgesetzten berechtigt; nach § 43 bedürfen die Militärpersonen des Friedensstandes für sich und für die in Dienstgebäuden bei ihnen wohnenden Mitglieder ihres Hausstandes zum Betrieb eines Gewerbes der Erlaubnis ihrer Vorgesetzten, insofern nicht das Gewerbe mit der Bewirtschaftung eines ihnen gehörigen ländlichen Grundstücks verbunden ist; nach § 47 bedürfen aktive Militärpersonen zur Annahme von Ämtern in der Verwaltung und Vertretung der kirchlichen oder politischen Gemeinden und weiteren Kommunalverbände der Genehmigung ihrer Dienstvorgesetzten.

Artikel 197.

Die Vorschriften des Arkikel 167 über die Anwendung des Dienststrafrechts für unwiderrufliche Beamte finden auch auf diejenigen Beamten der Militärverwaltung Anwendung, die vor der Versetzung in den Ruhestand widerruflich waren oder als außeretatsmäßige Beamte mit Pension in den Ruhestand versetzt wurden. [1])

1) Nach Art. 167 Abs. 4 finden auf die in den Ruhestand versetzten widerruflichen Beamten die Art. 105 bis 107, 111 bis 117 nur insoweit Anwendung, als sie sich auf Ordnungsstrafen beziehen. Die Anwendung des Disziplinarverfahrens wegen solcher in der Dienstesaktivität oder im Ruhestande begangener Handlungen, die gegenüber einem aktiven Beamten die Dienstentlassung begründen (Abs. 3 des Art. 167), entfällt im Bereiche der Zivilstaatsministerien für die widerruflich gewesenen Beamten, da die Gewährung von Ruhegehalt an sie nach Art. 68 nur eine fakultative und widerrufliche ist. Diese Einschränkung enthält die Pensionsverordnung für die Beamten der Militärverwaltung nicht; es war daher durch Art. 197 vorzusorgen, daß auch diejenigen Beamten der Militärverwaltung, die vor der Versetzung in den Ruhestand widerruflich waren, in bezug auf die vorbezeichneten Handlungen dem Disziplinarverfahren in gleicher Weise unterliegen wie die in den Ruhestand versetzten unwiderruflichen Beamten. Gleiche Bestimmung war für die außeretatsmäßigen Beamten zu treffen, die mit Pension in den Ruhestand versetzt wurden.

Artikel 198.

Als Gehalt im Sinne der Artikel 8, 9, 107, 109, 164, 174 gilt für die Beamten der Militärverwaltung ihr Diensteinkommen.[1])

Als eine Schmälerung des Diensteinkommens ist es nicht anzusehen, wenn bei der Versetzung die Gelegenheit zur Verwaltung von Nebenämtern entzogen wird, der Wohnungsgeldzuschuß sich mindert oder die Ortszulage oder der Bezug der für Dienstunkosten besonders ausgesetzten Einnahmen mit diesen Unkosten wegfällt.

1) Zu den Bezügen der etatsmäßigen Beamten der Militärverwaltung gehören außer dem Gehalte noch sonstige Geldgebühren sowie bei einzelnen Beamten auch Naturaliengebührnisse. Zur Vermeidung von Ungleichheiten bei der Lösung des Dienstverhältnisses widerruflicher Beamter (Art. 8), bei der Versetzung unwiderruflicher Beamter (Art. 9, 109), bei der Bemessung von Geldstrafen (Art. 107, 164) sowie bei der vorläufigen Dienstenthebung (Art. 174) soll das gesamte Diensteinkommen berücksichtigt werden.

Die Wohnungsgeldzuschüsse sind nach den Servisklassen verschieden abgestuft. Da dies auf den Preisverhältnissen der verschiedenen Standorte beruht, ist es ausgeschlossen, daß bei Versetzung eines Beamten (Art. 9) an einen Standort von niedrigerer Servisklasse etwa der frühere Wohnungsgeldzuschuß belassen wird. Ebenso verhält es sich mit der nicht pensionsfähigen Serviszulage in den nach Servisklasse A gehörenden Standorten und mit etwaigen sonstigen Ortszulagen. Ferner kann bei einer Versetzung keine Rücksicht darauf genommen werden, ob ein Nebenamt verloren geht oder eine besondere Dienstunkostenvergütung entfällt.

Artikel 199.

Gegen Militärbeamte[1]), die ausschließlich unter Militärbefehlshabern stehen, verfügt der Kommandierende General des Armeekorps die Einleitung des Disziplinarverfahrens und ernennt den Untersuchungsbeamten. Soweit diese Beamten nicht im Armeekorpsverbande stehen, ist die territoriale Zuständigkeit maßgebend.

Die entscheidende Disziplinarbehörde I. Instanz ist die Militär-Disziplinar-Kommission.

Für jedes Armeekorps tritt die Militär-Disziplinar-Kommission am Standorte des Generalkommandos zusammen. Sie wird aus einem Obersten als Vorsitzenden und sechs anderen Mitgliedern, von denen drei zu den Stabsoffizieren, Hauptleuten und Rittmeistern, die übrigen zu den oberen Beamten der Militärverwaltung gehören müssen, gebildet.

Die Mitglieder der Kommission werden vom Kriegsministerium ernannt.

Die Verrichtungen der Staatsanwaltschaft bei den Militär-Disziplinar-Kommissionen werden von einem durch den Kommandierenden General zu bestimmenden Oberkriegsgerichtsrate wahrgenommen. Im Behinderungsfalle wird ein anderer Oberkriegsgerichtsrat oder ein Kriegsgerichtsrat mit der Stellvertretung beauftragt.

1) Die Militärbeamten zerfallen hinsichtlich ihres Unterordnungsverhältnisses in drei Kategorien und zwar in solche:

1. die nur den ihnen vorgesetzten Militärbefehlshabern untergeordnet sind,
2. die in einem doppelten Unterordnungsverhältnisse stehen, und zwar einerseits zu den ihnen vorgesetzten Militärbefehlshabern, andererseits zu den ihnen vorgesetzten höheren Beamten oder Behörden, und
3. die nur den ihnen vorgesetzten höheren Beamten oder Behörden untergeordnet sind.

Da die Strafgewalt der Militärvorgesetzten nicht auch die Strafmittel der sogenannten reinigenden Disziplin umfaßt, so sind in

Ansehung der Disziplinarstrafen, der Strafversetzung und Dienstenthebung für die vorstehend unter 1) bezeichneten Beamten im Einklange mit §§ 120 bis 122 des RBeaG. in Art. 199 BeaG. die erforderlichen besonderen Bestimmungen über die Einleitung der Untersuchung, Ernennung des Voruntersuchungsbeamten, Bildung der Disziplinarbehörde erster Instanz und Wahrnehmung der Verrichtung der Staatsanwaltschaft getroffen. Daß in zweiter Instanz der Disziplinarhof entscheidet und daß hinsichtlich des Verfahrens die allgemeinen bezüglichen Bestimmungen des gegenwärtigen Gesetzes gelten, bedurfte der ausdrücklichen Hervorhebung im Gesetze nicht.

Handelt es sich um die Strafversetzung oder die Dienstentlassung von Militärbeamten, die in einem doppelten Unterordnungsverhältnisse stehen oder nur den vorgesetzten höheren Beamten oder Behörden untergeordnet sind, so richtet sich das Disziplinarverfahren nach den Bestimmungen des gegenwärtigen Gesetzes.

Artikel 200.

Hinsichtlich der von den Militärvorgesetzten über Militärbeamte zu verhängenden Strafen, die nicht in Strafversetzung oder Dienstentlassung bestehen, kommen die auf jene Beamten bezüglichen besonderen Vorschriften zur Anwendung.[1]) Dasselbe gilt von der Amtssuspension aller Beamten der Militärverwaltung im Falle des Krieges.

1) Sofern es sich nicht um Strafversetzung oder Dienstentlassung handelt, ist die Strafgewalt der Militärvorgesetzten gegen Militärbeamte nicht Gegenstand des gegenwärtigen Gesetzes; sie ist durch die Disziplinarstrafordnung für das Heer geregelt.

Die Strafgewalt der Militärvorgesetzten gegen die nur ihnen untergeordneten Militärbeamten erstreckt sich auf die Gesamtdienstpflicht dieser Beamten.

Die in einem doppelten Unterordnungsverhältnisse stehenden Militärbeamten sind bei Verletzung der Dienstvorschriften, welche die Grundlage ihrer Amtswirksamkeit bilden, der Bestrafung des Verwaltungsvorgesetzten oder der Verwaltungsbehörde unter Anwendung der einschlägigen Bestimmungen des gegenwärtigen Gesetzes unterworfen. Alle anderen zur Bestrafung geeigneten Handlungen solcher Militärbeamten gehören zur Zuständigkeit der ihnen vorgesetzten Militärbefehlshaber. Hierdurch wird jedoch die Mitaufsicht der Verwaltungsvorgesetzten oder der Verwaltungsbehörden über die sittliche Führung der Beamten und die Befugnis, dieserhalb wo nötig auch ihrerseits strafend einzuschreiten nicht ausgeschlossen. Wo die Grenzen dieser beiden Unterordnungsverhältnisse zweifelhaft sein sollten, müssen bei Ausübung der Strafgewalt die für die betreffenden Militärbeamten erteilten besonderen Dienstvorschriften und Instruktionen berücksichtigt werden.

Gegen Militärbeamte, die nur den ihnen vorgesetzten höheren Beamten und Behörden untergeordnet sind, üben diese das Dienststrafrecht allein.

Artikel 201.

Die Vorschriften des Artikel 13 und des Abschnitts X finden auf Personen des Soldatenstandes so weit Anwendung, als sie in Ausübung administrativer Obliegenheiten und Befugnisse einen Schaden verursachen.

Die Zuständigkeit der Dienstesstellen und Behörden zur Beschlußfassung und der Instanzenzug für die Beschwerde werden vom Kriegsministerium geregelt.

Artikel 202.

Die besonderen gesetzlichen Vorschriften[1]) über die Verhältnisse der richterlichen Militärjustizbeamten bleiben unberührt.

1) Hier kommen außer den einschlägigen Bestimmungen der RMilStGO., insbesondere die G. v. 1. Dez. 98, betr. die Dienstvergehen der richterlichen Militärjustizbeamten und die unfreiwillige Versetzung derselben in eine andere Stelle oder in den Ruhestand, und v. 9. März 99, betr. die Einrichtung eines besonderen Senats für das bayerische Heer beim RMG. in Berlin, sowie das AG. v. 11. Juli 00 zu den vorbezeichneten RMilitärjustizgesetzen, ferner das G. v. 24. März 08, betr. Änderung des vorbezeichneten AG., in Betracht.

M. Militärgeistliche.

Artikel 203.

Die mit der Militärseelsorge besonders betrauten Geistlichen haben die Eigenschaft von etatsmäßigen Beamten im Sinne des Artikel 2 dieses Gesetzes.

Das Dienstverhältnis dieser Geistlichen ist nach einer etatsmäßigen Dienstzeit von drei Jahren unwiderruflich.

Die Besoldung wird durch den Militäretat festgesetzt.

N. Gendarmerieoffiziere und Gendarmen.

Artikel 204.

Die Gendarmerieoffiziere[1]) sind nicht Beamte im Sinne dieses Gesetzes. Auf sie finden jedoch die für widerrufliche etatsmäßige Beamte geltenden Vorschriften der Abschnitte III, IV, V und VI entsprechende Anwendung.

Für die Gendarmeriemannschaften[2]) gelten an Stelle der Vorschriften des VII. Abschnitts die im Verordnungsweg über die Dienstaufsicht und das Dienststrafrecht erlassenen Vorschriften.

1) Die Gendarmerie ist militärisch organisiert und es wird hieran durch das Gesetz grundsätzlich keine Änderung herbeigeführt. Zur Aufrechterhaltung dieser Art der Organisation sind die in Art. 204 vorgesehenen Bestimmungen veranlaßt.

Die Gendarmerieoffiziere nehmen die gleiche rechtliche Stellung ein wie die Offiziere des Heeres und können aus diesem Grunde nicht gleichzeitig Beamte im Sinne des Gesetzes sein. Auf sie finden deshalb nur die Bestimmungen über das Diensteinkommen, die Versetzung in den Ruhestand, die Fürsorge für die Hinterbliebenen und die Unfallfürsorge in der für widerrufliche etatsmäßige Beamte geltenden Weise Anwendung, d. h. eine Anwendung, die den für die Stellung der Offiziere allgemein bestehenden Grundsätzen und Bestimmungen nicht zuwiderläuft.

2) Bezüglich der Gendarmeriemannschaften bestand kein Bedenken, sie als Beamte im Sinne des Gesetzes zu erklären, jedoch war es unerläßlich, hinsichtlich der Dienstaufsicht und des Dienststrafrechts an Stelle des Abschn. VII die für die Gendarmeriemannschaften geltenden besonderen Bestimmungen aufrecht zu erhalten. Diese Bestimmungen sind zurzeit enthalten in der KAV. v. 24. Juli 68, die Organisation der Gendarmerie in den Landesteilen diesseits des Rheins mit Ausnahme der Haupt- und Residenzstadt München betr., RBl. 1385, und der KAV. v. 19. Dez. 68, die Organisation der Gendarmerie in der Pfalz betr., RBl. 2495, sodann in der KAV. v. 15. Juni 95, die Disziplinarstrafordnung für die Gendarmeriemannschaft betr.

O. Eichmeister sowie Steuer- und Gemeinde-Einnehmer.

Artikel 205.

Die Eichmeister[1]) sowie die Steuer- und Gemeinde-Einnehmer im Regierungsbezirke der Pfalz[2]) gelten als Beamte im Sinne des Artikel 1 dieses Gesetzes. Auf sie finden auch die Vorschriften in dem Artikel 3, dem Artikel 6 Abs. 3, den Artikeln 7, 9 Anwendung.[3])

Als Ordnungsstrafe kann gegen sie eine Geldstrafe bis zum Betrage von dreihundert Mark verhängt werden.[4])

Eichmeister sowie Steuer- und Gemeinde-Einnehmer, welche die Unwiderruflichkeit erlangt haben, können ohne Ansuchen unter denselben Voraussetzungen ihres Amtes enthoben werden, unter denen unwiderrufliche Beamte ohne Ansuchen in den Ruhestand versetzt werden können.

Die Vorschriften des Abschnitts VI finden auf die Eichmeister sowie die Steuer- und Gemeinde-Einnehmer keine Anwendung.

1) Die Eichämter sind staatliche Behörden. Die Eichmeister, deren Verhältnisse in der KAB. v. 27. Jan. 83 i. F. d. Bek. v. 1. Febr. 83, GVBl. 64, geregelt sind, werden in widerruflicher Weise vom Staatsministerium des Innern aufgestellt; sie stehen unter der Aufsicht der Distriktsverwaltungsbehörden, der Kreisregierungen, Kammern des Innern und der Normal-Eichungskommission und werden bei den Distriktsverwaltungsbehörden auf ihre Obliegenheiten eidlich verpflichtet. Sie haben als Besoldung und Entschädigung für die von ihnen anzuschaffenden Geräte und andere Ausgaben von dem Ertrage der Eichgebühren drei Vierteile zu beziehen. An diesen Verhältnissen wird auch mit der geplanten Einführung einer neuen Maß- und Gewichtsordnung für das Deutsche Reich eine grundsätzliche Änderung nicht einzutreten haben.

2) Die Steuer- und Gemeinde-Einnehmer der Pfalz stehen im Dienste des Staates und in der Regel, da sie zugleich mit der Erhebung und Verrechnung der Gemeindeeinkünfte betraut zu sein pflegen, auch im Gemeindedienste. Sie werden vom König in stets widerruflicher Weise ernannt, unterstehen der staatlichen Disziplin und beziehen keinen festen Gehalt, sondern als Besoldung Hebgebühren aus den von ihnen vereinnahmten Gefällen. Sie und ihre Hinterbliebenen haben keinen Anspruch auf Pension, KAB. v. 23. Aug. 47, KrABl. d. Pf. 521.

3) Als Beamte im Sinne des Art. 1 unterliegen die Eichmeister sowie die Steuer- und Gemeinde-Einnehmer auch der Vorschrift des Art. 8 BeaG., ferner den im II. Abschn. geregelten Pflichten, der Dienstaufsicht und dem Dienststrafrechte nach Abschn. VII, der vorläufigen Dienstenthebung nach Abschn. VIII sowie dem Ersatzzuweisungsverfahren nach Abschn. X. Sie genießen die in den Art. 8 und 10 sowie im IX. Abschn. und, wenn sie die Unwiderruflichkeit erlangt haben, auch die in den Art. 9 und 170 BeaG. gewährten Rechte. Die Vorschriften der Abschn. III, IV und V

über Diensteinkommen, Versetzung in den Ruhestand und Hinterbliebenenversorgung finden auf sie keine Anwendung, da sie keine etatsmäßigen Beamten sind und ihr Diensteinkommen nicht aus der Staatskasse beziehen. Aus dem gleichen Grunde war die Anwendung der nicht auf etatsmäßige Beamte beschränkten Vorschriften des Abschn. VI über die Gewährung von Unfallfürsorge auszuschließen.

4) Die in Abs. 2 vorgesehene Vorschrift war um deswillen veranlaßt, weil in Art. 107 BeaG. als Höchstgrenze für eine Geldstrafe bei unwiderruflichen aktiven Beamten der Betrag des einmonatigen Gehalts festgesetzt ist. Bei Eichmeistern sowie Steuer- und Gemeinde-Einnehmern, welche die Unwiderruflichkeit noch nicht erlangt haben, hat die Sondervorschrift des Art. 205 Abs. 2 der Vorschrift in Art. 164, wonach gegen nichtetatsmäßige widerrufliche Beamte Geldstrafe bis zu 100 ℳ verhängt werden kann, vorzugehen.

P. Weibliche Beamte.

Artikel 206.

Auf die weiblichen Beamten[1]) finden die Vorschriften dieses Gesetzes mit der Maßgabe Anwendung, daß

1. mit ihrer Verehelichung das Dienstverhältnis dauernd widerruflich wird, auch wenn es bereits unwiderruflich war[2]);
2. für die Dauer der Ehe der Anspruch auf Ruhegehalt ruht[3]);
3. im Falle durch die Ehe ein Anspruch auf Witwengeld aus der Staats- oder einer sonstigen öffentlichen Kasse erworben wurde, der Ruhegehalt nur so weit gewährt wird, als er das Witwengeld übersteigt;
4. den Kindern ein Anspruch auf Waisengeld nicht zusteht.[4])

Die Beschränkungen in Ziff. 2 bis 4 finden auf die Fälle keine Anwendung, in denen die Gewährung der Unfallfürsorge in Frage kommt.[5]) Im Falle der Ziff. 3 wird jedoch das Witwengeld aus der Staatskasse nur so weit gewährt, als dieses den Betrag der Unfallpension übersteigt.

Im Falle ihrer Verehelichung nach eingetretener Versetzung in den Ruhestand kann den weiblichen

Beamten auf ihren Antrag eine einmalige Abfindung bis zum fünffachen Betrage des Ruhegehalts gewährt werden.[6])

1) Für den Begriff des Beamten i. S. der Art. 1 und 2 BeaG. ist männliches Geschlecht nicht Erfordernis. Es können daher auch Frauenspersonen, soweit sie zu den öffentlichen Ämtern überhaupt zugelassen sind, Beamte und auch etatsmäßige Beamte i. S. des BeaG. sein. In der neuen Gehaltsordnung sind denn auch in verschiedenen Beamtenklassen weibliche Beamte vorgesehen. Die Vorschriften des BeaG. sollen infolgedessen grundsätzlich auch für die weiblichen Beamten Anwendung finden, soweit nicht aus der einen oder anderen gesetzlichen Bestimmung sich von selbst ergibt, daß sie nur hinsichtlich der männlichen Beamten Anwendung finden kann, wie dies z. B. bei den auf die Militärdienstverhältnisse bezüglichen Vorschriften sowie bei den Vorschriften über die Versorgung der Witwe eines Beamten der Fall ist.

Es mußten aber auch noch einige weitere besondere Beschränkungen für die weiblichen Beamten vorgesehen werden, die durch die Natur der Verhältnisse und das Interesse des Dienstes geboten erscheinen. Sie sind in Art. 206 näher aufgeführt.

2) Im Interesse der ungestörten Erfüllung ihrer Dienstpflichten muß bei den weiblichen Beamten grundsätzlich davon ausgegangen werden, daß sie in der Regel unverheirateten Standes sind. Zu einer Verheiratung oder Wiederverheiratung bedürfen sie nach Art. 17 Abs. 1 BeaG. der Erlaubnis der vorgesetzten Dienstbehörde. Wird die Erlaubnis ausnahmsweise erteilt, weil im gegebenen Falle dienstliche Bedenken nicht entgegenstehen, so soll nach Art. 206 Ziff. 1 gleichwohl mit der Verehelichung die Wirkung verbunden sein, daß das Dienstverhältnis kraft Gesetzes nicht mehr unwiderruflich werden kann und, wenn es bereits unwiderruflich war, nunmehr wieder dauernd widerruflich wird. Diese Beschränkung war um deswillen geboten, weil das Dienstverhältnis eines unwiderruflichen Beamten gegen den Willen des Beamten nur mehr im Wege des Disziplinarverfahrens oder bei gegebenen Voraussetzungen im Wege der Versetzung in den Ruhestand gelöst werden kann, bei einem verheirateten weiblichen Beamten aber sich später leicht Verhältnisse ergeben können, die bei der Genehmigung der Verehelichung nicht vorausgesehen werden konnten und die nachträgliche Auflösung des Dienstverhältnisses im staatlichen Interesse unabweisbar erscheinen lassen.

3) Nach § 1360 Abs. 1 BGB. hat der Mann der Frau nach Maßgabe seiner Lebensstellung, seines Vermögens und seiner Erwerbsfähigkeit Unterhalt zu gewähren. Es ist daher kein Anlaß gegeben, den weiblichen verheirateten Beamten für den Fall der eintretenden Dienstunfähigkeit einen Anspruch auf Ruhegehalt zuzusichern oder, wenn sie sich erst im Ruhestande verheiraten, die be-

reits angewiesene Pension weiter zu gewähren. Auf diesem Gedanken der primären Alimentationspflicht des Ehemanns beruht auch die Vorschrift des Art. 85 Ziff. 1 BeaG., wonach mit der Verheiratung des Berechtigten sowohl Witwen- als Waisengeld erlöschen sollen.

4) Dies gilt sowohl für eheliche als uneheliche Kinder.

Wegen des Anspruchs des Ehemanns weiblicher Beamten auf Sterbegehalt s. o. Art. 72 Anm. 2.

5) Dieser Vorbehalt bezieht sich sowohl auf die Fälle der Unfallfürsorge nach Buchstabe A als nach Buchstabe B (Art. 102) des VI. Abschn. Er war durch die Erwägung veranlaßt, hinsichtlich der weiblichen Beamten die Gleichwertigkeit der landesgesetzlichen Fürsorge gegenüber der reichsgesetzlichen nicht zu gefährden, da die Vorschriften des VI. Abschn. über Unfallfürsorge auch auf die weiblichen Beamten Anwendung finden (s. a. o. Art. 89 Anm. 1), das RUFürsG. aber Beschränkungen, wie sie die Ziff. 2 bis 4 des Art. 206 vorsehen, nicht enthält.

6) Die Vorschrift des Abs. 3 entspringt den gleichen Erwägungen wie die Vorschrift in Art. 74 Abs. 4 und Art. 90 Abs. 5 BeaG (s. d.).

XII. Abschnitt.

Schluß- und Übergangsbestimmungen.

Artikel 207.

Dieses Gesetz tritt am 1. Januar 1909 in Kraft.

Artikel 208.

Mit dem Zeitpunkte des Inkrafttretens dieses Gesetzes gelten alle im Dienste befindlichen Beamten und Bediensteten, die vor diesem Zeitpunkt in pragmatischer oder in nichtpragmatischer statusmäßiger Diensteseigenschaft angestellt waren und in eine in der Gehaltsordnung aufgeführte Beamtenklasse übergeleitet werden, als etatsmäßige Beamte[1]) im Sinne dieses Gesetzes.

Das Gleiche gilt von den im Bereiche der Versicherungskammer und des Wasserversorgungsbureaus im Dienste befindlichen Beamten und Bediensteten, die vor dem Inkrafttreten dieses Gesetzes in pragmatischer oder in nichtpragmatischer statusmäßiger Diensteseigenschaft angestellt waren und in eine in den besonderen Gehaltsordnungen für diese Beamten aufgeführte Beamtenklasse übergeleitet werden.

Das Gleiche gilt ferner von den im Dienste befindlichen Beamten und Bediensteten der Oberrealschulen, Progymnasien, Realschulen, Lateinschulen, der Kreisbaugewerkschule Kaiserslautern, der landwirtschaftlichen Mittelschulen und Kreisackerbauschulen, die vor dem Inkrafttreten dieses Gesetzes in pragmatischer oder in nichtpragmatischer statusmäßiger Diensteseigenschaft angestellt waren und gemäß Artikel 188 Abs. 4 an eine in der Gehaltsordnung aufgeführte Beamtenklasse angeglichen werden.

Das Gleiche gilt endlich von den mit der Militärseelsorge besonders betrauten Geistlichen, deren Besoldung in Angleichung an die Gehaltsordnung für die Staatsbeamten durch den Militäretat festgestellt wird.

Mit dem Inkrafttreten dieses Gesetzes gelten die im Dienste befindlichen auf Lebenszeit angestellten etatsmäßigen Beamten der Militärverwaltung als unwiderrufliche, die auf Kündigung angestellten etatsmäßigen Beamten als widerrufliche etatsmäßige Beamte [2]).

1) Nach Art. 2 BeaG. sind als etatsmäßige Beamte im Sinne des Gesetzes diejenigen Beamten zu erachten, die einer in der Gehaltsordnung aufgeführten Beamtenklasse angehören und in den durch Art. 5 Abs. 1 vorgeschriebenen Formen ernannt sind. Da eine Neuernennung der im Zeitpunkte des Inkrafttretens des Gesetzes bereits vorhandenen und im Dienste befindlichen Beamten selbstverständlich ausgeschlossen erscheint, mußte das Gesetz Bestimmung darüber treffen, welche von diesen Beamten ohne weiteres und kraft Gesetzes die Eigenschaft von etatsmäßigen Beamten erlangen sollen.

Art. 208 Abs. 1 geht zu diesem Zwecke davon aus, daß die vor dem Inkrafttreten des BeaG. nach Maßgabe der IX. Beilage zur VerfU. und des § 1 der KAV. v. 26. Juni 94 erfolgte Anstellung in pragmatischer oder in nichtpragmatischer statusmäßiger Diensteseigenschaft als Ernennung im Sinne des Art. 5 BeaG. zu gelten habe, und daß daher alle in dieser Weise ernannten und im Zeitpunkte des Inkrafttretens des Gesetzes noch im Dienste befindlichen Beamten und Bediensteten als etatsmäßige Beamte anzusehen seien, sofern die weitere Voraussetzung zutrifft, daß sie aus einer in den bisherigen Gehaltsordnungen für die pragmatischen Beamten oder für die nichtpragmatischen Beamten und Bediensteten vorgesehenen Beamtenklasse in eine in der neuen GehO. aufgeführte Beamtenklasse nach Maßgabe des Art. 211 übergeleitet werden.

Beamte, die zwar vor dem Inkrafttreten des Gesetzes in nichtpragmatischer statusmäßiger Eigenschaft ernannt wurden und auch eine in der GehO. für diese Beamten aufgeführte Dienstesstelle innehatten, für die aber in der neuen GehO. eine besondere Klasse nicht vorgesehen ist, und die auch nicht in eine andere Klasse der neuen GehO. übergeleitet werden, wie z. B. die Regierungsbaumeister, sind daher nach Art. 208 Abs. 1 nicht als etatsmäßige Beamte im Sinne des BeaG. anzusehen. Ebenso sollen die Beamten, für die bisher in den Gehaltsordnungen noch keine pragmatische oder statusmäßige Dienstesstelle enthalten war, und für die erst in der neuen Gehaltsordnung eine etatsmäßige Stelle vorgesehen ist, z. B. die Expeditorinnen der Post- und Telegraphenverwaltung (Klasse 25 der GehO.) oder die Kanzlei-, Bureau-, Rechnungs-, Telephon- und Telegraphenassistentinnen der Post- und Telegraphenverwaltung (Klasse 29 der GehO.) nicht schon durch die Zuteilung zu der neuen Beamtenklasse die Eigenschaft etatsmäßiger Beamter erwerben, sondern – unbeschadet der entsprechenden Anrechnung der bereits zurückgelegten Dienstzeit — erst durch die mit dem Inkrafttreten des Gesetzes nach Maßgabe des Art. 5 erfolgende Ernennung, wenn ihnen auch schon vor dem Inkrafttreten des Gesetzes im Hinblick auf § 1 Abs. 1 der KAB. v. 26. Juni 94 die Vorteile dieser Verordnung durch besondere Bestimmung zugewendet waren.

Pragmatische Beamte und nichtpragmatische statusmäßige Beamte und Bedienstete, die im Zeitpunkte des Inkrafttretens des Gesetzes sich im Ruhestande befinden, aber nach diesem Zeitpunkte wieder zur Dienstesaktivität berufen werden, müssen, um die Eigenschaft etatsmäßiger Beamter zu erlangen, nach Maßgabe der Art. 2 und 5 in der Eigenschaft eines in der neuen GehO. aufgeführten Beamten wieder angestellt werden.

2) Was die im Zeitpunkte des Inkrafttretens des Gesetzes im Dienste befindlichen Beamten der Militärverwaltung anlangt, so wurden bisher die sämtlichen etatsmäßigen oberen Beamten der Militärverwaltung und aus der Zahl der etatsmäßigen unteren Beamten die Militärgerichtsboten auf Lebenszeit, die übrigen etatsmäßigen unteren Beamten auf Kündigung angestellt. Diesem Verhältnis entsprechend sollen die im Zeitpunkte des Inkrafttretens des Gesetzes vorhandenen auf Lebenszeit angestellten Beamten sofort zu den unwiderruflichen Beamten übergeführt werden, während den vorhandenen auf Kündigung angestellten Beamten die Eigenschaft von widerruflichen Beamten im Sinne des Art. 6 BeaG. beigelegt werden soll. Für die außeretatsmäßigen Beamten der Militärverwaltung bleibt das bisherige Dienstverhältnis bestehen (Art. 195). Auch das Dienstverhältnis der dermalen schon vorhandenen Intendanturdiätare gilt als widerruflich, nachdem diese Beamten auch bei der Ernennung zu etatsmäßigen Sekretären noch der zehnjährigen Widerruflichkeit unterliegen, soweit nicht nach Art. 195 Abs. 4 eine Anrechnung der Dienstzeit als Diätar eintritt.

Artikel 209.

Für den Eintritt der Unwiderruflichkeit des Dienstverhältnisses (Artikel 6 Abs. 2, 3) wird den in dem Artikel 208 bezeichneten Beamten und Bediensteten die Zeit, die sie in einer unter den Artikel 208 fallenden Diensteseigenschaft bereits zurückgelegt haben, nach Maßgabe der Vorschriften dieses Gesetzes angerechnet.[1]) In gleicher Weise wird den Eichmeistern sowie den Steuer- und Gemeinde-Einnehmern im Regierungsbezirke der Pfalz für den Eintritt der Unwiderruflichkeit die Dienstzeit angerechnet, die sie in dieser oder in einer unter den Artikel 208 fallenden Diensteseigenschaft zurückgelegt haben.[2])

Für die vor dem Inkrafttreten dieses Gesetzes angestellten pragmatischen Beamten (Artikel 208), für die im Zeitpunkte des Inkrafttretens das dreijährige Diensteprovisorium noch nicht abgelaufen ist, tritt, auch soweit sie unter den Artikel 6 Abs. 3 dieses Gesetzes fallen, die Unwiderruflichkeit nach Ablauf der im § 2 der IX. Beilage zur Verfassungsurkunde bestimmten dreijährigen Frist ein, sofern nicht nach dem Abs. 1 des gegenwärtigen Artikels die Unwiderruflichkeit früher eintritt.[3])

Für die vor dem Inkrafttreten dieses Gesetzes auf Kündigung angestellten etatsmäßigen Beamten der Militärverwaltung richtet sich die Lösung des Dienstverhältnisses noch nach den bisherigen Vorschriften.[4])

1) Art. 209 geht von dem allgemeinen Grundsatz aus, daß für jeden unter das neue Gesetz fallenden bisherigen Beamten die Unwiderruflichkeit nach Ablauf der für ihn in Art. 6 Abs. 2 und 3 (vgl. auch Art. 186 Abs. 1 und Art. 188 Abs. 1) vorgeschriebenen Frist einzutreten habe, daß aber dabei die bisher in pragmatischer oder in nichtpragmatischer statusmäßiger Diensteseigenschaft oder in beiden Diensteseigenschaften zusammen zurückgelegte Dienstzeit als etatsmäßige Dienstzeit angerechnet werden soll. Etatsmäßige Dienstzeit ist die im Staatsdienste zugebrachte Dienstzeit.

2) Nach Art. 205 Abs. 1 BeaG. sind die Eichmeister sowie die Steuer- und Gemeinde-Einnehmer im Regierungsbezirke der Pfalz zwar nicht etatsmäßige Beamte i. S. des BeaG., sie sollen aber gleichwohl nach der in Art. 6 Abs. 3 für die etatsmäßigen Beamten vorgeschriebenen zehnjährigen Dienstzeit das Recht der Unwiderruflichkeit erlangen. Soweit sich diese

Beamten im Zeitpunkte des Inkrafttretens des Gesetzes noch im Dienste befinden, wird ihnen die bisher in der Eigenschaft eines Eichmeisters oder eines Steuer- und Gemeinde-Einnehmers zurückgelegte Dienstzeit als eine unter der Herrschaft des neuen Gesetzes zugebrachte Dienstzeit gut gerechnet, so daß sie nach Ablauf einer, gleichviel ob vor oder nach dem Inkrafttreten des Gesetzes liegenden, Gesamtdienstzeit von zehn Jahren unwiderruflich sind. Waren diese Beamten vor ihrer Ernennung zum Eichmeister oder Steuer- und Gemeinde-Einnehmer bereits in anderen Dienststellungen als pragmatische oder nichtpragmatische statusmäßige Beamte, z. B. ein Steuereinnehmer als Rentamtsgehilfe, Rentamtsoffiziant oder Rentamtssekretär angestellt, so wird ihnen auch die in diesen Stellungen zugebrachte Zeit für den Eintritt der Unwiderruflichkeit gutgerechnet.

3) Es ist durch Abs. 2 des Art. 209 nicht ausgeschlossen, daß für einen in das neue Recht übertretenden pragmatischen Beamten, der sich noch im Dienstesprovisorium nach § 2 der IX. Beil. zur VerfU. befand, das Recht der Unwiderruflichkeit schon sofort mit dem Inkrafttreten des Gesetzes oder zwar nach diesem Zeitpunkt, aber noch vor Ablauf der in § 2 der IX. Beil. zur VerfU. vorgesehenen Frist von drei Jahren eintreten kann, wenn die erforderlichen Voraussetzungen hierfür gegeben sind.

4) Hinsichtlich der im Zeitpunkte des Inkrafttretens des Gesetzes im Dienste befindlichen Beamten der Militärverwaltung ist bereits in Art. 208 Abs. 4 bestimmt, welche von ihnen als unwiderrufliche und welche als widerrufliche Beamte zu gelten haben. Zu den letzteren sollen die auf Kündigung angestellten etatsmäßigen Beamten gehören. Nach Art. 8 Abs. 2 könnte daher die Lösung des Dienstverhältnisses dieser Beamten jederzeit ohne Angabe eines Grundes erfolgen. Da jedoch bisher die Lösung des Dienstverhältnisses der auf Kündigung angestellten etatsmäßigen Beamten nur bei Vernachlässigung der Dienstesobliegenheiten oder bei übermäßiger Verschuldung oder dann erfolgte, wenn das dienstliche Bedürfnis zur Beibehaltung der Stelle aufhörte, erschien es billig, diese Einschränkung der Lösung des Dienstverhältnisses für die im Zeitpunkte des Inkrafttretens des Gesetzes vorhandenen Beamten der bezeichneten Art beizubehalten.

Artikel 210.

Den Beamten und Bediensteten der Pfälzischen Eisenbahnen[1]), die bei der Übernahme dieser Eisenbahnen durch den Bayerischen Staat zu etatsmäßigen Beamten im Sinne dieses Gesetzes ernannt werden, wird für den Eintritt der Unwiderruflichkeit des Dienstverhältnisses (Artikel 6 Abs. 2, 3) die Zeit, die sie als „Angestellte“ im Dienste der Pfälzischen Eisenbahnen bereits zurückgelegt haben, nach Maßgabe der Vorschriften dieses Gesetzes angerechnet.

Soweit solche Beamte der Pfälzischen Eisenbahnen bei ihrer Einreihung in die Gehaltsordnung einer Klasse von Beamten der Staatseisenbahnverwaltung zugeteilt werden, die bis zum Inkrafttreten dieses Gesetzes nach Maßgabe der IX. Beilage zur Verfassungsurkunde angestellt wurden, sind sie nach Ablauf von drei Jahren seit dem Zeitpunkte, der nach den Übernahmeverhandlungen als Zeitpunkt ihrer pragmatischen Anstellung zu erachten ist, unwiderruflich, wenn nicht nach dem Abs. 1 dieses Artikels die Unwiderruflichkeit früher eintritt.

Diejenigen Beamten und Bediensteten der Pfälzischen Eisenbahnen, die beim Übergange dieser Eisenbahnen auf den Bayerischen Staat gemäß Artikel 5 Abs. 1 des Gesetzes vom 7. Dezember 1905, die Erwerbung der Pfälzischen Eisenbahnen für das K. Staatsärar betreffend, unter denselben Bedingungen übernommen werden, unter denen sie von den Pfälzischen Eisenbahngesellschaften angestellt worden sind, können von dem Zeitpunkt an, in dem sie als unwiderruflich zu erachten wären, wenn sie als etatsmäßige Beamte im Sinne dieses Gesetzes (Abs. 1) übernommen worden wären, nur durch Erkenntnis der Disziplinargerichte zur Strafe entlassen werden. Wieweit im übrigen Vorschriften dieses Gesetzes auf solche Beamte entsprechende Anwendung finden, wird durch Königliche Entschließung bestimmt.

1) Nach Art. 5 des G. v. 5. Dez. 05, die Erwerbung der Pfälzischen Eisenbahnen für das K. Bayerische Staatsärar betr., GVBl. 689, werden sämtliche Beamte und Bedienstete der Pfälzischen Eisenbahnen, es mögen dieselben im aktiven Dienste stehen oder bereits pensioniert sein, unter denselben Bedingungen, unter welchen sie von den Eisenbahngesellschaften angestellt wurden, unter Anerkennung ihrer Ansprüche gegen die Pensions- und Unterstützungskasse und gegen Fortentrichtung der statutenmäßigen Pensionskassebeiträge vom Staate übernommen und verbleiben in diesem Verhältnisse, solange der Übertritt derselben in den pragmatischen Staatsdienst oder in die Dienstverhältnisse des nichtpragmatisch angestellten statusmäßigen Personals der K. Verkehrsanstalten nicht erfolgt ist.

Die im Dienste der Pfälzischen Eisenbahnen stehenden Militärpensionisten, die durch den Übergang dieser Bahnen an den Staat ihrer Pension ganz oder teilweise verlustig werden, sind für den Entgang dieser Pension insolange zu entschädigen, bis sie in den pragmatischen Staatsdienst oder in die Dienstverhältnisse des nichtpragmatisch angestellten statusmäßigen Personals der K. Verkehrsanstalten eintreten.

Entlassungen von Beamten und Bediensteten der Pfälzischen Eisenbahnen mit Entziehung des Pensionsanspruchs können je nach ihrer Dienststellung nur nach Maßgabe der für die K. Staatsdiener und Bediensteten der K. Verkehrsanstalten bestehenden Normen erfolgen.

Wie bei den Beratungen über den Etat der Pfälzischen Eisenbahnen für 1909, insbesondere über die demselben beigegebenen „Grundsätze für die Übernahme des Personals dieser Eisenbahnen in den Dienst der Staatseisenbahnen" (Beil. Nr. 237 der Verh. K. d. Abg. XXXV. LVers. I. Sess.) eingehend dargelegt wurde, war es, um die Übernahme des Personals für 1. Januar 1909 sicher zu stellen, notwendig, jene Angestellten, die nicht in den bisherigen Verhältnissen bleiben, sondern in die staatlichen Beamten- und Bedienstetenkategorien übertreten wollen, zunächst in die derzeit bestehenden Kategorien gemäß diesen Grundsätzen einzureihen und sodann aus den auf Grund dieser Bestimmungen sich ergebenden Dienst- und Bezugsverhältnissen in die Verhältnisse des neuen Gesetzes nach den für alle staatlichen Beamten und Bediensteten getroffenen Überleitungsbestimmungen zu überführen. Es wurde daher angenommen, daß für den Übertretenden jene Dienst- und Bezugsverhältnisse, in welche er nach den zurzeit noch geltenden Vorschriften am 1. Januar 1909 einzureihen wäre, als bereits erworbene Rechte im Sinne der Übergangsbestimmungen des BeaG. gelten. Dieser Besitzstand wurde noch vor Inkrafttreten des gegenwärtigen Gesetzes in jedem einzelnen Falle nach den erwähnten Grundsätzen festgestellt. Hierbei wurde die bei den Pfälzischen Eisenbahnen zurückgelegte Dienstzeit des angestellten Personals grundsätzlich als staatliche Dienstzeit angerechnet.

In Anwendung dieser Übernahmebestimmungen wurde in Art. 210 festgestellt, daß die im Dienste der Pfälzischen Eisenbahnen zurückgelegte Dienstzeit für das übertretende Personal im Sinne dieses Art. ebenso als staatliche Dienstzeit zu erachten ist, wie die vor Inkrafttreten dieses Gesetzes im Staatsdienste zurückgelegte Dienstzeit nach Art. 208 und 209 für das vor dem 1. Januar 1909 bereits im Staatsdienste befindliche Personal.

Artikel 211

Die Vorschriften, nach denen die im Zeitpunkte des Inkrafttretens dieses Gesetzes im Dienste befindlichen Beamten und Bediensteten (Artikel 208) in die

Klassen der neuen Gehaltsordnung überzuleiten sind, werden durch Verordnung erlassen.

Stand ein Beamter bisher im Genuß eines höheren als des regulativmäßigen Grundgehalts, so ist ihm bei der Überleitung der treffende Mehrbetrag zu dem in der neuen Gehaltsordnung bestimmten Anfangsgehalte mit der Maßgabe zuzusetzen, daß die in der Gehaltsordnung vorgesehenen Gehaltsvorrückungen zu diesem erhöhten Grundgehalt, jedoch nicht über den Betrag von zwölftausend Mark hinaus, gewährt werden.

Beamte, die infolge der neuen Gehaltsvorschriften bei der Überleitung oder in einem späteren Zeitpunkt ein geringeres Gesamteinkommen beziehen würden, als sie bei fortdauernder Gültigkeit der seitherigen Vorschriften in ihrer seitherigen Dienstesstelle bezogen hätten, erhalten für die Dauer dieser Einbuße den nach den früheren Vorschriften sich berechnenden Mehrbezug als persönliche Zulage.[1])

Bei der Abgleichung des bisherigen und des künftigen Diensteinkommens werden Einkommensbestandteile, die ihrer Natur nach steigend und fallend sind, mit dem Betrag angesetzt, der sich für die beim Inkrafttreten des Gesetzes innegehabte Dienstesstelle nach dem Anfalle der letzten drei Rechnungsjahre als Jahresdurchschnitt ergibt, sofern solche Einkommensbestandteile erst kürzere Zeit auf dieser Stelle angefallen sind, nach dem Jahresdurchschnitte des Anfalls während dieser Zeit.

Der Jahresbetrag der persönlichen Zulagen ist nach oben so abzurunden, daß sich bei Teilung durch drei volle Markbeträge ergeben.

In Bezug auf den Beginn, die Zahlung und die Einziehung der persönlichen Zulagen finden die Vorschriften in dem Artikel 34 Abs. 2 bis 4 entsprechende Anwendung.

Auf die Beamten im Verwaltungsdienste der Hochschulen[2]) finden die Vorschriften dieses Artikels mit der Maßgabe Anwendung, daß ihnen die für Besorgung ihres Hauptamts zur Zeit des Inkrafttretens dieses Gesetzes neben dem Gehalt eingeräumten Nebenbezüge als persönliche Zulage verbleiben und daß auf einen etwaigen Mehrbetrag des Gehalts, der sich für sie nach den neuen Gehaltsvorschriften gegenüber den seitherigen Vorschriften ergibt, ein jenem Mehrbetrag entsprechender Betrag der Nebenbezüge aufgerechnet wird. Soweit die Zuweisung solcher Nebenbezüge nicht in unentziehbarer Weise erfolgt ist, sind sie nach näherer Festsetzung des zuständigen Staatsministeriums auf einen unüberschreitbaren Höchstbetrag zurückzuführen oder sonst zu ermäßigen.

Hat ein Beamter im Zeitpunkte seiner Versetzung in den Ruhestand oder seines Ablebens infolge der für die Überleitung verfügten Sperre der letzten oder der beiden letzten Dienstaltersstufen nicht den seinem Dienstalter entsprechenden Gehalt bezogen, so wird der Bemessung des Ruhegehalts und des Witwen- und Waisengeldes das pensionsfähige Diensteinkommen zu Grunde gelegt, das sich berechnet hätte, wenn die Sperre nicht verfügt gewesen wäre.

1) Dieser Grundsatz gilt auch für spätere Beförderungen, so daß auch der beförderte Beamte in der Beförderungsstelle in keinem Zeitpunkt ein geringeres Diensteinkommen beziehen kann, als wenn er in der vor der Beförderung im Zeitpunkte des Inkrafttretens des Gesetzes innegehabten Dienstesstellung verblieben wäre.

2) Die Beamten im Verwaltungsdienste der Hochschulen (juristisch gebildete Sekretäre, Bau-, Kassen-, Rechnungs-, Kanzleibeamte, Pedelle ꝛc.) erhielten bisher für Besorgung ihres Hauptamts zum Teil neben ihrem Gehalte sehr erhebliche Nebenbezüge, die in der Hauptsache aus Anteilen an Gebührenanfällen (Immatrikulationsgebühren, Gebühren für Zeugnisse ꝛc.) herrühren oder auch als Tantiemen für Einhebung der Kollegiengelder ꝛc. gewährt werden. Nunmehr soll grundsätzlich daran festgehalten werden, daß auch den Beamten im Verwaltungsdienste der Hochschulen, die nach dem Inkrafttreten der BeaG. zur Anstellung gelangen, Nebenbezüge für ihre hauptamtliche Tätigkeit überhaupt nicht mehr, sondern etwa nur als besondere Vergütungen für Nebengeschäfte im Rahmen des Art. 26 Abs. 5 gewährt werden. Sofern für eine besonders wichtige Stellung im Verwaltungsdienste der Hochschulen, z. B. für eine Syndikusstelle, um den in der neuen GehO. vorgesehenen Gehalt künftig eine entsprechende Kraft nicht zu gewinnen sein sollte, besteht im einzelnen Falle auf Grund des Art. 27 Abs. 1 die Möglichkeit, ausnahmsweise einen höheren Gehalt zu gewähren; der Mehrbedarf hierfür kann dann auf die durch Wegfall der früheren Nebenbezüge frei gewordenen Hochschulmittel überwiesen werden.

Was im übrigen die Überleitung der seitherigen Beamten im Verwaltungsdienste der Hochschulen in die neuen Gehaltsverhältnisse betrifft, so werden sie im allgemeinen ähnlich wie die übrigen Beamten zu behandeln sein, die bisher für Besorgung ihres Hauptamts neben ihrem Gehalte noch Nebenbezüge (Funktionszulagen, Tantiemen ꝛc.) erhalten haben. Es wird ihnen deshalb — unbeschadet einer etwaigen Fixierung oder Ermäßigung unverhältnismäßig hoher Nebenbezüge — entsprechend dem Grundsatz in Abs. 3 dieses Artikels ihr bisheriges Gesamteinkommen zu wahren sein.

Artikel 212.

Für die Beamten und Bediensteten (Artikel 208), die vor oder mit dem Inkrafttreten dieses Gesetzes in den Ruhestand versetzt wurden, bleiben die seitherigen Pensionsvorschriften in Kraft.[1])

Ebenso bleiben für die Hinterbliebenen derjenigen Beamten und Bediensteten die vor dem Inkrafttreten dieses Gesetzes gestorben sind oder in diesem Zeitpunkt im Ruhestande sich befinden, die seitherigen Vorschriften über die einmalige Abfertigung sowie über die Pensionen und Unterhaltsbeiträge auch fernerhin mit der Maßgabe in Kraft, daß die Vorschriften des Artikel 72 und des Artikel 74 Abs. 4 des gegenwärtigen Gesetzes entsprechende Anwendung finden.[2]) Für die in Satz 1 bezeichneten Unterhaltsbeiträge tritt die Vorschrift des Artikel XXIV § 23d der Hauptlandespragmatik vom 1. Januar 1805 außer Kraft.

Die Vorschriften über das Erfordernis einer Erlaubnis zum Genuß einer Pension oder eines Unterhaltsbeitrags im Auslande treten für die Fälle der Abs. 1, 2 außer Kraft.[3])

1) Ebenso wie für die Besoldungen gilt auch für die Pensionen der Grundsatz, daß bereits erworbene Rechte durch die neuen Vorschriften in keiner Weise beeinträchtigt werden sollen.

Für die Beamten und Bediensteten, die vor dem Inkrafttreten des Beamtengesetzes als pragmatische oder nichtpragmatische Beamte oder Bedienstete in den zeitlichen oder dauernden Ruhestand versetzt worden sind, ohne nach dem Inkrafttreten dieses Gesetzes wieder zur Dienstleistung berufen zu werden, bleiben in Bezug auf ihre Pensionsverhältnisse fortdauernd die seitherigen Vorschriften maßgebend.

2) Der vorstehend genannte Grundsatz bleibt auch für die Hinterbliebenen derjenigen Beamten und Bediensteten, die vor dem Inkrafttreten des BeaG. gestorben sind oder in diesem Zeitpunkt im Ruhestande sich befinden, ohne daß sie später wieder zur Dienstesaktivität berufen wurden, hinsichtlich ihrer Pensions-

ansprüche maßgebend und gilt selbstverständlich auch dann, wenn diese Pensionen und Unterhaltsbeiträge erst nach dem Inkrafttreten des BeaG. beansprucht und angewiesen werden. Doch wurden die Vorschriften über den Sterbegehalt (Art. 72), dann die in Art. 74 Abs. 2 vorgesehene Bestimmung wegen der Gewährung einmaliger Beihilfen im Falle der Wiederverehelichung auf die Hinterbliebenen der bereits pensionierten Beamten oder die bereits im Pensionsgenusse befindlichen Witwen ausgedehnt. In den Fällen, in denen den Hinterbliebenen der Sterbegehalt verabfolgt wird, beginnt ihr Anspruch auf Pension erst nach Ablauf der Zeit, für die der Sterbegehalt verabfolgt wurde.

3) Es unterbleibt demnach eine Anrechnung der etwaigen Präbenden und Stipendien aus öffentlichen Fonds sowohl auf das künftige Witwen- und Waisengeld wie auf die nach den früheren Vorschriften angewiesenen oder noch zur Anweisung gelangenden Witwen- und Waisenpensionen. Eine Anrechnung der Bezüge aus Privatstiftungen fand auch bisher nicht statt.

Artikel 213.

Bleibt für einen Beamten (Artikel 208), der sich vor dem Inkrafttreten dieses Gesetzes im aktiven Dienste befand und nach diesem Zeitpunkt in den Ruhestand versetzt wurde, das nach Abschnitt IV dieses Gesetzes sich berechnende Wartegeld oder der nach Abschnitt IV und VI dieses Gesetzes sich berechnende Ruhegehalt hinter dem Betrage zurück, der sich bei fortdauernder Gültigkeit der seitherigen Vorschriften über die Gehalte und Pensionen der Staatsbeamten und Staatsbediensteten berechnet hätte, wenn der Beamte bis zu seiner Versetzung in den Ruhestand in der vor dem Inkrafttreten dieses Gesetzes zuletzt innegehabten Dienstesstellung weitergedient hätte, so wird ihm dieser höhere Betrag gewährt.[1])

Wurde bei der Berechnung der Pensionen nach den seitherigen Vorschriften eine Dienstzeit angerechnet, deren Anrechnung nach den Vorschriften dieses Gesetzes ausgeschlossen ist, so ist diese Dienstzeit für die vor dem Inkrafttreten dieses Gesetzes ernannten Beamten auch der Bemessung des Ruhegehalts nach den Vorschriften dieses Gesetzes zu Grunde zu legen.

1) Für die Beamten, die schon vor dem Inkrafttreten des BeaG. im aktiven Dienste sich befanden und nach Maßgabe der Art. 208, 211 in die neue GehO. übergeleitet werden, ist ebenso wie hinsichtlich derjenigen Beamten, die sich zwar im Zeitpunkte

des Inkrafttretens des Gesetzes im Ruhestande befinden, später aber nach Maßgabe des Art. 5 Abs. 2 und 4 BeaG. wieder angestellt werden, und ihre Hinterbliebenen haben ebenso wie für alle Beamten, die erst nach dem Inkrafttreten des BeaG. neu ernannt werden, in Bezug auf die Pensionsverhältnisse die Vorschriften des BeaG. Anwendung zu finden, auf die wiederangestellten Beamten und deren Hinterbliebene selbstverständlich erst von dem Zeitpunkte der Wiederanstellung an.

Doch wird in allen Fällen, in denen für die in Frage kommenden Beamten das nach Abschn. IV BeaG. sich berechnende Wartegeld oder der nach Abschn. IV und VI sich berechnende Ruhegehalt hinter dem Betrage zurückbleibt, der sich bei fortdauernder Gültigkeit der seitherigen Vorschriften über die Gehalte und Pensionen der Staatsbeamten und Staatsbediensteten berechnet hätte, wenn der Beamte bis zu seiner Versetzung in den Ruhestand in der vor dem Inkrafttreten des Gesetzes zuletzt innegehabten Dienstesstellung weitergedient hätte, der höhere Betrag gewährt. Die Abgleichung hat sich sohin auf die Stellung zu beschränken, die der Beamte unmittelbar vor dem Inkrafttreten des Gesetzes innehatte. Später eintretende Beförderungen kommen für die Feststellung des Ruhegehalts, der sich nach den seitherigen Vorschriften berechnet haben würde, nicht weiter in Betracht. Wohl aber soll für die Feststellung des nach den seitherigen Vorschriften sich berechnenden Ruhegehalts angenommen werden, als ob der Beamte in der unmittelbar vor dem Inkrafttreten des Gesetzes innegehabten Stellung bis zum Zeitpunkte seiner Versetzung in den Ruhestand weitergedient hätte, so daß ihm für die Feststellung des pensionsfähigen Gehalts noch die Gehaltsvorrückungen zugute gerechnet werden, die er bei sonst gegebenen Voraussetzungen auf Grund der seitherigen Gehaltsregulative erhalten haben würde, wenn er in der unmittelbar vor dem Inkrafttreten des Gesetzes innegehabten Stellung bis zum Zeitpunkte seiner Versetzung in den Ruhestand weitergedient hätte.

Es ist demnach in jedem einzelnen Falle festzustellen, wie hoch sich einerseits nach den Vorschriften des BeaG. aus dem nach der neuen GehO. sich berechnenden pensionsfähigen Diensteinkommen der Ruhegehalt des Beamten berechnet, und wie hoch sich andererseits der Ruhegehalt nach den bis zum Zeitpunkte des Inkrafttretens des BeaG. gültigen Vorschriften über Gehalte und Pensionen — sohin in Ansehung der Gehalte nach den KAV. v. 11. Juni 92 und 26. Juni 94 und in Ansehung der Pensionen nach der IX Beil. zur VerfU. und der KAV. v. 26. Juni 94 — berechnet haben würde, wenn der Beamte bis zum Zeitpunkte der Versetzung in den Ruhestand in der unmittelbar vor dem Inkrafttreten des Beamtengesetzes innegehabten Dienstesstellung weitergedient hätte und der hiernach sich ergebende höhere Betrag dem Beamten als Ruhegehalt anzuweisen.

Für einen Amtsrichter, der am 1. Oktober 1892 als Rechtspraktikant aufgenommen und eidlich verpflichtet, am 1. Sept. 99 zum Amtsrichter ernannt, am 1. März 10 zum Oberamtsrichter befördert und am 1. Dez. 20 in den Ruhestand versetzt wurde, würde sich daher beispielsweise folgende Abgleichung ergeben: Nach der GehO. (Klasse 9) sowie auf Grund des Art. 30 Abs. 2 BeaG. würde der Beteiligte als Oberamtsrichter im Zeitpunkte seiner Versetzung in den Ruhestand einen Aktivitätsgehalt von 7200 ℳ beziehen, woraus sich nach dem BeaG. bei einer pensionsfähigen Dienstzeit von mehr als 28 Jahren ein Ruhegehalt von 64% aus 7200 = 4608 ℳ berechnet. Hätte er bis zum Zeitpunkte seiner Versetzung in den Ruhestand in der vor dem Inkrafttreten des Gesetzes innegehabten Dienstesstellung eines Amtsrichters weitergedient, so würde er — in der Annahme, daß die seitherigen Vorschriften eine Änderung nicht erfahren hätten — in dieser Eigenschaft im Zeitpunkte seiner Versetzung in den Ruhestand nach Klasse XIe des Gehaltsregulativs v. 11. Juni 92 einen Gehalt von 3540 ℳ bezogen haben, den er nach § 23 der IX. Beil. zur VerfU. zugleich als Ruhegehalt anzusprechen gehabt hätte. Da diese Summe hinter dem nach den neuen Vorschriften sich berechnenden Ruhegehalte zu 4608 ℳ zurückbleibt, so wäre ihm tatsächlich letzterer Betrag als Ruhegehalt anzuweisen.

Wäre der gleiche Beamte bereits am 1. Mai 1910 in den Ruhestand getreten, so würde sich nach den neuen Vorschriften bei einer pensionsfähigen Dienstzeit von mehr als 17 Jahren der Ruhegehalt mit 51% aus 4800 ℳ Gehalt + 333 ℳ Dienstalterszulage (für die Zeit vom 1. Sept. 08 bis 30. April 10) = 5133 ℳ pensionsfähiges Diensteinkommen auf 2617 ℳ, aufgerundet auf 2620 ℳ berechnen. Hätte er dagegen bis zum Zeitpunkte seiner Versetzung in den Ruhestand als Amtsrichter weitergedient, so würde er — in der Annahme, daß die seitherigen Vorschriften unverändert geblieben wären — im Zeitpunkte seiner Versetzung in den Ruhestand einen Gehalt von 3180 ℳ bezogen haben, den er nach § 23 der IX. Beil. zur VerfU. als Ruhegehalt anzusprechen gehabt hätte. Da sonach in diesem Falle die nach den seitherigen Vorschriften sich berechnende Pension höher als der Ruhegehalt nach den neuen Vorschriften ist, wäre dem beteiligten Beamten der Betrag von 3180 ℳ als tatsächlicher Ruhegehalt anzuweisen.

Artikel 214.

Bleibt das nach den Abschnitten V und VI dieses Gesetzes sich berechnende Witwen- und Waisengeld hinter dem Betrage zurück, der sich bei fortdauernder Gültigkeit der seitherigen Vorschriften über die Gehalte und Pensionen der Beamten und über die Pensionen und Unterhaltsbeiträge der Hinterbliebenen berechnet hätte, wenn der Beamte bis zu seiner Versetzung in den Ruhestand oder im Falle seines Ablebens im aktiven Dienste bis zum Zeitpunkte seines Ablebens in der vor dem Inkrafttreten dieses Gesetzes zuletzt innegehabten Dienstesstellung weitergedient hätte, so wird den Hinterbliebenen der höhere Betrag gewährt.[1])

Sind für einen Teil der Hinterbliebenen die bisherigen Vorschriften, für einen anderen Teil aber die Vorschriften der Abschnitte V und VI dieses Gesetzes günstiger, so wird für jeden Teil das Witwen- und Waisengeld nach der für ihn günstigeren Vorschrift angewiesen.

Ist das Witwen- und Waisengeld nach den Vorschriften dieses Gesetzes bezogen worden, so kann, vorbehaltlich der Vorschriften in Abs. 4 dieses Artikels und in Artikel 215, in einem späteren Zeitpunkte die Anwendung der früheren Vorschriften nicht mehr in Anspruch genommen werden.[2])

Den Kindern der bereits vor dem Inkrafttreten dieses Gesetzes in pragmatischer Eigenschaft ernannten Beamten bleibt der Anspruch auf den Fortbezug der Unterhaltsbeiträge nach Maßgabe des Artikel XXIV §§ 10 bis 13 der Hauptlandespragmatik über das einundzwanzigste Lebensjahr hinaus gewahrt, und zwar auch dann, wenn sie bis zur Vollendung des einundzwanzigsten Lebensjahrs das Waisengeld nach den Vorschriften des gegenwärtigen Gesetzes beziehen.

1) Die Abgleichung hat sich (vgl. Anm. 1 zu Art. 213) auch hier auf die Dienstesstellung zu beschränken, die der Beamte unmittelbar vor dem Inkrafttreten dieses Gesetzes innehatte, wobei jedoch auch hier der für die Pensionsberechnung nach den seitherigen Vorschriften in Betracht kommende Gehalt der bisherigen Gehaltsregulative so zu berechnen ist, als ob der Beamte bis zum Zeitpunkte seiner Versetzung in den Ruhestand oder im Falle seines Ablebens im aktiven Dienste bis zum Zeitpunkte seines Ablebens in der unmittelbar vor dem Inkrafttreten des Gesetzes innegehabten Stellung weitergedient hätte.

Für die Wahrung der günstigeren Pensionsansprüche der Hinterbliebenen nach den seitherigen Vorschriften ist es ohne Belang, ob die Ehe, aus der die pensionsberechtigten Hinterbliebenen vorhanden sind, vor oder nach dem Inkrafttreten des neuen Gesetzes geschlossen worden ist.

Für den Vollzug der Art. 213 und 214 bleibt auch der § 55 der KAB. v. 26. Juni 94 insofern noch von maßgebender Bedeutung, als auch nach dem Inkrafttreten des BeaG in den Fällen, in denen sich auf Grund der vor dem Jahre 1894 für die nichtpragmatischen Beamten und Bediensteten und deren Hinterbliebenen maßgebenden Vorschriften eine höhere Pension berechnet als nach den Vorschriften der KAB. v. 26. Juni 94 und den Vorschriften des BeaG., den Beteiligten für alle Fälle die nach den vor dem Jahre 1894 maßgebend gewesenen Vorschriften sich berechnenden höheren Bezüge gewahrt bleiben, so daß also unter Umständen eine doppelte Abgleichung einzutreten hat, einmal zwischen den nach den allgemeinen Vorschriften des BeaG. und den nach den allgemeinen Vorschriften der KAB. v. 26. Juni 94 sich berechnenden Pensionsbezügen und zum andern noch mit den Pensionsbezügen, die sich auf Grund der vor dem Jahre 1894 maßgebend gewesenen Vorschriften berechnen.

2) Eine Witwe, die unter Umständen viele Jahre hindurch ein nach den Vorschriften des BeaG. bemessenes höheres Witwengeld bezieht, kann in einem späteren Zeitpunkte die Anwendung der früheren Vorschriften nicht mehr beanspruchen, weil nunmehr allenfalls durch die Gewährung der Hälftezulage eine höhere Pension sich berechnet. Wohl aber kann umgekehrt nachträglich die Anwendung der Vorschriften des BeaG. in Anspruch genommen werden, wenn beispielsweise bei einer Witwe, der auf Grund des Art. 214 Abs. 1 infolge Bresthaftigkeit die eineinhalbfache Pension nach den seitherigen Vorschriften bewilligt war, später der Zustand der Bresthaftigkeit in Wegfall kommt, und damit die Pension nach den seitherigen Vorschriften unter den Betrag des Witwengeldes nach den künftigen Vorschriften des BeaG. herabsinken würde.

Artikel 215.

Den Söhnen und Töchtern der Staatsminister, Ministerialreferenten, Kollegialpräsidenten und Kollegialdirektoren, die diese Dienstesstellung schon vor dem Inkrafttreten dieses Gesetzes eingenommen haben, bleibt der ihnen durch Artikel XXIV § 9 der Hauptlandespragmatik eingeräumte Anspruch auf den Genuß des Unterhaltsbeitrags bis zur Versorgung oder bis zum Ableben nach Maßgabe der bisherigen Pensionsvorschriften gewahrt, und zwar auch dann, wenn das bis zur Vollendung des einundzwanzigsten Lebensjahrs bezogene Waisengeld nach den Vorschriften in den Abschnitten V und VI des gegenwärtigen Gesetzes berechnet war.[1])

Das Gleiche gilt von den Söhnen und Töchtern der Kollegialräte, die diese Dienstesstellung schon vor dem Inkrafttreten dieses Gesetzes eingenommen haben und zwar gleichviel, ob diese Beamten die nach Artikel XXIV § 9 der Hauptlandespragmatik und Abschnitt III Ziffer 78b des Abschieds für die Ständeversammlung des Königreichs Bayern vom 29. Dezember 1831 erforderliche fünfundzwanzigjährige Kollegialratsdienstzeit oder das bestimmte Dienst- oder Lebensalter vor dem Inkrafttreten des gegenwärtigen Gesetzes vollendet haben oder nach diesem Zeitpunkte vollenden werden.[2])

Der Berechnung des Unterhaltsbeitrags[3]) ist in den Fällen der Abs. 1, 2 die Witwenpension zu Grunde zu legen, die sich bei fortdauernder Gültigkeit der seitherigen Vorschriften über die Gehalte und Pensionen der Staatsbeamten ergeben hätte, wenn der Beamte bis zu seiner Versetzung in den Ruhestand oder bis zu seinem Ableben in der vor dem Inkrafttreten dieses Gesetzes zuletzt innegehabten Dienstesstellung verblieben wäre.

Wird ein Kollegialrat, der diese Dienstesstellung schon vor dem Inkrafttreten dieses Gesetzes eingenommen hat, auf Grund des Artikel 48 Ziff. 1 dieses Gesetzes oder des Artikel 71 Ziff. 1 Halbsatz 1 oder des Artikel 79 Abs. 3 Ziff. 1 Halbsatz 1 des Disziplinargesetzes für richterliche Beamte in den Ruhestand versetzt, bevor er fünfundzwanzig Jahre lang als Kollegialrat gedient hat, so sind seinen Söhnen und Töchtern die im Artikel XXIV § 9 der Hauptlandespragmatik eingeräumten Vorteile zu gewähren, wenn er den Zeitpunkt erlebt, mit dessen Eintritt er entweder die fünfundzwanzigjährige Dienstzeit als Kollegialrat vollendet oder den Anspruch erworben haben würde, auf Grund des § 22B oder C der IX. Beilage zur Verfassungsurkunde in den Ruhestand versetzt zu werden, falls diese Bestimmungen noch in Geltung wären.

1) Die Söhne und Töchter der Staatsminister, der Ministerialreferenten, Kollegialpräsidenten, Vizepräsidenten und Kollegialdirektoren haben nach Art. XXIV § 9 der Hauptlandespragmatik v. 1. Jan. 1805 einen Anspruch darauf, daß ihnen der hiernach sich berechnende Unterhaltsbeitrag über das 20. Lebensjahr hinaus bis zur Erlangung einer Versorgung und, wenn eine solche nicht eintritt, auf Lebensdauer gewährt wird. Der gleiche Anspruch steht den Kindern der Beamten zu, denen durch spätere verordnungs-

mäßige Bestimmungen (wie dies z. B. hinsichtlich des Vorstandes der Versicherungskammer durch § 6 Abs. 1 der KAB. v. 30. Aug. 75, GVBl. 568, und hinsichtlich der Oberstaatsanwälte bei dem Obersten Landesgericht und der Oberstaatsanwälte bei den Oberlandesgerichten durch § 14 Abs. 1 der KAB. v. 23. Aug. 79, GVBl. 1047/48, geschehen ist) oder durch besondere Allerhöchste Entschließung für ihre Person die pragmatischen Rechte der Kollegialdirektoren eingeräumt wurden.

Dieser Anspruch bleibt für die Kinder aller derjenigen Beamten, die bereits vor dem Inkrafttreten des Gesetzes eine der in dem Abs. 1 bezeichneten Dienstesstellungen inne hatten, gewahrt und zwar ebenso auch dann, wenn von den beteiligten Kindern bis zur Vollendung des 20. Lebensjahres das Waisengeld nach den Vorschriften des BeaG. bezogen wurde. Ohne Belang ist, ob die Ehe, aus der die Kinder hervorgegangen sind, vor oder nach dem Inkrafttreten des Gesetzes geschlossen wurde und ob die Kinder vor oder nach dem Inkrafttreten des Gesetzes geboren wurden.

2) Den gleichen Anspruch wie den Kindern der Kollegialdirektoren rc. räumt Art. XXIV § 9 der Hauptlandespragmatik in Verbindung mit dem Abschn. III Ziff. 78b des Landtagsabschieds v. 29. Dez. 31 den Kindern der Kollegialräte ein, die entweder 25 Jahre in dieser Eigenschaft gedient oder das 40. Dienstjahr in pragmatischer Diensteseigenschaft oder das 70. Lebensjahr in der Dienstesaktivität vollendet haben. Durch die Ernennung zum Kollegialrate wird daher, wenn nicht ein Rechtsanspruch so doch eine gewisse Anwartschaft auf diese Begünstigung erworben, die jedenfalls nach dem tatsächlichen Eintritte der erwähnten Voraussetzungen zu einem unentziehbaren Rechtsanspruch wird. Dieser Anspruch wurde den Kindern aller Kollegialräte vorbehalten, die vor dem Inkrafttreten des Gesetzes bereits die Stellung eines Kollegialrats erlangt haben, gleichviel, ob sie die weiteren Voraussetzungen der Zurücklegung einer 25jährigen Dienstzeit als Kollegialrat oder einer 40jährigen pragmatischen Dienstzeit oder des 70. Lebensjahres bereits vor dem Inkrafttreten des Gesetzes erfüllt haben oder erst nach diesem Zeitpunkt erfüllen. Diese Begünstigung erstreckt sich auch auf diejenigen Beamtenklassen, denen durch besondere verordnungsmäßige Bestimmungen (wie durch § 6 Abs. 2 der KAB. v. 23. Aug. 79, GVBl. 1043, und die KAB. v. 22. Mai 90, GVBl. 298, den mit den Rechten der Oberlandesgerichtsräte ausgestatteten Amtsgerichtsvorständen und Landgerichtsräten, durch KAB. v. 1. Juli 90, GVBl. 503, den Rektoren der Lyzeen, der humanistischen und der Realgymnasien sowie der Industrieschulen, durch KAB. v. 9. Aug. 04, GVBl. 335, den Konrektoren der humanistischen und der Realgymnasien sowie der Industrieschulen) die Rechte der Kollegialräte zugestanden wurden. Die Wahrung des in Art. XXIV § 9 der Hauptlandespragmatik eingeräumten Rechtes bleibt indes in allen Fällen auf die Stellung beschränkt, die der Beamte un-

mittelbar vor dem Inkrafttreten des Gesetzes bereits inne hatte, so daß also ein Kollegialrat, der nach diesem Zeitpunkte zum Kollegialdirektor befördert wird, dadurch nicht die weitergehenden Rechte eines Kollegialdirektors für seine Kinder erwirbt, sondern lediglich die Rechte gewahrt erhält, die er erworben hätte, wenn er Kollegialrat geblieben wäre.

3) In Übereinstimmung mit den Grundsätzen der Art. 213 und 214 wird für die Bemessung des Gehalts nach dem seitherigen Gehaltsregulative, wie er der Feststellung des Unterhaltsbeitrages nach den Bestimmungen der Hauptlandespragmatik zu Grunde zu legen ist, die Dienstzeit so berechnet als ob der Beamte bis zum Zeitpunkte seiner Versetzung in den Ruhestand oder im Falle seines Ablebens in der Dienstesaktivität bis zu seinem Tode in der Stellung eines Kollegialrats weiter gedient hätte.

Für die Kinder eines Beamten, der am 3. Febr. 59 geboren ist, am 1. Juli 93 zum Regierungsassessor, am 1. Mai 96 zum Regierungsrat, am 1. Mai 06 zum Rate am Verwaltungsgerichtshof und am 1. Juni 1910 zum Regierungsdirektor befördert wurde und in dieser Stellung am 11. Dez. 20 in Dienstesaktivität mit Hinterlassung von zwei unversorgten Töchtern im Alter von 18 und 21 Jahren stirbt, würde sich hiernach beispielsweise folgende Berechnung ergeben:

Mit Einschluß der Dienstzeit als Regierungsassessor hatte der Beamte im Zeitpunkte seines Todes eine Kollegialratsdienstzeit von mehr als 25 Jahren erfüllt. Für die Berechnung des Unterhaltsbeitrags, den die Kinder bis zum Eintritt ihrer Versorgung zu beanspruchen haben, ist die bei dem Inkrafttreten des BeaG. bekleidete Stellung eines Verwaltungsgerichtsrats zugrunde zu legen. In dieser Stellung hätte er nach dem Gehaltsregulative vom 11. Juni 92 im Zeitpunkte seines Todes seit 1. Mai 16 einen Gehalt von jährlich 6840 ℳ bezogen. Hieraus berechnet sich für die Witwe eine jährliche Pension von 1368 ℳ und für jedes der beiden Kinder ein Unterhaltsbeitrag von jährlich 410 ℳ 40 ₰. Dieser Unterhaltsbeitrag wäre der älteren Tochter sofort nach Ablauf des Sterbevierteljahrs, der jüngeren Tochter dagegen erst vom Eintritt in das 21. Lebensjahr an zu gewähren, da letztere bis dahin das nach den Vorschriften des BeaG. (Art. 52 bis 54, 39 Abs. 2, 71 Abs. 2, 75 und 83 Abs. 2) sich berechnende höhere Waisengeld anzusprechen hat.

Artikel 216.

In Bezug auf den Beginn, die Zahlung und die Einziehung der auf Grund des Artikel 213 und des Artikel 214 Abs. 1 bis 3 nach den früheren Vorschriften angewiesenen Wartegelder, Pensionen und Unterhaltsbeiträge finden die Vorschriften in den Artikeln 40, 41, 43 bis 45, 59 bis 67, in dem Artikel 71 Abs. 2, dem Artikel 74 Abs. 4, dem Artikel 82, dem Artikel 83 Abs. 2 Satz 1, den Artikeln 84 bis 86 entsprechende Anwendung.[1])

Auf die nach Maßgabe des Artikel 214 Abs. 4 und des Artikel 215 angewiesenen Unterhaltsbeiträge findet Artikel 212 Abs. 2 Satz 2 und Abs. 3 Anwendung.[2])

1) Art. 216 Abs. 1 hat die Fälle im Auge, in denen das Wartegeld, der Ruhegehalt oder das Witwen- und Waisengeld an sich nach den allgemeinen Vorschriften des BeaG. anzuweisen gewesen wäre und die früheren Vorschriften nur deshalb zur Anwendung kamen, weil sich hiernach höhere Beträge ergaben. Diese Bezüge teilen hiernach die Natur des Wartegeldes, Ruhegehalts sowie des Witwen- und Waisengeldes im Sinne der allgemeinen Vorschriften des BeaG. und weichen hiervon lediglich hinsichtlich der Höhe des Betrags ab. Es entspricht infolgedessen der Sach- und Rechtslage, daß auf diese Bezüge auch in Bezug auf Beginn, Zahlung und Einziehung die gleichen Vorschriften Anwendung finden, wie sie in dieser Hinsicht für die nach den allgemeinen Vorschriften des BeaG. sich berechnenden Bezüge gelten.

Wenn hiernach beispielsweise ein Oberlandesgerichtsrat, der diese Stellung schon vor dem Inkrafttreten des Gesetzes inne hatte, vom 1. April 1911 an in den Ruhestand versetzt wird und auf Grund des Art. 213 Abs. 1 BeaG. nach Maßgabe der seitherigen Vorschriften einen Ruhegehalt von 5640 ℳ. angewiesen erhält, weil dieser höher ist als der nach den allgemeinen Vorschriften des BeaG. sich berechnende Ruhegehalt, so haben auf diesen Ruhegehalt in Bezug auf die Zahlungsweise und die Zahlungseinziehung nicht die seitherigen Vorschriften, sondern die Vorschriften des BeaG., insbesondere also die Vorschriften des Art. 63 über die vierteljährige Vorauszahlung, der Art. 65 und 66 über das Erlöschen und Ruhen des Ruhegehalts u. dgl., Anwendung zu finden. Ebenso haben, wenn nach dem Ableben dieses Beamten einer hinterlassenen minderjährigen Tochter als Doppelwaise ein Unterhaltsbeitrag von 338 ℳ. 40 ₰ angewiesen wird, weil dieser Unterhaltsbeitrag höher ist als das nach den neuen Vorschriften sich berechnende Waisengeld, in Bezug auf die Zahlungsweise und die Zahlungseinziehung die in dieser Beziehung für das Waisengeld geltenden Vorschriften Anwendung zu finden, so daß also beispielsweise der Unterhaltsbeitrag nicht nach Maßgabe der Vorschrift des Art. XXIV § 8 der Hauptlandespragmatik mit dem Tage, an dem die Berechtigte das zwanzigste Lebensjahr vollendet, sondern nach Art. 85 Ziff. 2 BeaG. erst mit dem Ablaufe des Monats, in dem sie das einundzwanzigste Lebensjahr vollendet, erlischt.

2) Abs. 2 des Art. 216 bezieht sich auf diejenigen Fälle, in denen auf Grund des Art. 214 Abs. 4 oder des Art 215 nach Maßgabe der Bestimmungen der Hauptlandespragmatik Unterhalts-

beiträge angewiesen werden, bei denen es sich um erworbene Rechte oder Anwartschaft auf Ansprüche handelt, die in den seitherigen Vorschriften begründet waren, durch das BeaG. aber beseitigt wurden. Es handelt sich sohin hier im Gegensatze zu dem Abs. 1 des Art. 216 um Ansprüche, die nicht bloß in Bezug auf ihre Höhe, sondern ihrer ganzen rechtlichen Natur nach von den im BeaG. vorgesehenen Zuwendungen sich unterscheiden. In Ansehung dieser Unterhaltsbeiträge verbleibt es auch in Bezug auf die Zahlungsweise und die Zahlungseinziehung bei den seitherigen Vorschriften. Insbesondere gilt infolgedessen für diese Unterhaltsbeiträge auch für die Zukunft der Grundsatz, daß sie im Falle einer eintretenden Versorgung im Sinne der Hauptlandespragmatik vom 1. Jan. 1805 dem Einzug unterliegen. Von den seitherigen Vorschriften wurden indes auch für diese Unterhaltsbeiträge nach Abs. 2 des Art. 216 zwei Bestimmungen außer Wirksamkeit gesetzt, einmal die Vorschrift des Art. XXIV § 23d der Hauptlandespragmatik, wonach der Genuß einer Präbende oder eines Stipendiums den Bezug des Unterhaltsbeitrags ausschließt oder beschränkt, und zum anderen die Vorschrift des Art. XXIV § 22 der Hauptlandespragmatik, wonach zum Bezuge einer Pension oder eines Unterhaltsbeitrags im Auslande besondere Genehmigung erforderlich ist.

Artikel 217.

Für die zur Zeit des Inkrafttretens dieses Gesetzes im Amte befindlichen Hochschulprofessoren, die nicht binnen einer ihnen vorzusetzenden Frist ihr Einverständnis mit einer auf Grund des Artikel 187 Abs. 2 erfolgenden Regelung erklären, bleiben in Bezug auf die Höhe ihres Diensteinkommens und ihres Ruhegehalts sowie für die Bemessung des Witwen- und Waisengeldes ihrer Hinterbliebenen die seitherigen Vorschriften in Kraft. Artikel 187 Abs. 3 hat für solche Hochschulprofessoren keine Geltung.

Artikel 218.

Die Artikel 210 bis 217 finden auf Beamte der Militärverwaltung keine Anwendung.

Artikel 219.

Für die im Zeitpunkte des Inkrafttretens dieses Gesetzes bereits anhängigen Dienststrafsachen verbleibt es in Ansehung des Verfahrens bei den bisherigen Vorschriften.[1])

Für die Entscheidung der Frage, ob hinsichtlich der auszusprechenden Strafen die bisherigen Vorschriften oder die Vorschriften dieses Gesetzes anzuwenden sind, ist der § 2 Abs. 2 des Reichs-Strafgesetzbuchs maßgebend.[2]) Auf die Strafe der Suspension und auf Haft oder Arrest kann nicht mehr erkannt werden.[3])

1) Es kommen hierbei sowohl die Vorschriften über das Verfahren als auch jene über das materielle Dienststrafrecht in Betracht.

Was das Verfahren anlangt, so werden die bereits anhängigen Dienststrafsachen bis zur rechtskräftigen Erledigung noch nach den bisherigen Verfahrensvorschriften behandelt.

2) Hinsichtlich des materiellen Dienststrafrechts, also insbesondere hinsichtlich der Strafen, kommt das bisherige oder das neue Recht zur Anwendung, je nachdem das eine oder das andere milder ist.

3) Die Bestimmung in Abs. 2 Satz 2 bezieht sich nicht auf die von Militärbefehlshabern gegen Militärbeamte nach Maßgabe der Disziplinarstrafordnung für das Heer zu verhängenden Arreststrafen (vgl. Art. 200 und Anm. 1 das.).

Artikel 220.

Alle diesem Gesetz entgegenstehenden[1]) Vorschriften treten, soweit nicht in den Artikeln 212 bis 217, 222 Vorbehalte gemacht sind, für die Beamten im Sinne dieses Gesetzes außer Kraft.

Insbesondere treten für diese Beamten, unbeschadet dieser Vorbehalte, außer Wirksamkeit[2]):

1. die landesherrliche Verordnung vom 1. Januar 1805, die Verhältnisse der Staatsdiener vorzüglich in Beziehung auf ihren Stand und Gehalt betreffend, (Hauptlandespragmatik);
2. Titel V § 6 der Verfassungsurkunde vom 26. Mai 1818;
3. die IX. Beilage zur Verfassungsurkunde, Edikt über die Verhältnisse der Staatsdiener vorzüglich in Beziehung auf ihren Stand und Gehalt;
4. Abschnitt III Ziffer 78b des Abschieds für die Ständeversammlung des Königreichs Bayern vom 29. Dezember 1831.

Aufgehoben werden:

1. die landesherrliche Verordnung vom 23. April 1806, die Gratifikationen der Staatsdiener betreffend[3]);

2. § 7 Ziff. Ie der landesherrlichen Verordnung vom 31. Juli 1817, die Organisation der Generaladministration der Posten betreffend[4]);

3. § 19 des Abschieds für den Landtag des Königreichs Bayern vom 28. April 1872[3]);

4. Abschnitt IIIA § 12 des Abschieds für den Landtag des Königreichs vom 29. Juli 1876.[5])

1) Gesetzliche Vorschriften, die sich auf die Staatsbeamten beziehen, ohne mit dem BeaG. im Widerspruche zu stehen, gelten unverändert; so z. B. das in Tit. III § 5 der VerfU. ausgesprochene Verbot, Anwartschaften auf Ämter zu verleihen, die bereits in der Vorbemerkung zum II. Abschn. erwähnte Vorschrift in Art. 229 des Berggesetzes über die Erwerbung von Bergwerken und Kuxen durch die Beamten des Oberbergamts und der Berginspektionen, ferner die Vorschrift in Art. 12 AGzBGB. über die Anrechnungsbefugnis des Staates gegenüber den Gehalts- und Pensionsansprüchen der Beamten und ihrer Hinterbliebenen und über den Ausschluß der Abtretung oder Verpfändung von Witwen- und Waisenbezügen.

2) Eine gänzliche Aufhebung dieser Vorschriften konnte nicht erfolgen, weil sie, abgesehen von den in den Art. 212 bis 217, 221 BeaG. vorgesehenen Übergangsbestimmungen, ganz oder zum Teil auch für andere als Staatsbeamte gültig sind, so für diejenigen Kreisbeamten, die nicht als etatsmäßige Beamte (Art. 188, 189) erklärt werden, dann für Hofbeamte (vgl. Art. XXIV § 9 der Hauptlandespragmatik).

3) Diese Vorschrift betraf die Verleihung außerordentlicher Vergütungen an Staatsdiener und war durch den in Ziff. 3 bezeichneten Landtagsabschied aufrecht erhalten worden.

Besondere Vergütungen aus der Staatskasse können künftig einem Beamten nur in den in Art. 26 Abs. 5 und Art. 27 Abs. 3 BeaG. vorgesehenen Fällen gewährt werden.

4) Diese Vorschrift betraf die Haftungsentbindungsklage der Postbeamten und Postbediensteten gegen den Postfiskus. Im Hinblick auf die Vorschrift in Art. 180 BeaG. ist die durch Art. 175 Abs. 3 AGzBGB. geänderte Bestimmung nunmehr vollständig entbehrlich geworden.

5) Diese Vorschrift betraf die Präbenden der K. Damenstifte zur heiligen Anna in München und Würzburg und des Markgräflichen Fräuleinstifts in Bayreuth. Da das BeaG. eine Kürzung des Witwen- und Waisengeldes wegen des Bezugs von Präbenden oder Stipendien überhaupt nicht mehr kennt (vgl. oben Art. 212 Anm. 3), so war auch die Aufhebung der angeführten Vorschrift veranlaßt.

Artikel 221.

Das Gesetz vom 4. Juni 1848, die Verantwortlichkeit der Minister betreffend, wird dahin geändert:

I. Im Artikel I werden die Worte „welcher hiedurch einen sofort unentziehbaren Standesgehalt von 3000 fl. erhält, sofern ihm nicht aus früheren Dienstesverhältnissen ein höherer zukommt", ersetzt durch die Worte: „welcher hiedurch einen sofort unentziehbaren Anspruch auf Ruhegehalt und auf Hinterbliebenenversorgung nach Maßgabe der für unwiderrufliche Beamte geltenden Vorschriften erhält."[1])

II. Im Artikel III werden

1. im Abs. 1 die Worte „ohne Rücksicht auf § 24 der IX. Verfassungsbeilage" gestrichen;
2. der Abs. 2 erhält folgende Fassung:

„Der auf diese Weise infolge seiner Bitte sowie der aus eigenem Antriebe des Königs enthobene Staatsminister erhält den im Artikel I bestimmten Ruhegehalt; der König kann ihm innerhalb des gesetzlich zulässigen Höchstbetrags einen höheren Ruhegehalt zuweisen".[2])

III. Im Artikel IX Ziff. 1 werden die Worte „nach § 19 der Verfassungsbeilage IX" gestrichen.

1) Durch diese Fassung soll zugleich unzweideutig zum Ausdrucke gebracht werden, daß durch die Übernahme eines Ministeriums auch sofort ein unentziehbarer Anspruch auf Ruhegehalt und Hinterbliebenenversorgung nach Maßgabe der für unwiderrufliche Beamte geltenden Vorschriften des BeaG. erworben wird.

Da die Vorschriften des Ministerverantwortlichkeitsgesetzes auch auf den Kriegsminister Anwendung finden, erwirbt auch dieser mit der Übertragung des Kriegsministeriums einen sofort unentziehbaren Anspruch auf Ruhegehalt und Hinterbliebenenversorgung nach Maßgabe der für unwiderrufliche Beamte geltenden Vorschriften des BeaG., sofern ihm oder seinen Hinterbliebenen nicht infolge seiner Eigenschaft als Offizier nach den reichsgesetzlichen Bestimmungen ein höherer Betrag zukommt.

Verliert der Minister nach Art. IX Ziff. 2 und 3 des Ministerverantwortlichkeitsgesetzes selbst den Anspruch auf Ruhegehalt, so kommt damit von selbst auch der Anspruch auf die Hinterbliebenenversorgung in Wegfall.

2) An Stelle des Standesgehalts nach § 5 der IX. Beil. zur VerfU. tritt nunmehr der Ruhegehalt nach Maßgabe der Vorschriften des BeaG.

Artikel 222.

Das Ausführungsgesetz vom 23. Februar 1879 zum Reichs-Gerichtsverfassungsgesetze wird dahin geändert:

I. Der Artikel 23 erhält folgende Fassung[1]):

„Zu dem Amte eines Schöffen sollen nicht berufen werden:

1. der Präsident, die Senatspräsidenten und die Mitglieder des Verwaltungsgerichtshofs;
2. der Präsident und die Räte des Obersten Rechnungshofs;
3. der Präsident und die übrigen ständigen Mitglieder des Landesversicherungsamts im Hauptamte.

Welche weiteren höheren Verwaltungsbeamten zu dem Amte eines Schöffen nicht berufen werden sollen, wird durch Verordnung bestimmt."

II. Im Artikel 71 Abs. 1 werden die Worte „einhundert Mark" ersetzt durch die Worte „fünfzig Mark". Ferner wird dem Abs. 1 der weitere Satz beigefügt:

„Die Zwangsstrafen werden den Wohlfahrtseinrichtungen für die Beamten zugewiesen."

Im übrigen bleiben die Vorschriften dieses Gesetzes unberührt.

1) Nach § 34 Abs. 1 Ziff. 4, § 85 Abs. 2 des RGVG. sollen Staatsbeamte, die auf Grund der Landesgesetze jederzeit einstweilig in den Ruhestand versetzt werden können, zu dem Amte eines Schöffen oder Geschworenen nicht berufen werden. Durch diese Vorschrift sind zurzeit gemäß der IX. Beil. zur VerfU. (§§ 19, 25, 27) alle aktiven Verwaltungsbeamten von diesen Ämtern ausgeschlossen. Mit Inkrafttreten des BeaG. ist dies bei den unwiderruflichen Verwaltungsbeamten nicht mehr der Fall, da sie nur unter den Voraussetzungen der Art. 38, 48 des BeaG. in den Ruhestand versetzt werden können. Es war deshalb notwendig, auf Grund des Vorbehalts in § 34 Abs. 2 des RGVG. den Art. 23 des AG. zu diesem Gesetze zu ergänzen und weitere höhere Verwaltungsbeamte zu bezeichnen, die zu dem Amte eines Schöffen nicht berufen werden sollen.

Ziff. I bezeichnet als solche zunächst die Beamten, die mit ihrer Ernennung unwiderruflich sind, überläßt aber im übrigen schon wegen der großen Zahl der in Betracht kommenden Beamten die Regelung der Königlichen Verordnung.

Was vom Amte des Schöffen bestimmt ist, gilt gemäß Art. 34 des genannten AG. auch von dem Amte des Geschworenen.

Artikel 223.

Das Gesetz vom 18. August 1879 zur Ausführung der Reichs-Strafprozeßordnung wird dahin geändert[1]):

I. Der Artikel 107, der Artikel 113 Abs. 2 und die Artikel 115 und 116 werden aufgehoben.

II. Die Artikel 103 bis 106, 108 bis 111, 114 finden auf Beamte keine Anwendung, deren Dienststrafrecht durch das Beamtengesetz geregelt ist.

1) Durch die im BeaG. vorgesehene Regelung des Dienststrafrechts und der vorläufigen Dienstenthebung sowie insbesondere auch dadurch, daß bei dieser Regelung die Feststellung bestimmter Tatbestände von dienstlichen Verfehlungen grundsätzlich vermieden wurde, wurden die in Art. 223 Ziff. II angeführten Vorschriften des AGzRStPO. insoweit unanwendbar, als sie sich auf Staatsbeamte beziehen. Eine gänzliche Aufhebung erschien nicht angebracht, weil sie außer für die Staatsbeamten auch noch für andere Beamte gelten, in deren dienststrafrechtliche Verhältnisse durch das Beamtengesetz nicht eingegriffen werden soll.

Nur die in Ziff. I bezeichneten Art. 107, 113 Abs. 2, 115 u. 116 des AG., die sich ausschließlich auf staatliche Beamte beziehen, wurden vollständig aufgehoben.

Artikel 224.

Art. 224 enthält die Änderungen zum RichtDiszG. v. 26. März 1881.

Es erschien zweckmäßig, die Änderungen hier wegzulassen und den durch die Änderungen sich ergebenden neuen Text des genannten Gesetzes, zu dessen Veröffentlichung die Regierung in Art. 224 Ziff. 38 ermächtigt wurde, am Schlusse abzudrucken.

Soweit in Gesetzen auf die Vorschriften des Disziplinargesetzes für richterliche Beamte verwiesen ist, treten die entsprechenden Vorschriften des durch das Justizministerium bekannt gemachten Textes an ihre Stelle (Art. 224 Ziff. 38 Abs. 2 BeaG.).

Diese Bestimmung ist insbesondere von Bedeutung für das NotariatsG. v. 9. Juni 99 (Art. 84 Abs. 1) und für Art. 1 des AG. v. 11. Juli 00 zu den RMilitärjustizgesetzen v. 1. Dez. 98 und 9. März 99.

Artikel 225.

Der Abs. 1 des Gesetzes vom 26. Oktober 1887, die Erläuterung und den Vollzug des Titels II § 18 der Verfassungsurkunde betreffend, erhält folgende Fassung:

„Die von dem Reichsverweser provisorisch ernannten etatsmäßigen Beamten sind während der Reichsverwesung nach Maßgabe des Beamtengesetzes zu behandeln und erlangen insbesondere nach Ablauf der in den Artikeln 6, 186, 188 bis 190, 194 des Beamtengesetzes vorgesehenen Dienstzeit die Unwiderruflichkeit des Dienstverhältnisses. Diejenigen provisorischen Beamten, deren Dienstverhältnis bei Beendigung der Reichsverwesung bereits unwiderruflich geworden ist, behalten die hienach erworbenen Heimatsrechte und Rechte auf Ruhegehalt und Hinterbliebenenversorgung auch für den Fall, daß die von dem Reichsverweser ausgegangenen Ernennungen widerrufen werden sollten. Bei den in der Anlage I zum Beamtengesetz unter Buchstabe A aufgeführten Beamten und bei Notaren kann die Ernennung nach Beendigung der Reichsverwesung nicht widerrufen werden."

Durch Abs. 1 des G. v. 26. Okt. 87, die Erläuterung und den Vollzug des Tit. II § 18 der VerfU. betr., GVBl. 625, wurde die Vorschrift in Tit. II § 18 der VerfU., wonach während der Reichsverwesung alle erledigten Ämter, mit Ausnahme der Justizstellen, nur vorläufig besetzt werden können, dahin klargestellt, daß während der Reichsverwesung die von dem Reichsverweser provisorisch ernannten, d. h. neu angestellten, beförderten oder versetzten pragmatischen Beamten ganz in der gleichen Weise wie die vom König ernannten Beamten zu behandeln sind und insbesondere, sofern die vorläufige Ernennung zugleich ihre erste Anstellung bildet, nach Ablauf einer dreijährigen Dienstzeit die endgültige Ernennung erreichen, und daß, wenn nach Beendigung der Reichsverwesung die von dem Reichsverweser vorgenommenen Ernennungen vom König widerrufen werden sollten, die hiervon betroffenen Staatsdiener, die endgültig angestellt sind, die erworbenen Pensions- und Heimatrechte behalten. Dadurch, daß nach dem BeaG. die IX. Beil. zur VerfU. für die Beamten im Sinne des BeaG. außer Kraft getreten sind, die Erlangung der Unwiderruflichkeit auch den bisherigen nichtpragmatischen Beamten und Bediensteten möglich gemacht und die Zeitdauer der Widerruflichkeit des Dienstverhältnisses je nach Beamtenklasse verschieden geregelt werden soll, erschienen einige Änderungen an dem Wortlaute des Erläuterungsgesetzes veranlaßt. Das BeaG. hat sich darauf beschränkt, diese notwendigen Änderungen vorzunehmen, hat aber immer im übrigen den Grundgedanken des Erläuterungsgesetzes unangetastet belassen, wonach einerseits auf die von dem Reichsverweser ernannten Beamten die bestehenden allgemeinen Normen Anwendung zu finden haben, andererseits aber die von dem Reichsverweser vorgenommenen Ernennungen nach Beendigung der Reichsverwesung der Bestätigung des Königs zu unterstellen sind.

Lediglich insofern wurde eine Erweiterung des Erläuterungsgesetzes vorgesehen, als auch noch der Begriff „Justizstelle" im Sinne des Tit. II § 18 der VerfU. klargestellt wurde. Bisher schon wurde dieser Begriff unter Berufung auf den vom Gesetzgeber verfolgten Zweck so ausgelegt, daß darunter alle Ernennungen fallen, bei denen das Gesetz nicht mit Rücksicht auf das persönliche Interesse des Staatsdieners, sondern mit Rücksicht auf das Amt den Erwerb endgültiger Rechte sofort eintreten läßt (vgl. Seydel, BayStaatsr. 2. Aufl. I 251). Letzteres soll gemäß Art. 6 Abs. 1 des BeaG. der Fall sein bei den in der Anl. I des BeaG. unter Buchstabe A aufgeführten Beamten und gilt gemäß Art. 8 des Notariatsgesetzes v. 9. Juni 99 auch für die Notare. In die neue Fassung des Abs. 1 des Erläuterungsgesetzes wurde deshalb die Bestimmung aufgenommen, daß bei den in der Anl. I zum BeaG. unter Buchstabe A aufgeführten Beamten und bei Notaren die Ernennung nach Beendigung der Reichsverwesung nicht widerrufen werden kann.

Artikel 226.

Das Ausführungsgesetz vom 9. Juni 1899 zum Bürgerlichen Gesetzbuche wird dahin geändert:

I. Der Artikel 60 Abs. 4 Satz 1 erhält folgende Fassung:[1])

> „Die im Dienste einer Gemeinde oder eines anderen Kommunalverbandes stehenden Beamten haben dem Verbande den Schaden zu ersetzen, der diesem aus der Verletzung der Amtspflicht entsteht."

II. In dem zweiten Satze des Artikel 60 Abs. 4 werden die Worte „des Staates oder" gestrichen.

III. Der Artikel 175 Abs. 3 wird aufgehoben.

1) Infolge der in Art. 13 BeaG. enthaltenen allgemeinen Regelung der Haftpflicht der Beamten gegenüber dem Staate ist die in Art. 60 Abs. 4 AGzBGB. enthaltene Vorschrift, soweit sie sich auf Staatsbeamte bezieht, überflüssig geworden.

Artikel 227.

Das Notariatsgesetz vom 9. Juni 1899 wird dahin geändert:

I. Dem Artikel 75 Abs. 1 wird folgender weiterer Satz beigefügt:

„Verstößt die Tat auch gegen ein Strafgesetz, so verjährt die Strafverfolgung des Dienstvergehens nicht, bevor die Strafverfolgung der Straftat verjährt ist."

II. Im Artikel 78 Abs. 1 werden nach dem Worte „erhoben" die Worte eingefügt:

„oder ist in einem militärgerichtlichen Verfahren die Anklage verfügt worden".

III. Der Artikel 84 Abs. 1 erhält folgende Fassung:

„Die Vorschriften der Artikel 12 bis 34, 34a, 35, 36, 36a, 37 bis 50, 52 Abs. 1, 54 Abs 2 bis 6, 55, 55a, 56, 58 des Gesetzes vom 26. März 1881 in der Fassung des Artikel 224 des Beamtengesetzes finden auf das Disziplinarverfahren entsprechende Anwendung."

IV. Zwischen Abs. 3 und Abs. 4 des Artikel 90 wird folgender neuer Absatz eingefügt:

„Wird der Angeschuldigte außer Verfolgung gesetzt oder freigesprochen, so können die ihm erwachsenen notwendigen Auslagen einschließlich der Kosten der Verteidigung der Staatskasse auferlegt werden".

V Im Artikel 92 Ziffer 2 werden nach dem Worte „eröffnet" die Worte eingefügt:

„oder in einem militärgerichtlichen Verfahren die Anklage verfügt".

Artikel 228.

§ 17 Abs. 2 Satz 2 des Finanzgesetzes vom 30. Juni 1900 erhält folgende Fassung:

„Die Höhe dieses Zuschusses wird durch die Budgets der einzelnen Finanzperioden festgesetzt."

Artikel 229.

Das Schulbedarfgesetz vom 28. Juli 1902 wird dahin geändert[1]):

I. In dem Artikel 18 werden

1. in dem zweiten und dritten Satze des Abs. 2 die Worte: „nichtpragmatisch angestellte Lehrpersonal“ ersetzt durch die Worte: „nicht etatsmäßig angestellte Lehrpersonal“;

2. in Abs. 3 die Worte: „in nichtpragmatische oder pragmatische lehramtliche Staatsstellen“ ersetzt durch die Worte: „in etatsmäßige lehramtliche Staatsstellen“.[2])

II. In dem Artikel 19 werden

1. in dem ersten Satze des Abs. 2 die Worte: „das nichtpragmatisch angestellte Lehrpersonal“ ersetzt durch die Worte: „das nicht etatsmäßig angestellte Lehrpersonal“;

2. in dem zweiten Satze des Abs. 2 die Worte: „in Elementarfächern angestellt“ ersetzt durch die Worte: „in Elementarfächern nicht etatsmäßig angestellt“;

3. in dem ersten Satze des Abs. 7 die Worte: „in pragmatische lehramtliche Stellungen“ ersetzt durch die Worte: „in etatsmäßige lehramtliche Stellungen“.

1) Die allgemeine Beseitigung des Unterschieds zwischen pragmatischen und nichtpragmatischen Beamten bedingt auch die Ausscheidung dieser Begriffe aus dem Schulbedarfgesetz und den Ersatz derselben durch den Ausdruck „etatsmäßig“. Es wird jedoch nicht das gesamte in Frage kommende Lehrpersonal in Zukunft etatsmäßig angestellt werden. Vielmehr werden beispielsweise an den Lehrerbildungsanstalten Lehrpersonen, wenn auch in kleinerer Zahl als bisher, in der Eigenschaft von Hilfslehrern oder sonstwie ohne etatsmäßige Anstellung zu verwenden sein.

Für solche nicht etatsmäßig verwendete Lehrer, die jederzeit in den Stand des Lehrpersonals der Volksschulen zurückversetzt werden können, bleibt auch künftig das Recht oder die Pflicht zur Mitgliedschaft bei den Kreisanstalten und Kreisvereinen im bisherigen Umfang aufrecht erhalten.

Dagegen ist die Pflicht zur Mitgliedschaft auch für die künftig etatsmäßig angestellten Lehrer, die bisher in die Kategorie der nichtpragmatischen Beamten gehört haben, wie zum Beispiel die Präparandenlehrer, Seminarschullehrer, die nach dem BeaG. Anwartschaft auf Ruhegehalt und Hinterbliebenenfürsorge erhalten wie alle anderen Beamten, in Wegfall gekommen.

2) Die Rechte, welche den in pragmatische lehramtliche Stellungen übertretenden Mitgliedern der Kreispensionsanstalten und der Kreisvereine bisher zukamen, werden den in etatsmäßige Stellungen eintretenden Lehrpersonen gewahrt.

Artikel 230.

Die zur Ausführung dietes Gesetzes erforderlichen Vorschriften werden, soweit nichts anderes bestimmt ist, von den Ministerien erlassen.

Gegeben zu Hohenschwangau, den 16. August 1908.

Luitpold,

Prinz von Bayern,

des Königreichs Bayern Verweser

Dr. Frhr. **v. Podewils.** **v. Miltner.** Dr. **v. Wehner.**
v. Frauendorfer. **v. Pfaff.** Frhr. **v. Horn.**
v. Brettreich.

Auf Allerhöchsten Befehl:
Der Oberregierungsrat
im K. Staatsmisterium des Innern:
Knözinger.

Anlage I.

Verzeichnis

A. der etatsmäßigen Beamten, die sofort mit ihrer Ernennung unwiderruflich sind,

B. der Beamten, die nach einer etatsmäßigen Dienstzeit von drei Jahren unwiderruflich sind.

A. Etatsmäßige Beamte, die sofort mit ihrer Ernennung unwiderruflich sind.

1. Die Richter der ordentlichen Gerichte.
2. Die Mitglieder des Verwaltungsgerichtshofs.
3. Die Mitglieder des Obersten Rechnungshofs.
4. Die ständigen Mitglieder des Landesversicherungsamts im Hauptamte.

B. Beamte, die nach einer etatsmäßigen Dienstzeit von drei Jahren unwiderruflich sind.

1. Gesandte mit dem Gehalte der Regierungspräsidenten.
2. Präsidenten der Kreisregierungen.
3. Präsident des Oberkonsistoriums.
4. Präsident der Generaldirektion der Zölle und indirekten Steuern.
5. Ministerialdirektoren.
6. Generalstaatsanwalt des Obersten Landesgerichts.
7. Generalstaatsanwalt des Verwaltungsgerichtshofs.
8. Präsidenten der Eisenbahndirektionen.
9. Ministerialräte.
10. Geheime Legationsräte I. Klasse.
11. Oberbergdirektor.
12. Oberstaatsanwälte der Oberlandesgerichte.
13. Polizeipräsident.
14. Oberlandstallmeister.
15. Direktor des Statistischen Landesamts.
16. Direktor der Flurbereinigungskommission.
17. Direktor des Hydrotechnischen Bureaus.
18. Direktor des Reichsarchivs.
19. Direktoren der Regierungen, Kammern des Innern.

20. Chef des Gendarmeriekorps.
21. Direktor der Hof- und Staatsbibliothek.
22. Direktor der Akademie der bildenden Künste.
23. Direktor der Gemäldegalerien.
24. Konsistorialdirektor in Speyer.
25. Generaldirektor der Bergwerks-, Hütten- und Salinen-Verwaltung.
26. Direktor der Staatsschuldentilgungsanstalt.
27. Direktor der Rechnungskammer.
28. Direktor des Katasterbureaus.
29. Direktoren der Regierungen, Kammern der Finanzen.
30. Direktoren der Regierungen, Kammern der Finanzen, Forstabteilungen.
31. Regierungsdirektoren der Generaldirektion der Zölle und indirekten Steuern.
32. Oberpostdirektoren.
33. Oberregierungsräte.
34. Geheime Legationsräte II. Klasse.
35. Zentralinspektor für Fabriken und Gewerbe.
36. Staatsanwälte des Obersten Landesgerichts, der Oberlandesgerichte und Landgerichte.
37. Zentralwohnungsinspektor.
38. Landesinspektor für Tierzucht.
39. Staatsanwälte des Verwaltungsgerichtshofs.
40. Direktor der Polizeidirektion.
41. Rektoren der humanistischen Gymnasien.
42. Rektoren der Realgymnasien.
43. Direktor der Akademie der Tonkunst.
44. Direktor des Nationalmuseums.
45. Direktor des Generalkonservatoriums der Kunstdenkmale und Altertümer.
46. Direktor der Akademie für Landwirtschaft und Brauerei.
47. Direktor des Technikums in Nürnberg.
48. Oberkonsistorialräte.
49. Direktor des Hauptmünzamts.
50. Regierungsräte.
51. Legationsräte.
52. Räte des Geheimen Haus- und Staatsarchivs.
53. Oberbergräte.
54. Regierungs- und Gewerberäte.
55. Direktoren der Strafanstalten.
56. Räte des Hydrotechnischen Bureaus.

57. Räte des Reichsarchivs.
58. Steuerräte der Flurbereinigungskommission.
59. Landtagsarchivar.
60. Kanzleidirektor der Kammer der Reichsräte.
61. Bureauvorstand der Kammer der Abgeordneten.
62. Vorstand des Stenographischen Instituts.
63. Direktor des Arbeitshauses Rebdorf.
64. Direktor der Agrikulturbotanischen Anstalt.
65. Direktor der Moorkulturanstalt.
66. II. Direktoren der Untersuchungsanstalten für Nahrungs- und Genußmittel.
67. Landgestütstierarzt.
68. Landstallmeister.
69. Gestütsdirektoren.
70. Chef der Schutzmannschaft.
71. Chefs der Gendarmeriekompagnien.
72. Ordentliche Professoren der Universitäten.
73. Ordentliche Professoren der Technischen Hochschule.
74. Ordentliche Professoren der Tierärztlichen Hochschule.
75. Ordentliche Professoren der Lyzeen.
76. Professoren der Akademie der bildenden Künste.
77. Konrektoren der humanistischen Gymnasien.
78. Konrektoren der Realgymnasien.
79. Direktor der Zentralturnlehrerbildungsanstalt.
80. Direktoren der Kunstgewerbeschulen.
81. Direktoren der vollen Lehrerbildungsanstalten und der Schullehrerseminare.
82. Direktor der Baugewerkschule mit Gewerbelehrerinstitut in München.
83. Direktor der Meteorologischen Zentralstation.
84. Direktor der Graphischen Sammlung.
85. Direktor der Ethnographischen Sammlung.
86. Direktor des Münzkabinetts.
87. Oberbibliothekare der Hof- und Staatsbibliothek.
88. Oberbibliothekare der Universitäten.
89. Konsistorialräte.
90. Oberberg- und Salinenräte.
91. Forsträte.
92. Ordentliche Professoren der Forstlichen Hochschule.
93. Steuerräte der Regierungen.
94. Steuerräte des Katasterbureaus.
95. Vorstand der Zentralstaatskasse.

96. Vorstände der Rentämter mit Kasseabteilung.
97. Vorstände der Hauptzollämter.
98. Vorstand der Technischen Lehr- und Prüfungsanstalt der Generaldirektion der Zölle und indirekten Steuern.
99. Direktor des Hofbräuamts.
100. Oberposträte.
101. Bezirksamtmänner.
102. Syndici der Hochschulen und der Akademien.
103. Direktor der Musikschule Würzburg.
104. Professoren der Akademie der Tonkunst.
105. Professoren der Akademie für Landwirtschaft u. Brauerei.
106. Oberbibliothekar in Bamberg.
107. Regierungsassessoren.
108. Legationssekretäre I. Klasse.
109. Berginspektoren.
110. Oberbergamtsassessoren.
111. Gewerberäte.
112. Inspektoren der Strafanstalten.
113. Inspektoren der Gerichtsgefängnisse.
114. Landwirtschaftliche Fachberater.
115. Bauamtmänner.
116. Vorstände der Sektionen für Wildbachverbauung.
117. Kreisarchivare.
118. Landgerichtsärzte.
119. Steuerassessoren der Flurbereinigungskommission.
120. Obergeometer der Flurbereinigungskommission.
121. Polizeihauptmann.
122. Gendarmerie-Hauptmänner.
123. Professoren der humanistischen Gymnasien.
124. Professoren der Realgymnasien.
125. Professoren der Kunstgewerbeschulen.
126. Professoren des Technikums in Nürnberg.
127. Professoren der Baugewerkschule mit Gewerbelehrerinstitut in München.
128. Universitätsbauamtmänner.
129. Universitätsrentamtmänner.
130. Universitätsforstmeister.
131. Universitätsmusikdirektor in Erlangen.
132. Vorstand der Hebammenschule in Bamberg.
133. Professoren der Hebammenschulen.
134. Konservatoren der Kommission für internationale Erdmessung.

135. Konservatoren der Meteorologischen Zentralstation.
136. Konservatoren der Generalkonservatorien.
137. Konservatoren des Nationalmuseums.
138. Konservatoren der Gemäldegalerien.
139. Konservatoren der Graphischen Sammlung.
140. Bibliothekare der Hof- und Staatsbibliothek.
141. Bibliothekare der Universitätsbibliotheken.
142. Bibliothekare der Bibliothek der Technischen Hochschule.
143. Bibliothekare der Bibliothek in Bamberg.
144. Rentamtmänner.
145. Forstmeister.
146. Bergmeister.
147. Hüttenverwalter.
148. Salineninspektoren.
149. Oberingenieur der Hochofenanlage in Amberg.
150. Hauptkassier der General-Bergwerks- und Salinen-Administration.
151. Steuerassessoren der Regierungen.
152. Steuerassessoren des Katasterbureaus
153. Vorstände der Messungsämter.
154. Obergeometer des Katasterbureaus.
155. Hauptzollamtsverwalter.
156. Zollinspektoren.
157. Steuerinspektoren.
158. Zentralzollkassier.
159. Hauptkassiere der Staatsschuldentilgungsanstalt.
160. Kreiskassiere.
161. Kontrolleur der Zentralstaatskasse.
162. Rechnungskommissäre des Obersten Rechnungshofs.
163. Münzwardein.
164. Weingutsinspektor.
165. Direktionsräte der Staatseisenbahnverwaltung.
166. Obergeometer der Staatseisenbahnverwaltung.
167. Posträte.
168. Postamtsdirektoren.
169. Telegraphenamtsdirektoren.
170. Telephonamtsdirektoren.
171. Geologen der Geognostischen Untersuchung.
172. Inspektoren der Untersuchungsanstalten für Nahrungs- und Genußmittel.
173. Assessoren des Stenographischen Instituts.
174. Präfekten der Lehrerbildungsanstalten.

175. Außerordentliche Professoren der Universitäten.
176. Außerordentliche Professoren der Technischen Hochschule.
177. Außerordentliche Professoren der Tierärztlichen Hochschule.
178. Außerordentliche Professoren der Lyzeen.
179. Hauptkassekontrolleure der Universitäten.
180. Außerordentliche Professoren der Forstlichen Hochschule.
181. Zentralzollkassekontrolleur.
182. Hauptzollamtskontrolleure.
183. Kreiskassekontrolleure.
184. Hauptkassekontrolleur der General-Bergwerks- und Salinen-Administration.
185. Hauptkassekontrolleure derStaatsschuldentilgungsanstalt.
186. Oberbuchhalter der Staatsschuldentilgungsanstalt.
187. Legationssekretäre II. Klasse.
188. Assessoren des Geheimen Haus- und Staatsarchivs.
189. Oberbergamtsmarkscheider.
190. Bergamtsassessoren.
191. Assessoren der Geognostischen Untersuchung.
192. Gewerbeassessoren.
193. Gewerbeinspektoren.
194. Assessoren der Strafanstalten.
195. Hausgeistliche der Strafanstalten.
196. Hausgeistliche der Gerichtsgefängnisse.
197. Hausärzte der Strafanstalten.
198. Hausärzte der Gerichtsgefängnisse.
199. Bezirksamtsassessoren.
200. Bauamtsassessoren.
201. Reichsarchivassessoren.
202. Kreisarchivassessoren.
203. Assessoren der Arbeitshäuser.
204. Assessoren der Agrikulturbotanischen Anstalt.
205. Assessoren der Moorkulturanstalt.
206. Sekretäre des Verwaltungsgerichtshofs.
207. Bezirksärzte.
208. Zentralimpfarzt.
209. Bezirkstierärzte.
210. Gestütstierärzte.
211. Bezirkskulturingenieure.
212. Geometer der Flurbereinigungskommission.
213. Vorstände der Staatserziehungsanstalten.
214. Hausgeistliche der Arbeitshäuser.

215. Hausgeistliche der Staatserziehungsanstalten.
216. Polizeioffiziere.
217. Gendarmerieoffiziere.
218. Universitätsbauassessoren.
219. Oberärzte der Universitätskliniken.
220. Mit Beamteneigenschaft ausgestattete Assistenten und Lektoren der Hochschulen.
221. Gymnasiallehrer der humanistischen und der Realgymnasien sowie sonstige Lehrer an diesen Anstalten mit akademischer Vorbildung.
222. Lehrer der Akademie der Tonkunst.
223. Lehrer der Akademie für Landwirtschaft und Brauerei.
224. Lehrer der Musikschule in Würzburg.
225. Seminarlehrer, Präparandenhauptlehrer, Seminarschullehrer und Präparandenlehrer mit akademischer Vorbildung.
226. Lehrer der Kunstgewerbeschulen.
227. Reallehrer des Technikums in Nürnberg.
228. Reallehrer der Baugewerkschule mit Gewerbelehrerinstitut in München.
229. Lehrer der Zentralturnlehrerbildungsanstalt.
230. Landwirtschaftslehrer.
231. Kustoden der Kommission für internationale Erdmessung.
232. Kustoden der Meteorologischen Zentralstation.
233. Kustoden der Generalkonservatorien.
234. Kustoden des Nationalmuseums.
235. Kustoden der Gemäldegalerien.
236. Kustoden der Graphischen Sammlung.
237. Kustoden der Hof- und Staatsbibliothek.
238. Kustoden der Universitätsbibliotheken.
239. Kustoden der Bibliothek der Technischen Hochschule.
240. Kustoden der Bibliothek in Bamberg.
241. Finanzassessoren der Regierungen, Kammern der Finanzen, und der Rechnungskammer.
242. Rechnungskommissäre der Regierungen, Kammern der Finanzen, und der Rechnungskammer.
243. Rentamtsassessoren.
244. Finanzassessoren der Verwaltung der Zölle und indirekten Steuern.
245. Rechnungskommissäre der Verwaltung der Zölle und indirekten Steuern.
246. Zolloberkontrolleure.

247. Steueroberkontrolleure.
248. Grenzoberkontrolleure.
249. Forstamtsassessoren.
250. Kreisgeometer.
251. Geometer der Messungsämter.
252. Geometer des Katasterbureaus.
253. Assessoren der Berg-, Hütten- und Salinenämter.
254. Technischer Assessor des Hauptmünzamts.
255. Eisenbahnassessoren.
256. Eisenbahngeometer.
257. Chemiker der Staatseisenbahnverwaltung.
258. Postassessoren.
259. Obersekretäre und Sekretäre des Obersten Landesgerichts, der Oberlandesgerichte, Landgerichte, Amtsgerichte, und Staatsanwaltschaften sowie Amtsanwälte, welche die zweite Prüfung für den höheren Justiz- und Verwaltungsdienst bestanden haben.

Anlage II.

Verzeichnis

der Beamten im Bereiche der K. Versicherungskammer und des K. Wasserversorgungsbureaus, die nach einer etatsmäßigen Dienstzeit von drei Jahren unwiderruflich sind.

A. K. Versicherungskammer.

1. Präsident.
2. Oberregierungsräte.
3. Regierungsräte.
4. Regierungsassessoren.
5. Oberinspektoren.
6. Bezirksamtsassessoren.

B. K. Wasserversorgungsbureau

1. Direktor.
2. Räte.
3. Bauamtmänner.
4. Geologen.
5. Assessoren.

Anlage III.

Verzeichnis

der Beamten der Oberrealschulen, Progymnasien, Realschulen, Lateinschulen, der Kreisbaugewerkschule Kaiserslautern, der landwirtschaftlichen Mittelschulen und Kreisackerbauschulen, die nach einer etatsmäßigen Dienstzeit von drei Jahren unwiderruflich sind.

1. Rektoren der Oberrealschulen.
2. Konrektoren der Oberrealschulen.
3. Rektoren der Realschulen und der Progymnasien.
4. Rektor der Kreisbaugewerkschule Kaiserslautern.
5. Rektoren der landwirtschaftlichen Mittelschulen.
6. Professoren der Oberrealschulen, Progymnasien, Realschulen und landwirtschaftlichen Mittelschulen.
7. Subrektoren der Lateinschulen.
8. Vorstände der Kreisackerbauschulen.
9. Reallehrer der Oberrealschulen, Gymnasiallehrer der Progymnasien und sonstige Lehrer an diesen Anstalten mit akademischer Vorbildung, Reallehrer der Realschulen, Studienlehrer der Lateinschulen, Lehrer der Kreisbaugewerkschule Kaiserslautern, Reallehrer der landwirtschaftlichen Mittelschulen, Lehrer der Kreisackerbauschulen mit akademischer Vorbildung.

Anlage IV.

Verzeichnis

der Beamten der Militärverwaltung, die nach einer etatsmäßigen Dienstzeit von drei Jahren unwiderruflich sind.

Militärbeamte:	Zivilbeamte der Militärverwaltung:
	1. Vortragende Räte des Kriegsministeriums.
2. Militär-Intendanten.	
3. Militäranwalt beim Reichsmilitärgerichte.	
4. Oberintendanturräte.	
5. Intendanturräte.	
6. Oberingenieur bei der Inspektion der Technischen Institute.	
	7. Intendantur- und Bauräte.
8. Intendantur-Assessoren.	
9. Korpsstabsveterinäre.	
10. Oberstabsveterinäre.	
11. Stabsveterinäre.	
12. Korpsstabsapotheker.	
13. Stabsapotheker.	
14. Ingenieure und Chemiker bei den technischen Instituten.	
	15. Militärbauinspektoren.

II.

Gehaltsordnung.

Einleitung.

Unterm 24. Februar 1908 hat die Königlich bayerische Staatsregierung auf Grund Allerhöchster Ermächtigung dem Präsidium der Kammer der Abgeordneten eine Denkschrift zur Frage der Neuregelung der Dienst-, Gehalts- und Pensionsverhältnisse der Staatsbeamten und Staatsbediensteten nebst dem Entwurfe der Gehaltsordnung und zwei vergleichenden Übersichten zur weiteren Behandlung übermittelt und zugleich unter Bezug auf § 20 der Geschäftsordnung der Kammer der Abgeordneten die Verweisung der Vorlage an einen Ausschuß beantragt (Beil. 262 der Landtagsverh. der XXXV. Landtagsversammlung, I. Seff. 1907/08). In der 89. öffentl. Sitzung der Kammer der Abgeordneten vom 24. Februar 1908 (Sten. Ber. S. 489) gab der Präsident von dem Eingange der Vorlage Kenntnis. Der mit der Beratung des Entwurfes beauftragte XVII. besondere Ausschuß (siehe oben Einleitung zum BeaG.) erledigte die Beratung der Denkschrift, am 25. Mai 1908 beginnend, in 15 Sitzungen. Der Bericht des Ausschusses ist in Beilage 532 der Landtagsverh. niedergelegt. Dem Berichte sind als Beilagen die Gehaltsordnung in der durch die Ausschußbeschlüsse sich ergebenden Fassung und eine Darstellung der künftigen Personalbesetzung beigegeben. Die Lesung in der Kammer der Abgeordneten fand am 16. Juli 1908 statt. In dieser Sitzung wurde den Anträgen des bes. Ausschusses einstimmig zugestimmt. (Sten.-Ber. VI. Bd. Nr. 166 S. 174 ff.) In der Sitzung des vereinigten 1. und 2. Ausschusses der Reichsratskammer (über die Zusammensetzung der Ausschüsse s. oben Einleitung zum BeaG.) vom 31. Juli 1908 wurde den Beschlüssen der Abgeordnetenkammer mit einigen geringfügigen Änderungen beigetreten. (Sten. Ber. I. Bd. Nr. 21 S. 551 ff.) Diese Änderungen fanden dann auch unter dem 11. August 1908 die einstimmige Zustimmung der Kammer der Abgeordneten (Sten. Ber. VI. Bd. Nr. 180 S. 680 ff.), worauf dann die Veröffentlichung der Gehaltsordnung mit einer Allerhöchsten Verordnung vom 6. September 1908 im GVBl. S. 681 ff. erfolgte.

Königlich Allerhöchste Verordnung, die Gehaltsverhältnisse der etatsmäßigen Staatsbeamten betreffend.

(GVBl. S. 681 ff.)

Im Namen Seiner Majestät des Königs.

Luitpold,

von Gottes Gnaden Königlicher Prinz von Bayern,

Regent.

Wir finden Uns bewogen, hinsichtlich der Gehaltsverhältnisse der etatsmäßigen Staatsbeamten zu verordnen, was folgt:

I. Allgemeine Bestimmungen.

§ 1.

Die Gehalte der etatsmäßigen Staatsbeamten bemessen sich, unbeschadet Unseres Rechtes nach Maßgabe der Bestimmungen des Beamtengesetzes in einzelnen Fällen eine abweichende Verfügung zu treffen, nach der in der Anlage beigefügten Gehaltsordnung.

§ 2.

Die Einreihung in die einzelnen Klassen der Gehaltsordnung ist lediglich für die Höhe des Gehalts, nicht aber für den Dienstrang der Beamten maßgebend.

§ 3.

Den Beamten der Verkehrsverwaltung, die sich auf Grund der Gehaltsordnung im Genuß eines pensionsfähigen Nebenbezugs befinden, bleibt im Falle ihrer Überführung in eine Stellung, mit der nach der Gehaltsordnung ein solcher Nebenbezug nicht verbunden ist, das im Zeitpunkte der Überführung sich berechnende pensionsfähige Diensteinkommen für den Fall ihrer Versetzung in den Ruhestand so lange gewahrt, als das pensionsfähige Diensteinkommen in der neuen Stellung geringer wäre.

II. Überleitungsbestimmungen.

§ 4.

Die Einweisung der Staatsminister in die ihnen nach der Gehaltsordnung zukommenden Gehaltsbezüge behalten Wir Uns vor.

Wegen der Überleitung der übrigen am 1. Januar 1909 im Dienste befindlichen Beamten in die Klassen der Gehaltsordnung haben die zuständigen Staatsministerien im Benehmen mit dem Staatsministerium der Finanzen das Weitere zu verfügen.

Für die Überleitung der Beamten, für die in der Gehaltsordnung steigende Gehalte vorgesehen sind, haben neben den Vorschriften des Artikel 211 Abs. 2 bis 7 und des Artikel 217 des Beamtengesetzes die nachstehenden Grundsätze Maß zu geben:

1. Die Beamten, hinsichtlich deren die Einteilung in der Gehaltsordnung im wesentlichen mit der Einteilung der bisherigen Gehaltsregulative übereinstimmt, sind unter Anrechnung der vollen Dienstzeit, die sie in der von ihnen am 1. Januar 1909 bekleideten Dienstesstellung zurückgelegt haben, in die Klassen der Gehaltsordnung überzuleiten.

2. Die Beamten, die durch die Gehaltsordnung den bisherigen Gehaltsregulativen gegenüber in eine höhere Klasse gehoben werden, haben zunächst den Anfangsgehalt der neuen Klasse zu erhalten. Bleibt jedoch dieser Gehalt hinter dem Gehalte zurück, der

sich nach Maßgabe der Gehaltsordnung berechnen würde, wenn der Beamte in der Klasse verblieben wäre, die nach der Gehaltsordnung seiner bisherigen Klasse entspricht, so hat er diesen Gehalt zu erhalten.

3. Soweit durch die Gehaltsordnung mehrere Klassen der bisherigen Gehaltsregulative in eine Klasse vereinigt werden, sind die Beamten

a. unter Anrechnung der vollen Dienstzeit, die sie in den vereinigten Klassen zurückgelegt haben, in die Klassen der Gehaltsordnung überzuleiten, wenn der künftige Anfangsgehalt der Anfangsbesoldung der bisherigen untersten Klasse sich nähert oder von der Anfangsbesoldung der bisherigen unteren und der bisherigen oberen Klasse gleich weit entfernt ist,

b. unter Anrechnung nur der in der höheren Dienstesstellung zurückgelegten Dienstzeit in die Klassen der Gehaltsordnung überzuleiten, wenn der künftige Anfangsgehalt der Anfangsbesoldung der bisherigen höheren Klasse sich nähert. Bleibt jedoch der in dem letzteren Falle sich berechnende Gehalt hinter dem Gehalte zurück, der sich nach Maßgabe der Gehaltsordnung berechnen würde, wenn der Beamte in der Klasse verblieben wäre, die nach der Gehaltsordnung seiner bisherigen Klasse entspricht, so hat er diesen Gehalt zu erhalten.

4. Die Steuerassessoren und die Obergeometer der Flurbereinigungskommission, die Steuerassessoren der Kreisregierungen, die Steuerassessoren und die Obergeometer des Katasterbureaus sind unter Anrechnung der halben Dienstzeit, die sie in dieser Dienstesstellung oder in einer ihr gleich zu achtenden Dienstesstellung zurückgelegt haben, in die Klasse 9 der Gehaltsordnung überzuleiten. Bruchteile unter einem Monat, die sich bei der Feststellung der halben Dienstzeit ergeben, sind als voller Monat zu rechnen.

5. Im übrigen haben bei der Überleitung der Beamten in die Klassen der Gehaltsordnung die Vorschriften des Artikel 26 Abs. 3 bis 5, des Artikel 27 Abs. 2 bis 4, des Artikel 28 Abs. 1 bis 4 und Abs. 6, der Artikel 29 bis 32, des Artikel 34 Abs. 2, des Artikel 36, des Artikel 183 Abs. 2 Ziff. 1 Satz 2 und Ziff. 2 bis 4 sowie des Artikel 184 des Beamtengesetzes entsprechende Anwendung zu finden. Für die Festsetzung des Gehalts nach dem Artikel 30 des Beamtengesetzes ist nur die unmittelbar vor der letzten Beförderung innegehabte Dienstesstellung in Betracht zu ziehen und auch für diese der Gehalt nach Maßgabe der Gehaltsordnung zu berechnen.

6. Soweit die Anwendung vorstehender Grundsätze für einzelne Beamte zu Unzuträglichkeiten führen sollte, sind die Staatsministerien ermächtigt, den Gehalt dieser Beamten im Benehmen mit dem Staatsministerium der Finanzen besonders festzusetzen.

7. Die Beamten der Klassen 5 bis 13 sind von der Erreichung des Gehalts der beiden letzten Dienstaltersstufen, die Beamten der Klassen 14 bis 30 von der Erreichung des Gehalts der letzten Dienstaltersstufe ihrer Klasse im Zeitpunkte der Überleitung zunächst ausgeschlossen. Die Beamten der Klassen 5 bis 13 können die Vorrückung in den Gehalt der vorletzten und der letzten Dienstaltersstufe ihrer Klasse erst nach Zurücklegung einer weiteren Dienstzeit von drei und beziehungsweise sechs Jahren, die Beamten der Klassen 14 bis 30 die Vorrückung in den Gehalt der letzten Dienstaltersstufe ihrer Klasse erst nach Zurücklegung einer weiteren Dienstzeit von drei Jahren nach dem Inkrafttreten der Gehaltsordnung erreichen.

§ 5.

Den etatsmäßigen Beamten, deren Gesamteinkommen den Jahresbetrag von dreitausend Mark nicht übersteigt, wird, soweit sie durch die Gehaltsordnung nicht um acht vom Hundert des bisherigen regulativmäßigen Anfangsgehalts der von ihnen am 1. Januar 1909 bekleideten Dienstesstellung aufgebessert werden, bis zur Höhe dieses Satzes und bis zum Betrage von dreitausend Mark auf die Dauer der Bekleidung dieser Stellung eine besondere nichtpensionsfähige Zulage gewährt. Die Zulage wird diesen Beamten mit vorstehender Einschränkung auch im Falle ihrer Überführung in eine andere Dienstesstellung gewährt, soweit sie in dieser eine geringere Besoldung beziehen würden, als sie erhalten hätten, wenn sie in der vorher bekleideten Dienstesstellung verblieben wären.

Der Jahresbetrag dieser Zulagen ist nach oben so abzurunden, daß bei Teilung durch drei sich volle Markbeträge ergeben.

In Bezug auf den Beginn, die Zahlung und die Einziehung dieser Zulagen haben die Vorschriften des Artikel 34 Abs. 2 bis 4 des Beamtengesetzes entsprechende Anwendung zu finden.

III. Schlußbestimmungen.

§ 6.

Diese Verordnung tritt am 1. Januar 1909 in Kraft.

Gleichzeitig treten alle entgegenstehenden Vorschriften, insbesondere die Verordnung vom 11. Juni 1892, die Gehaltsbezüge der pragmatischen Staatsdiener betreffend, die Verordnung vom 26. Juni 1894, die Dienstverhältnisse der nichtpragmatischen Staatsbeamten und Staatsbediensteten betreffend, § 7 Abs. 1 der Verordnung vom 10. Mai 1903, die Neuorganisation der Rentämter betreffend, und die Verordnung vom 11. August 1904, die Besoldungen der Staatsbeamten und Staatsbediensteten betreffend, außer Kraft.

§ 7.

Die Staatsministerien haben die zum Vollzuge dieser Verordnung erforderlichen Vorschriften zu erlassen.

Vorderriß, den 6. September 1908.

Luitpold,
Prinz von Bayern,
des Königreichs Bayern Verweser.

Dr. Frhr. v. Podewils. v. Miltner. Dr. v. Wehner.
v. Frauendorfer. v. Pfaff. v. Brettreich.

Auf Allerhöchsten Befehl:
Der General-Sekretär:
An dessen Statt:
Ministerialrat Sendel.

Gehaltsordnung

für die

etatsmäßigen Staatsbeamten.

Klasse der Gehaltsordnung	Beamtenklasse	Fester Gehalt	Bemerkungen
		M	
1	Staatsminister	[1]) 24 000	1) Die Staatsminister erhalten außerdem freie Dienstwohnung und in Ermanglung einer solchen eine nichtpensionsfähige Wohnungsentschädigung im Jahresbetrage von 5000 M, ferner einen nichtpensionsfähigen Repräsentationsbezug, der für den Staatsminister des K. Hauses und des Äußern jährlich 16 000 M, für jeden der übrigen Staatsminister jährlich 5000 M beträgt.
2	Präsident des Obersten Landesgerichts . . . . Präsident des Verwaltungsgerichtshofs	15 000	
3	Gesandte mit dem Gehalte der Regierungspräsidenten . . . . Präsidenten d. Oberlandesgerichte Präsidenten d. Kreisregierungen [2]) Präsident des Oberkonsistoriums Präsident des Obersten Rechnungshofs . . . . Präsident der Generaldirektion der Zölle und indirekten Steuern .	14 000	2) Die Präsidenten der Kreisregierungen erhalten außerdem freie Dienstwohnung und einen nichtpensionsfähigen Repräsentationsbezug im Jahresbetrage von 3600 M.
4	Ministerialdirektoren [3]) Senatspräsidenten . } des Obersten Generalstaatsanwalt } Landesger. Senatspräsidenten . } des Verwaltungsgerichtshofs Generalstaatsanwalt } Präsidenten der Eisenbahndirektionen	12 000	3) Der mit der Vertretung eines Staatsministers als Staatsrat betraute Ministerialdirektor erhält neben seinem Gehalt eine nichtpensionsfähige Zulage im Jahresbetrage von 2400 M.

Klasse der Gehaltsordnung	Beamtenklasse	Steigende Gehalte: 1. bis 3.	vom 4.	vom 7.	vom 10.	vom 13.	vom 16.
		Dienstjahr					
		ℳ	ℳ	ℳ	ℳ	ℳ	ℳ
5	Ministerialräte 1) und 2) Geheime Legationsräte I. Klasse Oberbergdirektor Senatspräsidenten der Oberlandesgerichte Oberstaatsanwälte der Oberlandesgerichte Präsidenten der Landgerichte Präsident des Amtsgerichts München I Präsident des Landesversicherungsamts Polizeipräsident Oberlandstallmeister Direktor des Statistischen Landesamts Direktor der Flurbereinigungskommission Direktor des Hydrotechnischen Bureaus Direktor des Reichsarchivs Direktoren der Regierungen, Kammern des Innern Chef des Gendarmeriekorps Direktor der Hof- und Staatsbibliothek Direktor der Akademie der bildenden Künste Direktor der Gemäldegalerien Konsistorialdirektor in Speyer Generaldirektor der Bergwerks-, Hütten- und Salinenverwaltung Direktor der Staatsschuldentilgungsanstalt Direktor der Rechnungskammer Direktor des Katasterbureaus Direktoren der Regierungen, Kammern der Finanzen Direktoren der Regierungen, Kammern der Finanzen, Forstabteilungen 3) Regierungsdirektoren der Generaldirektion der Zölle und indirekten Steuern 4) Oberpostdirektoren	8400	9000	9600	10200	10800	11400

1) Einschließlich der technischen Ministerialräte.

2) Der mit der Vertretung eines Staatsministers als Staatsrat betraute Ministerialrat erhält neben seinem Gehalt eine nichtpensionsfähige Zulage im Jahresbetrage von 1200 ℳ.

3) Vorstände der Regierungsforstabteilungen.

4) Abteilungsvorstände.

Klasse der Gehaltsordnung	Beamtenklasse	Steigende Gehalte: 1. bis 3. Dienstjahr	vom 4. Dienstjahr	vom 7. Dienstjahr	vom 10. Dienstjahr	vom 13. Dienstjahr	vom 16. Dienstjahr
		ℳ	ℳ	ℳ	ℳ	ℳ	ℳ
6	Oberregierungsräte [1]						
	Geheime Legationsräte II. Klasse						
	Zentralinspektor für Fabriken und Gewerbe						
	Räte des Obersten Landesgerichts						
	Staatsanwälte des Obersten Landesgerichts						
	Vorstände der Amtsgerichte mit Bezirken von mehr als 100 000 Einwohnern [2]						
	Zentralwohnungsinspektor						
	Landesinspektor für Tierzucht						
	Räte des Verwaltungsgerichtshofs						
	Staatsanwälte des Verwaltungsgerichtshofs						
	Direktor der Polizeidirektion [3]	7200	7700	8200	8700	9200	9600
	Rektoren der humanistischen Gymnasien						
	Rektoren der Realgymnasien						
	Direktor der Akademie der Tonkunst						
	Direktor des Nationalmuseums						
	Direktor des Generalkonservatoriums der Kunstdenkmale und Altertümer						
	Direktor der Akademie für Landwirtschaft und Brauerei						
	Direktor des Technikums in Nürnberg						
	Oberkonsistorialräte						
	Direktor des Hauptmünzamts						
	Räte des Obersten Rechnungshofs						
	Oberregierungsräte der Verkehrsverwaltung [4]						

Dieser Klasse sind auch die Oberregierungsräte der Regierungen, Kammern des Innern, und der Generaldirektion der Zölle und indirekten Steuern sowie der Oberbibliothekar der Hof- und Staatsbibliothek, die zurzeit die Besoldung nach Klasse III des Gehaltsregulativs vom 11. Juni 1892 beziehen, ferner die derzeitigen Lyzealrektoren für ihre Person zuzuteilen; ebenso die Generaldirektionsräte und Oberpostsräte älterer Ordnung mit dem Abmaße, daß diese zunächst in den Gehalt der dritten Dienstaltersstufe eingewiesen werden und ihnen nach einer weiteren dreijährigen Dienstzeit der Gehalt der vierten Dienstaltersstufe als Höchstgehalt gewährt wird.

1) Einschließlich der technischen Oberregierungsräte.
2) Nach der jeweiligen letzten Volkszählung.
3) Abteilungsvorstand.
4) Einschließlich der Abteilungsvorstände der Eisenbahndirektionen und der Oberpostdirektionen, ferner der Vorstände der zentralen Ämter der Verkehrsverwaltung, soweit sie nicht nachstehend besonders vorgetragen sind.

Klasse der Gehaltsordnung	Beamtenklasse	Steigende Gehalte: 1. bis 3. Dienstjahr	vom 4. Dienstjahr	vom 7. Dienstjahr	vom 10. Dienstjahr	vom 13. Dienstjahr	vom 16. Dienstjahr
		ℳ	ℳ	ℳ	ℳ	ℳ	ℳ
7	Regierungsräte [1]) Legationsräte Räte des Geheimen Haus- und Staatsarchivs Oberbergräte Regierungs- und Gewerberäte Räte, Staatsanwälte der Oberlandesgerichte Direktoren, Stellvertretende Direktoren [2]), I. Staatsanwälte der Landgerichte Vorstände der Amtsgerichte mit Bezirken von mehr als 40 000 bis 100 000 Einwohn. [3]) Abteilungsvorstände der in den Klassen 5 und 6 bezeichneten Amtsgerichte Direktoren der Strafanstalten [4]) Räte des Hydrotechnischen Bureaus Räte des Reichsarchivs Steueräte der Flurbereinigungskommission Landtagsarchivar Kanzleidirektor der Kammer der Reichsräte Bureauvorstand der Kammer der Abgeordneten Vorstand des Stenographischen Instituts Direktor des Arbeitshauses Rebdorf Direktor der Agrikulturbotanischen Anstalt Direktor der Moorkulturanstalt II. Direktoren der Untersuchungsanstalten für Nahrungs- und Genußmittel Landgestütstierarzt Landstallmeister Gestütsdirektoren Chef der Schutzmannschaft Chefs der Gendarmeriekompagnien	6000	6500	7000	7500	8000	84

1) Einschließlich der Kreismedizinalräte, Kreisbauräte, Kreistierärzte und Kreiskulturingenieure.
2) Bei jeder Zivilkammer und jeder Strafkammer je einer.
3) Nach der jeweiligen letzten Volkszählung.
4) Vorstände der größeren Strafanstalten.

Klasse der Gehaltsordnung	Beamtenklasse	Steigende Gehalte: 1. bis 3. Dienstjahr	vom 4. Dienstjahr	vom 7. Dienstjahr	vom 10. Dienstjahr	vom 13. Dienstjahr	vom 16. Dienstjahr
		ℳ	ℳ	ℳ	ℳ	ℳ	ℳ
Noch 7	Ordentliche Professoren der Universitäten Ordentliche Professoren der Technischen Hochschule Ordentliche Professoren der Tierärztlichen Hochschule Ordentliche Professoren der Lyzeen 1) Professoren der Akademie der bildenden Künste Konrektoren der humanistischen Gymnasien Konrektoren der Realgymnasien Direktor der Zentralturnlehrerbildungsanstalt Direktoren der Kunstgewerbeschulen Direktoren der vollen Lehrerbildungsanstalten und der Schullehrerseminare Direktor der Baugewerkschule mit Gewerbelehrerinstitut in München Direktor der Meteorologischen Zentralstation Direktor der Graphischen Sammlung Direktor der Ethnographischen Sammlung Direktor des Münzkabinetts Oberbibliothekare der Hof- und Staatsbibliothek 2) Oberbibliothekare der Universitäten Konsistorialräte Oberberg- und Salinenräte Forsträte Ordentliche Professoren der Forstlichen Hochschule Steuerräte der Regierungen, Kammern der Finanzen Steuerräte des Katasterbureaus Vorstand der Zentralstaatskasse Vorstände der Rentämter mit Kasseabteilung Vorstände der Hauptzollämter Vorstand der technischen Lehr- und Prüfungsanstalt der Generaldirektion der Zölle und indirekten Steuern Direktor des Hofbräuamts Regierungsräte, Oberposträte } der Verkehrsverwaltung 3)	6000	6500	7000	7500	8000	8400

Dieser Klasse sind für ihre Person auch die Oberlandesgerichtsräte bei den Landgerichten und die Oberlandesgerichtsräte der Amtsgerichte, soweit sie nicht nach der neuen Gehaltsordnung ohnehin in diese Klasse fallen, ferner der derzeitige Zentralzollkassier zuzuteilen.

1) Die mit der Funktion von Rektoren betrauten ordentlichen Professoren der Lyzeen erhalten neben ihrem Gehalt eine nichtpensionsfähige Zulage im Jahresbetrage von 1200 ℳ.

2) Abteilungsvorstände.

3) Einschließlich der Vorstände des Wagenamts und der beiden Verkehrskontrollen der Staatseisenbahnverwaltung sowie der Postanweisungskontrolle, ferner der Vorstände der im Etat bezeichneten wichtigsten Inspektionen, Postämter I. Kl., Telegraphen- und Telephonämter.

Klasse der Gehaltsordnung	Beamtenklasse	Steigende Gehalte: 1. bis 3.	vom 4.	vom 7.	vom 10.	vom 13.	vom 16.
		Dienstjahr					
		ℳ	ℳ	ℳ	ℳ	ℳ	ℳ
8	Bezirksamtmänner Syndici der Hochschulen und der Akademien Direktor der Musikschule Würzburg Professoren der Akademie der Tonkunst Professoren der Akademie für Landwirtschaft und Brauerei Oberbibliothekar in Bamberg	5400	5900	6400	6900	7400	7800
9	Regierungsassessoren [1] Legationssekretäre I. Klasse Berginspektoren Oberbergamtsassessoren Gewerberäte Landgerichtsräte II. Staatsanwälte der Landgerichte Oberamtsrichter [2] Inspektoren der Strafanstalten [3] Inspektoren der Gerichtsgefängnisse Landwirtschaftliche Fachberater Bauamtmänner Vorstände der Sektionen für Wildbachverbauung Kreisarchivare Landgerichtsärzte Steuerassessoren } der Flurbereinigungs- Obergeometer [4] } kommission Polizeihauptmann Gendarmerie-Hauptmänner Professoren der humanistischen Gymnasien Professoren der Realgymnasien Professoren der Kunstgewerbeschulen Professoren des Technikums in Nürnberg Professoren der Baugewerkschule mit Gewerbelehrerinstitut in München Universitätsbauamtmänner Universitätsrentamtmänner Universitätsforstmeister Universitätsmusikdirektor in Erlangen Vorstand der Hebammenschule in Bamberg Professoren der Hebammenschulen Konservatoren der Kommission für internationale Erdmessung Konservatoren der Meteorologischen Zentralstation Konservatoren der Generalkonservatorien Konservatoren des Nationalmuseums	4800	5300	5800	6300	6800	7200

1) Einschließlich der Kreisbauassessoren.
2) Einschließlich der Abteilungsvorstände der Amtsgerichte mit Bezirken von 50 000 bis 100 000 Einwohnern.
3) Vorstände der kleineren Strafanstalten.
4) Vorsitzende der Flurbereinigungsausschüsse.

Klasse der Gehaltsordnung	Beamtenklasse	Steigende Gehalte: 1. bis 3. Dienstjahr	vom 4.	vom 7.	vom 10.	vom 13.	vom 16.
		ℳ	ℳ	ℳ	ℳ	ℳ	ℳ
Noch 9	Konservatoren der Gemäldegalerien						
	Konservatoren der Graphischen Sammlung						
	Bibliothekare der Hof- und Staatsbibliothek						
	Bibliothekare der Universitätsbibliotheken						
	Bibliothekare der Bibliothek der Technischen Hochschule						
	Bibliothekare der Bibliothek in Bamberg						
	Rentamtmänner [1])						
	Forstmeister						
	Bergmeister						
	Hüttenverwalter						
	Salineninspektoren						
	Oberingenieur der Hochofenanlage in Amberg						
	Hauptkassier der General-Bergwerks- und Salinen-Administration						
	Steuerassessoren der Regierungen, der Kammern der Finanzen						
	Steuerassessoren des Katasterbureaus						
	Obergeometer u. Vorstände der Messungsämter	4800	5300	5800	6300	6800	7200
	Obergeometer des Katasterbureaus [2])						
	Hauptzollamtsverwalter						
	Zollinspektoren						
	Steuerinspektoren						
	Zentralzollkassier						
	Hauptkassiere d. Staatsschuldentilgungsanstalt						
	Kreiskassiere						
	Kontrolleur der Zentralstaatskasse						
	Rechnungskommissäre des Obersten Rechnungshofs						
	Münzwardein						
	Weingutsinspektor						
	Direktionsräte [3]) der Staatseisenbahnverwaltung						
	Obergeometer [4]) der Staatseisenbahnverwaltung						
	Posträte [5])						
	Postamtsdirektoren						
	Telegraphenamtsdirektoren						
	Telephonamtsdirektoren						

Dieser Klasse sind auch die nicht dienstaufsichtführenden Oberamtsrichter, der derzeitige Zentralzollkassekontrolleur sowie diejenigen Rechnungskommissäre der Regierungen, Kammern der Finanzen, die zurzeit den Gehalt eines Rechnungskommissärs des Obersten Rechnungshofs beziehen, für ihre Person, dann die Oberinspektoren, Oberbauinspektoren und Obermaschineninspektoren sowie die Oberpostinspektoren der Verkehrsverwaltung zuzuteilen.

1) Einschließlich der Kasseabteilungsvorstände der Rentämter.
2) Vorstände der Messungssektionen.
3) Einschließlich der Inspektionsvorstände der Staatseisenbahnverwaltung, soweit sie nicht in die Klasse 7 fallen.
4) Vorstände der Messungsbureaus bei den Eisenbahndirektionen.
5) Einschließlich des Vorstandes des Verlagsamts.

Klasse der Gehaltsordnung	Beamtenklasse	Steigende Gehalte: 1. bis 3.	vom 4.	vom 7.	vom 10.	vom 13.	vom 16.	vom 19.	vom 22.	vom 25.	vom 28.
		Dienstjahr									
		M	M	M	M	M	M	M	M	M	M
10	Geologen der Geognostischen Untersuchung Inspektoren der Untersuchungsanstalten für Nahrungs- u. Genußmittel . . . . . . Assessoren des Stenographischen Instituts . Präfekten der Lehrerbildungsanstalten. .	3000	3500	4000	4500	5000	5500	6000	6500	7000	7200

Dieser Klasse sind auch die derzeitigen Seminar- und Präparandenoberlehrer sowie der derzeitige Lehrer der Zentralturnlehrerbildungsanstalt für ihre Person zuzuteilen.

Klasse der Gehaltsordnung	Beamtenklasse	Steigende Gehalte: 1. bis 3.	vom 4.	vom 7.	vom 10.	vom 13.	vom 16.
		Dienstjahr					
		M	M	M	M	M	M
11	Außerordentliche Professoren der Universitäten Außerordentliche Professoren der Technischen Hochschule . . . . Außerordentliche Professoren der Tierärztlichen Hochschule [1]) . . . . Außerordentliche Professoren der Lyzeen . . Hauptkassekontrolleure der Universitäten . . Außerordentliche Professoren der Forstlichen Hochschule . . . . Zentralzollkassekontrolleur . . . . Hauptzollamtskontrolleure . . . . Kreiskassekontrolleure . . . . Hauptkassekontrolleur der General-Bergwerks- und Salinen-Administration . . . . . Hauptkassekontrolleure, Oberbuchhalter der Staatsschuldentilgungsanstalt	3600	4100	4600	5100	5600	6000

Dieser Klasse sind auch der derzeitige Kassier der Akademie der Wissenschaften, der derzeitige Kassier des Katasterbureaus und der derzeitige Zahlmeister der Zentralstaatskasse sowie die Direktions- und Oberpostassessoren für ihre Person, dann die Inspektoren, Postinspektoren und Postmeister der Verkehrsverwaltung zuzuteilen, die genannten Beamten der Verkehrsverwaltung mit dem Abmaße, daß für sie der Gehalt der dritten Dienstaltersstufe den Anfangsgehalt zu bilden hat und vom dreizehnten Dienstjahr ab eine weitere Dienstaltersstufe mit 6500 M angefügt wird.

1) Einschließlich des Chemikers der Biologischen Versuchsstation für Fischerei.

Klasse der Gehaltsordnung	Beamtenklasse	Steigende Gehalte: 1. bis 3. Dienstjahr	vom 4. Dienstjahr	vom 7. Dienstjahr	vom 10. Dienstjahr	vom 13. Dienstjahr	vom 16. Dienstjahr	vom 19. Dienstjahr
		ℳ	ℳ	ℳ	ℳ	ℳ	ℳ	ℳ
12	Legationssekretäre II. Klasse Assessoren des Geheimen Haus- und Staatsarchivs Oberbergamtsmarkscheider Bergamtsassessoren Assessoren der Geognostischen Untersuchung Gewerbeassessoren Gewerbeinspektoren Amtsrichter III. Staatsanwälte Assessoren der Strafanstalten Hausgeistliche } der Strafanstalten und Hausärzte } der Gerichtsgefängnisse Bezirksamtsassessoren Bauamtsassessoren Reichsarchivassessoren Kreisarchivassessoren Assessoren der Arbeitshäuser Assessoren der Agrikulturbotanischen Anstalt Assessoren der Moorkulturanstalt Sekretäre des Verwaltungsgerichtshofs Bezirksärzte 1) Zentralimpfarzt 1) Bezirkstierärzte 1) Gestütstierärzte Bezirkskulturingenieure Flurbereinigungsgeometer 2) Vorstände der Staatserziehungsanstalten Hausgeistliche der Arbeitshäuser und der Staatserziehungsanstalten Polizeioffiziere Gendarmerieoffiziere Universitätsbauassessoren Oberärzte der Universitätskliniken Die mit Beamteneigenschaft ausgestatteten Assistenten und Lektoren der Hochschulen 3) Gymnasiallehrer der humanistischen Gymnasien Gymnasiallehrer der Realgymnasien Lehrer der Akademie der Tonkunst	3000	3500	4000	4500	5000	5500	6000

1) Die Bezirksärzte, der Zentralimpfarzt und die Bezirkstierärzte beziehen neben ihrem Gehalte die ihnen verordnungsgemäß zugewiesenen Gebühren.
2) Ausführende Geometer.
3) Einschließlich des Apothekers im Reisingerianum.

Klasse der Gehaltsordnung	Beamtenklasse	Steigende Gehalte:						
		1. bis 3.	vom 4.	vom 7.	vom 10.	vom 13.	vom 16.	vom 19.
		Dienstjahr						
		ℳ	ℳ	ℳ	ℳ	ℳ	ℳ	ℳ
Noch 12	Lehrer der Akademie für Landwirtschaft und Brauerei [1] . . . . Lehrer der Musikschule in Würzburg . . Seminarlehrer, Seminarschullehrer der Lehrerbildungsanstalten und Schullehrerseminare Hauptlehrer der Präparandenschulen . Lehrer der Kunstgewerbeschulen . . . Reallehrer des Technikums in Nürnberg Reallehrer der Baugewerkschule mit Gewerbelehrerinstitut in München . . Lehrer der Zentralturnlehrerbildungsanstalt . . . . Landwirtschaftslehrer . . . . Kustoden der Kommission für internationale Erdmessung . . . . Kustoden der Meteorologischen Zentralstation . . . . Kustoden der Generalkonservatorien . . Kustoden des Nationalmuseums . . . . Kustoden der Gemäldegalerien . . . . . Kustoden der Graphischen Sammlung . Kustoden der Hof- und Staatsbibliothek Kustoden der Universitätsbibliotheken . . Kustoden der Bibliothek der Technischen Hochschule . . . . Kustoden der Bibliothek in Bamberg . . Finanzassessoren, Rechnungskommissäre der Regierungen, Kammern der Finanzen, u. d. Rechnungskammer Rentamtsassessoren . . . . Finanzassessoren, Rechnungskommissäre der Verwaltung der Zölle und indirekten Steuern Zolloberkontrolleure . . . . Steueroberkontrolleure . . . . Grenzoberkontrolleure . . . . Forstamtsassessoren . . . . Kreisgeometer . . . . Bezirksgeometer [2]) . . . . Katastergeometer [3]) . . . . Assessoren der Berg-, Hütten- und Salinenämter	3000	3500	4000	4500	5000	5500	6000

1) Einschließlich des Assessors der Saatzuchtanstalt.
2) Nebenbeamte der Messungsämter.
3) Ausführende Geometer.

Klasse der Gehaltsordnung	Beamtenklasse	1. bis 3.	vom 4.	vom 7.	vom 10.	vom 13.	vom 16.	vom 19.
		Dienstjahr						
		ℳ	ℳ	ℳ	ℳ	ℳ	ℳ	ℳ
Noch 12	Technischer Assessor des Hauptmünzamts Eisenbahnassessoren . . . . Eisenbahngeometer . . . . Chemiker der Staatseisenbahnverwaltung Postassessoren	3000	3500	4000	4500	5000	5500	6000

Dieser Klasse sind auch die Hauslehrer der Strafanstalten, Arbeitshäuser und Staatserziehungsanstalten, die Zeichenlehrer der humanistischen Gymnasien, die Turnlehrer der humanistischen und der Realgymnasien sowie die Realienlehrer der Waldbauschulen, die zurzeit den Gehalt der Klasse XIe des Gehaltsregulativs vom 11. Juni 1892 beziehen, ferner die mit dem Gehalte von Seminarlehrern ausgestatteten Präparandenlehrer und die Offiziale der Verkehrsverwaltung für ihre Person zuzuteilen.

Klasse der Gehaltsordnung	Beamtenklasse	1. bis 3.	vom 4.	vom 7.	vom 10.	vom 13.	vom 16.
		Dienstjahr					
		ℳ	ℳ	ℳ	ℳ	ℳ	ℳ
13	Geheime Rechnungskommissäre } der Staatsministerien Geheime Sekretäre } der Staatsministerien Geheime Registratoren } der Staatsministerien Geheime Sekretäre der Gesandtschaften . . Obersekretär des Obersten Landesgerichts . . Obersekretäre der Oberlandesgerichte . . . Hauptkassier der Landgestütsverwaltung . . Kassier der Technischen Hochschule . . . . . Rechnungskommissär des Oberkonsistoriums . Kassier des Hauptmünzamts . . . . Inspektor des Hofbräuamts . . . . Kurgarteninspektor . . . . Oberbahnverwalter[1]) . . . . Oberpostverwalter[1])	4200	4600	5000	5400	5800	6000

Dieser Klasse ist auch der derzeitige Geheime Sekretär des Statistischen Landesamts für seine Person zuzuteilen.

1) Einschließlich der technischen Oberbahn- und Oberpostverwalter.

Klasse der Gehaltsordnung	Beamtenklasse	Steigende Gehalte:						
		1. bis 3.	vom 4.	vom 7.	vom 10.	vom 13.	vom 16.	vom 19.
		Dienstjahr						
		ℳ	ℳ	ℳ	ℳ	ℳ	ℳ	ℳ
14	Sekretäre } der Staatsministerien Registratoren } der Staatsministerien Kanzleisekretäre der Gesandtschaften Obersekretäre der Landgerichte [1]) Obersekretäre der Staatsanwaltschaften Obersekretäre der Amtsgerichte [2]) Sekretäre des Obersten Landesgerichts Sekretäre der Oberlandesgerichte Obersekretär des Statistischen Landesamts Präsidialsekretäre der Kreisregierungen Rechnungskommissäre der Regierungen, Kammern des Innern [3]) Kassier der Polizeidirektion Rechnungskommissäre der Konsistorien Quästoren der Universitäten Verwalter der Universitätskliniken Kassier der Akademie der Wissenschaften Kassier und Sekretär der Tierärztlichen Hochschule Kassier und Sekretär der Akademie der Tonkunst Kassier und Sekretär des Nationalmuseums und des Generalkonservatoriums der Kunstdenkmale und Altertümer Kassier der Akademie für Landwirtschaft und Brauerei Zeichenlehrer der humanistischen Gymnasien Turnlehrer der humanistischen Gymnasien Turnlehrer der Realgymnasien Musiklehrer der humanistischen Gymnasien Musiklehrer der Realgymnasien Lehrerinnen der Kunstgewerbeschulen Inspektoren der Botanischen Gärten Inspektor der Lithographischen Anstalt des Staatsministeriums der Finanzen Präsidialsekretär } der Generaldirektion der Zölle und indirekten Steuern Materialverwalter } der Generaldirektion der Zölle und indirekten Steuern Direktorialsekretär der General-Berg- werks- und Salinen-Administration	3000	3300	3600	3900	4200	4500	4800

1) Geschäftsleitende und rechnungsführende Sekretäre der Landgerichte und geschäftsleitende Sekretäre der landgerichtlichen Gerichtsschreibereiabteilungen.

2) Geschäftsleitende Sekretäre der Amtsgerichte mit mindestens drei Richtern und rechnungsführende Sekretäre der Amtsgerichte mit Bezirken von mindestens 50 000 Einwohner.

3) Einschließlich der technischen Rechnungskommissäre der Regierungen, Kammern des Innern, und der Rechnungskommissäre der land- und forstwirtschaftlichen Berufsgenossenschaften.

Klasse der Gehaltsordnung	Beamtenklasse	Steigende Gehalte: 1. bis 3.	vom 4.	vom 7.	vom 10.	vom 13.	vom 16.	vom 19.
		Dienstjahr						
		M	M	M	M	M	M	M
Noch 14	Rechnungskommissäre der General-Bergwerks- und Salinen-Administration. Rechnungskommissäre der Staatsschuldentilgungskommission . . . . Regierungsforstbuchhalter . . . . Steuerrechnungskommissäre der Regierung der Pfalz, Kammer der Finanzen; Kassiere, Materialverwalter der Bergwerks-, Hütten- und Salinenverwaltung; Zollverwalter . . . . Steuerverwalter . . . . Kassier des Katasterbureaus . . . . . . Inspektor der Lithographischen Anstalt des Katasterbureaus . . . . Medailleur des Hauptmünzamts . . . . . Flaschenfüllereiverwalter des Hofbräuamts . . . . Bahnverwalter [1]) . . . . Postverwalter [1])	3000	3300	3600	3900	4200	4500	4800

Dieser Klasse sind für ihre Person auch die im Genusse des Gehalts der Klasse XI e des Gehaltsregulativs vom 11. Juni 1892 befindlichen Obersekretäre der Landgerichte und Amtsgerichte, die mit der Geschäftsleitung nicht betraut sind, ferner die derzeit vorhandenen Buchhalter der Zentralstaatskasse, Zahlmeister der Kreiskassen und Staatsschuldentilgungskassen, der derzeitige Kassekontrolleur des Katasterbureaus, der derzeitige Kassekontrolleur des Hauptmünzamts, der derzeitige Sekretär der Staatsschuldentilgungskommission und der derzeitige I. Registrator der Generaldirektion der Zölle und indirekten Steuern, ferner die derzeit vorhandenen Eisenbahnsekretäre, Eisenbahnverwalter, Bauverwalter, Maschinenverwalter, Telegraphenverwalter, Postsekretäre und Postverwalter zuzuteilen, die genannten Beamten der Verkehrsverwaltung mit dem Abmaße, daß ihnen nach Erreichung des Gehalts von 4800 M nach je weiteren drei Dienstjahren zwei weitere Vorrückungen zu je 300 M zugestanden werden.

1) Einschließlich der technischen Bahn- und Postverwalter.

Klasse der Gehaltsordnung	Beamtenklasse	Steigende Gehalte: 1. bis 3.	vom 4.	vom 7.	vom 10.	vom 13.	vom 16.	vom 19.	vom 22.	vom 25.
		Dienstjahr								
		M	M	M	M	M	M	M	M	M
15	Hauslehrer der Strafanstalten. . Hauslehrer der Arbeitshäuser und der Staatserziehungsanstalten. Präparandenlehrer der vollen Lehrerbildungsanstalten, Schullehrerseminare und Präparandenschulen. . . . . Reallehrer der Waldbauschulen.	2400	2700	3000	3300	3600	3900	4200	4500	4800

Klasse der Gehaltsordnung	Beamtenklasse	Steigende Gehalte: 1. bis 3. Dienstjahr	vom 4.	vom 7.	vom 10.	vom 13.	vom 16.	vom 19.
		M	M	M	M	M	M	M
16	Markscheider der Berginspektionen Berginspektionsassistenten Gewerbeaufsichtsassistenten Gewerbeaufsichtsassistentinnen Registratoren des Verwaltungsgerichtshofs Kassier der Flurbereinigungskommission. Bezirkskommissäre [1], Sicherheitskommissäre [1], Obersekretäre der Polizeidirektion Gestütsrendant in Zweibrücken Rendant des Gendarmeriekorps Sekretäre, Registratoren des Oberkonsistoriums Kassiere und Sekretäre der Kunstgewerbeschulen Kassier der Gymnasien in Nürnberg Kassier und Sekretär des Technikums in Nürnberg Kassier und Sekretär der Baugewerkschule mit Gewerbelehrerinstitut in München Kartographen der Ministerialforstabteilung Sekretär, Registrator des Obersten Rechnungshofs Rechnungskommissäre der Regierungen, Kammern der Finanzen, Forstabteilungen Hütteningenieure, Obersteiger, Einfahrer, Oberwerkmeister der Bergwerks-, Hütten- und Salinenverwaltung Kassekontrolleur, Revisoren des Katasterbureaus Kassiere und Sekretäre, Kurgärtner der Badverwaltungen Kassekontrolleur des Hauptmünzamts Technische Eisenbahnsekretäre Oberbahnmeister Technische Postsekretäre	2400	2700	3000	3300	3600	3900	4200

Dieser Klasse sind auch der derzeitige Sekretär und Registrator des Oberbergamts, die derzeitigen Buchhalter und der derzeitige Registrator der General-Bergwerks- und Salinenadministration, der derzeitige Registrator der Staatsschuldentilgungskommission, die derzeitigen Buchhalter der Staatsschuldentilgungskassen, der derzeitige Sekretär des Katasterbureaus sowie die derzeitigen Steuerrevisoren, die nicht zu Steuerverwaltern ernannt werden, für ihre Person zuzuteilen.

[1]) Die Bezirkskommissäre und Sicherheitskommissäre der Polizeidirektion erhalten neben ihrem Gehalte freie Dienstwohnung und in Ermanglung einer solchen eine nichtpensionsfähige Wohnungsentschädigung.

Klasse der Gehaltsordnung	Beamtenklasse	Steigende Gehalte: 1. bis 3.	vom 4.	vom 7.	vom 10.	vom 13.	vom 16.	vom 19.
		Dienstjahr						
		ℳ	ℳ	ℳ	ℳ	ℳ	ℳ	ℳ
17	Sekretär und Registrator des Oberbergamts . . . . Kartographen der Geognostischen Untersuchung . . . . Amtsanwälte im Hauptamte¹) . . Sekretäre¹) der Landgerichte . . . Sekretäre¹) der Staatsanwaltschaften Sekretäre¹) der Amtsgerichte . . . Hauslehrerinnen der Strafanstalten . Sekretäre und Registratoren des Landesversicherungsamts . . . . . Sekretäre und Registratoren des Statistischen Landesamts . . . . Sekretäre und Registratoren der Flurbereinigungskommission . . . Sekretäre und Registratoren der Landgestütsverwaltung . . . . Sekretäre und Registratoren der Agrikulturbotanischen Anstalt . Sekretäre und Registratoren der Moorkulturanstalt . . . . . . Sekretäre und Registratoren der Kreisregierungen . . . . . . Revisoren²) der Regierungen, Kammern des Innern . . . . . . Polizeisekretäre . . . . Bezirksamtssekretäre . . . . Sekretäre und Bauführer des Hydrotechnischen Bureaus . . . . . Bauführer der Bauämter . . . . Bauführer der Sektionen für Wildbachverbauung . . . . Kulturbauführer der Flurbereinigungskommission . . . . . . Kulturbauführer der Moorkulturanstalt . . . . Kulturbauführer des kulturtechnischen Dienstes . . . . Pflegerinnen der Polizeidirektion . Hauslehrerinnen der Arbeitshäuser und der Staatserziehungsanstalten . . . . Ökonomieverwalter des Arbeitshauses Rebdorf . . . . Kanzlei-, Kassesekretäre und Registratoren der Hochschulen und der Akademien . . . . Bibliotheksekretäre	1800	2100	2400	2700	3000	3300	3600

1) Einschließlich der Amtsanwälte im Geschäftskreise des Staatsministeriums des Innern.
Die juristisch gebildeten Amtsanwälte und Sekretäre beginnen mit dem Gehalte der dritten Dienstaltersstufe.
2) Einschließlich der Revisoren der land- und forstwirtschaftlichen Berufsgenossenschaften.

Klasse der Gehaltsordnung	Beamtenklasse	Steigende Gehalte: 1. bis 3.	vom 4.	vom 7.	vom 10.	vom 13.	vom 16.	vom 19.
		Dienstjahr						
		ℳ	ℳ	ℳ	ℳ	ℳ	ℳ	ℳ
Noch 17	Sekretäre und Registratoren der Konsistorien . . . . Zahntechniker der Universitäten . . Bauführer der Universitäten . . . Förster der Universitäten . . . . . Verwalter der Walhalla . . . . . Sekretäre und Registratoren der Generaldirektion der Zölle und indirekten Steuern . . . . . . Sekretäre und Registratoren der Hauptzollämter . . . . Sekretäre und Registratoren der Bergwerks-, Hütten- und Salinenverwaltung . . . . Sekretäre und Registratoren der Staatsschuldentilgungsanstalt . Sekretäre und Registratoren der Rechnungskammer . . . . . . Sekretäre und Registratoren des Katasterbureaus Sekretäre der Zentralstaatskasse . . Sekretäre der Kreiskassen . . . . Sekretäre des Hauptmünzamts . . Sekretäre des Hofbräuamts . . . Rentamtssekretäre . . . . Regierungsforstsekretäre . . . . . Förster . . . . Zollrevisoren . . . . Steuerrevisoren . . . . Steiger der Bergwerks-, Hütten- und Salinenverwaltung . . . . . Katastergraveure des Katasterbureaus Ökonomieverwalter } des Hofbräu- Materialverwalter } amts Eisenbahnsekretäre . . . . Postsekretäre	1800	2100	2400	2700	3000	3300	3600

Dieser Klasse sind auch die Kanzlisten des Oberkonsistoriums, der Kreisregierungen, der Konsistorien, der Generaldirektion der Zölle und indirekten Steuern, der Staatsschuldentilgungsanstalt und der Rechnungskammer, der Hauptsalzamtsschreiber sowie die derzeit vorhandenen Kapitäne I. Klasse der Bodenseedampfschiffahrt, ferner die derzeit vorhandenen Postexpeditoren II. Klasse für ihre Person zuzuteilen, letztere mit dem Abmaße, daß der Gehalt der sechsten Dienstaltersstufe zu 3300 ℳ für sie den Höchstgehalt zu bilden hat.

Klasse der Gehaltsordnung	Beamtenklasse	Steigende Gehalte: 1. bis 3. Dienstjahr	vom 4. Dienstjahr	vom 7. Dienstjahr	vom 10. Dienstjahr	vom 13. Dienstjahr	vom 16. Dienstjahr	vom 19. Dienstjahr
		ℳ	ℳ	ℳ	ℳ	ℳ	ℳ	ℳ
18	Kanzleiexpeditoren der Gerichte und Staatsanwaltschaften; Buchhalter der Strafanstalten; Buchhalter der Arbeitshäuser und Staatserziehungsanstalten; Rendant der Schutzmannschaft; Oberwerkführer der Verkehrsverwaltung; Oberstationsmeister, Bahnmeister, Oberwagenmeister, Oberrangiermeister, Technische Oberassistenten der Staatseisenbahnverwaltung; Postexpeditoren	2250	2400	2550	2700	2850	3000	3150

Klasse der Gehaltsordnung	Beamtenklasse	Steigende Gehalte: 1. bis 3. Dienstjahr	vom 4. Dienstjahr	vom 7. Dienstjahr	vom 10. Dienstjahr	vom 13. Dienstjahr	vom 16. Dienstjahr	vom 19. Dienstjahr
		ℳ	ℳ	ℳ	ℳ	ℳ	ℳ	ℳ
19	Druckereiwerkmeister des Staatsministeriums der Justiz; Gefängnisverwalter; Hausverwalter der Strafanstalten; Obermaschinisten der Justizverwaltung; Hausverwalter der Arbeitshäuser und der Staatserziehungsanstalten; Oberwachtmeister der Schutzmannschaft[1]); Werkmeister der Hochschulen; Werkmeister der Akademien; Werkmeister der Generalkonservatorien; Werkmeister des Technikums in Nürnberg; Werkmeister der Baugewerkschule mit Gewerbelehrerinstitut in München; Techniker der Kunstgewerbeschulen; Techniker für die Rödl'sche Metallgußerfindung; Zolleinnehmer; Werkmeister der Bergwerks-, Hütten- und Salinenverwaltung; Druckereiwerkmeister des Katasterbureaus; Faktor der Druckerei des Hauptmünzamts	2100	2250	2400	2550	2700	2850	3000

1) Beim Kommando und Abteilungsbefehlshaber.

Klasse der Gehaltsordnung	Beamtenklasse	Steigende Gehalte: 1. bis 3.	vom 4.	vom 7.	vom 10.	vom 13.	vom 16.	vom 19.
		Dienstjahr						
		M	M	M	M	M	M	M
Noch 19	Oberassistenten, Kanzlisten, Registratoren der Verkehrsverwaltung Oberpackmeister, Gasmeister der Staatseisenbahnverwaltung Werkstätteleiter, Obermaschinisten der Post- und Telegraphenverwaltung Kapitäne[1]), Oberpackmeister der Bodenseedampfschiffahrt	2100	2250	2400	2550	2700	2850	3000

Dieser Klasse sind auch die noch vorhandenen Paliere der Staatseisenbahnverwaltung für ihre Person zuzuteilen.

1) 300 M pensionsfähiger Anschlag von Nebenbezügen.

Klasse der Gehaltsordnung	Beamtenklasse	1. bis 3.	vom 4.	vom 7.	vom 10.	vom 13.	vom 16.	vom 19.
20	Stabsoberwachtmeister der Gendarmerie Oberlokomotivführer[1])	1950	2100	2250	2400	2550	2700	2850

1) 400 M pensionsfähiger Anschlag von Nebenbezügen.

Klasse der Gehaltsordnung	Beamtenklasse	1. bis 3.	vom 4.	vom 7.	vom 10.	vom 13.	vom 16.	vom 19.
21	Kanzlei- u. Registraturassist., Boten und Diener der Staatsministerien Kanzleiassistenten der Gesandtschaften Sekretariatsassistenten des Obersten Landesgerichts und der Generalstaatsanwaltschaft Gerichtsvollzieher[1]) Baupaliere der Justizverwaltung Kanzlei- und Registraturassistenten des Verwaltungsgerichtshofs Kanzleiassistenten des Reichsarchivs Arrestverwalter, Rottmeister der Polizeidirektion Bauzeichner des Hydrotechnischen Bureaus Bauzeichner, Offizianten der Bauämter Bauzeichner, Offizianten der Sektionen für Wildbachverbauung Baupaliere der Arbeitshäuser Obergärtner der Moorkulturanstalt Oberaufseher der Gestütsanstalten Gendarmerie-Oberwachtmeister[2]) Wachtmeister der Schutzmannschaft[3]) Kanzlei- und Registraturassistenten des Oberkonsistoriums	1800	1950	2100	2250	2400	2550	2700

1) 150 M pensionsfähiger Anschlag von Nebenbezügen.
2) Befehlshaber der Brigadestation.
3) Stationsbefehlshaber.

Klasse der Gehaltsordnung	Beamtenklasse	Steigende Gehalte: 1. bis 3.	vom 4.	vom 7.	vom 10.	vom 13.	vom 16.	vom 19.
		Dienstjahr						
Noch 21		ℳ	ℳ	ℳ	ℳ	ℳ	ℳ	ℳ
	Mechaniker der Hochschulen und der Akademien Mechaniker des Technikums in Nürnberg Mechaniker der Baugewerkschule mit Gewerbelehrerinstitut in München Präparatoren der Hochschulen Präparatoren der Akademien Präparatoren des Nationalmuseums Präparatoren der Generalkonservatorien Präparatoren der Graphischen Sammlung Obergärtner der Botanischen Gärten Fecht- und Reitlehrer der Universitäten Technischer Offiziant der Akademie der Wissenschaften Offizianten des Generalkonservatoriums der wissenschaftlichen Sammlungen Offizianten der Gymnasien Kanzlei- und Registraturassistenten des Obersten Rechnungshofs Bauzeichner der Bergwerks-, Hütten- und Salinenverwaltung Offizianten der Messungsämter Zeichner der Verkehrsverwaltung Zugführer¹) / Wagenmeister / Bauassistenten } der Staatseisenbahnverwaltung Oberschaffner²) / Oberpackmeister / Oberbriefträger / Bauzeichner } der Post- und Telegraphenverwaltung Schiffsführer der Kettenschleppschiffahrt ¹)	1800	1950	2100	2250	2400	2550	2700

Dieser Klasse sind auch die bisherigen Flußwärter im Status der Bauführer für ihre Person zuzuteilen.

1) 800 ℳ pensionsfähiger Anschlag von Nebenbezügen.

2) 800 ℳ pensionsfähiger Anschlag von Nebenbezügen bei Verwendung im Fahrpostdienste.

Klasse der Gehaltsordnung	Beamtenklasse	Steigende Gehalte: 1. bis 3. Dienstjahr	vom 4.	vom 7.	vom 10.	vom 13.	vom 16.	vom 19.
		M	M	M	M	M	M	M
22	Steindrucker der Staatsministerien							
	Boten und Diener der Gesandtschaften							
	Maschinist des Arbeitermuseums							
	Boten des Obersten Landesgerichts							
	Maschinisten der Justizverwaltung							
	Werkführer Oberkrankenwärter Landwirtschaftl. Assistenten Küchenmeister Waschmeister } der Strafanstalten u. der Gerichtsgefängnisse							
	Nachrichter							
	Boten und Diener des Verwaltungsgerichtshofs							
	Flußmeister							
	Werkführer Maschinisten Küchenmeister Waschmeister Oberkrankenwärter } der Arbeitshäuser							
	Maschinisten der Hochschulen							
	Maschinisten der Akademien							
	Maschinisten des Generalkonservatoriums der wissenschaftlichen Sammlungen							
	Maschinisten des Technikums in Nürnberg							
	Maschinisten der Baugewerkschule mit Gewerbelehrerinstitut in München	1800	1900	2000	2100	2200	2300	2400
	Boten und Diener des Oberkonsistoriums							
	Oberdiener Hausmeister } der Hochschulen und der Akademien							
	Oberdiener Hausmeister } der Hof- und Staatsbibliothek							
	Oberaufseher Hausmeister } der Gemäldegalerien							
	Oberaufseher Hausmeister } des Nationalmuseums							
	Boten und Diener des Obersten Rechnungshofs							
	Hafenmeister der Verwaltung der Zölle und indirekten Steuern							
	Wagmeister Schlossereiaufseher } der Salinenverwaltung							
	Geldzähler der Zentralstaatskasse							
	Maschinisten des Katasterbureaus							
	Maschinisten der Badverwaltungen							
	Vorarbeiter des Hauptmünzamts							
	Büttner des Weinguts							
	Werkführer Geldzähler Maschinisten [1] } der Verkehrsverwaltung							

1) Maschinisten der Bodenseedampfschiffahrt und der Kettenschleppschiffahrt 250 M pensionsfähiger Anschlag von Nebenbezügen.

Klasse der Gehaltsordnung	Beamtenklasse	Steigende Gehalte: 1. bis 3.	vom 4.	vom 7.	vom 10.	vom 13.	vom 16.	vom 19. Dienstjahr
		M	M	M	M	M	M	M
Noch 22	Stationsmeister, Rangiermeister, Turmwärter der Staatseisenbahnverwaltung; Ländemeister der Bodenseedampfschiffahrt; Kanalmeister des Ludwig-Donau-Main-Kanals	1800	1900	2000	2100	2200	2300	2400

Dieser Klasse sind auch die derzeit vorhandenen Oberportiers und Imprägniermeister der Staatseisenbahnverwaltung für ihre Person zuzuteilen.

Klasse der Gehaltsordnung	Beamtenklasse	1. bis 3.	vom 4.	vom 7.	vom 10.	vom 13.	vom 16.	vom 19.
23	Kanzlei- und Registraturassistenten des Oberbergamts; Sekretariatsassistenten der Oberlandesgerichte und der Oberstaatsanwaltschaften; Kanzlei- und Registraturassistenten des Landesversicherungsamts; Kanzlei- und Rechnungsassistenten des Statistischen Landesamts; Kanzlei- und Registraturassistenten der Landgestütsverwaltung; Kanzlei- und Registraturassistenten der Kreisregierungen; Kanzlei- und Rechnungsassistenten der Flurbereinigungskommission; Polizeiassistenten; Kanzleiassistenten der Kreisarchive; Kanzleiassistenten des Hydrotechnischen Bureaus; Kanzleiassistenten der Agrikulturbotanischen Anstalt; Kanzleiassistenten der Moorkulturanstalt; Kanzlei- und Bureauassistenten des Stenographischen Instituts; Kanzlei-, Kasse- und Registraturassistenten der Hochschulen; Kanzlei-, Kasse- und Registraturassistenten der Akademien; Kanzlei-, Kasse- und Registraturassistenten des Nationalmuseums; Kanzlei-, Kasse- und Registraturassistenten der Generalkonservatorien; Kanzlei-, Kasse- und Registraturassistenten des Technikums in Nürnberg; Kanzlei- und Registraturassistenten der Konsistorien; Kanzlei- und Registraturassistenten der Meteorologischen Zentralstation; Kanzlei- und Registraturassistenten der Hebammenschulen	1500	1650	1800	1950	2100	2250	2400

Klasse der Gehaltsordnung	Beamtenklasse	1. bis 3.	vom 4.	vom 7.	vom 10.	vom 13.	vom 16.	vom 19.
		Dienstjahr						
		ℳ	ℳ	ℳ	ℳ	ℳ	ℳ	ℳ
Noch 23	Kanzlei- und Registraturassistenten der Generaldirektion der Zölle und indirekten Steuern Kanzlei- und Registraturassistenten der Hauptzollämter Kanzlei- und Registraturassistenten der Bergwerks-, Hütten- und Salinenverwaltung Kanzlei- und Registraturassistenten der Staatsschuldentilgungsanstalt Kanzlei- und Registraturassistenten der Rechnungskammer Assistenten des Katasterbureaus Kanzleiassistenten der Badverwaltungen Kanzlei- und Bureauassistenten der Verkehrsverwaltung Magazinsassistenten der Staatseisenbahnverwaltung Postadjunkten	1500	1650	1800	1950	2100	2250	2400

Dieser Klasse sind auch die derzeit vorhandenen Amtsgehilfen der Staatseisenbahnverwaltung für ihre Person zuzuteilen.

Klasse der Gehaltsordnung	Beamtenklasse	1. bis 3.	vom 4.	vom 7.	vom 10.	vom 13.	vom 16.	vom 19.
24	Oberaufseher und Oberaufseherinnen der Strafanstalten u. d. Gerichtsgefängnisse Oberaufseher und Oberaufseherinnen der Arbeitshäuser und der Staatserziehungsanstalten Packmeister der Verkehrsverwaltung Lokomotivführer[1]) Wagenwärter[1]) der Staatseisenbahnverwaltung Fahrpostschaffner[1]) Briefträger der Post- und Telegraphenverwaltung Steuermänner[1]) der Bodenseedampfschiffahrt Steuermänner[1]) der Kettenschleppschiffahrt	1700	1800	1900	2000	2100	2200	2300

1) 250 ℳ pensionsfähiger Anschlag von Nebenbezügen.

Klasse der Gehaltsordnung	Beamtenklasse	1. bis 3.	vom 4.	vom 7.	vom 10.	vom 13.	vom 16.	vom 19.
25	Boten und Diener des Geheimen Haus- und Staatsarchivs Boten und Diener des Oberbergamts Boten und Diener der Geognostischen Untersuchung Boten der Oberlandesgerichte Steindrucker der Oberlandesgerichte und der Landgerichte Gefängniswärter Gerichtsvollzieher in Strafsachen Boten und Diener des Landesversicherungsamts	1500	1600	1700	1800	1900	2000	2100

Klasse der Gehaltsordnung	Beamtenklasse	Steigende Gehalte: 1. bis 3.	vom 4.	vom 7.	vom 10.	vom 13.	vom 16.	vom 19.
		Dienstjahr						
		M	M	M	M	M	M	M
Noch 25	Boten und Diener des Statistischen Landesamts							
	Boten und Diener des Reichsarchivs							
	Boten und Diener des Hydrotechnischen Bureaus							
	Boten und Diener der Flurbereinigungskommission							
	Boten und Diener der Landgestütsverwaltung							
	Boten und Diener der Agrikulturbotanischen Anstalt							
	Boten und Diener der Moorkulturanstalt							
	Boten und Diener der Kreisregierungen							
	Boten und Diener der Polizeidirektion [1]							
	Boten und Diener der Schutzmannschaft							
	Boten und Diener des Gendarmerie-Korpskommandos							
	Boten und Diener des Stenographischen Instituts							
	Hausmeister des Glaspalastes							
	Steindrucker der Kreisregierungen							
	Steindrucker der Polizeidirektion							
	Aufseher, Gestütsschmiede der Gestütsanstalten	1500	1600	1700	1800	1900	2000	2100
	Kulturaufseher der Moorkulturanstalt							
	Gendarmeriewachtmeister [2]							
	Schutzmänner							
	Pedelle, Diener I. Ordnung [3] der Hochschulen							
	Diener I. Ordnung [3] der Akademien							
	Diener I. Ordnung [3] der Generalkonservatorien							
	Boten und Diener der Hof- und Staatsbibliothek							
	Boten und Diener der Universitätsbibliotheken							
	Boten und Diener der Meteorologischen Zentralstation							
	Boten und Diener der Konsistorien							
	Pedelle und Diener der Lyzeen							
	Pedelle und Diener der Kunstgewerbeschulen							
	Pedelle und Diener des Technikums in Nürnberg							
	Pedelle und Diener der Baugewerkschule mit Gewerbelehrerinstitut in München							
	Pedelle der Gymnasien							

1) Einschließlich der Arrestwärter.
2) Stationsbefehlshaber.
3) Nach der Wichtigkeit der Dienstesaufgabe.

Klasse der Gehaltsordnung	Beamtenklasse	Steigende Gehalte: 1. bis 3. Dienstjahr	vom 5.	vom 7.	vom 10.	vom 13.	vom 16.	vom 19.
		ℳ	ℳ	ℳ	ℳ	ℳ	ℳ	ℳ
Noch 25	Pedelle der vollen Lehrerbildungsanstalten und der Schullehrerseminare. Hausmeister der Zentralturnlehrerbildungsanstalt . . . . Diener und Aufseher der Gemäldegalerien Diener und Aufseher der Graphischen Sammlung . . . . Diener und Aufseher des Nationalmuseums . . . . Oberaufseher der Ruhmeshalle . . . . Feuerwächter der wissenschaftlichen und Kunst-Sammlungen . . . . Oberhebammen der Universitäts-Frauenkliniken . . . . Boten und Diener der Generaldirektion der Zölle und indirekten Steuern . Boten und Diener der General-Bergwerks- und Salinen-Administration Boten und Diener der Staatsschuldentilgungsanstalt . . . . Boten und Diener der Rechnungskammer . . . . Boten und Diener des Katasterbureaus . Boten und Diener des Hauptmünzamts. Boten und Diener der Regierungen, Kammern der Finanzen, Forstabteilungen . . . . Boten und Diener der Forstlichen Hochschule . . . . Boten und Diener der Forstlichen Versuchsanstalt . . . . Boten und Diener der Kreiskassen . . . Boten und Diener des Hofbräuamts . Steuerboten und Rentamtsdiener [1] . . Oberaufseher der Verwaltung der Zölle und indirekten Steuern . . . . . . Steindrucker, Buchbinder } des Katasterbureaus . . . Aufseher der Bergwerks-, Hütten- und Salinenverwaltung . . . . Ständige Arbeiter des Hauptmünzamts. Seewart der Hoffischerei auf dem Chiemsee Obergärtner der Badverwaltungen . . Weinbergsgärtner	1500	1600	1700	1800	1900	2000	2100

1) 150 ℳ pensionsfähiger Anschlag von Nebenbezügen.

Klasse der Gehaltsordnung	Beamtenklasse	Steigende Gehalte: 1. bis 3. Dienstjahr	vom 4. Dienstjahr	vom 7. Dienstjahr	vom 10. Dienstjahr	vom 13. Dienstjahr	vom 16. Dienstjahr	vom 19. Dienstjahr
		ℳ	ℳ	ℳ	ℳ	ℳ	ℳ	ℳ
Noch 25	Direktionsdiener der Verkehrsverwaltung Stationsaufseher, Zugspackmeister¹), Packer im Stationsdienste, Schaffner¹), Lokomotivheizer¹), Fahrkartendrucker, Steindrucker, Weichensteller, Vorarbeiter der Staatseisenbahnverwaltung Expeditorinnen der Post- und Telegraphenverwaltung . . . . Schiffsheizer¹) der Bodenseedampfschifffahrt . . . . Schiffsheizer¹) der Kettenschleppschifffahrt	1500	1600	1700	1800	1900	2000	2100

Dieser Klasse sind auch die Zollamtsdiener älterer Ordnung und der derzeitige Oberaufseher der Walhalla für ihre Person zuzuteilen.

1) 250 ℳ pensionsfähiger Anschlag von Nebenbezügen.

Klasse der Gehaltsordnung	Beamtenklasse	1. bis 3.	vom 4.	vom 7.	vom 10.	vom 13.	vom 16.	vom 19.
26	Sekretariatsassistenten der Landgerichte. Sekretariatsassistenten der Staatsanwaltschaften . . . . Sekretariatsassistenten der Amtsgerichte Kanzlei- und Rechnungsassistenten der Strafanstalten . . . . Bezirksamtsassistenten . . . . Kanzleiassistenten der Bauämter . . . Kanzleiassistenten der Sektionen für Wildbachverbauung . . . . Kanzleiassistenten der Untersuchungsanstalten für Nahrungs- und Genußmittel . . . . Kanzlei- und Rechnungsassistenten der Arbeitshäuser und der Staatserziehungsanstalten . . . . Forstwarte der Universitäten . . . . Rentamtsassistenten . . . . Forstassistenten . . . . Zeichnungsassistenten der Messungsämter Kanzleigehilfen der Verkehrsverwaltung . Magazinsgehilfen der Staatseisenbahnverwaltung	1200	1350	1500	1650	1800	1950	2100

Die derzeitigen Kanzleigehilfen der Verkehrsverwaltung erhalten für ihre Person den Gehalt der zweiten Dienstaltersstufe als Anfangsgehalt.

Klasse der Gehaltsordnung	Beamtenklasse	1. bis 3.	vom 4.	vom 7.	vom 10.	vom 13.	vom 16.	vom 19.
27	Heizer der Gerichtsgebäude und Gerichtsgefängnisse . . . . Werkaufseher, Küchenaufseher, Waschaufseher, Gartenaufseher, Werkaufseherinnen der Strafanstalten und der Gerichtsgefängnisse	1400	1500	1600	1700	1800	1900	2000

Klasse der Gehaltsordnung	Beamtenklasse	Steigende Gehalte: 1. bis 3.	vom 4.	vom 7.	vom 10.	vom 13.	vom 16.	vom 19.
		Dienstjahr						
		M	M	M	M	M	M	M
Noch 27	Werkaufseher Küchenaufseher Waschaufseher Gartenaufseher Werkaufseherinnen } der Arbeitshäuser und der Staatserziehungsanstalten Heizer der Verkehrsverwaltung . . . Packer im Fahrdienste [1]) Wagenwärtergehilfen [2]) Portiers Stationsdiener Bahnsteigschaffner Maschinenwärter Streckenwärter Blockwärter } der Staatseisenbahnverwaltung Schaffner Beleuchtungsdiener } der Post- u. Telegraphenverwaltung Matrosen [2]) der Bodensee-Dampfschiffahrt Matrosen [2]) der Kettenschleppschiffahrt .	1400	1500	1600	1700	1800	1900	2000

Dieser Klasse sind auch die derzeit vorhandenen Nachtwächter der Staatseisenbahnverwaltung für ihre Person zuzuteilen.

1) 180 M pensionsfähiger Anschlag von Nebenbezügen.
2) 150 M pensionsfähiger Anschlag von Nebenbezügen.

Klasse der Gehaltsordnung	Beamtenklasse	1. bis 3.	vom 4.	vom 7.	vom 10.	vom 13.	vom 16.	vom 19.
28	Amtsgerichtsdiener (ohne Gefängnisdienst) . . . . Landgerichtsboten . . . . Aufseher der Strafanstalten und der Gerichtsgefängnisse . . . . . . Diener der Bezirksämter . . . . . . Diener der Bauämter . . . . Diener der Sektionen für Wildbachverbauung . . . . Diener der Kreisarchive . . . . . . Diener der Zentralimpfanstalt [1]) . . . Diener der Untersuchungsanstalten für Nahrungs- und Genußmittel . . . Messungsgehilfen der Flurbereinigungskommission . . . . Aufseher der Arbeitshäuser und der Staatserziehungsanstalten . . . . Arrestwärter des Schubgefängnisses in Nürnberg . . . . Diener der Gendarmeriekompagnien . . Gendarmen . . . . Diener II. Ordnung [2]) der Hochschulen [3]) Diener II. Ordnung [2]) der Akademien .	1300	1400	1500	1600	1700	1800	1900

1) Einschließlich der Kontumazanstalt.
2) Nach der Wichtigkeit der Dienstesaufgabe.
3) Einschließlich der Krankenwärter und Waldaufseher.

Klasse der Gehaltsordnung	Beamtenklasse	Steigende Gehalte: 1. bis 3.	vom 4.	vom 7.	vom 10.	vom 13.	vom 16.	vom 19.
		Dienstjahr						
		ℳ	ℳ	ℳ	ℳ	ℳ	ℳ	ℳ
Noch 28	Diener II. Ordnung[1]) der Generalkonservatorien; Diener der Bibliothek in Bamberg; Diener der Musikschule in Würzburg; Diener der Hebammenschulen; Aufseher der Ruhmeshalle; Aufseher der Walhalla; Diener der Berg-, Hütten- und Salinenämter; Grenzaufseher; Messungsgehilfen des Katasterbureaus; Messungsgehilfen der Messungsämter; Bureaudiener der Verkehrsverwaltung; Kanalaufseher des Ludwig-Donau-Main-Kanals	1300	1400	1500	1600	1700	1800	1900

Dieser Klasse sind auch die derzeitigen Schuldiener der Gymnasien und die derzeitigen Pedelle der Präparandenschulen für ihre Person zuzuteilen.

1) Nach der Wichtigkeit der Dienstesaufgabe.

29	Kanzlei-, Bureau- und Rechnungsassistentinnen; Aufseherinnen der Strafanstalten und der Gerichtsgefängnisse; Aufseherinnen der Arbeitshäuser und der Staatserziehungsanstalten; Telephonassistentinnen; Telegraphenassistentinnen; Postboten	1200	1300	1400	1500	1600	1700	1800
30	Brunnwärter; Schleusenwärter; Straßenwärter; Ländeplatz- und Magazinsaufseher; Donaumooswegmacher; Gestütswärter; Weinbergaufseher; Kanalwärter; Die vollbeschäftigten Waldwärter; Bahnwärter; Schrankenwärter	1200	1250	1300	1400	1500	1600	1700

Dieser Klasse sind auch die derzeitigen Wiesenwärter und der derzeitige Fischereigehilfe der Hoffischerei auf dem Chiemsee für ihre Person zuzuteilen.

Beilage.

Zusammenstellung der Gehaltsklassen.

(Unter Berücksichtigung der Anfangs- und Endgehalte geordnet.)

Klasse der Gehaltsordnung	Feste Gehalte	Steigende Gehalte: 1.—3. Dienstjahr	vom 4.	vom 7.	vom 10.	vom 13.	vom 16.	vom 19.	vom 22.	vom 25.	vom 28.
	M	*M*	*M*	*M*	*M*	*M*	*M*	*M*	*M*	*M*	*M*
1	24 000	—	—	—	—	—	—	—	—	—	—
2	15 000	—	—	—	—	—	—	—	—	—	—
3	14 000	—	—	—	—	—	—	—	—	—	—
4	12 000	—	—	—	—	—	—	—	—	—	—
5	—	8 400	9 000	9 600	10 200	10 800	11 400				
6	—	7 200	7 700	8 200	8 700	9 200	9 600				
7	—	6 000	6 500	7 000	7 500	8 000	8 400				
8	—	5 400	5 900	6 400	6 900	7 400	7 800				
9	—	4 800	5 300	5 800	6 300	6 800	7 200				
10	—	3 000	3 500	4 000	4 500	5 000	5 500	6 000	6 500	7 000	7 200
11	—	3 600	4 100	4 600	5 100	5 600	6 000				
12	—	3 000	3 500	4 000	4 500	5 000	5 500	6 000			
13	—	4 200	4 600	5 000	5 400	5 800	6 000				
14	—	3 000	3 300	3 600	3 900	4 200	4 500	4 800			
15	—	2 400	2 700	3 000	3 300	3 600	3 900	4 200	4 500	4 800	
16	—	2 400	2 700	3 000	3 300	3 600	3 900	4 200			
17	—	1 800	2 100	2 400	2 700	3 000	3 300	3 600			
18	—	2 250	2 400	2 550	2 700	2 850	3 000	3 150			
19	—	2 100	2 250	2 400	2 550	2 700	2 850	3 000			
20	—	1 950	2 100	2 250	2 400	2 550	2 700	2 850			
21	—	1 800	1 950	2 100	2 250	2 400	2 550	2 700			
22	—	1 800	1 900	2 000	2 100	2 200	2 300	2 400			
23	—	1 500	1 650	1 800	1 950	2 100	2 250	2 400			
24	—	1 700	1 800	1 900	2 000	2 100	2 200	2 300			
25	—	1 500	1 600	1 700	1 800	1 900	2 000	2 100			
26	—	1 200	1 350	1 500	1 650	1 800	1 950	2 100			
27	—	1 400	1 500	1 600	1 700	1 800	1 900	2 000			
28	—	1 300	1 400	1 500	1 600	1 700	1 800	1 900			
29	—	1 200	1 300	1 400	1 500	1 600	1 700	1 800			
30	—	1 200	1 250	1 300	1 400	1 500	1 600	1 700			

III.

Richterdisziplinargesetz.

Disziplinargesetz
für
richterliche Beamte
vom 26. März 1881
in der Fassung des Artikels 224 des Beamtengesetzes.

Durch Art. 224 BeaG. erhielt das RichtDiszG. verschiedene Änderungen. In Art. 224 Abschn. 38 a. a. O. wurde die Regierung ermächtigt, den Text des RichtDiszG., wie er sich aus diesen Änderungen ergibt, durch das GVBl. bekannt zu machen, hierbei die Vorschriften der fünften, sechsten und siebenten Abteilung vor den Vorschriften der vierten Abteilung einzustellen, eine fortlaufende Nummerierung der Artikel und die Richtigstellung der Verweisungen vorzunehmen und den Art. 83 des Ges. wegzulassen.

Diese Änderungen sind in dem nachfolgenden Abdrucke bereits berücksichtigt. Die eingeklammerten Artikelziffern sind die des bisherigen Gesetzes von 1881.

Allenfallsige Abweichungen in der seinerzeitigen amtlichen Veröffentlichung des neuen Textes werden durch Deckblatt bekannt gegeben werden.

Erste Abteilung.

Dienstvergehen und Disziplinarstrafen.

Artikel 1.

Ein Richter, welcher
1. die ihm durch sein Amt auferlegten Pflichten[1]) schuldhafter Weise verletzt, oder
2. sich durch sein Verhalten in oder außer dem Amte der Achtung, die sein Beruf erfordert, unwürdig zeigt,[2])

macht sich eines Dienstvergehens schuldig und unterliegt den Vorschriften des gegenwärtigen Gesetzes.

1) Die Pflichten, welche einem Richter sein Amt auferlegt, sind im Art. 2 des AGzRGVG. durch die im Amtseide aufgeführte Gelobung:

„die ihm obliegenden Richteramtspflichten nach bestem Wissen und Gewissen mit Fleiß und Sorgfalt zu erfüllen, keine Partei zu begünstigen, keiner mit Rat zu dienen, von keiner ein Geschenk oder Versprechen, weder unmittelbar noch mittelbar anzunehmen, nirgends aus Haß, Gunst, Furcht, Rücksicht auf die Person oder aus ähnlichen Ursachen zu handeln, sondern bei allen Richteramtshandlungen nur Gott, die Gesetze, die Gerechtigkeit und Wahrheit vor Augen zu haben" hinreichend gekennzeichnet. Die schuldhafte Verletzung dieser Pflichten bildet ein Dienstvergehen. Die Handlung oder Unterlassung eines Richters, welche zwar äußerlich die objektiven Merkmale einer Pflichtverletzung an sich trägt, aber nach den Umständen des gegebenen Falles dem betreffenden Beamten in gar keiner Weise als Verschulden, weder als doloses noch als kulposes, zugerechnet werden kann, ist dem Gebiete des Disziplinarstrafrechts entrückt (Mayer, RichtDiszGes. Nördl. 1881 S. 18; später nur als Mayer angezogen).

2) Der Richter darf die Würde und Achtung, die gerade sein Beruf erfordert, wenn er eine gedeihliche Wirksamkeit entfalten soll, nicht gefährden, er muß sich dieselbe dienstlich und außerdienstlich stets erhalten. Über die Frage, ob eine Ausschreitung vorliegt, entscheidet im Einzelfalle unter Würdigung aller Umstände ausschließlich das Disziplinargericht.

Artikel 2.

Die Strafverfolgung von Dienstvergehen verjährt in fünf Jahren. Verstößt die Tat auch gegen ein Strafgesetz, so verjährt die Strafverfolgung des Dienstvergehens nicht, bevor die Strafverfolgung der Straftat verjährt ist[1]).

Jede Handlung sowohl des Strafrichters als des Disziplinarrichters, welche wegen der begangenen Tat gegen den Täter gerichtet ist, unterbricht die Verjährung. Nach der Unterbrechung beginnt eine neue Verjährung.

1) a. In der vorliegenden Fassung eingesetzt durch Art. 224 Abschn. 1 BeaG.; vgl. a. Art. 113 BeaG.

b. Über den Beginn der Verjährung besteht kein Zweifel, wenn das Dienstvergehen in einer Handlung besteht. Liegt dagegen ein sträfliches Verhalten vor, so hat über den Beginn der Verjährung das Disziplinargericht zu entscheiden.

Artikel 3.

Das Recht der Aufsicht (Art. 69 und 70 des Gesetzes zur Ausführung des Reichs-Gerichtsverfassungsgesetzes) gewährt die Befugnis, den Richtern, auf welche es sich erstreckt, wegen geringer Dienstvergehen mündlich oder schriftlich Ermahnungen oder Warnungen zu erteilen[1]).

1) Die Ermahnung und Warnung im Sinne des Art. 3 ist keine Disziplinarstrafe. Gegen die Erteilung einer Ermahnung oder Warnung kann der Betroffene entweder Abhilfe auf dem gewöhnlichen Dienstwege suchen oder die Entscheidung der Disziplinarkammer beantragen (Art. 5). Ebenso steht auch der Aufsichtsbehörde zu, die Entscheidung der Disziplinarkammer herbeizuführen, bevor sie eine Ermahnung oder Warnung erteilt (Art. 6). Über die schriftliche Erteilung siehe Art. 4 Anm. 1.

Artikel 4.

Wenn die schriftlich erteilte[1]) Ermahnung oder Warnung als erfolglos sich erweist oder wenn wegen der Schwere des Dienstvergehens eine Ermahnung oder Warnung als unzureichend erscheint, tritt die Disziplinarbestrafung ein.

In diesem Falle ist Mitteilung an die Disziplinarkammer zu machen.

1) Durch die schriftliche Erteilung der Ermahnung oder Warnung soll einerseits dem Beschuldigten selbst eindringlicher zum Bewußtsein gebracht werden, daß es sich um die letzte Ermahnung vor Hinübergabe der Sache an die Disziplinarkammer handle und andererseits für die Akten der Disziplinarkammer ein schriftlicher Beleg für die wirklich erfolgte Ermahnung geschaffen werden.

Artikel 5 (4a)[1].

Der Richter, dem von einer Aufsichtsbehörde auf Grund des Art. 3 eine Ermahnung oder Warnung[2]) erteilt worden ist, kann die Entscheidung der Disziplinarkammer darüber beantragen, ob ihm ein Dienstvergehen zur Last fällt. Der Antrag schließt die Einlegung einer Beschwerde gegen die Verfügung der Aufsichtsbehörde, die Einlegung einer Beschwerde den Antrag aus.

Fällt dem Richter ein Dienstvergehen nicht zur Last, so hebt die Disziplinarkammer die Verfügung der Aufsichtsbehörde auf.

Fällt dem Richter ein Dienstvergehen zur Last, ohne daß die Voraussetzungen des Art. 4 Abs. 1 gegeben sind, so weist die Disziplinarkammer den Antrag des Richters zurück.

Sind die Voraussetzungen des Art. 4 Abs. 1 gegeben, so ist das Disziplinarverfahren einzuleiten.

Gegen den Beschluß der Disziplinarkammer steht dem Staatsanwalt und dem Richter die Beschwerde an den Disziplinarhof zu.

1) Art. 5 ist durch Art. 224 Abschn. 2 BeaG. eingesetzt worden.

2) Die Ermahnungen und Warnungen nach Art. 3 haben nicht den Charakter disziplinärer Maßnahmen (s. Art. 3 Anm. 1).

Artikel 6 (4b)[1].

Bevor die Aufsichtsbehörde auf Grund des Art. 3 eine Ermahnung oder Warnung erteilt, kann sie die Entscheidung der Disziplinarkammer darüber beantragen, ob dem Richter ein Dienstvergehen zur Last fällt[2]).

Der Art. 5 Abs. 5 findet Anwendung.

1) Art. 6 ist durch Art. 224 Abschn. 2 BeaG. eingesetzt worden.

2) Durch Ministerialvorschrift wird angeordnet, daß die Anträge der unteren Aufsichtsbehörden durch die Vermittlung der höheren Aufsichtsbehörden an die Disziplinarkammer gelangen. Der Oberlandesgerichtspräsident kann dann darauf hinwirken, daß ungeeignete Anträge zurückgenommen werden.

Artikel 7 (5)[1].

Die Disziplinarstrafen sind:

1. Verweis;[2])
2. Geldstrafe bis zum Betrage des einmonatigen Gehalts;
3. Entziehung des Anspruchs[3]) auf Vorrückung im Gehalt auf die Dauer von höchstens drei Jahren;
4. Strafversetzung;[4])
5. Dienstentlassung[5]).

Der in Ziff. 2 bestimmte Höchstbetrag der Geldstrafe darf auch beim Zusammenflusse mehrerer disziplinär strafbarer Handlungen nicht überschritten werden. Die Geldstrafen werden den Wohlfahrtseinrichtungen für die Beamten zugewendet[6]).

Erkennt das Disziplinargericht auf Entziehung des Anspruchs auf Vorrückung im Gehalte, so hat es zugleich zu bestimmen, ob und wieweit dadurch der Zeitpunkt für die späteren Gehaltsvorrückungen hinausgeschoben wird[7]).

Die Strafversetzung erfolgt ohne Vergütung von Umzugskosten auf ein anderes Richteramt von gleicher Dienstesklasse und gleichem Gehalte. Mit derselben kann eine Geldstrafe verbunden werden, welche ein Drittteil des Jahresgehaltes nicht übersteigen darf[5]).

Die Dienstentlassung hat den Verlust des Titels und der Dienstabzeichen sowie des Anspruchs auf Diensteinkommen, Ruhegehalt und Hinterbliebenenversorgung von Rechts wegen zur Folge. Lassen besondere Umstände eine mildere Beurteilung zu, so kann in dem Urteile des Disziplinargerichts ausgesprochen werden, daß dem Angeschuldigten vom Zeitpunkte seiner Entlassung an auf Lebenszeit oder auf bestimmte Zeit als Unterhaltsbeitrag ein Teil des Ruhegehalts zu gewähren sei, den er anzusprechen hätte, wenn er im Zeitpunkte der Entlassung in den Ruhestand versetzt würde. Auch kann bei gleicher Voraussetzung den Hinterbliebenen des aus dem Dienste entlassenen Richters durch das Urteil des Disziplinargerichts der Anspruch auf Versorgung ganz oder teilweise, mit oder ohne Zeitbeschränkung vorbehalten werden.

Liegen berücksichtigungswerte Verhältnisse vor, so kann durch Königliche Entschließung dem aus dem Dienste entlassenen Richter oder seiner Familie ausnahmsweise sofort oder später ein widerruflicher Unterhaltsbeitrag gewährt werden; der Unterhaltsbeitrag soll jedoch in der Regel die Hälfte des Betrags nicht übersteigen, der sich als Ruhegehalt berechnet hätte, wenn der entlassene Richter im Zeitpunkte seiner Dienstentlassung in den Ruhestand versetzt worden wäre. Unter der gleichen Voraussetzung (Satz 1) kann durch Königliche Entschließung den Hinterbliebenen eines aus dem Dienste entlassenen Richters ausnahmsweise ein widerruflicher Unterhaltsbeitrag gewährt werden; dieser soll in der Regel die Hälfte der Beträge nicht übersteigen, die sie als Witwen- und Waisengeld zu beanspruchen hätten, wenn der entlassene Richter im Zeitpunkte der Dienstentlassung gestorben wäre.

1) Die Änderungen des Art. 7 (vormals 5) sind durch Art. 224 Abschn. 3 BeaG. erfolgt.

2) Der Verweis ist im Hinblick auf Art. 48 Abs. 2 RichtDiszG. schriftlich zu erteilen.

3) Gemäß Art. 183 Abs. 2 BeaG. steht den Richtern ein Anspruch auf regelmäßige Vorrückung im Gehalte zu. Hat sich der Richter durch sein Verhalten

der Vorrückung unwürdig gemacht, so kann dem Richter durch Disziplinarurteil die Vorrückung vorenthalten werden. Die Versagung der Vorrückung bildet dann die Strafe für das Dienstvergehen. Neben derselben kann nicht auf eine andere Disziplinarstrafe erkannt werden.

4) Die Strafversetzung (vgl. a. Art. 109 BeaG.) eignet sich insbesondere für solche Fälle, in welchen das Verschulden des betreffenden Beamten dessen Entfernung von seiner gegenwärtigen Stelle notwendig macht, ohne daß eine ersprießliche Wirksamkeit desselben an einem anderen Orte ausgeschlossen wäre. Die Umzugskosten werden nicht vergütet, s. Art. 7 Abs. 4. Die Bestimmung des Ortes, an welchen der Verurteilte versetzt wird, erfolgt durch die Justizverwaltung.

5) Vgl. Art. 110 BeaG. und die Anm. 1 das.

6) Vgl. Art. 107 Abs. 3 BeaG.

7) Vgl. Art. 31 Anm. 1 BeaG.

Artikel 8 (6).

Welche von den in Art. 7 Ziff. 1 bis 5 bezeichneten Strafen anzuwenden sei, ist nach der größeren oder geringeren Erheblichkeit des Dienstvergehens zu ermessen[1]).

Auf Strafversetzung ist zu erkennen, wenn durch eine Handlung, die ein schweres Dienstvergehen bildet, Umstände gegeben sind, durch die die amtliche Wirksamkeit des Richters auf der bisherigen Stelle in einer nicht bloß vorübergehenden Art gestört wird. Sind solche Umstände zwar nicht ohne Verschulden des Richters gegeben, ist aber das Verschulden nicht derart, daß die Strafversetzung angemessen ist, so kann das Disziplinargericht unabhängig von der Entscheidung über die Strafe aussprechen, daß der Richter unter Vergütung der Umzugskosten auf ein Richteramt von gleicher Dienstesklasse und gleichem Gehalte versetzt werden kann[2]).

Auf Dienstentlassung ist zu erkennen, wenn ein Richter durch grobe Verletzung der Amtspflicht oder durch unsittliches oder die Achtung, welche der Beruf erfordert, entziehendes Handeln oder Verhalten sich eines Dienstvergehens von solcher Schwere schuldig macht, daß er ohne offenbaren Nachteil für das Richteramt nicht länger in demselben belassen werden kann[3]).

Auf Dienstentlassung kann erkannt werden:

1. wegen Verletzung der Pflicht der Amtsverschwiegenheit sowie in den in den Art. 103 bis 105, 109 des Ausführungsgesetzes zur Strafprozeßordnung aufgeführten Fällen[4]);
2. wenn in sonstigen Fällen ein Richter zufolge Art. 1 bereits dreimalige Disziplinarbestrafung erlitten hat und sich neuerdings eines Dienstvergehens schuldig macht[5]).

1) Die Wahl der Strafen steht im allgemeinen vollständig im Ermessen des Disziplinargerichts. Nur bezüglich der Strafversetzung (Abs. 2) und der Dienstentlassung (Abs. 3 und 4) wurden besondere Voraussetzungen aufgestellt.

2) Abs. 2 ist durch Art. 224 Abschn. 4 BeaG. eingesetzt worden.

Sind die Umstände zwar nicht ohne Verschulden des Richters gegeben, ist aber eine Strafversetzung durch Verjährung ausgeschlossen oder sind die Umstände ganz ohne Verschulden des Richters gegeben, so kann der Richter wider seinen Willen auf Grund

Plenarbeschlusses des zuständigen Gerichts (Art. 67 RichtDisG.) unter Vergütung der Umzugskosten auf ein Richteramt von gleicher Dienstesklasse und gleichem Gehalte versetzt werden. Sind aber die Umstände, die sein Verbleiben an dem bisherigen Orte seiner amtlichen Wirksamkeit ausschließen, zum Teil von ihm verschuldet, zum anderen Teil aber ohne sein Verschulden eingetreten und wird deshalb nicht auf Strafversetzung erkannt, so steht dem Disziplinargerichte die Befugnis zu, die Versetzbarkeit des Richters auf ein Richteramt, wie es im Art. 65 Abs. 2 RichtDisG. bezeichnet ist, auszusprechen. Es kann dies übrigens geschehen, mag in der Sache selbst auf eine geringere Strafe als Strafversetzung oder auf Freisprechung erkannt werden. In dem letzteren Falle wird alsdann die Einleitung eines besonderen Verfahrens nach Art. 65 Ziff. 1 des Gesetzes erspart.

3) Die in Abs. 3 festgestellten Voraussetzungen für die Dienstentlassuug enthalten im wesentlichen keinen anderen Sinn als den des Art. 1. Der Schwerpunkt in Absatz 2 liegt vielmehr in den Worten: „von socher Schwere schuldig macht, daß er ohne offenbaren Nachteil für das Richteramt nicht länger in demselben belassen werden kann." Diese Voraussetzung muß tatsächlich gegeben und im Urteile des Disziplinargerichtes festgestellt sein. Allerdings entscheidet zuletzt auch das richterliche Ermessen, ob diese Voraussetzung gegeben ist; doch ist die Richtigkeit des richterlichen Ausspruches durch Art. 49 gewährleistet, wonach zur Verurteilung in die Strafe der Dienstentlassung eine Mehrheit von 2/3 der Stimmen erforderlich. ist.

4) Art. 106 AGzRStPO. ist durch Art. 14 BeaG. ersetzt.

5) Nachdem Abs. 4 Ziff. 2 ausdrücklich voraussetzt, daß der Richter zufolge Art. 1 bereits dreimalige Disziplinarbestrafung erlitten haben muß, können Disziplinarbestrafungen, die ein Richter vor dem Inkrafttreten des RichtDisG. erlitten hat, nicht mehr mitgezählt werden (a. A. Mayer 58).

Artikel 9 (7).

Ein Richter, welcher ohne den vorschriftsmäßigen Urlaub sich von seinem Amte entfernt hält oder den erteilten Urlaub überschreitet, oder im Falle seiner Versetzung, Beförderung oder Reaktivierung die ihm übertragene Stelle rechtzeitig anzutreten unterläßt, ohne daß ihm ausreichende Entschuldigungsgründe zur Seite stehen, ist, soferne eine nach Art. 4 erfolgte Ermahnung fruchtlos war, für die Zeit der unerlaubten Entfernung seines Diensteinkommens verlustig [1]).

1) Die Entziehung des Gehaltes in den bezeichneten Fällen erscheint sowohl als eine den Charakter der Strafe an sich tragende Disziplinarmaßregel, welche auch neben einer der in Art. 7 bezeichneten Strafen verhängt werden kann, als auch als ein Zwangsmittel um den seinen Dienst nicht verrichtenden Beamten zur Dienstleistung anzuhalten; sie ist aber nicht Ersatz für eine eigentliche Disziplinarstrafe, die nach Art. 7 und 8 wegen des Dienstvergehens zu erkennen ist.

Über das Verfahren bei Erkennung auf die in Art. 9 bestimmte Strafe s. Art. 67.

Der Gehaltsbezug fängt erst wieder von dem Zeitpunkte an zu laufen, wo der Richter seinen Dienst leistet.

Artikel 10 (8) [1]).

Die Vorschriften dieses Gesetzes finden auf die zeitlich oder dauernd in den Ruhestand versetzten Richter mit folgenden Einschränkungen entsprechende Anwendung:

Auf Verweis oder Geldstrafe kann nur wegen Verletzung der Pflicht der Amtsverschwiegenheit erkannt werden. Geldstrafe ist zulässig bis zum Betrage des einmonatigen Ruhegehalts.

Im übrigen ist ein Disziplinarverfahren nur wegen solcher in der Dienstesaktivität oder im Ruhestande begangener Handlungen zulässig, die gegenüber einem aktiven Richter die Dienstentlassung begründen. An Stelle der Dienstentlassung ist auf den Verlust des Titels, der Dienstabzeichen und des Ruhegehalts sowie des Anspruchs auf Hinterbliebenenversorgung zu erkennen. Die Vorschriften des Art. 7 Abs. 5 Satz 2, 3 und Abs. 6 finden entsprechende Anwendung.

1) Die vorliegende Fassung erhielt Art. 10 durch Art. 224 Abschn. 5 BeaG. und steht nunmehr im Einklange mit Art. 167 BeaG. (s. a. die Anm. das.).

Artikel 11 (9)[1].

Das Disziplinarverfahren wird eingestellt, wenn der Richter unter Verzicht auf Titel und Dienstabzeichen sowie auf Diensteinkommen, Ruhegehalt und Hinterbliebenenversorgung um Entlassung aus dem Staatsdienste nachsucht, vorausgesetzt, daß er in Bezug auf seinen Dienst sich nicht in verschuldetem Rückstande befindet und über eine ihm anvertraute Verwaltung von öffentlichem Vermögen Rechenschaft abgelegt hat.

Gegen einen im Ruhestande befindlichen Richter ist das Disziplinarverfahren einzustellen, wenn der Beschuldigte seinen Verzicht auf Titel, Dienstabzeichen, Ruhegehalt und Hinterbliebenenversorgung erklärt.

1) Die durch Art. 224 Abschn. 6 herbeigeführte neue Fassung des Art. 9 entspricht dem Art. 114 BeaG. (s. das.).

Artikel 12 (10).

Hat der Staatsanwalt in einem strafrechtlichen Verfahren die öffentliche Klage erhoben oder ist in einem militärgerichtlichen Verfahren die Anklage verfügt worden[1], so darf gegen den Beschuldigten wegen der nämlichen Tatsachen vor Beendigung des strafrechtlichen Verfahrens ein Disziplinarverfahren weder eingeleitet, noch ein bereits eingeleitetes Verfahren fortgesetzt werden.

Ist wegen Abwesenheit des Angeschuldigten die vorläufige Einstellung des Strafverfahrens beschlossen, so kann von diesem Zeitpunkte an sowohl die Eröffnung des Disziplinarverfahrens als die Fortführung desselben stattfinden.

1) Die durch Art. 224 Abschn. 7 BeaG. herbeigeführte neue Fassung des Art. 10 Abs. 1 schließt sich an die Fassung des Art. 115 Abs. 1 BeaG. an.

Artikel 13 (11).

Wenn von den Strafgerichten auf Freisprechung erkannt ist, so findet wegen derjenigen Tatsachen, welche in dem strafgerichtlichen Verfahren Gegenstand der Aburteilung waren, ein Disziplinarverfahren nur noch insoferne statt, als jene Tatsachen an sich und ohne ihre Beziehung zu dem gesetzlichen Tatbestande der strafbaren Handlung, auf welche das Strafverfahren sich erstreckte, ein Dienstvergehen enthalten [1]).

Die Freisprechung wegen Verjährung schließt die Einleitung oder Fortsetzung eines Disziplinarverfahrens nicht aus, so lange die Strafverfolgung wegen Dienstvergehen noch nicht gemäß Art. 2 ausgeschlossen ist [2]).

Ist in einem strafrechtlichen Verfahren eine Verurteilung erfolgt, welche den Verlust des Amtes nicht zur Folge gehabt hat, so bleibt es dem zuständigen Disziplinargerichte vorbehalten, darüber zu entscheiden, ob außerdem das Disziplinarverfahren einzuleiten oder fortzusetzen sei [3]).

1) Z. B. wenn zwar der Tatbestand eines Vergehens gegen die Sittlichkeit nicht mit allen Merkmalen gegeben ist, immerhin aber eine ärgernisgebende oder den Anstand grob verletzende Handlung vorliegt.

2) Der zweite Abs. des Art. 13 bezieht sich auf §§ 327, 196 und 203 der RStPO.

3) In den Fällen des Art. 13 ist das Disziplinargericht an die tatsächlichen Feststellungen der strafgerichtlichen Entscheidung gebunden.

Zweite Abteilung.

Verfassung und Zuständigkeit der Disziplinargerichte.

Artikel 14 (12).

Die zuständigen Disziplinargerichte sind:

1. in erster Instanz die Disziplinarkammern,
2. in zweiter Instanz der Disziplinarhof.

Artikel 15 (13).

Bei jedem Oberlandesgerichte wird eine Disziplinarkammer errichtet. Dieselbe besteht aus fünf Mitgliedern und wird aus dem Präsidenten und vier Räten des Oberlandesgerichts gebildet.

Artikel 16 (14).

Zuständig im einzelnen Falle ist jene Disziplinarkammer, in deren Bezirk der Beschuldigte zur Zeit der Einleitung des Disziplinarverfahrens seinen dienstlichen Wohnsitz hat, und wenn sich dieser Wohnsitz außerhalb Bayerns befindet, die Disziplinarkammer bei dem Oberlandesgerichte München.

Hinsichtlich der in den Art. 10, 86 bezeichneten Richter ist der letzte dienstliche Wohnsitz maßgebend.[1])

Streitigkeiten über die Zuständigkeit verschiedener Disziplinarkammern entscheidet der Disziplinarhof.

1) Die vorliegende Fassung des Abs. 2 erfolgte durch Art. 224 Abschn. 8 BeaG.

Artikel 17 (15).

Der Disziplinarhof kann auf Antrag des Staatsanwalts oder des Beschuldigten die Verweisung der Sache an eine andere Disziplinarkammer beschließen, wenn Gründe vorliegen, welche die Unbefangenheit der zuständigen Disziplinarkammer zweifelhaft machen.

Artikel 18 (16).

Der Disziplinarhof besteht aus dem Präsidenten und sechs Räten des Obersten Landesgerichts.

Artikel 19 (17).

Der Präsident des Obersten Landesgerichts ist kraft des Gesetzes zugleich Präsident des Disziplinarhofs und hat die Leitung der Geschäfte und den Vorsitz in den Sitzungen.

Gleiches ist der Fall bei den Präsidenten der Oberlandesgerichte bezüglich der Disziplinarkammern.

In Verhinderungsfällen treten die Senats-Präsidenten der betreffenden Gerichtshöfe an die Stelle der Präsidenten. Unter mehreren Senatspräsidenten ist zur Stellvertretung der dem Dienstalter und bei gleichem Dienstalter der der Geburt nach älteste berufen.

Die übrigen in Art. 15 und 18 erwähnten Mitglieder der Disziplinarkammern und des Disziplinarhofs sowie die erforderliche Zahl von Stellvertretern derselben werden auf Vorschlag des Präsidiums der dort bezeichneten Gerichtshöfe auf die Dauer des von ihnen zur Zeit ihrer Ernennung bekleideten Hauptamtes durch den König ernannt.

Artikel 20 (18).

Zur Gültigkeit der Entscheidungen der Disziplinarkammern sowie des Disziplinarhofs ist die Mitwirkung der in Art. 15 und 18 bezeichneten Mitglieder oder ihrer Stellvertreter erforderlich.

Artikel 21 (19).

Die Verrichtungen der Staatsanwaltschaft bei den Disziplinarkammern obliegen dem Generalstaatsanwalt an dem betreffenden Oberlandesgerichte.

Bei dem Disziplinarhofe besorgt der Oberstaatsanwalt am Obersten Landesgerichte die Geschäfte der Staatsanwaltschaft.

Den Dienst des Gerichtsschreibers bei den vorbezeichneten Disziplinargerichten versehen die Gerichtsschreiber der betreffenden Gerichtshöfe.

Artikel 22 (20).

Eine besondere Verpflichtung der Mitglieder der Disziplinarkammern und des Disziplinarhofs auf die Erfüllung ihrer Obliegenheiten findet nicht statt[1]).

1) Der von den Mitgliedern der Disziplinargerichte abgelegte Richtereid erstreckt sich auch auf die ihnen in dieser Eigenschaft obliegenden Amtsfunktionen (vgl. a. Art. 127 BeaG. und die Anm. das.).

Artikel 23 (21).

Die Bestimmungen der Reichs-Strafprozeßordnung über Ausschließung und Ablehnung der Gerichtspersonen finden mit Ausnahme des § 23 Abs. 3 des vorbezeichneten Gesetzes auf die Mitglieder der Disziplinarkammern und des Disziplinarhofs entsprechende Anwendung.

Über die Ablehnung oder Ausschließung entscheidet das Disziplinargericht, welchem der betreffende Richter angehört.

Wird die Disziplinarkammer durch Ausscheiden der abgelehnten Mitglieder beschlußunfähig, so entscheidet der Disziplinarhof und verweist erforderlichen Falles die Aburteilung der Sache an eine andere Disziplinarkammer.

Ablehnungsgesuche wegen Besorgnis der Befangenheit sind bei Vermeidung des Ausschlusses spätestens vor Beginn der Hauptverhandlung bei jenem Disziplinargerichte anzubringen, welchem die abzulehnenden Mitglieder angehören.

Gegen den auf ein Ablehnungsgesuch erlassenen Beschluß des Disziplinargerichts findet ein Rechtsmittel nicht statt.

Dritte Abteilung.

Verfahren bei den Disziplinargerichten.

Artikel 24 (22).

Der Verhängung einer Disziplinarstrafe muß in allen Fällen eine mündliche Hauptverhandlung vor dem zuständigen Disziplinargerichte vorhergehen.

Steht bloß eine der in Art. 7 Abs. 1 Ziff. 1 bis 3 bezeichneten Strafen in Aussicht, so kann von Einleitung einer Voruntersuchung Umgang genommen werden[1]).

Dagegen hat in allen Fällen, in welchen Strafversetzung oder Dienstentlassung in Frage steht, eine förmliche Voruntersuchung stattzufinden.

1) Ob in der einen oder anderen Weise zu verfahren sei, bleibt dem richterlichen Ermessen überlassen.

Artikel 25 (23).

Die Einleitung des Disziplinarverfahrens kann nur durch Beschluß der Disziplinarkammer erfolgen. Die Beschlußfassung erfolgt von Amts wegen nach Vernehmung des Staatsanwalts [1]).

Vor der Beschlußfassung kann die Disziplinarkammer die Vornahme einzelner Ermittlungen, auch die Vernehmung von Zeugen oder Sachverständigen und die schriftliche Verantwortung des Beschuldigten anordnen [2]).

Bei Gefahr auf Verzug können auch vor verfügter Einleitung des Disziplinarverfahrens von denjenigen Beamten, welchen das Recht der Aufsicht zusteht, die zur Sicherung des Beweises notwendigen Untersuchungshandlungen vorgenommen werden.

1) Die Staatsanwaltschaft ist in der geheimen Sitzung mit ihrer Äußerung zu hören und es steht ihr gegen den die Einleitung des Disziplinarverfahrens ablehnenden Beschluß gemäß Art. 31 mit 61 das Rechtsmittel der sofortigen Beschwerde an den Disziplinarhof offen.

2) Die Vorschrift des durch Art. 224 Abschn. 11 eingeführten neuen Absatzes des Art. 25 ermöglicht es der Disziplinarkammer aber nicht nur die entsprechende Grundlage für eine Verbindung des Beschlusses auf Einleitung des Verfahrens und des Beschlusses auf Verweisung der Sache zur Hauptverhandlung zu gewinnen, sondern setzt auch die Disziplinarkammer instand, auf Grund des Ergebnisses der von ihr angeordneten Ermittlungen sofort die Nichteröffnung des Verfahrens auszusprechen.

Artikel 26 (24).

Die Bestimmungen der Reichs-Strafprozeßordnung über den Fristenlauf und über die Wiedereinsetzung in den vorigen Stand gegen Ablauf von Fristen (§§ 42 bis 47) finden auf das Verfahren in Disziplinarsachen entsprechende Anwendung.

Artikel 27 (25).

Zeugen und Sachverständige werden, soweit nicht durch die nachstehenden Bestimmungen Ausnahmen begründet sind, eidlich vernommen.

Die Bestimmungen der Reichs-Strafprozeßordnung über die Verpflichtung, vor Gericht zu erscheinen und sich als Zeuge oder Sachverständiger vernehmen zu lassen, über die Folgen des Nichterscheinens und der Verweigerung des Zeugnisses oder der Eidesleistung, sowie über die Zulässigkeit der Beeidigung und der Berufung auf einen früher geleisteten Eid, ferner die Vorschriften dieser Prozeßordnung und des Gesetzes zur Ausführung derselben vom 18. August 1879 über die Form der Eidesleistung und über den Gebrauch gewisser Beteuerungsformeln an Stelle des Eides gelten auch für Disziplinarsachen.

Artikel 28 (26).

Die im Disziplinarverfahren an den Beschuldigten ergehenden schriftlichen Mitteilungen sollen unter Umschlag, welcher mit dem Dienstsiegel zu versehen ist, zugestellt werden.

Die Zustellung ist als gültig erfolgt anzusehen, wenn sie an denjenigen, an welchen die Mitteilung gerichtet ist, nachweislich bewirkt wurde.

Wird der Beschuldigte nicht angetroffen, so kann die Zustellung in seiner Wohnung an einen zu der Familie gehörenden erwachsenen Hausgenossen oder an eine in der Familie dienende erwachsene Person, oder, wenn solche Personen nicht angetroffen werden, an den in demselben Hause wohnenden Hauswirt oder Vermieter erfolgen, soferne diese zur Annahme des Schriftstückes bereit sind.

Ist die Zustellung nach diesen Bestimmungen nicht ausführbar, so kann dieselbe an den Bürgermeister oder dessen Stellvertreter geschehen.

Ist der Aufenthalt des Beschuldigten unbekannt, oder hält sich derselbe außerhalb seines dienstlichen Wohnsitzes im Auslande[1]) auf, so kann die Zustellung an dem letzten dienstlichen Wohnorte desselben bewirkt werden. Eine öffentliche Ladung ist unzulässig.

Hinsichtlich der Zustellungen an den Staatsanwalt finden die Bestimmungen des § 41 der Reichs-Strafprozeßordnung Anwendung.

Das K. Staatsministerium der Justiz ist ermächtigt, im übrigen die Formen der Zustellung durch Vollzugsvorschriften näher zu regeln.

1) Unter Ausland ist das Reichsausland (Art. 3 RVerf.) zu verstehen.

Artikel 29 (27).

Alle im Disziplinarverfahren ergehenden Entscheidungen[1]) sind mit Gründen zu versehen.

1) Unter Entscheidungen sind nicht bloß die Endurteile und Beschlüsse der Disziplinargerichte, sondern auch die Bescheide der Präsidenten derselben, soferne sie nicht lediglich die Prozeßleitung betreffen, begriffen.

Artikel 30 (28).

Erachtet die Disziplinarkammer eine Voruntersuchung für nötig, so beauftragt der Präsident des Oberlandesgerichts ein Mitglied des Gerichtshofes oder eines untergebenen Landgerichts mit der Führung der Untersuchung.

Artikel 31 (29).

Beschließt die Disziplinarkammer, daß ein Verfahren nicht zu eröffnen sei, so steht dem Staatsanwalte gegen diesen Beschluß die Beschwerde an den Disziplinarhof zu.

Artikel 32 (30)[1].

Ist das Disziplinarverfahren eingeleitet, wird jedoch gemäß Art. 24 Abs. 2 von Einleitung einer Voruntersuchung Umgang genommen, so ist der Beschuldigte mit seiner schriftlichen Verantwortung zu hören und das zur mündlichen Verhandlung etwa weiter Erforderliche vorzubereiten, Die Disziplinarkammer kann insbesondere einzelne Beweiserhebungen anordnen.

Ist die Sache durch die Ermittlungen der Dienstaufsichtsbehörden oder durch Ermittlungen, die von der Disziplinarkammer auf Grund des Art. 25 Abs. 2 angeordnet worden sind, genügend aufgeklärt und der Beschuldigte im Laufe dieser Erhebungen ausreichend gehört, so kann von weiteren Vorerhebungen abgesehen werden.

1) Art. 30 erhielt die neue Fassung durch Art. 224 Abschn. 12 BeaG.

Artikel 33 (31).

Die Voruntersuchung hat den Zweck, den Sachverhalt zu ermitteln und die erforderlichen Beweise zu erheben.

Der Angeschuldigte wird unter Mitteilung der Anschuldigungspunkte vorgeladen und, wenn er erscheint, in Abwesenheit des Staatsanwalts mit seinen Erklärungen und Anträgen gehört. Die Verhaftung, vorläufige Festnahme oder Vorführung des Angeschuldigten ist unzulässig.

Den Vernehmungen der Zeugen oder Sachverständigen darf weder der Staatsanwalt noch der Angeschuldigte beiwohnen. Ausnahmsweise ist denselben die Anwesenheit zu gestatten, wenn ein Zeuge oder Sachverständiger vernommen wird, welcher voraussichtlich am Erscheinen in der Hauptverhandlung verhindert oder dessen Erscheinen wegen großer Entfernung besonders erschwert sein wird.

Ist zu befürchten, daß der Zeuge in Gegenwart des Angeschuldigten die Wahrheit nicht sagen werde, so kann letzterer von der Anwesenheit bei der Verhandlung ausgeschlossen werden.

Artikel 34 (32).

Über jede Untersuchungshandlung ist ein Protokoll unter Beobachtung der in § 186 der Reichs-Strafprozeßordnung enthaltenen Vorschriften aufzunehmen.

Artikel 35 (33).

Der Staatsanwalt kann stets, ohne daß jedoch das Verfahren dadurch aufgehalten werden darf, von dem Stande der Voruntersuchung durch Einsicht der Akten Kenntnis nehmen und die ihm geeignet scheinenden Anträge stellen.

Vor dem Schlusse der Voruntersuchung ist dem Angeschuldigten das Ergebnis mitzuteilen und ihm nochmals Gelegenheit zu seiner Verteidigung zu geben[1]).

Auch im Laufe der Voruntersuchung soll dem Angeschuldigten, soweit es ohne Gefährdung des Untersuchungszwecks geschehen kann, im Interesse seiner Verteidigung von wichtigen oder neuen Beweisergebnissen Mitteilung gemacht werden[1]).

1) Abs. 2 und 3 wurden durch Art. 224 Abschn. 13 BeaG. eingesetzt.

Artikel 36 (34).

Erachtet der mit der Führung der Voruntersuchung beauftragte Richter die Untersuchung für geschlossen, so übermittelt er die Akten dem Staatsanwalte zur Stellung seiner Anträge.

Beantragt der Staatsanwalt eine Ergänzung der Voruntersuchung, so hat der untersuchungführende Richter, wenn er dem Antrage nicht stattgeben will, die Entscheidung der Disziplinarkammer einzuholen.

Artikel 37[1]).

Beantragt der Staatsanwalt die Verweisung der Sache zur Hauptverhandlung, so hat er eine Anschuldigungsschrift zu fertigen, in welcher die wesentlichen Ergebnisse der Ermittlungen aufzunehmen sind. Diese Anschuldigungsschrift ist dem Angeschuldigten zur Erklärung binnen einer von dem Präsidenten zu bestimmenden Frist mitzuteilen.

1) Art. 37 wurde durch Art. 224 Abschn. 14 BeaG. eingesetzt.

Artikel 38 (35).

Erscheint nach dem Ergebnisse der Voruntersuchung oder der Vorerhebungen (Art. 32) kein Grund zur Fortsetzung des Verfahrens gegeben, so hat die Disziplinarkammer den Angeschuldigten außer Verfolgung zu setzen und demselben Ausfertigung des darauf bezüglichen Beschlusses zu erteilen.

Steht dem weiteren Verfahren der Umstand entgegen, daß der Angeschuldigte nach der Tat in Geisteskrankheit verfallen ist, so kann die vorläufige Einstellung des Verfahrens beschlossen werden.

Artikel 39 (36).

Erscheint der Angeschuldigte durch die Voruntersuchung oder durch die in Art. 32 bezeichneten Vorerhebungen eines Disziplinarvergehens hinreichend verdächtig, so verweist die Disziplinarkammer die Sache zur mündlichen Hauptverhandlung.

Auf die Abfassung des Beschlusses findet § 205 Abs. 1 der Reichs-Strafprozeßordnung entsprechende Anwendung.

Artikel 40 (36a).[1])

Betrifft das Disziplinarverfahren mehrere Dienstvergehen und ist die Feststellung des einen oder des anderen unwesentlich, so kann die Disziplinarkammer nach Vernehmung des Staatsanwalts beschließen, daß in Ansehung eines solchen das Verfahren vorläufig einzustellen ist.

Der Einstellungsbeschluß kann während dreier Monate nach der Rechtskraft des Urteils von der Disziplinarkammer aufgehoben werden.

1) Die durch Art. 224 Abschn. 15 BeaG. eingesetzte Vorschrift des Art. 40 entspricht dem § 208 RStPO. Das RichtDiszG. geht von dem Grundsatze der Strafenhäufung aus. Das Anwendungsgebiet des Art. 40 wird deshalb nicht sehr groß sein. Von Bedeutung ist die Bestimmung beim Zusammentreffen von Dienstvergehen,

1. wenn wegen eines der Vergehen auf Dienstentlassung oder Strafversetzung zu erkennen ist, und wegen der übrigen nur eine geringe Strafe (Verweis) auszusprechen wäre, während ihre Feststellung besondere Weiterungen verursachen würde,
2. wenn für mehrere Dienstvergehen Geldstrafen angemessen sind und schon wegen eines oder mehrerer von ihnen die höchstzulässige Geldstrafe des Art. 7 Abs. 2 zu erkennen ist.

Artikel 41 (37).

Gegen den Beschluß, durch welchen der Angeschuldigte außer Verfolgung gesetzt wird, steht dem Staatsanwalte die Beschwerde an den Disziplinarhof zu.

Artikel 42 (38).

Hat die Disziplinarkammer beschlossen, daß ein Disziplinarverfahren nicht zu eröffnen, oder daß der Angeschuldigte außer Verfolgung zu setzen sei, so kann auf Grund neuer Tatsachen oder Beweismittel die Disziplinarkammer von Amts wegen nach Vernehmung des Staatsanwalts einen neuen Beschluß fassen[1]).

1) Die Einleitung des Disziplinarverfahrens durch Beschluß der Disziplinarammer auf Grund neuer Tatsachen oder Beweismittel kann nicht erfolgen, wenn in Gemäßheit des Art. 2 Verjährung eingetreten ist.

Artikel 43 (39).

Beschließt die Disziplinarkammer die Verweisung der Sache zur Hauptverhandlung, so hat der Präsident Termin anzuberaumen und die erforderlichen Ladungen und sonst nötigen Vorbereitungen zu bewirken.

Der Angeschuldigte ist unter abschriftlicher Mitteilung des Beschlusses über die Verweisung der Sache zur Hauptverhandlung (des Verweisungsbeschlusses) mit der Warnung zu laden, daß die Verhandlung im Falle seines Ausbleibens gleichwohl stattfinden werde.

Zwischen der Zustellung der Ladung und dem Tage der Hauptverhandlung muß eine Frist von mindestens einer Woche liegen. Ist diese Frist nicht eingehalten worden, so kann der Angeschuldigte die Aussetzung der Verhandlung verlangen, so lange nicht in der Sitzung mit der Verlesung des Verweisungsbeschlusses begonnen ist.

Die Ladung von Zeugen oder Sachverständigen erfolgt von Amts wegen, insoweit solche der Präsident der Disziplinarkammer nach dem Ergebnisse des Vorverfahrens nötig erachtet. Anträge des Staatsanwalts und des Beschuldigten auf Vorladung von Zeugen oder Sachverständigen werden, unbeschadet der etwaigen Erneuerung bei der Hauptverhandlung, von dem Präsidenten beschieden.

Die ergehenden Verfügungen sind den Beteiligten bekannt zu geben.

Lehnt der Präsident den Antrag auf Ladung einer Person ab, so kann der Beschuldigte die letztere unmittelbar laden lassen und hat dies zugleich dem Präsidenten anzuzeigen. Eine unmittelbar geladene Person ist nur dann zum Erscheinen verpflichtet, wenn ihr bei der Ladung die gesetzliche Entschädigung für Reisekosten und Versäumnis bar dargeboten oder deren Hinterlegung bei dem Gerichtsschreiber nachgewiesen wird.

Der Angeschuldigte kann sich des Beistandes eines Rechtsanwaltes als Verteidigers bedienen. Dem letzteren ist die Einsicht der Akten zu gestatten.

Artikel 44 (40).

Die Hauptverhandlung findet statt, auch wenn der Angeschuldigte nicht erschienen ist.

Derselbe kann sich durch einen Rechtsanwalt vertreten lassen. Der Disziplinarkammer steht es jedoch frei, das persönliche Erscheinen des Angeschuldigten unter der Warnung anzuordnen, daß bei seinem Ausbleiben ein Verteidiger zu seiner Vertretung nicht würde zugelassen werden.

Die Verhandlung ist nicht öffentlich. Auf Antrag des Beschuldigten können einzelne Personen nach dem Ermessen des Präsidenten als Zuhörer zugelassen werden[1]).

Bezüglich der Handhabung der Sitzungspolizei finden die Bestimmungen des Reichs-Gerichtsverfassungsgesetzes entsprechende Anwendung.

1) Abs. 3 ermöglicht die Zuziehung von Personen zur Hauptverhandlung (Kollegen, Verwandten und sonst wirklich interessierten Personen), denen der Beamte zur Wahrung seiner Ehre die Kenntnis des wahren Sachverhalts ermöglichen möchte.

Alle übrigen Verhandlungen und Entscheidungen erfolgen in nicht öffentlicher Sitzung.

Artikel 45 (41).

Bei der Hauptverhandlung wird der Verweisungsbeschluß verlesen.

Hierauf folgt die Vernehmung des Angeschuldigten. Gesteht derselbe die den Gegenstand der Anschuldigung bildenden Tatsachen ein und walten gegen die Glaubwürdigkeit seines Geständnisses keine Bedenken ob, so beschließt die Disziplinarkammer, daß eine Beweisverhandlung nicht stattfinde [1]).

Andernfalls gibt ein von dem Präsidenten der Disziplinarkammer aus der Zahl der Mitglieder ernannter Berichterstatter auf Grund der bisherigen Erhebungen eine Darstellung der Beweisaufnahme, soweit sie sich auf die in dem Verweisungsbeschluß enthaltenen Anschuldigungspunkte bezieht und nicht durch unmittelbare Beweiserhebung in der Sitzung (Art. 46 und 47) ersetzt wird.

Urkunden und andere als Beweismittel dienende Schriftstücke sind zu verlesen, ebenso die Protokolle über die Aussagen der vernommenen Zeugen, sowie die Gutachten der Sachverständigen, soferne nicht die Vernehmung dieser Personen bei der Hauptverhandlung erfolgt.

Die Verlesung der Aussage eines vor der Hauptverhandlung vernommenen Zeugen, welcher erst in der Hauptverhandlung von seinem Rechte, daß Zeugnis zu verweigern, Gebrauch macht, hat jedoch zu unterbleiben.

Zum Schlusse wird der Staatsanwalt mit seinem Antrage und der Angeschuldigte mit seiner Verteidigung gehört. Dem Angeschuldigten steht das letzte Wort zu.

1) Damit soll aber die Aufnahme eines Beweises, welcher häufig in so enger Beziehung zum Tatbestande steht, daß ohne denselben das Geständnis nicht ausreichend gewürdigt werden kann, nicht ausgeschlossen sein. Liegt kein Geständnis vor, so gibt der Berichterstatter auf Grund der bisherigen Erhebungen eine Darstellung der Beweisverhandlungen, jedoch nur insoweit, als nicht die Beweiserhebung vor der Disziplinarkammer selbst erfolgt. Die Darstellung muß sich streng an den Verweisungsbeschluß halten, der allein und ausschließlich das Maß für die mündliche Verhandlung bildet.

Ist für den Angeschuldigten ein Vertreter erschienen, so ist letzterer zwar förmlich zur Ablegung eines Geständnisses an Stelle seines Auftraggebers befugt; allein es wird das Disziplinargericht, namentlich beim Mangel einer hierfür erteilten Sondervollmacht ein solches Geständnis mit besonderer Behutsamkeit zu prüfen haben und im Zweifel zur Beweiserhebung schreiten oder den Angeschuldigten unter Vertagung der Sitzung gemäß Art. 44 Abs. 2 zu einer neuerlich anzuberaumenden Verhandlung vorladen.

Erscheint der Angeschuldigte mit einem Verteidiger in der Hauptverhandlung, so ist dieser nach Schluß der Beweiserhebung, nachdem der Staatsanwalt seine Anträge gestellt hat, zu hören; auch während der Verhandlung kann der Verteidiger im Einverständnisse mit seinem Vollmachtgeber die ihm geeignet erscheinenden Anträge stellen (Mayer 86.)

Artikel 46 (42).

Wenn die Disziplinarkammer im Laufe der Hauptverhandlung auf Antrag des Angeschuldigten, des Staatsanwalts oder von Amts wegen die Vernehmung von Zeugen oder Sachverständigen, sei es vor der Disziplinarkammer oder durch einen beauftragten Richter, oder die Herbeischaffung anderer Beweismittel für angemessen erachtet, so erläßt sie den erforderlichen Beschluß und verlegt nötigenfalls die Fortsetzung der Verhandlung auf einen anderen Tag, welcher bekannt zu geben ist.

Artikel 47 (43).

Die Vernehmung der Zeugen und Sachverständigen muß auf Antrag des Staatsanwalts oder des Angeschuldigten in der Hauptverhandlung erfolgen, wenn die Tatsachen erheblich sind, über welche die Vernehmung stattfinden soll, und die Disziplinarkammer diese Vernehmung zur näheren Aufklärung der Sache für erforderlich erachtet.

Artikel 48 (44).

Stehen dem Erscheinen eines Zeugen oder Sachverständigen Krankheit, oder andere unabweisbare Hindernisse entgegen, oder ist deren Erscheinen wegen großer Entfernung besonders erschwert, so ist von der Disziplinarkammer die Vernehmung derselben durch einen beauftragten oder ersuchten Richter anzuordnen.

Von dem zum Zwecke dieser Vernehmung anberaumten Termine sind der Staatsanwalt, der Angeschuldigte und dessen Verteidiger vorher zu benachrichtigen; ihrer Anwesenheit bei der Vernehmung bedarf es nicht.

Artikel 49 (45).

Über das Ergebnis der Beweisaufnahme entscheidet die Disziplinarkammer nach ihrer freien, aus dem Inbegriffe der Verhandlung geschöpften Überzeugung und erkennt auf Freisprechung oder Verurteilung in die entsprechende Disziplinarstrafe. Die Verurteilung des Angeschuldigten in eine Disziplinarstrafe kann nur wegen derjenigen Tat erfolgen, welche in dem Beschlusse auf Verweisung der Sache zur mündlichen Hauptverhandlung bezeichnet ist.

Wird der Angeschuldigte im Laufe der Hauptverhandlung noch eines anderen Dienstvergehens beschuldigt, so kann dieses nach Vernehmung des Staatsanwalts mit Zustimmung des Angeschuldigten zum Gegenstande derselben Aburteilung gemacht werden. Diese Vorschrift findet nicht Anwendung, wenn nach dem Ermessen der Disziplinarkammer wegen des anderen Dienstvergehens voraussichtlich auf Strafversetzung oder auf Dienstentlassung zu erkennen ist. Liegen bezüglich des anderen Dienstvergehens die Voraussetzungen des Art. 40

vor, so kann nach Maßgabe dieser Vorschrift das Verfahren vorläufig eingestellt werden[1]).

Zu einer jeden dem Angeschuldigten nachteiligen Entscheidung, welche die Schuldfrage oder die Verurteilung zur Strafe der Dienstentlassung betrifft, ist eine Mehrheit von zwei Dritteilen der Stimmen erforderlich.

Die Verkündung des Urteils erfolgt am Schlusse der Verhandlung oder spätestens innerhalb der darauffolgenden vierzehn Tage durch Verlesung der Urteilsformel und Eröffnung der Urteilsgründe. Die Eröffnung der Urteilsgründe geschieht durch Verlesung oder durch mündliche Mitteilung ihres wesentlichen Inhalts. War die Verkündung des Urteils ausgesetzt, so sind die Urteilsgründe vor derselben schriftlich festzustellen. Dem Angeschuldigten ist eine Ausfertigung des Urteils zu erteilen[2]).

Im übrigen finden bezüglich der Beurkundung der Urteile und der Erteilung von Ausfertigungen und Auszügen derselben die Vorschriften des § 275 Abs. 2 bis 4 der Reichs-Strafprozeßordnung, dann bezüglich der Beratung und Abstimmung die Vorschriften der §§ 194 bis 199 des Reichs-Gerichtsverfassungsgesetzes entsprechende Anwendung.

1) Abs. 2 wurde durch Art. 224 Abschn. 18 BeaG. eingesetzt und ermöglicht durch Übernahme der Bestimmung des § 265 RStPO. eine Vereinfachung des Verfahrens.

2) Abs. 4 wurde durch Art. 224 Abschn. 18 BeaG. eingesetzt und entspricht dem Art. 148 Abs. 5 BeaG.

Artikel 50 (46).

Über die Hauptverhandlung wird ein Protokoll aufgenommen, welches den Ort und den Tag der Verhandlung, die Namen der mitwirkenden Richter, des Staatsanwalts und Gerichtsschreibers, dann des Angeschuldigten und seines Verteidigers sowie das Wesentliche über den Gang und über das Ergebnis der Verhandlung enthalten und die verlesenen Schriftstücke bezeichnen muß.

In dasselbe sind ferner die im Laufe der Verhandlung gestellten Anträge, die ergangenen Entscheidungen und die Urteilsformel aufzunehmen.

Kommt es auf die Feststellung eines Vorganges in der Hauptverhandlung oder des Wortlautes einer Aussage oder Äußerung an, so hat der Präsident die vollständige Niederschreibung und Verlesung anzuordnen. In dem Protokolle ist zu bemerken, daß die Verlesung geschehen und die Genehmigung erfolgt ist, oder welche Einwendungen erhoben sind. Das Protokoll ist von dem Präsidenten und dem Gerichtsschreiber zu unterschreiben. Ist der Präsident verhindert, so unterschreibt für ihn der älteste beisitzende Richter.

Artikel 51 (47).

Ist weder der Angeschuldigte noch ein Vertreter desselben bei der Hauptverhandlung erschienen, so kann ersterer gegen das Urteil binnen einer Woche nach der Zustellung die Wiedereinsetzung in den vorigen Stand unter den gleichen Voraussetzungen wie gegen die Versäumung einer Frist nachsuchen[1]).

1) Ein Mißbrauch des Art. 51 von Seite des Angeschuldigten ist im Hinblicke auf § 44 RStPO. nicht möglich.

Artikel 52 (48).

Gegen das Urteil der Disziplinarkammer steht sowohl dem Staatsanwalt[1]) als dem Angeschuldigten die Berufung an den Disziplinarhof offen.

Neue Tatsachen, welche die Grundlage einer anderen Beschuldigung bilden, dürfen in der Berufungs-Instanz nicht vorgebracht werden.

Jede von dem Staatsanwalte eingelegte Berufung hat die Wirkung, daß das angefochtene Urteil auch zugunsten des Angeschuldigten abgeändert oder aufgehoben werden kann.

War das Urteil nur von dem Angeschuldigten oder zugunsten des letzteren von dem Staatsanwalte angefochten worden, so darf dasselbe nicht zum Nachteile des Angeschuldigten abgeändert werden.

Die Zurücknahme einer zugunsten des Angeschuldigten eingelegten Berufung ist nur mit Zustimmung des letzteren statthaft.

1) Der Staatsanwalt kann die Berufung auch im Interesse des Angeschuldigten einlegen und verfolgen.

Artikel 53 (49).

Die Berufung muß bei der Disziplinarkammer, welche das anzugreifende Urteil erlassen hat, entweder schriftlich oder zu Protokoll des Gerichtsschreibers angemeldet werden. Von Seite des Angeschuldigten kann die Anmeldung auch durch einen mit schriftlicher Vollmacht versehenen Bevollmächtigten geschehen.

Die Anmeldungsfrist beträgt zwei Wochen. Sie beginnt für den Staatsanwalt mit der Verkündung des Urteils, für den Angeschuldigten von dem Tage ab, an welchem ihm die Ausfertigung des Urteils zugestellt worden ist.

Die Bestimmung des § 356 der Reichs-Strafprozeßordnung findet, falls ein Gesuch um Wiedereinsetzung in den vorigen Stand gestellt wird, entsprechende Anwendung.

Artikel 54 (50).

Durch rechtzeitige Einlegung der Berufung wird die Rechtskraft des Urteils, soweit dasselbe angefochten ist, gehemmt.

Artikel 55 (51).

Zur schriftlichen Rechtfertigung[1] der Berufung steht demjenigen, der dieselbe rechtzeitig angemeldet hat, eine Frist von zwei Wochen, vom Ablaufe der Anmeldungsfrist gerechnet, offen.

Die Berufung kann auf bestimmte Beschwerdepunkte beschränkt werden. Ist dies nicht geschehen, oder ist eine Rechtfertigung überhaupt nicht erfolgt, so gilt der ganze Inhalt des Urteils als angefochten.

1) Die Rechtfertigung ist zulässig, aber nicht vorgeschrieben; sie kann auf neue Tatsachen und Beweise gestützt werden.

Artikel 56 (52).

Die Anmeldung der Berufung und die etwa eingegangene Rechtfertigungsschrift wird dem Gegner, und zwar dem Beschuldigten in Abschrift, dem Staatsanwalte nach Maßgabe des Art. 28 Abs. 6 gegenwärtigen Gesetzes zugestellt.

Innerhalb zwei Wochen nach erfolgter Zustellung kann der Gegner eine Beantwortungsschrift einreichen.

Artikel 57 (53).

Die Fristen zur Rechtfertigung und Beantwortung der Berufung können auf Antrag von der Disziplinarkammer verlängert werden.

Artikel 58 (54).

Nach Ablauf der in den vorstehenden Artikeln bestimmten Fristen werden die Akten an den Disziplinarhof eingesendet.

Der Präsident des Disziplinarhofs kann die zur Aufklärung der Sache etwa erforderlichen Verfügungen erlassen. Sodann bestimmt derselbe eine Sitzung zur Hauptverhandlung, zu welcher der Angeschuldigte unter der in Art. 43 Abs. 2 erwähnten Warnung vorzuladen und der Staatsanwalt zuzuziehen ist.

Hinsichtlich der Zustellung der Ladung an den Angeschuldigten findet die Bestimmung des Art. 43 Abs. 4 mit der Maßgabe Anwendung, daß der dort erwähnte Antrag auf Aussetzung der Verhandlung vor Beginn der im nachstehenden Absatz bezeichneten Berichterstattung erfolgen muß.

Bei der Hauptverhandlung gibt zunächst der von dem Präsidenten des Disziplinarhofs aus der Zahl seiner Mitglieder ernannte Berichterstatter eine Darstellung der bis dahin stattgefundenen auf die Anschuldigungspunkte bezüglichen Verhandlungen.

Zum Schlusse wird der Staatsanwalt sowie der Angeschuldigte mit ihren Ausführungen und Anträgen, und zwar der Beschwerdeführer zuerst, gehört[1]). Dem Angeschuldigten gebührt das letzte Wort.

Der Prüfung des Disziplinarhofs unterliegt das Urteil nur, insoweit dasselbe angefochten ist. Im übrigen wird nach Maßgabe der in Art. 43 Abs. 4 bis 6, Art. 44, 45 Abs. 2 bis 5, Art. 46 bis 48, Art. 49 Abs. 1, 3, 4, 5, Art. 50, 51 enthaltenen Bestimmungen verfahren[2]).

1) Hat sowohl der Staatsanwalt wie der Angeschuldigte die Berufung ergriffen, so gebührt dem Staatsanwalte zuerst das Wort.

2) In der Berufungsinstanz findet das Verfahren aus Art. 49 Abs. 2 RichtDiszG. keine Anwendung.

Artikel 59 (55)[1]).

Auf die Wiederaufnahme eines durch rechtskräftiges Urteil geschlossenen Verfahrens sind die Vorschriften des vierten Buches der Reichs-Strafprozeßordnung über die Wiederaufnahme des Verfahrens in den vor den Schöffengerichten verhandelten Sachen mit Ausnahme der Vorschriften des § 403, § 411 Abs. 4 entsprechend anzuwenden. Wird eine Beweisaufnahme angeordnet (§ 409), so ist sie nach den für die Voruntersuchung in Disziplinarsachen geltenden Vorschriften durchzuführen. Wird die Erneuerung der Hauptverhandlung angeordnet (§ 410 Abs. 2), so bemißt sich das weitere Verfahren nach den Vorschriften der Art. 43 ff. des gegenwärtigen Gesetzes.

1) Die Einsetzung des Art. 59 in der neuen Fassung erfolgte durch Art. 224 Abschn. 20 BeaG. Sie entspricht dem Art. 159 BeaG.

Artikel 60 (55a)[1]).

Der Richter, dessen Unschuld im Wiederaufnahmeverfahren festgestellt wird, kann Ersatz des ihm durch die Strafvollstreckung erwachsenen Vermögensschadens aus der Staatskasse beanspruchen.

Wird ein verurteilter Richter im Wiederaufnahmeverfahren mit einer geringeren Strafe belegt, so kann das Disziplinargericht aussprechen, daß der ihm durch die Strafvollstreckung erwachsene Vermögensschaden ganz oder teilweise aus der Staatskasse ersetzt wird.

Im übrigen finden die Vorschriften des § 1 Abs. 2 bis 4, § 2 Abs. 2, § 3 Abs. 2, §§ 4, 5 des Reichsgesetzes vom 20. Mai 1898, betreffend die Entschädigung der im Wiederaufnahmeverfahren freigesprochenen Personen, entsprechende Anwendung. Der Antrag nach § 5 des Reichsgesetzes ist bei dem Oberstaatsanwalte zu stellen, dem die Verrichtungen der Staatsanwaltschaft bei der Disziplinarkammer obliegen.

1) Die Einsetzung des Art. 60, der nunmehr dem Art. 160 BeaG. entspricht, erfolgte durch Art. 224 Abschn. 21 BeaG.

Artikel 61 (56).

Auf die Beschwerde in den Fällen der Art. 5, 6, 31, 41, 62, 83 des gegenwärtigen Gesetzes finden die Bestimmungen der Reichs-Strafprozeßordnung über die sofortige Beschwerde entsprechende Anwendung[1]).

1) Mit diesen Fällen ist jedoch das Gebiet der Beschwerde nicht erschöpft; denn sie findet, soweit nicht etwas besonderes bestimmt ist (Art. 23 Abs. 5), auch gegen Beschlüsse und Verfügungen statt, welche gemäß ausdrücklicher Vorschrift des gegenwärtigen Gesetzes nach Maßgabe der RStPO. und RGVG. erfolgen, soferne diese Gesetze hiergegen das Rechtsmittel der Beschwerde einräumen. Vgl. Art. 26, 27 und 44 Abs. 4 des gegenwärtigen Gesetzes, §§ 46, 346 der RStPO., § 183 des RGVG.

Artikel 62 (56a)[1])

Wenn der Richter, dem der Anspruch auf Vorrückung im Gehalt entzogen wurde (Art. 7 Abs. 1, Ziff. 3, Abs. 3), sich nach der Verurteilung längere Zeit gut geführt hat, kann die Disziplinarkammer die Entscheidung hinsichtlich der Zeit, für die der Anspruch auf Vorrückung im Gehalt entzogen ist, und bezüglich des Zeitpunkts der späteren Gehaltsvorrückung zu Gunsten des Richters ändern. Gegen die Entscheidung steht die Beschwerde zum Disziplinarhof offen.

Aus besonderen Gründen kann die Justizverwaltung die teilweise oder volle Nachzahlung der vorenthaltenen Dienstalterszulage verfügen.

1) Art. 62 wurde durch Art. 224 Abschn. 23 BeaG. eingesetzt.

Artikel 63 (57).

Die Entziehung des Diensteinkommens in den Fällen des Art. 9 wird von der Disziplinarkammer beschlossen.

Der Beschluß wird rechtskräftig, wenn der Richterbeamte nicht binnen zwei Wochen vom Tage der Eröffnung an schriftlich oder zu Protokoll des Gerichtsschreibers Einspruch erhebt.

Im Falle des Einspruches entscheidet die Disziplinarkammer, ob der von ihr erlassene Beschluß außer Wirksamkeit zu setzen sei[1]). Findet dieselbe sich hierzu nicht veranlaßt, so tritt das förmliche Disziplinarverfahren ein, in welchem über die Strafbarkeit des dem Richter zur Last fallenden Verhaltens zu erkennen ist. Wird der Richterbeamte für schuldig befunden, so ist neben der sonst verwirkten Strafe auf Entziehung des in Art. 9 bezeichneten Diensteinkommens zu erkennen, im entgegengesetzten Falle aber der in Abs. 1 bezeichnete Beschluß aufzuheben.

1) Die Entscheidung, daß der frühere Beschluß außer Wirksamkeit zu setzen, beziehungsweise aufzuheben sei, wird von dem Umstande abhängen, ob dem angeschuldigten Richter ausreichende Entschuldigungsgründe im Sinne des Art. 9 zur Seite stehen. Ob diese vorliegen, entscheidet das Disziplinargericht nach freier Überzeugung, ohne daß dem betreffenden Beamten förmlich die Beweislast obliegt.

Artikel 64 (58).

Der Vollzug der rechtskräftigen Disziplinarurteile erfolgt, soferne auf Verweis erkannt ist, durch den Präsidenten der Disziplinarkammer.

Die Vollstreckung von Geldstrafen geschieht nach den Vorschriften der Zivilprozeßordnung über die Vollstreckung der Urteile der Zivilgerichte [1]). Der Staatsanwalt desjenigen Landgerichts, in dessen Sprengel der Wohnsitz des verurteilten Richters gelegen ist, hat auf Grund einer von dem Gerichtsschreiber der Disziplinarkammer zu erteilenden, mit der Bescheinigung der Vollstreckbarkeit versehenen beglaubigten Abschrift der Urteilsformel die Beitreibung der Geldstrafe zu erwirken. Die Umwandlung einer nicht beizutreibenden Geldstrafe in eine Freiheitsstrafe findet nicht statt.

Ist auf Strafversetzung oder Dienstentlassung erkannt, so wird die Vollstreckung durch das K. Staatsministerium der Justiz [2]) auf Grund einer von der Disziplinarkammer und, soferne die Entscheidung durch den Disziplinarhof erging, von diesem letzteren vorzulegenden beglaubigten Abschrift des rechtskräftigen Urteils erwirkt.

1) Es finden hier insbesondere die Bestimmungen der RZPO. über die Zwangsvollstreckung wegen Geldforderungen (achtes Buch zweiter Abschnitt) Anwendung.

2) In der Natur der Sache liegt es, daß Urteile, in welchen die Strafversetzung ausgesprochen wurde, wohl in manchen Fällen wegen Mangels einer geeigneten Stelle nicht sofort zum Vollzuge gelangen können und daß es dem K. Staatsministerium der Justiz anheimgegeben werden muß, für Betätigung der fraglichen Maßregel den im Interesse der Rechtspflege und der Dienstordnung geeignetsten Zeitpunkt auszuwählen (Mayer 109).

Vierte Abteilung.

Unfreiwillige Versetzung auf eine andere Stelle.

Artikel 65 (65).

Die Versetzung eines Richters auf eine andere Stelle wider seinen Willen kann außer den in § 8 Abs. 3 des Reichs-Gerichtsverfassungsgesetzes sowie in § 21 des hierzu erlassenen Einführungsgesetzes bezeichneten Fällen und dem Falle der Strafversetzung (Art. 7 Ziff. 4) nur erfolgen:

1. wenn ohne sein Verschulden Umstände gegeben sind, vermöge welcher seine amtliche Wirksamkeit auf der bisherigen Stelle in einer nicht bloß vorübergehenden Art gestört wird,
2. wenn die in Ziff. 1 erwähnten Umstände zwar nicht ohne sein Verschulden gegeben sind, eine Strafverfolgung aber gemäß Art. 2 ausgeschlossen ist.

Mit der Versetzung darf keine Zurücksetzung in Beziehung auf die Dienstesklasse oder auf den Gehalt verbunden sein, auch darf die Vergütung der Umzugskosten nicht verweigert werden.

Artikel 66 (66).

Von der beabsichtigten Anwendung der in Art. 65 bezeichneten Maßregel ist der betreffende Richter im Auftrage des K. Staatsministers der Justiz durch den Präsidenten des Oberlandesgerichts, in dessen Sprengel er seinen dienstlichen Wohnsitz hat, und wenn diese Maßregel den Präsidenten eines Oberlandesgerichts oder einen Rat des Obersten Landesgerichts betrifft, durch den Präsidenten des letztgenannten Gerichtshofs schriftlich unter Angabe des Grundes in Kenntnis zu setzen.

Artikel 67 (67).

Der Richter hat innerhalb einer Frist von zwei Wochen nach Empfang der Kundmachung seine Erklärung hierauf abzugeben.

Erhebt derselbe Einsprache gegen die Versetzung oder gibt er innerhalb der bezeichneten Frist eine Erklärung nicht[1]) ab, so hat, soferne nicht die Einsprache von dem K. Staatsminister der Justiz als begründet empfunden wird, das Oberlandesgericht, in dessen Sprengel der Richter seinen dienstlichen Wohnsitz hat, und wenn es sich um die Versetzung eines Präsidenten an einem Oberlandesgerichte oder eines Rates am Obersten Landesgerichte handelt, dieses letztere durch Plenarbeschluß zu entscheiden, ob der Fall der Versetzung vorliege.

Erachtet der K. Staatsminister der Justiz die Einsprache als begründet, so erklärt er die Sache für beruhend und erteilt dem betreffenden Richter hierüber Entschließung.

Willigt der Richter in die Versetzung, so bedarf es einer richterlichen Entscheidung nicht.

1) Dem betreffenden Richter darf nicht die Rechtsfolge angedroht werden, daß, falls er innerhalb der bezeichneten Frist eine Erklärung nicht abgebe, seine Zustimmung zur Versetzung angenommen werde.

Artikel 68 (68).

Vor der Beschlußfassung des Gerichtshofs sind die zur Aufklärung der Sache etwa noch erforderlichen Erhebungen[1]) durch den Präsidenten oder einen von demselben beauftragten Richter[2]) zu pflegen und die zur Rechtfertigung der Versetzung dienlichen Gründe dem beteiligten Richter zur Abgabe schriftlicher Erklärung binnen einer Frist von einem Monate zu eröffnen.

1) Nötigenfalls können auch Zeugen und Sachverständige vernommen werden.

2) Der beauftragte Richter muß Mitglied des Gerichtshofs sein, kann jedoch selbstverständlich einzelne Handlungen im Wege der Requisition vornehmen lassen. — Die Vornahme der Vorerhebungen bildet für das betrefffende Gerichtsmitglied kein Hindernis, an der Entscheidung der Sache Teil zu nehmen, da es sich hier nicht um ein Urteil im Disziplinarstrafverfahren handelt.

Artikel 69 (69).

Die Entscheidung in der Sache selbst erfolgt in geheimer Sitzung[1]) auf Vortrag eines Berichterstatters ohne Zuziehung des Staatsanwalts.

1) Die geheime Sitzung ist, wie aus Art. 67 hervorgeht, eine Plenarsitzung des Oberlandesgerichtes, beziehungsweise des Obersten Landesgerichts. Der Gerichtshof kann, falls die Sache noch nicht genügend aufgeklärt erscheint, auch die Vornahme weiterer Erhebungen beschließen. Bei seiner Entscheidung hat er sich auf den Ausspruch zu beschränken, ob der Fall der Versetzung vorliege, d. h. ob die hierzu erforderlichen Voraussetzungen gegeben seien oder nicht. Sache des K. Staatsministeriums der Justiz ist es sodann, die nach Maßgabe der richterlichen Entscheidung erforderlichen weiteren Maßnahmen zu treffen (Mayer 118).

Artikel 70 (70).

Die Entscheidung ist in beglaubigter Abschrift dem Richter zuzustellen. Sodann sind die Akten mit einer Ausfertigung der Entscheidung dem K. Staatsministerium der Justiz in Vorlage zu bringen, welches das weitere zu veranlassen hat, wenn ausgesprochen wird, daß der Fall der Versetzung vorliege.

Fünfte Abteilung.

Unfreiwillige Versetzung in den Ruhestand.

Artikel 71 (71).

Die Versetzung eines Richters in den Ruhestand wider seinen Willen tritt ein:

1. wenn er das fünfundsechzigste Lebensjahr vollendet hat und seine Versetzung in den Ruhestand im Interesse der Rechtspflege liegt oder wenn er durch ein körperliches Gebrechen oder durch Schwäche seiner körperlichen oder geistigen Kräfte zur Erfüllung seiner Amtspflichten unfähig ist[1]),
2. wenn die in Art. 65 bezeichneten Umstände derart sind, daß seine amtliche Wirksamkeit auch auf einer anderen Stelle nicht bloß vorübergehend gestört wäre, oder wenn der Fall des Art. 65 bei dem Präsidenten oder bei einem Senatspräsidenten des Obersten Landesgerichts eintritt.

1) Die durch Art. 48 Ziff. 1 BeaG. veranlaßte Änderung des Art. 71 Ziff. 1 RichtDiszG. ist durch Art. 224 Abschn. 29 BeaG. ausgesprochen worden.

Artikel 72 (72).

Sucht der Richter im Falle des Art. 71 Ziff. 1 seine Versetzung in den Ruhestand nicht nach, so ist er schriftlich unter Angabe der Gründe darauf aufmerksam zu machen, daß der Fall der Versetzung in den Ruhestand vorliege.

Die Eröffnung hat im Auftrage des K. Staatsministers der Justiz durch den Präsidenten des Oberlandesgerichts, in dessen Sprengel der betreffende Richter seinen dienstlichen Wohnsitz hat, und, wenn es sich um die Ruhestandsversetzung eines Präsidenten an einem Oberlandesgerichte oder eines Senatspräsidenten oder Rates am Obersten Landesgerichte handelt, durch den Präsidenten dieses letzteren zu geschehen.

Tritt der Fall bei dem Präsidenten des Obersten Landesgerichts ein, so erfolgt die in Abs. 1 bezeichnete Eröffnung an ihn durch den K. Staatsminister der Justiz.

Ist eine Verständigung mit dem Richter nicht möglich und ist für ihn ein gesetzlicher Vertreter nicht vorhanden, so ist auf Antrag der Aufsichtsbehörde von dem Amtsgerichte, in dessen Bezirk der Richter seinen dienstlichen Wohnsitz hat, ein Pfleger zu bestellen. Die Eröffnung nach Abs. 2 hat an den Pfleger oder an den gesetzlichen Vertreter zu erfolgen[1]).

1) Der 3. Abs. wurde durch Art. 224 Abschn. 30 BeaG. beigefügt.

Artikel 73 (73).

Wenn der Richter nicht innerhalb eines Monats vom Tage der ihm gemachten Eröffnung an freiwillig um Versetzung in den Ruhestand nachsucht, oder wenn er Einwendungen erhebt, so hat, soferne nicht der K. Staatsminister der Justiz diese Einwendungen als begründet erachtet, das Oberlandesgericht, in dessen Sprengel er seinen dienstlichen Wohnsitz hat, und, wenn es sich um die Ruhestandsversetzung eines Präsidenten bei einem Oberlandesgerichte oder eines Mitgliedes des Obersten Landesgerichts handelt, dieses letztere durch Plenarbeschluß zu entscheiden, ob die Versetzung des Beamten in den Ruhestand zulässig sei.

Werden die erhobenen Erinnerungen von dem K. Staatsminister der Justiz für begründet befunden, so erklärt er die Sache für beruhend und erteilt dem betreffenden Richter hierüber Entschließung.

Ist die Eröffnung an den Pfleger oder an den gesetzlichen Vertreter gemacht worden, so ist die Entscheidung nach Abs. 1 auch dann herbeizuführen, wenn Erinnerungen nicht erhoben worden sind, vorausgesetzt, daß der Staatsminister der Justiz die Sache nicht für beruhend erklärt[1]).

1) Der 3. Abs. wurde durch Art. 224 Abschn. 31 BeaG. beigefügt.

Die richterliche Entscheidung ist auch dann zu erholen, wenn der Pfleger oder der gesetzliche Vertreter zugibt, daß die Voraussetzungen für die Versetzung des Richters in den Ruhestand vorliegen. Der Pfleger oder der gesetzliche Vertreter können nicht namens des Richters um dessen Versetzung in den Ruhestand nachsuchen; ihre zustimmende Erklärung im Verfahren hat deshalb auch nicht dieselbe Wirkung wie eine zustimmende Erklärung des Richters.

Artikel 74 (74).

Vor der Beschlußfassung[1]) des Gerichtshofs sind durch einen beauftragten Richter die erforderlichen Zeugen und Sachverständigen zu vernehmen, sowie alle zur Ermittlung des Sachverhältnisses dienlichen Erhebungen zu pflegen.

Am Schlusse muß der in den Ruhestand zu versetzende Richter über das Gesamtergebnis der Erhebungen schriftlich oder zu Protokoll vernommen werden, soferne nicht der körperliche oder geistige Zustand desselben nach ärztlichem Gutachten die Zulässigkeit der Vernehmung ausschließt.

Behufs Abgabe seiner Erklärung ist ihm die Einsicht der Akten zu gestatten.

Das weitere Verfahren richtet sich nach den Bestimmungen der Art. 69 und 70 des gegenwärtigen Gesetzes.

Ist ein Pfleger oder ein gesetzlicher Vertreter bestellt, so ist dieser zu hören[2]).

1) Die richterliche Entscheidung hat sich auf den Ausspruch zu beschränken, ob die Versetzung des betreffenden Richters in den Ruhestand überhaupt zulässig sei oder nicht. Ob die Versetzung in den Ruhestand eine zeitweise oder eine dauernde sein soll, hat das Gericht nicht zu bestimmen, denn hierüber Entscheidung zu treffen, ist Sache der K. Staatsregierung, welche bei dem Vollzuge der fraglichen Maßregel das dienstliche Interesse im Auge zu behalten verpflichtet ist.

2) Abs. 5 wurde durch Art. 224 Abschn. 32 BeaG. beigefügt.

Artikel 75 (75).

In den Fällen des Art. 71 Ziff. 2 finden die Vorschriften der Art. 65 bis 70 mit der Maßgabe Anwendung, daß an Stelle der in Art. 66 vorgeschriebenen Eröffnung die Kundgabe an den beteiligten Richter gemäß Art. 72 dieses Gesetzes zu erfolgen hat, und daß statt der in Art. 67 bezeichneten Entscheidung durch Plenarbeschluß des Obersten Landesgerichts festzustellen ist, ob die Versetzung dieses Richters in den Ruhestand zulässig sei.

Artikel 76 (76).

Auf die auf eine Stelle außer dem Status berufenen Richter finden bei Einziehung der Stelle die Bestimmungen in § 8 Abs. 3 des Reichs-Gerichtsverfassungsgesetzes Anwendung[1]).

1) Der Richter, welcher auf eine Stelle außer dem Stande berufen wird, hat die gleiche rechtliche Stellung wie die übrigen Richter; insbesondere gelten auch für seine Enthebung vom Amte, seine Versetzung an eine andere Stelle oder in den Ruhestand die Bestimmungen des § 8 RGVG., und er kann daher, so lange die neue Stelle besteht, wider seinen Willen nicht ohne richterliche Entscheidung von derselben entfernt werden. Ebenso hat aber auch die Justizverwaltung im Falle einer Veränderung in der Organisation des Gerichts die nämlichen Rechte wie gegenüber den anderen Richtern. Die Vorschriften der Art. 65 bis 75 RichtDiszG. finden auf die Versetzungen aus Anlaß der Einziehung einer Stelle außer dem Stande keine Anwendung.

Sechste Abteilung.

Kosten des Verfahrens.

Artikel 77 (77).

Für das Disziplinarverfahren sowie für das in der vierten und fünften Abteilung behandelte Verfahren werden nur bare Auslagen in Ansatz gebracht.

Wird der Angeschuldigte verurteilt, oder bleibt ein von ihm eingelegtes Rechtsmittel erfolglos, so hat er die im Verfahren erwachsenen baren Auslagen ganz oder teilweise[1]) zu erstatten. Dasselbe gilt im Falle des Art. 5 Abs. 3, ferner wenn die von dem Richter nach Art. 5 Abs. 5 eingelegte Beschwerde erfolglos bleibt[2]).

Die Kosten des in Anwendung des Art. 11 eingestellten Verfahrens trägt der Beschuldigte, die Kosten eines von dem Verurteilten zurückgenommenen Rechtsmittels dieser letztere. Barauslagen, welche in dem in der vierten und fünften Abteilung behandelten Verfahren für erfolglose, durch Schuld des zu versetzenden oder zu quieszierenden Richters veranlaßte Ermittlungen erwachsen sind, sind von diesem zu erstatten.

In allen übrigen Fällen hat die Staatskasse die erwachsenen Kosten zu tragen[3]).

Wird der Angeschuldigte außer Verfolgung gesetzt oder freigesprochen, so können die ihm erwachsenen notwendigen Auslagen einschließlich der Kosten der Verteidigung der Staatskasse auferlegt werden. Gleiches gilt im Falle des Art. 5 Abs. 2, ferner dann, wenn die vom Staatsanwalte nach Art. 5 Abs. 5 eingelegte Beschwerde erfolglos bleibt[4]).

Über die Pflicht zur Tragung der Kosten ist gleichzeitig mit der Entscheidung in der Hauptsache zu erkennen.

1) Es kommen hier insbesondere die Fälle in Betracht, in welchen nach den Ergebnissen des Verfahrens Gründe der Billigkeit dafür sprechen, daß der verurteilte Richter nicht zur Entrichtung unverhältnismäßig bedeutender, mit der verhängten Strafe in keinem Verhältnisse stehender Kosten angehalten werde.

2) Satz 2 des Abs. 2 wurde durch Art. 224 Abschn. 33 BeaG. eingesetzt.

3) Die Kosten der Verteidignng und andere persönliche Auslagen des Beschuldigten sind unter den in Art. 4 erwähnten, von der Staatskasse zu tragenden Kosten nicht begriffen (s. Abs. 5).

4) Abs. 5 wurde durch Art. 224 Abschn. 33 BeaG. eingefügt. Der Satz 1 des neuen Abs. entspricht dem Art. 162 Abs. 5 BeaG.

Siebente Abteilung.

Vorläufige Dienstenthebung (Suspension).

Artikel 78 (59).

Die vorläufige Enthebung eines Richters von seinem Amte (Suspension)[1]) tritt kraft des Gesetzes ein:

1. wenn im gerichtlichen Strafverfahren gegen denselben die Untersuchungshaft eingetreten ist, oder
2. wenn wegen eines Verbrechens oder eines solchen Vergehens, welches den Verlust des Amtes zur Folge haben kann, die Eröffnung des Hauptverfahrens, im militärgerichtlichen Verfahren die Anklageverfügung[2]) beschlossen wurde;
3. wenn im Disziplinarverfahren ein noch nicht rechtskräftiges Urteil ergangen ist, welches auf Dienstentlassung lautet; endlich
4. mit dem Antritt einer wegen Verbrechens oder Vergehens zuerkannten Freiheitsstrafe mit Ausnahme von Haft.

1) Die vorläufige Dienstenthebung (vgl. Art. 170 ff. BeaG.) ist keine Strafe, sondern ein dienstpolizeiliches Schutzmittel, welches entweder mit der Wiedereinsetzung in das Amt außer Wirksamkeit tritt oder mit der Dienstentlassung gegenstandslos wird; sie soll nur in jenen Fällen stattfinden, in welchen dem Richter die Fortführung des Amtes infolge Verhängung der Untersuchungshaft oder der Erstehung einer Freiheitsstrafe mit Ausnahme von Haft tatsächlich unmöglich wird, oder in welchen die fortdauernde Ausübung des Amtes mit dem Ansehen und der Würde desselben unverträglich wäre.

Die Bestimmungen des Art. 78 ff. finden auf die im Ruhestande befindlichen Beamten keine Anwendung.

2) Die Änderung der Ziff. 2 entspricht dem Art. 171 Ziff. 2 BeaG. und wurde durch Art. 224 Abschn. 24 BeaG. verfügt.

Artikel 79 (60)[1]).

Die vorläufige Enthebung vom Amte kann[2]) von der Disziplinarkammer[3]) verhängt werden,

1. wenn gegen den Richter ein Disziplinarverfahren anhängig ist, bei dem die Verurteilung zur Strafversetzung oder Dienstentlassung in Aussicht steht;
2. wenn gegen den Richter eine Voruntersuchung wegen eines Verbrechens oder Vergehens oder ein Hauptverfahren wegen eines im Art. 78 Ziff. 2 nicht begriffenen Vergehens eröffnet ist[4]);
3. wenn über das Vermögen des Richters das Konkursverfahren eröffnet ist;
4. wenn gegen den Richter das Entmündigungsverfahren eingeleitet, ferner wenn er entmündigt ist;
5. wenn der Richter unter vorläufige Vormundschaft gestellt ist;
6. wenn die Entscheidung ergangen ist, daß der Richter auf eine andere Stelle versetzt werden kann;
7. wenn das Verfahren nach der fünften Abteilung eingeleitet ist.

Die Entscheidung erfolgt von Amts wegen oder auf Antrag des Staatsanwalts.

Im Falle des Abs. 1 Ziff. 1 kann die vorläufige Enthebung vom Amte im Laufe des Berufungsverfahrens vom Disziplinarhof auch dann verhängt werden, wenn die Disziplinarkammer darüber nicht entschieden oder sie abgelehnt hat.

1) Die neue Fassung des Art. 79 gründet sich im Anschlusse an Art. 92 ff. NotG. auf Art. 224 Abschn. 25 BeaG.

2) Im allgemeinen wird daran festzuhalten sein, daß das Interesse des Dienstes es erfordern muß, wenn die vorläufige Enthebung verfügt werden soll, und daß dieselbe jedenfalls dann einzutreten hat, wenn mit Rücksicht auf die Schwere der strafrechtlich oder disziplinar verfolgbaren Tat die fortdauernde Ausübung des Amtes mit einem öffentlichen Ärgernis verbunden wäre.

3) Da die Enthebung nur von der Disziplinarkammer, beziehungsweise dem Disziplinarhofe (Art. 83) verfügt werden kann, so wird die augenblicklich notwendige Entfernung eines Richters von einem gewissen Amtsgeschäfte, z. B. eines Depositenbeamten, wohl nur im Wege einer anderen Geschäftsverteilung geschehen können.

4) Abs. 1 Ziff. 2 ermöglicht die Dienstenthebung auch vor dem in Art. 78 bezeichneten Zeitpunkte und wegen solcher Vergehen eintreten zu lassen, welche den Verlust des Amtes nicht nach sich ziehen, d. h. bei welchen das Gesetz weder die Verhängung des Verlustes der bürgerlichen Ehrenrechte noch die Fähigkeit zur Bekleidung öffentlicher Ämter oder dieser letzteren selbst zuläßt (vgl. §§ 32, 81, 83, 358 RStGB.).

Artikel 80 (61)[1].

Die Suspension dauert[2]) in den Fällen des Art. 78 Ziff. 1 und 4 bis zum Ablaufe des zehnten Tages nach Beendigung der Freiheitsentziehung[3]).

In den Fällen des Art. 78 Ziff. 2 und 3 hört die Suspension auf, sobald ein rechtskräftiges Urteil ergangen ist, welches den Verlust des Amtes nicht zur Folge hat. Lautet jedoch das rechtskräftige Urteil auf Freiheitsstrafe, so dauert die Suspension bis zum Ablaufe des zehnten Tages nach Vollstreckung der Strafe fort.

Die Suspension kann verhängt werden im Falle der Ziff. 1 des Art. 79 bis zur rechtskräftigen Erledigung des Disziplinarverfahrens und für den Fall, daß auf Strafversetzung erkannt wird, für die Zeit bis zum Vollzuge des Urteils, im Falle der Ziff. 2 für die Zeit bis zur rechtskräftigen Erledigung des Strafverfahrens, im Falle der Ziff. 3 für die Dauer des Konkursverfahrens, im Falle der Ziff. 4 für die Dauer des Entmündigungsverfahrens und im Falle der Entmündigung für die Zeit bis zu deren Wiederaufhebung, im Falle der Ziff. 5 für die Dauer der vorläufigen Vormundschaft, im Falle der Ziff. 6 für die Zeit bis zum Vollzuge der Entscheidung, im Falle der Ziff. 7 bis zur Beendigung des Verfahrens und, wenn der Richter freiwillig um die Versetzung in den Ruhestand nachsucht oder seine Versetzung in den Ruhestand für zulässig erklärt wird, bis zur Versetzung in den Ruhestand.

Ist der Richter rechtskräftig zur Strafversetzung verurteilt oder ist er nach Art. 65 für versetzbar erklärt, so tritt die vorläufige Enthebung vom Amte außer Wirksamkeit, wenn die Versetzung auf eine andere Stelle nicht binnen sechs Monaten von der Rechtskraft des Urteils oder von der Erklärung der Versetzbarkeit an erfolgt ist[4]).

1) Abs. 3 und 4 wurden durch Art. 224 Abschn. 26 BeaG. eingefügt.

2) Hat die Disziplinarkammer in den Fällen des Art. 78 Ziff. 1 bis 3 schon vor den dort bezeichneten Zeitpunkten die vorläufige Enthebung verfügt, so endet dieselbe, soferne nicht die Vorschrift des gegenwärtigen Art. Anwendung findet, mit der Rechtskraft des Beschlusses, in welchem das Gericht ausspricht, daß der Angeschuldigte außer Verfolgung zu setzen oder daß das Hauptverfahren nicht zu eröffnen sei (Art. 38 dieses Gesetzes, § 202 der RStPO.), wenn nicht etwa schon früher die Aufhebung der Enthebung beschlossen wurde.

3) Unter Freiheitsentziehung ist, nachdem in Art. 78 Ziff. 4 die Haftstrafe ausdrücklich ausgenommen ist, Zuchthaus, Festungshaft, Gefängnis und Untersuchungshaft gemeint.

4) Die Frist gestattet zu warten, bis eine für den Richter geeignete Stelle frei wird und ermöglicht auch den besonderen Verhältnissen des Richters tunlichst Rechnung zu tragen.

Artikel 81 (62)[1]).

Während der vorläufigen Enthebung eines Richters vom Amte nach Art. 78, Art. 79 Ziff. 1, 2 wird vom Ablaufe des Monats an, in dem sie eintritt, der dritte Teil des Gehalts einbehalten.

Soweit für diese Zeit der Gehalt bereits vorausgezahlt ist, wird der zuviel gezahlte Teilbetrag an der nächstfälligen Gehaltszahlung gekürzt.

In Fällen der Not des Richters ist das Staatsministerium der Justiz ermächtigt, die Einbehaltung auf einen geringeren Teil des Gehalts zu beschränken.

Wird die Vollstreckung einer Freiheitsstrafe ohne Schuld des Verurteilten aufgehalten oder unterbrochen, so tritt für die Zeit der Verzögerung oder Unterbrechung eine Gehaltskürzung nicht ein.

Das Gleiche gilt in Ansehung der in Art. 80 Abs. 1 und 2 erwähnten Zeit von zehn Tagen, wenn nicht vor Ablauf derselben die Suspension vom Amte im Wege des Disziplinarverfahrens verfügt wird.

1) Abs. 1, 2 und 3 wurden durch Art. 224 Abschn. 27 BeaG. eingefügt; die drei Abs. entsprechen dem Art. 174 Abs. 1 bis 3 BeaG.

Artikel 82 (63)[1]).

Der einbehaltene Teil des Gehalts ist zur Deckung der den Richter treffenden Kosten des Verfahrens (Art. 77), sodann zur Deckung der erkannten Geldstrafe und in den Fällen, in denen das Verfahren zur Strafversetzung oder zum Verluste des Amtes führt, zur Deckung der durch die Vertretung des Richters verursachten Kosten zu verwenden, zur Deckung der Stellvertretungskosten auch, soweit sie wegen der Vollstreckung einer Freiheitsstrafe (Art. 78 Ziff. 4, Art. 80

Abs. 1, Abs. 2 Satz 2) erwachsen sind. Stellvertretungskosten, die durch den einbehaltenen Teil des Gehalts nicht gedeckt werden können, fallen dem Richter nicht zur Last. Der nichtverbrauchte Teil des Gehalts ist, wenn das Verfahren zum Verluste des Amtes führt, den Wohlfahrtseinrichtungen für die Beamten zuzuwenden, sonst dem Richter nachzuzahlen.

1) Die neue Fassung des Art. 82 gründet sich auf Art. 224 Abschn. 28 BeaG. und entspricht dem Art. 175 dieses Gesetzes.

Artikel 83 (64).

Gegen den Beschluß der Disziplinarkammer, wodurch die Suspension verhängt oder abgelehnt wird, steht dem Staatsanwalte und gegen den Beschluß, durch welchen dieselbe verhängt wird, dem Beschuldigten die Beschwerde[1]) an den Disziplinarhof offen.

1) Auf diese Beschwerde finden nach Art. 61 die Bestimmungen der RStPO. über die sofortige Beschwerde entsprechende Anwendung.

Achte Abteilung.

Besondere Bestimmungen bezüglich der Handelsrichter und der richterlichen Mitglieder des Verwaltungsgerichtshofes.

Artikel 84 (78).

Auf Handelsrichter[1]) finden die Bestimmungen der ersten, zweiten, dritten, fünften, sechsten und siebenten Abteilung entsprechende Anwendung mit der Maßgabe, daß als Disziplinarstrafen

1. Verweis,
2. Geldstrafe bis zu dreihundert Mark,
3. Dienstentlassung

verhängt werden kann.

1) Nach § 116 des RGVG. haben die Handelsrichter während der Dauer ihres Amtes in Beziehung auf dasselbe alle Rechte und Pflichten richterlicher Beamten. Folge hiervon ist, daß dieselben nicht bloß in Ansehung ihres amtlichen, sondern auch ihres außeramtlichen Verhaltens den sämtlichen Disziplinarvorschriften für Richterbeamte unterworfen sind, obwohl sie andererseits den reichsrechtlichen Schutz des § 8 des RGVG. nicht genießen. Eine Strafversetzung der Handelsrichter ist ausgeschlossen. An die Stelle der Versetzung in den Ruhestand tritt die Enthebung vom Amte.

Artikel 85 (79).

Auf die Mitglieder des Verwaltungsgerichtshofes (Art. 1 Abs. 2 des Gesetzes vom 8. August 1878, die Errichtung eines Verwaltungsgerichtshofes und das Verfahren in Verwaltungsrechtssachen betreffend), findet das gegenwärtige Gesetz mit nachstehenden Änderungen Anwendung.

Dieselben unterliegen weder im Disziplinarverfahren noch außerdem wider ihren Willen der Versetzung auf eine andere Stelle.

Die Versetzung eines Mitgliedes des Verwaltungsgerichtshofs in den Ruhestand wider seinen Willen tritt ein:

1. wenn er das fünfundsechzigste Lebensjahr vollendet hat und seine Versetzung in den Ruhestand im Interesse der Rechtspflege liegt oder wenn er durch ein körperliches Gebrechen oder durch Schwäche seiner körperlichen oder geistigen Kräfte zur Erfüllung seiner Amtspflichten unfähig ist[1]),
2. wenn ohne sein Verschulden Umstände gegeben sind, vermöge deren seine amtliche Wirksamkeit in einer nicht bloß vorübergehenden Weise gestört ist,
3. wenn die in Ziff. 2 erwähnten Umstände zwar nicht ohne sein Verschulden gegeben sind, eine Strafverfolgung aber gemäß Art. 2 ausgeschlossen ist.

In Ansehung des hierbei zu beobachtenden Verfahrens finden die Vorschriften der Art. 72 bis 74 und des Art. 77 mit der Maßgabe entsprechende Anwendung, daß das, was dort von dem Obersten Landesgerichte und dessen Mitgliedern bemerkt ist, von dem Verwaltungsgerichtshofe und dessen Mitgliedern gilt, und an Stelle des K. Staatsministers der Justiz der K. Staatsminister des Innern tritt.

1) Die neue Fassung der Ziff. 1 erfolgte durch Art. 224 Abschn. 35 BeaG. und entspricht der Fassung des Art. 71 Ziff. 1 RichtDiszG.

Neunte Abteilung.

Schluß- und Übergangsbestimmungen.

Artikel 86 (81).[1])

Die Verletzung der Pflicht der Amtsverschwiegenheit durch vormalige Richter[2]) wird disziplinär mit einer Geldstrafe bis zu sechshundert Mark geahndet.

Die Zuständigkeit und das Verfahren bemessen sich nach den Vorschriften dieses Gesetzes.

1) Die Änderung des Art. 86 gründet sich auf Art. 224 Abschn. 37 BeaG.

2) Unter vormaligen Richtern sind alle aus dem Dienste aus irgend einem Grunde ausgetretenen, im Ruhestande befindlichen und des Dienstes enthobenen Richter, auch die Handelsrichter zu verstehen.

Artikel 87 (82).

Hat ein Richter[4]) während eines früheren Dienstverhältnisses als nicht richterlicher Staatsbeamter oder als öffentlicher Beamter[1]) ein Dienstvergehen begangen, so unterliegt derselbe auch wegen dieses Vergehens[2]) den Vorschriften des gegenwärtigen Gesetzes.

Wegen Handlungen, welche ein Richter[4]) vor seiner Anstellung im Richteramte[3]) oder vor dem Eintritte in eines der in Abs. 1 bezeichneten Dienstverhältnisse begangen hat, ist ein disziplinargerichtliches Verfahren[3]) nur dann zulässig, wenn jene Handlungen die Strafversetzung oder die Dienstentlassung begründen.

1) Der erste Abs. trifft z. B. solche Richter, welche zuvor in der Staatsanwaltschaft, in der inneren Verwaltung, in einem Gemeindeamte gedient haben.

2) Ist er wegen dieses Vergehens bereits disziplinär abgeurteilt, so ist eine neuerliche Behandlung der Sache ausgeschlossen.

3) Der zweite Abs. hat vorzüglich die geprüften Rechtspraktikanten und die Rechtsanwälte im Auge, welche in das Richteramt eintreten. In der Rechtsanwaltsordnung § 64 befindet sich ebenfalls eine Bestimmung wegen Handlungen, welche ein Rechtsanwalt vor seiner Zulassung begangen hat.

4) Hat ein Richter ein Dienstvergehen begangen, ist er aber zu der Zeit, wo es entdeckt wird, nicht mehr Richter, sondern in einer anderen Stellung im Staatsdienste, so erfolgt die Behandlung der Sache nach Maßgabe des Beamtengesetzes; s. Art. 112 BeaG.

Artikel 88 (83).

Gegenwärtiges Gesetz tritt am 1. Juli 1881[1]) in Wirksamkeit.

Auf richterliche Beamte der Militärverwaltung findet dieses Gesetz keine Anwendung.

Alle entgegenstehenden Bestimmungen sind, soweit sie auf richterliche Beamte, mit Ausnahme der in vorstehendem Absatze bezeichneten, Bezug haben, aufgehoben.

In den an dem genannten Tage anhängigen Disziplinarsachen sind für das weitere Verfahren die Vorschriften des gegenwärtigen Gesetzes maßgebend. War jedoch vor dem bezeichneten Tage bereits ein Disziplinarbeschluß erster Instanz ergangen, oder in den Fällen der Art. 103 bis 106, 108 bis 110 des Ausführungsgesetzes zur Reichs-Strafprozeßordnung ein erstrichterliches Urteil erlassen, so finden auf die Erledigung der Sache die bisherigen Vorschriften über das Verfahren Anwendung.

1) Nachdem das BeaG. gemäß Art. 207 am 1. Januar 1909 in Kraft tritt, treten auch die Änderungen des RDisz G. erst mit diesem Tage in Kraft.

Sachverzeichnis.

Die Zahlen bedeuten die Seiten, die eingeklammerten Zahlen [] die Klassen der GehO. Die fetten Ziffern beziehen sich auf das RichtDiszG.

Die Zahlen bedeuten die Seiten, die eingeklammerten Zahlen [] die Klassen der GehO. Die fetten Ziffern beziehen sich auf das RichtDiszG.

Die Zahlen bedeuten die Seiten, die eingeklammerten Zahlen [] die Klassen der GehO. Die fetten Ziffern beziehen sich auf das RichtDiszG.

Die Zahlen bedeuten die Seiten, die eingeklammerten Zahlen [] die Klassen der GehO. Die fetten Ziffern beziehen sich auf das RichtDiszG.

Die Zahlen bedeuten die Seiten, die eingeklammerten Zahlen [] die Klassen der GehO.
Die fetten Ziffern beziehen sich auf das RichtDiszG.

Die Zahlen bedeuten die Seiten, die eingeklammerten Zahlen [] die Klassen der GehO. Die fetten Ziffern beziehen sich auf das RichtDiszG.

Die Zahlen bedeuten die Seiten, die eingeklammerten Zahlen [] die Klassen der GehO.
Die fetten Ziffern beziehen sich auf das RichtDiszG.

Die Zahlen bedeuten die Seiten, die eingeklammerten Zahlen [] die Klassen der GehO. Die fetten Ziffern beziehen sich auf das RichtDiszG.

Die Zahlen bedeuten die Seiten, die eingeklammerten Zahlen [] die Klassen der GehO. Die fetten Ziffern beziehen sich auf das RichtDiszG.

Die Zahlen bedeuten die Seiten, die eingeklammerten Zahlen [] die Klassen der GehO. Die fetten Ziffern beziehen sich auf das RichtDiszG.

Die Zahlen bedeuten die Seiten, die eingeklammerten Zahlen [] die Klassen der GehO.
Die fetten Ziffern beziehen sich auf das RichtDiszG.

Die Zahlen bedeuten die Seiten, die eingeklammerten Zahlen [] die Klassen der GehO.
Die fetten Ziffern beziehen sich auf das RichtDiszG.

Die Zahlen bedeuten die Seiten, die eingeklammerten Zahlen [] die Klassen der GehO. Die fetten Ziffern beziehen sich auf das RichtDiszG.

Die Zahlen bedeuten die Seiten, die eingeklammerten Zahlen [] die Klassen der GehO. Die fetten Ziffern beziehen sich auf das RichtDiszG.

Die Zahlen bedeuten die Seiten, die eingeklammerten Zahlen [] die Klassen der GehO. Die fetten Ziffern beziehen sich auf das RichtDiszG.

Die Zahlen bedeuten die Seiten, die eingeklammerten Zahlen [] die Klassen der GehO.
Die fetten Ziffern beziehen sich auf das RichtDiszG.

Die Zahlen bedeuten die Seiten, die eingeklammerten Zahlen [] die Klassen der GehO.
Die fetten Ziffern beziehen sich auf das RichtDiszG.

Die Zahlen bedeuten die Seiten, die eingeklammerten Zahlen [] die Klassen der GehO. Die fetten Ziffern beziehen sich auf das RichtDiszG.

Die Zahlen bedeuten die Seiten, die eingeklammerten Zahlen [] die Klassen der GehO. Die fetten Ziffern beziehen sich auf das RichtDiszG.

Die Zahlen bedeuten die Seiten, die eingeklammerten Zahlen [] die Klassen der GehO. Die fetten Ziffern beziehen sich auf das RichtDiszG.

Die Zahlen bedeuten die Seiten, die eingeklammerten Zahlen [] die Klassen der GehO. Die fetten Ziffern beziehen sich auf das RichtDiszG.

Die Zahlen bedeuten die Seiten, die eingeklammerten Zahlen [] die Klassen der GehO. Die fetten Ziffern beziehen sich auf das RichtDiszG.

Die Zahlen bedeuten die Seiten, die eingeklammerten Zahlen [] die Klassen der GehO.
Die fetten Ziffern beziehen sich auf das RichtDiszG.

Die Zahlen bedeuten die Seiten, die eingeklammerten Zahlen [] die Klassen der GehO. Die fetten Ziffern beziehen sich auf das RichtDiszG.

Die Zahlen bedeuten die Seiten, die eingeklammerten Zahlen [] die Klassen der GehO. Die fetten Ziffern beziehen sich auf das RichtDiszG.

Die Zahlen bedeuten die Seiten, die eingeklammerten Zahlen [] die Klassen der GehO. Die fetten Ziffern beziehen sich auf das RichtDiszG.

Die Zahlen bedeuten die Seiten, die eingeklammerten Zahlen [] die Klassen der GehO. Die fetten Ziffern beziehen sich auf das RichtDiszG.

Die Zahlen bedeuten die Seiten, die eingeklammerten Zahlen [] die Klassen der GehO.
Die fetten Ziffern beziehen sich auf das RichtDiszG.

Die Zahlen bedeuten die Seiten, die eingeklammerten Zahlen [] die Klassen der GehO. Die fetten Ziffern beziehen sich auf das RichtDiszG.

Die Zahlen bedeuten die Seiten, die eingeklammerten Zahlen [] die Klassen der GehO. Die fetten Ziffern beziehen sich auf das RichtDiszG.

Die Zahlen bedeuten die Seiten, die eingeklammerten Zahlen [] die Klassen der GehO. Die fetten Ziffern beziehen sich auf das RichtDiszG.

Die Zahlen bedeuten die Seiten, die eingeklammerten Zahlen [] die Klassen der GehO. Die fetten Ziffern beziehen sich auf das RichtDiszG.

Die Zahlen bedeuten die Seiten, die eingeklammerten Zahlen [] die Klassen der GehO.
Die fetten Ziffern beziehen sich auf das RichtDiszG.

Die Zahlen bedeuten die Seiten, die eingeklammerten Zahlen [] die Klassen der GehO. Die fetten Ziffern beziehen sich auf das RichtDiszG.

Die Zahlen bedeuten die Seiten, die eingeklammerten Zahlen [] die Klassen der GehO. Die fetten Ziffern beziehen sich auf das RichtDiszG.

Die Zahlen bedeuten die Seiten, die eingeklammerten Zahlen [] die Klassen der GehO. Die fetten Ziffern beziehen sich auf das RichtDiszG.

Die Zahlen bedeuten die Seiten, die eingeklammerten Zahlen [] die Klassen der GehO. Die fetten Ziffern beziehen sich auf das RichtDiszG.

Nachtrag.

Gehaltsordnung

für die Beamten im Bereiche der Königlichen Versicherungskammer.

(Min.-Entschl. vom 20. Oktober 1908, Nr. 27 309 a.)

Klasse der besonderen Gehaltsordnung	Klasse der Gehaltsordnung für die Bayer. Staatsbeamt.	Beamtenklasse	Steigende Gehalte: 1.—3.	vom 4.	vom 7.	vom 10.	vom 13.	vom 16.	vom 19.
			Dienstjahre						
			ℳ	ℳ	ℳ	ℳ	ℳ	ℳ	ℳ
1	3	Präsident [1])	14000	—	—	—	—	—	
2	6	Oberregierungsräte [2]) . .	7200	7700	8200	8700	9200	9600	
3	7	Regierungsräte [3])	6000	6500	7000	7500	8000	8400	
4	9	Regierungsassessoren und Oberinspektoren	4800	5300	5800	6300	6800	7200	
5	12	Bezirksamtsassessoren und Brandversicherungsinspektoren	3000	3500	4000	4500	5000	5500	6000
6	13	Oberbuchhalter	4200	4600	5000	5400	5800	6000	
7	14	Rechnungskommissä . .	3000	3300	3600	3900	4200	4500	4800
8	16	Technische Sekretäre . . .	2400	2700	3000	3300	3600	3900	4200
9	17	Sekretäre	1800	2100	2400	2700	3000	3300	3600
10	21	Technische Assistenten . .	1800	1950	2100	2250	2400	2550	2700
11	23	Kanzlei- und Buchhaltungsassistenten . .	1500	1650	1800	1950	2100	2250	2400
12	25	Boten und Diener . . .	1500	1600	1700	1800	1900	2000	2100

---

1) fester Gehalt.
2) Abteilungsvorstände.
3) einschl. der technischen Regierungsräte.

FSC
www.fsc.org
MIX
Papier | Fördert gute Waldnutzung
FSC® C083411

Kolibri 360 GmbH
Ferdinand-Jühlke-Straße 7
99095 Erfurt, Deutschland
produktsicherheit@kolibri360.de